本书为教育部人文社科研究项目（10YJA740101）和国家社会科学基金项目（11BYY048）"基于作文语料库的韩国学生汉语中介语系统研究"的结项成果

韩国留学生汉语句长与定、状、补语复杂度发展研究

黄自然 ◎ 著

中国社会科学出版社

图书在版编目（CIP）数据

韩国留学生汉语句长与定、状、补语复杂度发展研究 / 黄自然著．
—北京：中国社会科学出版社，2020.11
ISBN 978-7-5203-1983-6

Ⅰ.①韩⋯ Ⅱ.①黄⋯ Ⅲ.①汉语—对外汉语教学—留学生教育—研究 Ⅳ.①H195.3

中国版本图书馆 CIP 数据核字(2018)第 015530 号

出 版 人	赵剑英
责任编辑	郭晓鸿
特约编辑	张金涛
责任校对	周 昊
责任印制	戴 宽

出　　版	中国社会科学出版社
社　　址	北京鼓楼西大街甲 158 号
邮　　编	100720
网　　址	http://www.csspw.cn
发 行 部	010-84083685
门 市 部	010-84029450
经　　销	新华书店及其他书店

印　　刷	北京明恒达印务有限公司
装　　订	廊坊市广阳区广增装订厂
版　　次	2020 年 11 月第 1 版
印　　次	2020 年 11 月第 1 次印刷

开　　本	710×1000　1/16
印　　张	32
插　　页	2
字　　数	425 千字
定　　价	128.00 元

凡购买中国社会科学出版社图书，如有质量问题请与本社营销中心联系调换
电话：010-84083683
版权所有　侵权必究

序　　言

　　黄自然博士2005年至2012年，跟从我攻读对外汉语专业的硕士、博士学位（其中去美国访学一年）。在读期间以及毕业工作以后，黄自然参加了我主持的多个省部级课题和国家课题的研究工作。在这些课题的研究和推进之中，他是团队中最为踏实、最为勤勉，也最为谦和低调的一个；我们团队十多年来的研究成果（包括期刊论文和专著）中，总能看到黄自然的名字，这充分见证了黄自然学术才干的增长，也说明了他是一位难得的可以长期协同攻关的合作者。目前呈现在大家面前的这部高质量的专著就是他突出的学术成就的最好体现。

　　国外的中介语研究迄今已有五十多年的历史，国内汉语中介语研究至今也有三十多年的历史。国内外的汉语中介语研究早期多集中在偏误分析方面，近年来学者们更多地从中介语的角度研究习得状况，取得了一定的成果。如施家炜、周小兵、崔希亮、肖奚强、杨德峰、高顺全等人的研究。这些成果对于检验和完善中介语理论、加深人们对外国人习得汉语状况的了解、对于编写教材、实施教学、检验教学效果均有着一定的参考价值。但这些研究大多不分学习者的母语背景，也缺乏对一定规模的中介语语料进行封闭性的全面的统计分析。

　　20世纪70年代初美国学者塞林格（Selinker）就指出中介语是一个独立

的语言系统,具有自身的系统性,这一点一直为学界所公认。但迄今为止,国内外除了对中介语的少量的语素、部分语音、词汇和语法项目做过偏误分析或中介语状况的研究以外,尚未有人对一定数量的语料进行穷尽性的统计分析,以全面描述中介语语音、词汇或语法方面的系统性(仅从理论上或局部的例证中说明中介语具有系统性还远远不够)。所以时至今日中介语系统究竟是怎样的、它与目的语以及教学输入语言之间究竟存在多大的差异都还缺乏具体的研究报告,中介语的系统性仍然是一种假设而缺乏实证研究的支持。

建立较大规模的中介语语料库,并在此基础之上进行分国别的学习者习得状况的考察是中介语研究的总的趋势。在这一趋势下,全面地统计分析各学习阶段的中介语中各个语言要素的状况,描写、解释不同语言的中介语系统,检验完善中介语理论,为语言教学与测试提供参考是本学科前沿的基础性的研究工作。这也正是我们所承担的教育部人文社科研究项目(10YJA740101)和国家社会科学基金项目(11BYY048)"基于作文语料库的韩国学生汉语中介语系统研究"所要做的分国别的习得研究的探索。

作为该课题的主要参与者之一,黄自然博士主要承担了韩国学生汉语句长和句子复杂度的习得研究。他的这部专著以汉语中介语语料库为依托,系统研究韩国学生汉语中介语平均句长、句长分布和定、状、补语的发展情况,在检验、论证和完善中介语理论方面进行了非常有益的探索。这是国内第一部基于大规模语料库对汉语中介语句长和句子复杂度进行系统性研究的专著,全书在理论依托、研究方法和研究结论等方面,都有着较为鲜明的特色和创新。

第一,理论基础扎实。全书始终围绕汉语小句理论、中介语理论和语言习得理论,对韩国学生汉语句长和定、状、补语复杂度的发展情况展开研究,探讨韩国学生汉语中介语系统的特点和规律,从实证研究的角度检验、论证和完善中介语理论。

第二，研究方法创新。全书采用了语料库语言学和计算语言学的研究方法，紧紧依托汉语本族人语料库（120万字）、韩国学生中介语语料库（100万字）和对外汉语教材课文语料库（100万字），开发相关软件，展开句子切分、机器分词、句长统计、句法信息标注与抽取等工作，充分展示了计量研究方法的优势。

第三，研究结论具有一定的理论意义和应用价值。平均句长和句法复杂度是测量语言发展的两个重要指标。本书从句长和定、状、补语复杂度两个角度探讨了韩国学生汉语中介语句法的发展过程和发展规律，论证了韩国学生汉语中介语的系统性。书中对汉语小句句长频次分布态势的描写，对初、中、高三级韩国学生中介语平均句长发展规律和定、状、补语复杂度特征的论述，以及对中介语与目标语、中介语与教学输入语言相互关系的探讨，对我们认识和揭示韩国学生汉语中介语系统，探索汉语作为第二语言的习得机制均具有一定的启发性。本书对句长分布、发展和句法复杂度特征的统计、分析可以为对韩汉语教学（包括针对韩国学生的教学、考试大纲编制、对韩教材编写、课堂教学和测试评估）提供直接的参考和依据，具有较高的应用价值。

当然，本书也存在一些不足和值得进一步研究的问题。本书研究了句子定、状、补语随句长上升而逐步复杂化的过程，但是人的短时记忆长度是有限的，一个句子中不可能同时拥有复杂的定语、状语和补语；那么，这些成分之间存在着怎样的此消彼长的变化关系？本研究对此尚未展开进一步的研究。句子的句法复杂度是一个比较难以界定、难以量化的概念，仅从修饰性、连带性成分的角度很难完全把握句子的复杂度。因此对句长与句法复杂度互变关系的探讨也有待进一步深入，这也为作者的后续研究提供了探索和拓展的空间。

是为序。

肖奚强

2020年10月31日于仙林寓所

目 录

引 言 ·· 1
  0.1 研究缘起 ·· 1
  0.2 研究内容、方法和技术路线 ·· 2
  0.3 理论背景和相关术语说明 ··· 5
  0.4 语料来源 ·· 8

第1章 平均句长及句法复杂度研究综述 ································· 10
  1.1 平均句长及句法复杂度在母语习得研究中的应用 ··············· 11
  1.2 平均句长及句法复杂度在第二语言习得研究中的应用 ········ 25
  1.3 本章小结 ·· 28

第2章 汉语本族语者句长与定、状、补语复杂度研究 ············ 30
  2.1 "句子"概念的确定与"句子"的切分 ································ 31
  2.2 汉语本族人句长统计分析 ·· 51
  2.3 汉语本族人各句长句子定、状、补语复杂度分析 ·············· 64
  2.4 本章小结 ·· 131

第3章 汉语教材语料句长与定、状、补语复杂度研究 …… 134
- 3.1 教材语料句长统计分析 …… 134
- 3.2 教材各句长句子定、状、补语复杂度分析 …… 167
- 3.3 本章小结 …… 192

第4章 韩国留学生汉语中介语句长发展研究 …… 195
- 4.1 以"字"为单位的韩国留学生中介语句长分析 …… 196
- 4.2 以"词"为单位的韩国留学生中介语句长分析 …… 222
- 4.3 以"字""词"为单位的韩国留学生中介语句长对比分析 …… 246
- 4.4 本章小结 …… 249

第5章 韩国留学生中介语各句长句子定语复杂度分析 …… 251
- 5.1 初级阶段句子定语复杂度分析 …… 252
- 5.2 中级阶段句子定语复杂度分析 …… 272
- 5.3 高级阶段句子定语复杂度分析 …… 293
- 5.4 初、中、高三级中介语句子定语复杂度发展分析 …… 313
- 5.5 本章小结 …… 314

第6章 韩国留学生中介语各句长句子状语复杂度分析 …… 316
- 6.1 初级阶段句子状语复杂度分析 …… 316
- 6.2 中级阶段句子状语复杂度分析 …… 336
- 6.3 高级阶段句子状语复杂度分析 …… 356
- 6.4 初、中、高三级中介语句子状语复杂度发展分析 …… 377
- 6.5 本章小结 …… 379

第7章 韩国留学生中介语各句长句子补语复杂度分析 ·············· 380
7.1 初级阶段句子补语复杂度分析 ·············· 380
7.2 中级阶段句子补语复杂度分析 ·············· 389
7.3 高级阶段句子补语复杂度分析 ·············· 400
7.4 初、中、高三级中介语句子补语复杂度发展分析 ·············· 410
7.5 本章小结 ·············· 411

第8章 韩国留学生中介语与目标语、教学输入语言关系探讨 ·············· 413
8.1 韩国留学生中介语与目标语相互关系探讨 ·············· 413
8.2 韩国留学生中介语与教学输入语言相互关系探讨 ·············· 426
8.3 本章小结 ·············· 433

结　语 ·············· 436

附　录 ·············· 440
附录总目 ·············· 440
附录1：以"字"为单位的句长统计软件简介 ·············· 442
附录2：分词规范和分词软件简介 ·············· 443
附录3：以"词"为单位的句长统计软件简介 ·············· 445
附录4：句子句法结构信息标注规范及实例 ·············· 446
附录5：句法信息抽取软件简介 ·············· 449
附录6：表2-3-34　本族人11—13个词句子状语分布情况 ·············· 454
附录7：表2-3-38　本族人14—20个词句子状语分布情况 ·············· 455
附录8：表3-2-4　初、中、高教材语料7—20个词句子定语复杂度情况 ·············· 456

附录9：表3-2-8 初、中、高教材语料7—20个词句子状语
复杂度情况 ………………………………………………… 457

附录10：表5-3-8 高级中介语14—20个词句子定语
分布情况 …………………………………………………… 458

附录11：表5-4-1 初、中、高各级中介语7—20个词句子定语
复杂度情况 ………………………………………………… 459

附录12：表6-1-6 初级中介语11—13个词句子状语分布情况 …… 460

附录13：表6-1-10 初级中介语14—20个词句子状语分布情况 …… 461

附录14：表6-2-6 中级中介语11—13个词句子状语分布情况 …… 463

附录15：表6-2-10 中级中介语14—20个词句子状语
分布情况 …………………………………………………… 464

附录16：表6-3-6 高级中介语11—13个词句子状语分布情况 …… 466

附录17：表6-3-10 高级中介语14—20个词句子状语
分布情况 …………………………………………………… 467

附录18：表6-4-1 初、中、高各级中介语7—20个词句子
状语复杂度情况 …………………………………………… 469

附录19：表7-4-1 初、中、高各级中介语7—20个词句子
补语复杂度情况 …………………………………………… 470

附录20：表8-1-3 各级中介语7—20个词句子定语复杂度与
本族人语料对比分析 ……………………………………… 471

附录21：表8-1-4 各级中介语7—20个词句子状语复杂度与
本族人语料对比分析 ……………………………………… 472

附录22：表8-2-3 各级教材句子定语复杂度与中介语
对比分析 …………………………………………………… 473

附录23：表8-2-4　各级教材句子状语复杂度与中介语
　　　　　　对比分析 ·· 474

附录24：表8-2-5　各级教材句子补语复杂度与中介语
　　　　　　对比分析 ·· 476

参考文献 ··· 477
后　记 ··· 499

引　言

0.1　研究缘起

　　首先，平均句长和句法结构的发展是测量语言发展的两个重要指标。"语法的发展通常可以从两方面进行评定和分析：一是句子的长度，即句子中所包含的最基本的意义单位；另一个更为主要的方面是句子结构的完整性和复杂性"[①]。母语习得中已有不少研究者从这两个方面对儿童句长和句法的发展情况进行过探讨，如 Brown（1973），吴天敏、许政援（1979），朱曼殊（1986），等等。母语习得方面的研究表明儿童平均句子长度随年龄而增长，并伴随句法的复杂化。汉语作为第二语言习得研究这方面的成果不多，本书尝试对韩国留学生的句长发展情况进行全面、系统的研究。韩国留学生在学习汉语时平均句长发展有什么趋势？阶段性特征如何？与本族语者平均句长相比，其平均句长的发展有何特点？这些都是值得探讨的问题。

[①]　朱曼殊、缪小春主编：《心理语言学》，华东师范大学出版社1990年版，第294页。

其次，对平均句长及句法结构发展的研究有助于深化中介语的系统研究。20世纪70年代初美国学者塞林格（Selinker）即指出中介语是一个独立的语言系统，具有自身的系统性，这一点也一直为学界所公认。但迄今为止，国内外除了对中介语的少量的语素、部分语音、词汇和语法做过偏误分析或中介语状况调查以外，尚未有人对一定数量的语料进行穷尽性的统计分析，以探讨中介语自身的系统性。平均句长的发展与字、词的使用量，与某些句型句式的发展都有着密切的联系。本书拟在穷尽性地统计语料库中字、词、句子的基础上，探讨韩国留学生汉语平均句长的发展及句法结构的复杂化，这将有助于更好地发现、挖掘韩国留学生习得汉语的中介语系统的特点和规律。

最后，对韩国留学生汉语平均句长和句法复杂度的研究可直接应用于对韩汉语教学。可以为教学、考试大纲的编制与修订，为对韩汉语教材的编写、对韩课堂教学提供参考，直接服务于对韩汉语教学。

0.2 研究内容、方法和技术路线

（一）研究内容

本书是建立在小句划分和句法结构标注基础上的较大规模语料调查研究，主要研究内容有以下六点。

1. 对句子边界的确定。以小句理论作为支撑，依靠标点符号的断句功能，主要以","":"";""。""？""！""……"作为句子边界的标记，并人工校对带","""……"的句子。如","用于主谓语之间的停顿、动词与宾语之间的停顿及修饰语与中心语之间的停顿则去除，将连接的两个成分合并为一个句子。其他带有","的小句或复句中的分句均计为一个句子。

2. 对汉语本族人语料的平均句长进行统计分析。以一定规模的现代汉语语料为研究对象，利用软件对语料进行分词、词性标注；在此基础上，统计语料中的总字数、总词语，得出汉语以字/词为单位的平均句长；统计每个句子的句长，对同一句长的句子进行频次统计，从而得出现代汉语不同句长句子的分布趋势。

3. 探讨汉语句子长度与句法复杂度之间的关系。对句子的句法结构（主要包括主谓结构、述宾结构、述补结构、连谓结构、兼语结构、定中结构、状中结构、联合结构）进行标注，分析不同句长句子的句法构造（主要分析跟句子复杂程度最密切相关的定语、状语和补语），探讨句子长度与句法结构复杂度之间的关系。

4. 对韩国留学生中介语语料库的句长发展情况进行全面系统的研究。以字/词为单位统计韩国留学生平均句长；检验两种统计方法所得的结果的相关性；分析各水平阶段平均句长的发展变化情况；将中介语平均句长情况与本族人语言平均句长的情况进行对比；将中介语句长情况与教材语料库中句长的情况进行对比。

5. 探讨韩国留学生中介语句长发展与句法复杂度之间的关系。对中介语句法结构进行标注，分析中介语不同句长句子句法结构的发展变化情况，探讨句长与句法结构复杂度之间的关系；分析各水平等级上句法结构的发展变化情况，并与本族人、教材中相应句长句子的句法结构发展情况进行比较。

6. 在上述研究的基础上，从平均句长、句法结构复杂度两个方面探讨韩国留学生中介语的系统性和规律性，并总结平均句长与句子复杂度的研究对韩国留学生汉语习得的启发与作用。

（二）研究方法

与上面的研究目标相一致，本书采用的主要研究方法有以下三点。

1. 语料库研究法

本书所使用的语料库包括汉语本族人语料库、韩国留学生中介语作文语料库和对外汉语教材语料库。通过对各语料库中句子长度分布、平均句长和句法结构复杂度的统计，揭示韩国留学生平均句长发展的阶段性特点和发展趋势，揭示句法结构复杂度的发展变化趋势。

2. 比较法

比较法是本书所运用的最基本的研究方法之一。主要包括对汉语句子长度两种计算标准（"字"和"词"）下所得平均句长的比较；对中介语各个发展阶段上平均句长及句子复杂度的比较；对本族人语料、中介语语料、教材语料中平均句长及句子复杂度的比较等。

3. 描写、分析和解释相结合的方法

这一研究方法的目的在于全面、系统地描写、分析和解释韩国留学生中介语的系统性，主要包括对韩国留学生中介语平均句长发展阶段性的解释，对韩国留学生中介语句法结构分布及发展状况的解释，对中介语与目标语、教材输入在句子长度和句子复杂度上的共性与差异的解释。

（三）技术路线

本书按照以下的技术路线进行。

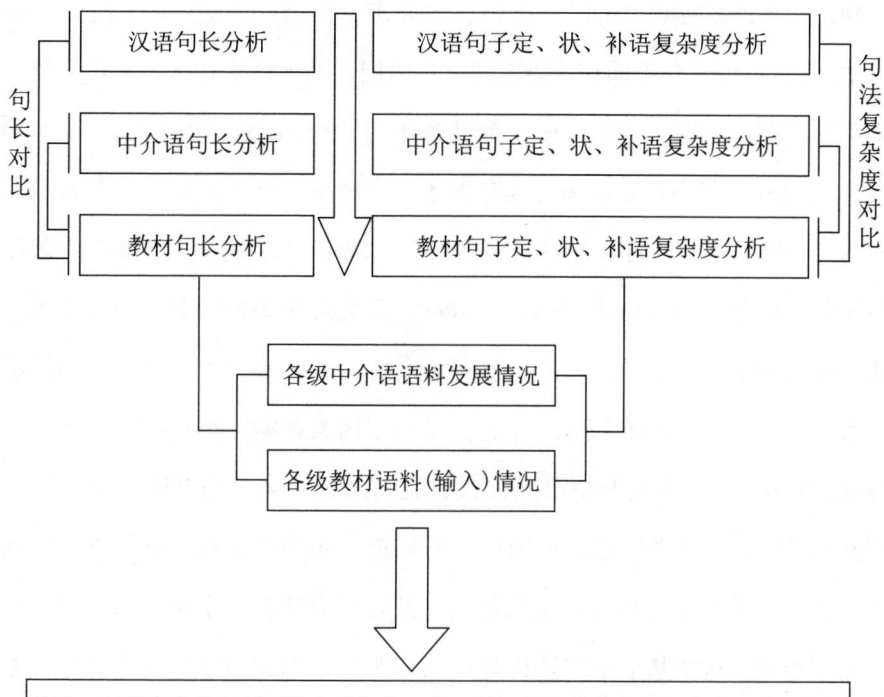

0.3 理论背景和相关术语说明

（一）理论背景

本书主要是以汉语小句理论、中介语理论和语言习得理论为指导，在较大规模语料统计的基础上对韩国留学生平均句长和句法结构复杂度的发展进行研究。

1. 汉语小句理论

吕叔湘先生在《汉语语法分析问题》一书中指出："用小句而不用句子做基本单位，较能适应汉语的情况，汉语口语里特多流水句，一个小句接一个小句，很多地方可断可连。"① "语言的静态单位是：语素、词、短语（包括主谓短语），以及介乎词和短语之间的短语词，其中语素是基本单位。语言的动态单位是：小句、句子（一个或几个小句），小句是基本单位。"② 邢福义（1995）提出："小句是最小的具有表述性和独立性的语法单位。"③ 此后，史有为（1996）、李宇明（1997）、储泽祥（2004）、刘街生（2004）、李英哲（2005）、徐杰（2005）、陆镜光（2006）、王文格（2009）对小句的定义、语法地位及确定方法进行了一系列较为深入的探讨。由于"汉语是语用敏感型语言……小句没有特定的形式标志，受语用因素影响，小句形式上与短语差异相对较小"④，"小句和短语（尤其是主谓短语）之间是有连绵性的"⑤，所以在连续的语篇或者话语中识别小句需要进一步的界定和一套可操作性的技术。但"不管现实的小句有多么复杂，其背后应该有一个基本的东西，假设为基本小句，这个基本小句结构是以动词为核心的词组结构决定的。在基本小句的假设基础上，可以讨论现实小句发生的变化以及变化的条件"⑥。

本书以汉语小句理论为指导，并结合标点符号对句子划定的辅助功能，在一系列可操作的程序的指导下，来切分汉语中的句子，统计句子（小句）长度并分析句子（小句）定、状、补语的句法复杂度。

2. 中介语理论

20世纪70年代初美国学者塞林格（Selinker）就指出，中介语是一个独立的语言系统，具有自身的系统性。但到目前为止，对中介语的研究还较多地停留在对某一语言现象，如语音、语素、词汇或某些特殊句式的偏误分析

---

① 吕叔湘：《汉语语法分析问题》，商务印书馆2007年版，第23页。
② 同上书，第24页。
③ 邢福义：《小句中枢说》，《中国语文》1995年第6期，第420页。
④ 刘街生：《从汉语的同位组构看小句中枢理论》，《汉语学报》2004年第2期，第67页。
⑤ 储泽祥：《小句是汉语语法基本的动态单位》，《汉语学报》2004年第2期，第50页。
⑥ 刘街生：《从汉语的同位组构看小句中枢理论》，《汉语学报》2004年第2期，第67页。

或中介语状况描述上，缺乏对中介语系统性的考察。这就使得中介语的某些特点得不到很好的描写和解释。

句子长度的发展是学习者语言水平的一个外在的明显的标志，那么这个标志是否能代表语言发展的水平，则有待进一步的验证和探讨。同时，不同学时等级上不同长度句子的分布有何特点，呈现出怎样的发展趋势，不同长度句子的句法结构的复杂程度如何，在不同等级上又有何发展情况？这些都是值得深入探讨的问题。

（二）相关术语说明

1. 小句

对于小句的定义，我们主要参照邢福义（1995；1996）的论述，即"小句是最小的具有表述性和独立性的语法单位。"[①] "所谓具有表述性，是指能够表明说话的一个意旨，体现一个特定的意图"。"所谓具有独立性，是指一个小句不被包含在另一个小句之中"[②]。同时，"每个小句都带有特定的语气。"[③] 本书中的小句不包括充当句子成分的主谓短语，其范围主要包括汉语中的单句和在结构上相当于或大体相当于单句的分句。

2. 句法复杂度

句法复杂度是一个非常难界定的概念。本书的"句法复杂度"主要是指小句内部的句法复杂程度。对小句之间的连接方式或成分基本上不予考虑。复杂程度的考察基本上建立在以下四个假设的基础上：（1）凝固化的紧缩结构比常规结构复杂；（2）多谓核或双谓核结构比单谓核结构复杂；（3）句法成分呈现越多，句子越复杂；（4）句法成分内部结构越复杂，句子越复杂。

[①] 邢福义：《小句中枢说》，《中国语文》1995年第6期，第420页。
[②] 邢福义：《汉语语法学》，东北师范大学出版社1996年版，第13、14页。
[③] 同上书，第15页。

在此假设的基础上,我们选取与句子句法复杂度密切相关的三种成分——定语、状语和补语加以分析,探讨句长与句法复杂度之间的关系。

0.4 语料来源

本研究的语料来源包括汉语本族人语料、韩国留学生中介语语料、对外汉语教材课文语料等三个部分。

汉语本族人语料主要来源于当代小说语料和初中学生作文语料。小说语料主要包括曹文轩的《红瓦黑瓦》、张贤亮的《绿化树》、方方的《桃花灿烂》、海岩的《玉观音》、余华的《许三观卖血记》,共计约80万字。初中学生作文语料主要来自小山屋作文网①,包括写人、叙事、写景、状物、议论、抒情、书信等各种体裁,共计约40万字。选取混合语料的目的在于规避个人语言风格对句子长度的影响。在小说语料上,也尽量选取较多作家的作品。

韩国留学生中介语语料主要来源于南京师范大学的"韩国留学生汉语中介语作文语料库"。语料分为初、中、高三级,初级20万字,中级、高级各40万字,共计约100万字。其中初级为一年级,学生的汉语学习时间一般为零起点到一年之间。但第一学期期中考试试题中一般不出现作文题型,所以初级语料学习者的汉语学习时间至少为3到4个月。中级为二年级,汉语学习时间一般为1到2年。高级为三年级,汉语学习时间一般都在2年以上。选取的语料均为韩国留学生篇章完整的考试作文,能较为真实地反映韩国留学生汉语中介语系统的句子面貌。

---

① 小山屋作文网,http://www.xszw.com。

引言

　　对外汉语教材课文语料主要来源于现在较为通行的对外汉语教材的课文部分，总计100万字，分为初、中、高三级。初级教材主要包括杨寄洲主编的《汉语教程》（上、中、下）（北京语言大学出版社1999年），戴悉心、王静主编的《汉语口语教程》（北京语言大学出版社1999年），杨雪梅主编的《汉语听力教程》（北京语言大学出版社1999年）和陈田顺主编的《汉语阅读教程》（北京语言大学出版社2003年），共计约20万字。中级教材主要包括陈灼主编的《桥梁》（上、下）（北京语言大学出版社1996年）、白雪林主编的《中级汉语听和说》（北京语言大学出版社2004年），以及白崇乾、朱建中、刘谦功主编的《报刊语言教程》（北京语言大学出版社1999年），共计约40万字。高级教材主要为姜德梧主编的《高级汉语教程》（北京语言学院出版社1990年），刘元满、任雪梅、金舒年等主编的《高级汉语口语》（北京大学出版社，2004）和彭瑞情、王世巽、刘谦功主编的《报刊阅读教程》（上）（北京语言大学出版社2001年）（部分），共计约40万字。引入教材语料的目的是将教材语料中的句子长度和句法结构复杂度与韩国留学生的使用情况进行对比，观察教学输入与中介语输出之间的关系。

第1章　平均句长及句法复杂度研究综述

　　心理语言学家一般将平均句长和句法结构的发展作为测量儿童语言发展的重要指标。平均句长（The Mean Length of Utterance，MLU）是指"在所收集的儿童自发性的言语样本中，统计出每个句子所包含的有意义单位（一般指词或语素）的数量并求其均值"[1]。麦卡锡（D. McCarthy）曾指出平均句长是"最可靠的、容易测定的、客观的、定量的并容易理解的测量语言成熟程度的尺度"[2]。平均句长作为一种评测语言发展的非标准化工具，在儿童母语习得研究[3]和第二语言习得研究中均有重要的应用。句法复杂度的研究往往与平均句长的研究结合进行。本章主要以平均句长研究作为综述重点，并简要介绍句法复杂度的研究情况。

---

　　[1] 李宇明：《儿童语言的发展》，华中师范大学出版社1995年版，第153页。
　　[2] J. B. Carroll：《儿童语言的发展》，曾越麟译，《国外语言学》1979年第4期，第16页。
　　[3] 在母语习得研究中有一种比较特殊的情况，即智障儿童的语言习得。研究者多试图在平均句长与智龄之间建立起联系，对这一部分内容我们不做过多介绍。

第1章 平均句长及句法复杂度研究综述

1.1 平均句长及句法复杂度在母语习得研究中的应用

我们知道,儿童母语的习得会经历单词句、双词句、电报句和多词句等阶段。句子长度会随着儿童年龄的增长而增长。平均句长及句法结构的发展研究在儿童母语习得研究中占据很重要的位置。下面我们从西方语言母语习得、汉语母语习得和韩语母语习得研究等三个方面来梳理平均句长及句法复杂度在儿童母语习得研究中的应用。

1.1.1 西方语言母语习得的平均句长及句法复杂度发展研究

Nice(1925)第一次采用"平均回应长度"(Mean Length of Response,MLR)作为测量儿童语言发展的指标,计算方法是用总词数除以所有"回应"的总数(即总句数)。后来这一名称演变为以"词"为单位的"平均语句长度"(Mean Length of Utterance in words,MLUw)(以下简称"平均句长"),但计算方法仍然是用总词数除以总句数。随着研究的深入,平均句长逐步被研究者认为是测量儿童语言整体发展情况的有效指标,其计算方法也在不断地发展变化。一种方法是只计算含有两个或两个词以上的话语的平均长度,这种测量指标被称为"平均句法长度"(Mean Syntactic Length,MSL);另一种方法则用总音节数除以总句数,这一测量指标被称为以"音节"为单位的平均句长(Mean Length of Utterance in syllables,MLUs)。但以音节为单位的测量更难操作,因为儿童有重复音节和对事物使用"小词"(如 doggie,mommie)的倾向。这种倾向导致 MLUs 的数据有偏高的可能。

Brown(1973)提出了一种新的计算平均句长的方法,即用文本中的总语

· 11 ·

韩国留学生汉语句长与定、状、补语复杂度发展研究

素量除以总句数,这就是以"语素"(morpheme)为单位的平均句长(Mean Length of Utterance in morphemes, MLUm)。Brown 通过对 3 名英语儿童的追踪研究,确定了 18—49 个月英语儿童平均句长的发展过程。其研究发现大部分儿童语言水平的提高表现为句子长度的增加,句子长度增加的原因为新词或新语素的加入。其追踪研究还发现,不同儿童平均句长的增长速度不同,儿童语言发展存在个体差异性。平均句长相似的儿童具有相似的语法成熟度,语言的复杂度也相近。根据纵向研究的结果,Brown(1973)将儿童平均句长的发展分为五个阶段,其平均句长依次为Ⅰ(1.75)、Ⅱ(2.25)、Ⅲ(2.75)、Ⅳ(3.50)、Ⅴ(4.00)。其每个阶段平均新增的语素约为 0.5 个,并对应特定语法特征的出现,具体情况见表 1-1-1[根据朱曼殊、缪小春(1990)、张显达(1998)和周兢、张鑑如(2009)整理]。

表 1-1-1　　　　Brown(1973)中平均句长发展阶段

阶段	MLUm	MLU 值范围	句法/构句特征
Ⅰ	1.75	1.00—1.99	构句时以语义为基础
Ⅱ	2.25	2.00—2.49	构词特征开始出现,如 -ing, -s
Ⅲ	2.75	2.50—2.99	简单句出现助动词
Ⅳ	3.50	3.00—3.99	从句出现
Ⅴ	4.00	4.00 及以上	并列句出现

Brown(1973)指出,当平均句长达到 4.00 时(第Ⅴ阶段),其测量语言发展的效度会降低,原因是超过一定数值后,平均句长反映的是特定的互动特点而不是新的语言知识的习得,句子复杂性的增加体现为句子形式的内部重组,而不是新的语言结构的加入。Brown 还对 14 种英语语法词素进行了研究。这些词素在成人语言中的使用频率较高,而且它们所出现的语境都是规定性的。通过对 3 名儿童的追踪研究,发现儿童从平均句长的第二阶段到第

五阶段之间,各种词素的习得具有一定的顺序。具体词素习得顺序如下:(1) 现在进行时(-ing);(2)(3) 介词(in/on);(4) 复数(-s);(5) 不规则的过去式(如 went);(6) 所有格('s);(7) 不能缩写的系词(如 This is my book);(8) 冠词(a, the);(9) 规则的过去式(如 walked);(10) 规则的第三人称单数(如 he walks);(11) 不规则的第三人称单数(如 he has);(12) 不能缩写的助动词(如 I was walking);(13) 缩写的系词(如 I'm happy);(14) 缩写的助动词(如 I'm walking)。这一研究结果被后来的研究所证实,至今仍为儿童语言学界广泛采用。

Brown(1973)的研究至少带给我们两点启发:第一,句长的发展应该与句法的发展联系起来,平均句长研究的最大意义在于根据句长的发展情况来预测、评估学习者语法发展的阶段和语言发展的水平;第二,既然句长研究以探求句法发展为目标,那么就应该将话语(句子)界定为能体现某一语言基本句法构造的最小单位。

自 Brown(1973)的研究以后,国外学者对母语习得中平均句长的研究主要体现在以下三个方面。

(一)对样本大小、语料筛选和统计方法的探讨

平均句长的计算要求语言样本达到一定的量化指标。Brown(1973),Rollins、Snow、Willett(1996),Eisenberg、Fresko 和 Lundgren(2001)等均认为 100 句的言语样本可以很好地描写出特定年龄段儿童的平均句长。Curran(2004)则认为,较大言语样本所得出平均句长具有更好的稳定性。他指出要获得 0.90 以上的重测信度,儿童语言样本量至少要达到 175 句。但 Brorson 和 Dewey(2005)的研究显示不同大小样本中的以"词"为单位的平均句长并无显著性差异。与此同时,也有研究者从收集语料数量的时间长度来考虑,认为 30 分钟录音时间可以收集到足够用于计算平均语句长度的话语数。

在语料筛选和统计方法方面,Pan(1994)列出了 9 条筛选语料、统计平

均句长的规则，这些规则是研究者和临床工作者多年总结的结果。在这方面的另外一些研究成果还包括 Johnston（2001）和 Eisenberg 等（2001）。Johnston（2001）认为，MLUm 的统计应该去掉省略问句、即刻模仿性语言、完全自我重复性语言、单个词或短语的社会性应答句等，以更好地控制在语言样本收集中因为语用因素而导致的话语变异。Eisenberg 等（2001）指出，句子长度的中间值或模态值（median or modal utterance of length）可能是测量话语长度的更合适的指标，因为与平均句长相比，中间值或模态值更少地受到样本中那些不具代表性成分的影响。

在语料筛选和计算方面的另外一个重要问题是句子分割的问题。平均句长的计算结果受句子分割方法的影响。目前存在两种句子分割的方式：P-unit 和 C-unit。P-unit 是指根据声调变化、停顿作为划分依据，划分的句子表达的是一个完整的意义；C-unit 则不考虑句子的韵律变化，根据句子的语法结构进行分割［Loban, 1976, 转引自盖笑松等（2009）］。Parker&Brorson（2005）使用的是儿童语料库中的语料，主要根据文本中的标点来确定句子的边界。他们还指出已经存在不少确定句子边界的方法，如以完整的语调作为边界，以大于 2 秒以上的停顿作为边界，以一次吸气作为边界等。

（二）对平均句长计算单位的探讨

从已有的研究成果可以看出，在英语母语习得中平均句长至少有三种计算单位——音节、语素和词。Brown（1973）认为，以语素为单位计算平均句长（MLUm）是更为精确的方法。Loeb、Kinsle 和 Bookinder 的调查显示 MLUm 是被病理语言学家最广泛应用于语言样本分析（Language Sample Analysis）的量化儿童语言发展水平的指标（Eisenberg, Fresko 和 Lundgren, 2001）。有研究表明 MLUm 跟正常儿童的年龄之间存在高度的相关性，特别是儿童语言发展的早期阶段（Conant, 1987；Rondal, Ghiotto, Berdart& Bachelet, 1987）。但也有研究指出，MLUm 只能用于评估儿童语言的大致发展水平，而不应被认为是最终的诊断性工具（Miller& Chapman，1981）。另外，以语素为单位同样会遇到很多的问题。Brown（1973）指出，计入句长的语素要求是儿童有意识地、系统地运用的语素，如他将不规则过去式只计为一个语素，因为缺乏儿童将不规则过去式与现在式相联系的依据；将连接动词"gonna"和"wanna"计为一个语素，因为在儿童言语中它们只起一个语素的功用。

由于以语素为单位计算平均句长会遇到问题，有的学者转而研究以"词"为单位的平均句长（MLUw）与以"语素"为单位计算平均句长（MLUm）的关系。如对荷兰语、爱尔兰语和冰岛语的研究发现MLUm与MLUw的相关度高达0.98—0.99，这种高相关性使得研究者认为，以"词"为单位的平均句长（MLUw）是测量儿童语言发展及其句法复杂度的更可靠、更灵敏的工具（Arlman - Rupp et al.，1976；Hickey，1991；Thordardottir&Weismer，1998）。如Arlman - Rupp et al.（1976）认为，以"词"为单位更容易、简单和可靠，因为不用对语素的判断做一些特定的、专门的规定而在理论上也显得更为合理。Hickey（1991）则指出，以"词"为单位的平均句长（MLUw）是更高效、更易于运用的，MLUm与MLUw的高相关性表明没有必要以"语素"为单位来计算平均句长。Parker和Brorson（2005）在较大语料样本的基础上对儿童语言发展的MLUm与MLUw进行比较研究。他们从儿童语言研究资源交换系统（Child Language Data Exchange System）中抽取3岁到3岁10个月的英语母语儿童的语料，对MLUm与MLUw进行统计分析后发现：MLUw与MLUm高度相关，表明MLUw跟MLUm一样，可以作为一种测量儿童语言发展水平的有效指标。

（三）对平均句长有效性及局限性的探讨

自Brown（1973）的研究以来，国外学者对运用平均句长方法评测儿童语法发展的有效性进行了深入的探讨。从MLU与其他评测语法发展工具的相关程度来看,一些研究证明了平均句长与评估英语儿童语法发展的量表 IPSyn 的相关度达 0.92;与句法复杂性评估工具的相关度达 0.88(Thordardottir 和 Weismer,1998;Rollins,Snow,Willett(1996);Klee,Stokes,Wong et al. 2004)。这些研究都表明平均句长作为语言测量基本指标的有效性。另外,不同语种儿童语言发展的研究,也证明了平均句长作为评测儿童语言发展非标准化工具的有效性(Klee,Stokes,Wong et al.,2004;Parker,Brorson,2005)。

"平均句长"这一语言发展评测工具在受到研究者和临床工作者认可和推崇的同时,也有研究者对这一方法的使用提出了质疑。在评估儿童语言发展年龄阶段的适宜性上,有的研究者认为平均句长适用的最大值是 4—5 个语素,对应于正常儿童 45—54 个月的语言发展水平;也有研究者对 36 个月的儿童即平均句长大于 3.0 的语言发展评估适用性提出了疑问,他们认为 MLU>3.0 时,儿童语言平均句长的差异增大,其标准差也增大,因此测量的标准误差也可能增大(Eisenberg,Fresko,Lundgren,2001)。

对平均句长预测句法发展的这种"天花板效应"①,研究者认为可以通过分析各年龄阶段儿童的语言长句来观察儿童语法的状况。如 Klatter - Folmer 等(2006)认为,儿童每一阶段最长的 5 句话是衡量个体句法能力的最高水平的有效指标。MacWhinney(2000)的研究表明儿童平均句长(MLU)的发展与他们的最长 5 句话平均句长(MLU5)的发展呈平行状态,在儿童年龄达到 42 个月时,他们的 MLU 与 MLU5 不再呈直线上升的发展态势。

从上面的分析我们可以看出:西方语言母语习得研究对平均句长的探讨已经比较深入和系统,平均句长作为评测儿童语言发展非标准化工具已经被研究者较为广泛地采用。但平均句长的研究中仍有很多问题并无定论,如平均句长在什么范围内才能作为测量句法的发展的指标?是否有其他测量指标

---

① "天花板效应"是指达到某一程度或水平后,一个变量不再对另一个变量产生影响,或者是高于一定程度或水平后,某一变量无法被预测或评估。

(如 MLU5)可以引入？样本量的大小、语料筛选对平均句长存在什么样的影响？句子边界的确定、计算单位的选用对平均句长的结果会产生什么影响等等。

1.1.2　汉语母语习得的平均句长及句法复杂度发展研究

汉语母语习得中对平均句长的研究及论述主要有吴天敏、许政援（1979），幼儿口头言语研究协作组（1981），彭祖智等（1984），史慧中（1990），李宇明（1995），梁卫兰等（2004）。跟西方语言儿童母语习得研究一致的是，汉语平均句长发展的研究也往往跟句法发展的研究结合进行。下面从平均句长发展研究和句法发展研究两个方面来分别综述已有的研究成果。

1.1.2.1　平均句长发展方面的研究

汉语平均句长的计算主要包括两种方法：一种以"字"为单位，一种以"词"为单位。

（一）以"字"为计算单位的研究

以"字"为计算单位的研究主要有吴天敏、许政援（1979），彭祖智等（1984），梁卫兰等（2004）。

在国内，吴天敏、许政援（1979）最早对母语习得情况进行了句长分析的研究。该研究以"字"为单位统计了5名1.5—3岁儿童的句子的长度分布情况。发现2岁前儿童（1.5—2岁）的句长大部分都在5个字以下，占84.8%，2岁后（2—2.5岁，2.5—3岁）这一比例分别下降为37.2%和21.9%；而2岁后儿童6—10个字的句子比例则由2岁前的14%分别上升为53.3%和48%，11—15个字句子的比例由2岁前的1.2%分别上升为7.6%和23.6%，这一阶段还出现了2岁前儿童所没有的16个字以上的句子。从总的发展趋势来看，句长随着年龄的增长而增长。

吴天敏、许政援（1979）没有对句子的界定进行说明，但从句长统计数据及对句法结构发展的讨论来看，其统计的句子既包括简单句（如"奶奶开开""我走了"），也包括复合句（"我不跟你好了，今天不跟你好，明天也不跟你好。"）。

彭祖智等（1984）以"字"为单位统计了3—6岁儿童的句长分布情况。研究表明，从3岁开始，6—10字的句子始终占所有句子一半左右，10—15个字的句子基本维持在20%左右；16个字以上的句子即使在6岁儿童的语言中所占比例仍很低。

以"字"为单位进行平均句长研究的还有梁卫兰等（2004）。梁卫兰等（2004）使用"中文早期语言与沟通发展量表（CCDI）"，采用父母报告的方式，对1056名16—30月龄儿童的语言发展情况进行了研究。研究发现16—18月龄的儿童有22%开始组句，他们的句子长度都在5个字以内。19—21个月龄的儿童有约60%的儿童会组句，有16%的儿童可以组成6个字以上的句子；25月龄以上的儿童90%以上会组句，70%以上的句长在6个字以上。研究表明，儿童的句子复杂性得分随月龄的增长呈线性增长，并可以反映儿童的句法应用能力。16—30个月是幼儿语法使用能力的快速发展期，在此阶段儿童的语言表达能力、句子长度、语法应用能力发展迅速。

梁卫兰等（2004）研究特点是使用标准化的量表调查了较大规模的研究对象，为句长发展提供了群体发展情况的数据。但其平均句长的获取并没有采用对语料样本进行穷尽性统计的方法，而是采用"家长报告儿童最近说出的最长的3个句子，求其平均值"的方法获得。该研究没有对句子的界定做出说明，但指出在统计字数时，应将幼儿特用的叠音字计算为一个字。如"吃饭饭""上街街"的句长应该计为2个字，而不是3个字。

以"字"为单位计算平均句长有简单、便捷的优点，但同样也存在一些问题：（1）并非每个汉字都是一个有意义的单位；（2）汉语中有很多叠音词

（如"爸爸""妈妈"），同时又存在幼儿惯用的一些叠音词（如"花花""饭饭"），如果按"字"计算，将其都计为两个单位，势必会影响句子实际长度的计算；（3）以"字"为统计单位所得的结果无法跟其他语言儿童的句长发展情况进行比较。

（二）以"词"为计算单位的研究

以"词"为计算单位的研究主要包括幼儿口头语言研究协作组（1981）、史慧中（1990）等。

幼儿口头语言研究协作组（1981）是一份幼儿口头语言发展的研究报告[①]。该研究组于1978年至1979年以协作方式对幼儿口头语言中句法结构的发展情况进行了初步调查。在句子长度的研究方面，幼儿口头语言研究协作组（1981）主要报告了华南师院和华东师大的研究结果。

华南师院的调查（主要由吴鸿业、朱霁清完成）指出2—6岁儿童所使用句子的长度随着年龄的增长而增长。2岁儿童主要使用单词句（占70%），其次是双词句（占22.4%）；2.5岁仍以单词句为主（占37.96%），但三词句已上升为第二位（占21.6%）；3岁主要使用三词句（占21.5%）。3.5岁6—10词的句子已占21.2%；4岁时出现了11个词以上的长句，这种长度的句子以后逐年增多，但在总句数中仍是少数。虽然使用的计算单位不同，但按照词与字的对应比例（一般取1:1.6）进行转换后，这一结果仍比吴天敏、许政援（1979）、彭祖智等（1984）得出的句子长度要短。这一研究没有对句子的界定进行说明。

华东师大的调查报告（主要由朱曼殊、武进之等完成）分析了2—6岁儿童简单陈述句平均句长发展情况，分别为：2岁2.91个词，2.5岁3.76个词，

---

① 幼儿口头语言研究协作组是由华东师范大学心理系、福建师范大学教育系、华南师范学院教育系、南充师范学院心理组、湖南师范学院教育系、浙江幼儿师范学校等单位组成的一个研究团队。该研究团队的成果以"幼儿口头语言研究协作组"为名发表。

韩国留学生汉语句长与定、状、补语复杂度发展研究

3岁4.61个词,3.5岁5.22个词,4岁5.77个词,5岁7.87个词,6岁8.39个词。研究结果同样表明句子长度随着年龄增长而逐步增长。①

史慧中(1990)报告了课题"3—6岁儿童语言发展与教育"的相关研究成果。② 课题组采用看图讲述和参观后讲述两种手段,对学前儿童的句子含词量(即以"词"为单位的句子长度)做了比较研究。发现3—4岁儿童的口头语言以含4—6个词的句子占多数;4—5岁儿童的口头语言以含7—10个词的句子占多数;5—6岁多数句子也含有7—10个词,同时出现了11—16个词的句子。在整个学龄前期,在进行明确目的的讲述时,3个词以下和16个词以上的句子均很少出现。研究结果表明,句子含词量与年龄增长正相关。这一研究同样没有对句子的界定做出说明,但从其后对句子类型的分析情况来看,"句子含词量"的统计应该既包括单句,也包括复句。

在汉语儿童句长的发展研究上,以"词"为单位的统计结果与以"字"为单位的统计结果均显示出句长随年龄增长而逐步增长的趋势。在各研究中,只有华东师大的调查报告明确指出所统计的句子为简单陈述句,其他研究均没有对句子的界定做出说明。从分析角度看,其他研究主要是统计各年龄段不同句长句子的分布比例,而华东师大的调查报告则具体统计出了各年龄段儿童平均句长的具体数值。

1.1.2.2 句法发展方面的研究

如前面所述,国内母语习得中句长发展研究往往跟句法发展研究结合进行。朱曼殊、缪小春(1990)认为:"语法的发展通常可以从两方面进行评定和分析:一是句子的长度,即句子中所包含的最基本的意义单位;另一个更

---

① 具体论述可参见朱曼殊、缪小春主编《心理语言学》,华东师范大学出版社1990年版。
② 该课题属于国家重点科研项目"中国青少年心理发展特点与教育"的一个分课题,由中央教育科学研究所幼儿教育研究室和十省、市协作完成。

为主要的方面是句子结构的完整性和复杂性。"① 李宇明（1995）也指出，"句子平均长度必然是一种外在指标……句子长度相同，并不意味着句子结构的复杂程度也相同"。② 国内学者对句法发展的研究一般是从单、复句发展的角度进行分析，这里主要综述单句句法结构的发展情况和复句中分句句法结构的发展情况。

（一）单句句法结构的发展

句法结构主要是指单句内的句法结构，也就是句法成分组合而成的各种语法序列。按照传统语法的分析框架，汉语的句法成分主要有主语（S）、谓语（P）、宾语（O）、补语（C）和修饰语（M，包括定语和状语）等。这些不同的句法成分进行不同的组合，构成不同的单句结构，不同的单句结构具有不同的复杂度。从理论上说，儿童单句结构的发展应该遵循由复杂度所决定的顺序（李宇明，1995）。

吴天敏、许政援（1979）将单句结构分为单词句、主谓句、谓宾句、主谓宾句、复杂谓语句五种。考察了3岁前儿童单句结构的发展情况。发现2岁前儿童（1.5—2岁）主要使用单句（占92.7%），其中使用最多的为单词句（37.7%），其次是主谓宾句（19.9%），复杂谓语句只占3.5%；2—2.5岁儿童单句比例下降（占61.4%），其中使用最多的为主谓宾句（25.2%），复杂谓语句的比例上升（10%）。2.5—3岁儿童单句比例随复合句比例的上升而继续下降（比例为52.8%），其中使用最多的仍为主谓宾句（占23.6%），复杂谓语句的比例进一步上升（占16.2%），跃居第二。研究所显示的单句结构发展特点有：（1）由单词句为主发展到以主谓宾句为主；（2）复杂谓语句的比例逐步上升。

---

① 朱曼殊、缪小春主编：《心理语言学》，华东师范大学出版社1990年版，第294页。
② 李宇明：《儿童语言的发展》，华中师范大学出版社1995年版，第155页。

幼儿口头言语研究协作组（1981）主要报告了福建师范大学和华东师大、浙江幼师对单句结构发展的研究。该研究将儿童单句结构分为主谓句、谓宾句和主谓宾句三类。主要研究结论有：3岁前儿童已经出现这三种结构形式的简单句，3—6岁儿童话语中，主谓宾句最多（48.64%），其次为主谓句（35.27%），再次为谓宾句（16.09%）。这三种结构形式的语句在3岁、3.5岁两个年龄组之间的差别不很大；但4岁以后，特别是从5岁开始，主谓宾句明显上升，到6岁主谓宾句已占较大优势（63.54%）。从复杂谓语句的发展来看，3岁组的复杂谓语句仅占简单句的9.2%，到6岁则增至22%，复杂谓语句本身的结构也随年龄增长而复杂化。这一研究显示在3—6岁儿童语言发展中，主谓宾句与复杂谓语句随年龄逐步增长。

华东师大等单位的研究（可参朱曼殊1986）将单句法结构共分为九类：（1）不完整句（包括单、双词句、电报句和其他结构不完整的句子）；（2）无修饰语的简单句；（3）有简单修饰语的句子；（4）有复杂修饰语的句子；（5）有连动结构的句子；（6）有兼语结构的句子；（7）主语或/和宾语含主谓结构的句子；（8）有复杂结构的句子（4—7类中各种组合）；（9）有联合结构的句子（句中有几个并列成分，又是用关联成分加以连接的句子）。通过对70名儿童自发言语中产生的3459个简单陈述句进行分析，该研究揭示儿童单句发展具有以下特点：（1）2岁和2.5岁组儿童使用的句子主要是不完整句和无修饰语的简单句。（2）3岁组和3.5岁组儿童使用的不完整句快速下降，使用最多的句子为无修饰语的简单句，有简单修饰语的句子也开始上升，并在3.5岁后上升为最主要的单句结构形式。（3）有复杂修饰语的句子和有连动结构的句子从3岁时才开始逐步发展，兼语句、主谓结构作句子成分的句子、有复杂结构的句子（即第六、七、八类）使用的数量一直很少，后两者在5岁时才开始有所发展。联合结构的句子只在6岁组中出现一句。

这一研究的特点是明确界定了所研究的对象为简单陈述句，不包括复句。语料样本较大，单句结构分类细致，从而也揭示出了汉语单句结构发展的一些特点和规律。研究不但反映出"结构简单的话语随年龄增长而递减；而结构复杂的句子随年龄增长而递增"的基本趋势，而且初步得出各类句法结构的出现次序，即"不完整句→S-P→，S-V-O，S-V-C→S-V-O-O→简单M句，简单连动句→复杂M句，复杂连动句，兼语句，宾语中有简单S-P→有复杂结构的句子，宾语中有复杂S-P→主语中有S-P，联合结构"。

史慧中（1990）考察了3—7岁儿童主谓句和非主谓句的使用情况，发现主谓句的使用逐年增长，非主谓句逐年减少，其数量差异以4岁最为明显。该研究还考察了带宾语主谓句与不带宾语主谓句的情况。研究指出3—7岁儿童主谓宾句所占的比例最大。

（二）复句中分句句法结构的发展

李宇明（1995）认为：复句中的各分句同单句一样，具有一定的句法结构。分句结构的质量和类型，对复句的质量有一定的影响。因此，在考察儿童语言发展时，对分句结构进行分析是有必要的。

华东师范大学等单位的研究分析了儿童复句中的分句的结构情况。[①] 在研究中他们运用其对单句句法结构的分类标准，分析了2482个复句的分句。发现其发展特点与单句句法结构的发展基本相同，但也有一些特点：（1）有简单修饰语的分句在2.5岁就上升为主要的句法结构（30.8%），比在单句中发展更快，且在以后的各年龄段中都居于首位；（2）有复杂修饰语的分句结构在3岁时就有了较大发展，也比其在单句中的发展速度要快。

从汉语儿童语言习得的已有研究成果来看，平均句长及句长结构发展的研究主要存在以下两个方面的问题。

---

① 参见朱曼殊主编《儿童语言发展研究》，华东师范大学出版社1986年版，第9—19页。

1. 多数研究都没有对句子的界定做出明确的说明。对句子的界定不一样，句长统计的数值就会存在差异。如吴天敏、许政援（1979），史慧中（1990）中的句子包括单句和复句，而华东师范大学的调查报告（朱曼殊、武进之等的研究）则只研究简单陈述句，这必然对句长的统计造成影响。

2. 对句子进行单、复句的划分是否合理也是研究的一个问题，因为单句与复句的界限并不是非此即彼的。已有研究中的一些数据也同样说明单、复句的划分可能存在主观性。如吴天敏、许政援（1979）中 2.5—3 岁儿童单、复句比例为 57.7%∶42.3%，而史慧中（1990）中 3—4 岁儿童的单、复句比例为 77.79%∶22.21%，数据相差悬殊。

1.1.3　韩语母语习得的平均句长及句法复杂度发展研究

韩语平均句长的测量也存在两种标准，即以"语素"为单位（MLUm）和以"词"为单位（MLUw）。김영태（1997）对 2—4 岁的韩国儿童母语平均句长的发展情况进行了研究，各年龄段儿童的句长发展情况如下：2—2.5 岁，MLUm 为 3.01，MLUw 为 2.27；2.5—3 岁，MLUm 为 3.5，MLUw 为 2.67；3—3.5 岁，MLUm 为 4.2，MLUw 为 2.99；3.5—4 岁，MLUm 为 4.95，MLUw 为 3.35；4—4.5 岁，MLUm 为 5.46，MLUw 为 3.84；4.5—5 岁，MLUm 为 6.31，MLUw 为 4.39。

除单独进行韩国儿童母语习得的平均句长研究之外，还有研究将平均句长与语言发展的其他因素结合起来考察，如유연미（2004），이나영（2004）等。

유연미（2004）试图用"命名能力"和"年龄"两个要素来预测 3—4 岁儿童的平均句长。研究指出命名能力、年龄和平均句长之间均具有高相关性。相对于年龄，命名能力是预测平均句长的更理想的变量。

이나영（2004）结合平均句长，研究了 2.5—4.5 岁儿童的助词发展情

况。研究显示：在2岁末到4岁初，助词的种类和数量随着MLUm和MLUw的发展而有显著性的增长。在这一阶段，平均句长可以作为评估儿童介词发展的重要指标。

김태경、이필영、장경희（2006）以5—19岁的正常发育儿童和青少年作为研究对象，考察了年龄、性别等要素与平均句长（MLU）的相关关系。跟以有的研究结果不同，该研究发现，在9岁以后，年龄和MLU之间仍然存在有意义的相关关系。性别与MLU的相关性相对较弱，但在预测某一年龄的MLU值时兼顾性别因素，可以提高预测的准确性。

1.2 平均句长及句法复杂度在第二语言习得研究中的应用

汉语作为第二语言习得的平均句长及句法复杂度研究主要有施家炜（2002）、靳洪刚（2006）、曹贤文、邓素娟（2012）、安福勇（2015）、陈默（2015；2016）、吴继峰（2016；2017）等。

施家炜（2002）使用韩国留学生的个案跟踪语料，重点考察韩国留学生汉语句式MLU的发展和汉语句式习得的阶段性特征与发展趋势。研究发现第二语言学习者的MLU随其学习时间而增加，发展速度明显比母语习得者迅速，在7个半月的跟踪期内，被试的MLU（以词为单位）由3.48（大致相当于2—2.5岁的儿童的MLU）极为迅速地发展到7.98（大致相当于5—7岁儿童的MLU），而儿童要越过同样的跨度，却需要2.5—5年。这一研究没有对句子的界定做出说明。

靳洪刚（2006）采用引导改写（guided rewriting）的方法，对60名以英语为母语的美国大学生及 20 名以母语为汉语的对照被试的改写过程进行了调查，以探讨汉语语言结构复杂度的发展过程。研究表明英语母语背景的学习者的平均句长和平均话题链长均有直线上升趋势，而平均 T 单位和分句长度的发展却表现为曲线趋势。该研究还重点讨论了如何建立主题突出型语言的句法复杂度的测量单位及研究方法。认为对主题突出型语言而言，除了原有的语言复杂度测量单位之外，还应该考虑平均话题链长度、平均话题链分句量以及句子中零形成分等测量单位。

曹贤文、邓素娟（2012）对小学高年级中国学生和大学高年级越南学生的同题汉语作文进行了对比研究，采用平均句长（MLU）和 T 单位长度两个指标测量了学习者的句法复杂性。研究发现两者在平均句长上的差距并不显著，而在 T 单位平均长度上则存在统计意义上的显著差异。

安福勇（2015）采用 T 单位平均分句数作为指标，测量了中高级汉语二语学习者作文的句法复杂度，发现作文水平越高，平均 T 单位分句数的值越大，句法复杂度越高。

陈默（2015）采用 AS – units（即"言语分析单元"）词语个数、AS – units 小句个数、AS – units 句法等级、连词数量等四项句法复杂度测量指标考察了中高级水平的美国留学生汉语自然口语产出的复杂度，并与汉语母语者的基线数据进行对比。研究结果表明：高级被试的 AS – units 词语个数和 AS – units 小句个数跟汉语母语者无显著差异，汉语母语者和高级被试的明显多于中级被试；中级被试的 AS – units 句法等级跟高级被试的无显著差异，而中高级被试的明显低于汉语母语者；汉语母语者和高级被试的连词数量明显多于中级被试，汉语母语者的明显多于高级被试。

吴继峰（2016）对英语母语者汉语书面语句法复杂性的测量指标进行了实证发现，话题链数量、话题链分句数、零形成分数量 3 个指标可以作为英语母语者汉语写作句法复杂性的有效测量指标，而 T 单位和话题链长度不是有效的测量指标。

陈默（2016）采用言语分析单元词语数量（句法成分长度）和言语分析单元分句数量（句法结构密度）作为汉语句法复杂度的测量指标，考察了韩语母语者口语复杂度的发展情况。研究发现：初级单元词语数量明显少于中级，中级也明显少于高级；初中级的单元分句数量明显少于高级，但初级跟中级无显著差异。初中高级的单元词语数量和单元分句数量均明显少于汉语母语者，也就是说，高级韩语母语者汉语口语句法复杂度没有达到汉语母语者水平。

吴继峰（2017）对一名英语母语者汉语作文的词汇和句法动态发展进行了为期一年的跟踪研究，该项研究显示汉语话题链数量、零形成分数量和话题链平均分句数随着时间的推移整体上呈发展趋势，但发展过程并不是线性的，而是呈现出跳跃性、阶段性和非线性发展的特点。

除此之外，在某些对中国英语学习者的研究中也涉及 MLU 的内容，主要将 MLU 作为评估英语书面语或口语的复杂度的一个标准，如袁勤（2007）、曹爱娣（2008）等的研究。在英语作为第二语言的句法复杂度研究方面，最主要的代表性成果有秦晓晴、文秋芳（2007），鲍贵（2009）和赵俊海、陈慧媛（2012），等等。秦晓晴、文秋芳（2007）详细论述了英语专业学生写作中句法复杂性的发展特征、不同发展阶段衔接手段的使用特点等，以发展的视角较为全面、系统地探讨了英语专业学生英语写作能力的发展规律和特点。鲍贵（2009）考察了英语学习者作文句法复杂性的变化模式。该研究中的句法复杂性测量指标包括单位长度和子句密度或内嵌度两类。其中单位长度用 T 单位长度和子句长度指标测量，子句密度用 T 单位复杂性比率和从属句比率指标测量。赵俊海、陈慧媛（2012）对第二语言学习者英语写作表现中语法复杂度的测量及测量效度进行了实证性研究。检验了 T 单位、从属小句、非限定动词和衔接成分在测量英语学习者书面语语法复杂度方面的效度。

在韩语作为第二语言的习得中，主要成果有김선정、김목아（2011）。该研究以韩语书面语中的"."、"?"、"!"作为切分句子的标记，考察了中国学生韩语作文中介语的平均句长和词汇特征的发展状况，并与韩语本族人（韩国大学生）的使用情况进行对比。研究发现中级学生平均句长比初级学生稍有增长，但均低于韩国大学生。特别以语素为单位的平均句长（MLUm），中国学生与韩国本族人的差异十分明显。研究表明，相对于词汇（单词），语法语素（特别是与谓词相关的语法语素）是中国学生学习难度更大的语法项目。

总体来看，第二语言习得研究中的平均句长和句法复杂度研究主要基于专题测试、问卷调查或个案跟踪等研究方法，而基于大规模汉语中介语语料库的研究尚不多见。本书拟基于较大规模韩国学生汉语中介语作文语料库，以"小句"为观察点，考察平均句长和定、状、补语句法复杂度的发展情况。

1.3 本章小结

从平均句长的已有成果来看，主要的研究集中在儿童母语习得研究方面。平均句长研究的难点首先在于确定句子的边界，其次在于寻找句长与句法复杂度之间的相互关系。到目前为止，以平均句长的发展为切入点，结合句子句法复杂度的发展来考察第二语言学习者语言能力发展的文献仍较少。

朱曼殊、缪小春（1990）指出："语法的发展通常可以从两方面进行评定和分析：一是句子的长度，即句子中所包含的最基本的意义单位；另一个更为主要的方面是句子结构的完整性和复杂性。"从平均句长与其他评测语法发展工具的相关程度来看，研究证明了平均句长与评估英语儿童语法发展的量表IPSyn的相关度达0.92，与句法复杂性评估工具的相关度达0.88（Rollins，

P. R. 1996)。不同语种儿童语言发展的研究也证明了平均句长作为评测儿童语言发展非标准化工具的有效性。

  本书拟在充分吸收、借鉴已有研究成果的基础上,以汉语小句理论、中介语理论和语言习得理论为指导,在较大规模的本族人语料库、中介语语料库和教材语料库的支持下,对韩国留学生汉语平均句长和句子定、状、补语句法复杂度的发展进行研究。以探讨中介语与目标语、中介语与教学输入语言之间的相互关系,从实证研究的角度检验、论证和完善中介语理论。

第2章　汉语本族语者句长与定、状、补语复杂度研究

肖奚强（2011）指出："中介语研究必须有一定的语言学理论、语言习得理论为基础。""进行汉语中介语研究……还必须以语言理论，特别是汉语本体研究的理论和成果作为分析框架或参考。否则，在语言要素的分析方面将无所依托、难以深入"。①

在对韩国留学生中介语系统进行具体的分析描写之前，我们先对汉语本族人句子的长度分布、平均句长、不同句长句子定、状、补语句法结构复杂程度进行较为细致的描写和分析，以期为中介语的研究提供对比的参照和标准。

已有的现代汉语句长研究主要是语体学意义上的句长研究，如张绍麒、李明（1986），吴云芳（2001）的调查研究。其对句子的划界标准基本上都是以书面标点符号的"。""！""？"作为标志。汉语句子的界定是一个至今仍未完全解决的问题。以"。""！""？"划分所得的句子既包括单句，也包括复句甚至句群，切分所得单位的同质性存在很大的问题。计算这样切分出来的单位长度，其作用可能仅限于语体风格的研究领域。句子长度和句子复杂

---

① 肖奚强：《汉语中介语研究论略》，《语言文字应用》2011年第2期，第109、110页。

度的研究，必须建立在一个明确的、可以作为语法研究基本单位的"句子"概念上。

　　本章从已有"句子"的定义和"句子"切分的研究成果出发，界定本文中的"句子"概念和切分句子的方法、依据。在此基础上，以"字""词"为单位统计分析120万字的汉语本族人语料的平均句长和句子长度分布情况，并详细描写、分析不同句长句子定、状、补语的句法复杂度。

2.1　"句子"概念的确定与"句子"的切分

2.1.1　汉语"句子"的定义与辨识

　　给"句子"下定义是一件非常困难的事情。"研究英语结构的人会碰到两百多种对于句子所下的定义"[1]，"中国语言学家给句子下的定义已有几十种，几乎是一家一说，甚至一家数说"[2]。

　　由于汉语没有印欧系语言的主谓一致关系作为界定句子的形式标准，汉语句子的界限常常是模糊的。吕叔湘（1979）就曾指出："因为汉语口语里特多流水句，一个小句接一个小句，很多地方可断可连。试比较一种旧小说的几个不同的标点本，常常有这个本子用句号那个本子用逗号或者这个本子用逗号那个本子用句号的情形。"[3] 胡裕树和张斌（2002）也认为："汉语语言极富弹性，句子与句子的界限很难确定，一篇文章或一段话包含多少句子，

---

[1]　[美] 弗里斯：《英语结构》，何乐士等译，商务印书馆1964年版，第11页。
[2]　张静：《汉语语法问题》，中国社会科学出版社1987年版，第423页。
[3]　吕叔湘：《汉语语法分析问题》，商务印书馆2007年版，第23页。

只能根据标点符号来确定。"① 而没有添上标点的文章要求人们断句，恐怕很难做到一致。

依据句末点号（主要是"。""！""?"）来标示汉语句子的界限，并没有得到一致的认可。王力认为，先确定是句子，才在句子的结尾处用句号来标记，而不能因为结尾处用句号为记，它才能成为句子。② 吕叔湘（1979）也认为，句号、问号、叹号或分号可以用来代表汉语书面语中的句子终了语调，但语法分析不能完全依赖书面上的完句标点。我们不妨转引史有为（1997）的一个例子来加以说明。

（1）左右看，没人，他的心跳起来，试试看吧，反正也无家可归，被人逮住就逮住吧。（老舍《骆驼祥子》）

关于这段文字，史有为（1997）说："该句一连的6个小句，中间都是逗号，主语只在第3小句出现。按照一般的理解，汉语句子的主语是非必要成分，这样看来，第1、2小句语义相当完整，有表示陈述句的下降语调，应该可以标句号；第3小句、第4小句以及最后两个小句也同样如此，都可以在句末标句号。这样可以分成四句。但老舍先生却要一逗到底，是老舍先生标点失误吗？当然不能这么看。"由此可见定义和辨识汉语句子的困难。

究其原因，我们认为主要是跟汉语语流组织的特点有着最直接的关系。汉语属于"表意型"语言，汉语中的言语单位常常是围绕一个中心思想而展开的一串句子。也就是说，汉语中两个句号之间往往不是一个句子，而是包含多个句子，这些句子的性质接近于吕叔湘（1979）所定义的汉语小句。吕叔湘（1979）指出："用小句而不同句子做基本单位，较能适应汉语

---

① 胡裕树、张斌：《胡裕树张斌选集》，东北师范大学出版社2002年版，第307页。
② 转引自龚千炎《句子分析》，安徽教育出版社1982年版，第9页。

的情况，因为汉语口语里特多流水句，一个小句接一个小句……"① "语言的静态单位是：语素，词，短语（包括主谓短语），以及介乎词和短语之间的短语词，其中语素是基本单位。语言的动态单位是：小句、句子（一个或几个小句），小句是基本单位。"② 因此，这启发我们不应再囿于以往研究句子长度时以"。""！""？"作为划界标记，将单句、复句甚至句群"拧"在一起的做法。汉语中的"小句"才是观察汉语句子面貌的理想立足点。

2.1.2 "小句"的研究与本书中"句子"的确定

在汉语研究中，"小句"的说法最早见于刘复（1920）。他在论述"复句""简句"等概念时提到这一名称。吕叔湘（1942）也提及"小句"，但并未将小句当作一级句法单位，只是为了称说方便而使用了"小句"这个名称。

吕叔湘（1979）首次将小句作为现代汉语语法研究的一级单位。在论述"小句和句子"的问题时，吕叔湘认为："小句是基本单位，几个小句组成一个大句即句子。这样就可以沟通单句和复句，说单句是由一个小句组成的句子。"对于小句的范围，吕先生的论述是："小句包括不包括有些书上叫作子句、有些书上叫作主谓短语的那种组合。权衡得失，似乎还是叫作主谓短语从而排除在小句之外为好。"③ "一个小句一般是一个主谓短语；也常常是一个动词短语（包括只有一个动词的情况）；在少数情况下是一个名词短语（包括只有一个名词的情况）"。④ 至此，"小句"首次被作为汉语动态平面上的一级基本单位而进入研究者的视野。

在吕叔湘之后，又有不少研究者对汉语中的"小句"进行了较为深入、

---

① 吕叔湘：《汉语语法分析问题》，商务印书馆2007年版，第23页。
② 同上书，第24页。
③ 同上。
④ 同上书，第25页。

细致的探讨,这些成果主要包括范继淹(1985)、史有为(1994)、邢福义(1995;1996;1998;2000a;2000b;2001a;2001b;2004)、屈承熹(1996)、李宇明(1997)、储泽祥(2004)、刘街生(2004)、徐杰(2005)、黄忠廉(2005)、陆镜光(2006)、王文格(2009)等。这些研究主要涉及"小句"的界定,"小句"的性质、范围、判断标准,以及小句在汉语语法中的地位。

综观汉语"小句"研究的所有成果,我们发现对汉语"小句"定义与范围的研究主要有以下三种观点。

1. 从形式和功能两个方面来定义"小句"。在范围上,认为小句首先是"句",更强调其所应具有的"表述性"和"独立性"。因此,小句的范围主要是传统分类中的单句以及复句中的分句。不将充当句子成分的主谓短语或谓词性结构视为小句。持这类观点的主要有吕叔湘(1979)、邢福义(1995;1996;1998)、徐杰(2005)。

2. 主要从形式上定义"小句",认为小句以一个谓语为中心的句法形式。持这种观点的主要是屈承熹(1996)和陆镜光(2006)。在这种界定下的"小句"范围最广。一般而言,出现在主语、宾语、谓语、补语,甚至定语、状语上的主谓短语都被认为是小句。这种界定的问题,一是将谓词性短语跟其他短语区别对待,只承认"主谓短语"跟"小句"之间具有天然的关系,二是容易引起短语、小句之间界限不清。

3. 从形式和功能两个方面来定义"小句",强调小句范畴的连绵性。对于小句的范围,"可以考虑采取折中的办法,即在吕叔湘(1979)、邢福义(1995)的基础上把小句的范围适当地放宽"[1],认为除了单句和分句外,居于宾语、补语、主语或谓语位置上的带有独立语调的主谓结构体

---

[1] 储泽祥:《小句是汉语语法基本的动态单位》,《汉语学报》2004年第2期,第50页。

也应被视为小句。持这一观点的主要是储泽祥(2004)、王文格(2009)。

本书更强调"句子是说话的单位","只要独立说起来成话,就是句子"①,也即强调句子应该是一种动态的使用单位,应该具有"表述性"。所以,我们更倾向于选择从形式和功能两个方面界定的"小句"作为我们研究的立足点。对于小句的范围,我们采用吕叔湘(1979)、邢福义(1995)界定的最窄范围:只有单句和分句这两个带有语调的单位才是小句,将充当句子成分的主谓短语排除在外。这样做的好处是使小句的范围更明确,在具体划分时也比较容易操作。

正如邢福义(2004)所指出的:"'小句中枢',实际上是对汉语语法事实进行研究的一种观测点的选择。"在我们的研究中,选择以"小句"作为观测点,而不是按照一般的做法,选择包括复句和单句的传统意义上的"句子"作为观测点,也是为了能更好地找到一个观察韩国留学生句法的发展状况的指标。我们主要借鉴"小句"的思想对书面语中的句子进行切分。最后所得到的单位,我们仍以"句子"相称。

2.1.3 已有的"句子"(长句)的切分研究

2.1.3.1 计算语言学界的研究

张艳(2003)指出:当句长超过20个词时,正确率呈急剧下降的趋势,句法歧义问题也会显得更为突出。因此,计算语言学界有不少的研究〔如周强、孙松茂、黄昌宁(1999);李幸、宗成庆(2006);马金山、刘挺、李生(2007;2009);洪鹿平(2008)等〕都涉及长句的切分问题。

周强、孙松茂、黄昌宁(1999)认为,标点符号(包括句号、问号、感

---

① 丁声树等:《现代汉语语法讲话》,商务印书馆1999年版,第18、19页。

叹号、冒号、分号、逗号和顿号等）在书面语中可以分隔不同层次的语法片段，它们在句子描述中表现出比较明显的层次性：顿号主要用来分隔并列结构中的并列成分，属第 1 层次；逗号分隔短语片段和小句，属第 2 层次；冒号、分号分隔比较大的分句和引句，属第 3 层次；句号、问号、叹号一般用在句子末尾，分隔完整的句子，属第 4 层次。

李幸、宗成庆（2006）认为，在汉语中存在一种独特的长句构成方式，即一连串独立的简单句通过逗号或分号，连接成一个复杂的"句群"式的长句。这些简单句是为了表意的需要而连接在一起的，它们彼此的句法结构完全独立，表示彼此之间逻辑关系的连接词也可有可无。文章将逗号、分号和冒号都界定为"分割"标点，与传统的一遍分析方法相比较，实验证明这种分析方法在处理复杂长句的效率和正确率方面都具有较大的优势。

马金山等（2007）认为，解决句子的切分问题首先需要确定标点的作用以及句子的概念。"在句法分析中，通常把以句号、问号或叹号结尾的一段文字作为一个完整的句子，而逗号通常只作为句子的暂停标记。但由于汉语对标点的使用没有严格的语法限制，尤其是对逗号的使用更为随意。有时表达完一个意思之后，会以逗号作为停顿，继续表达下一个意思，导致了句子的长度增加"。[1] 马金山等（2007；2009）将用逗号、冒号、分号、句号、问号和叹号结尾的字符串称为一个片段。该研究使用 SVM 的方法识别出每个片段的类型，根据片段类型对句子进行切分，从而缩减句子的长度，减少句法分析中的歧义结构。

总的来看，计算语言学界对长句切分的探索既源于汉语自身的特点，也出于计算机处理语言的特殊要求。所利用的书面标点符号中，除了传统句法

---

[1] 马金山等：《面向句法分析的句子片段识别》，孙茂松、陈群秀主编《内容计算的研究与应用前沿——第九届全国计算机语言学学术会议论文集》，清华大学出版社 2007 年版，第 253 页。

分析包括的句号、问号、叹号之外，分号、冒号也被认为是无争议的具有句子"分割"功能的标点符号。逗号的情况比较复杂，对逗号功能的探讨是研究的重点。

2.1.3.2 篇章语言学的研究

篇章语言学的研究往往以小句作为单位。"小句是话语分析中一个重要的和基本的语言单位"。① 在篇章话语研究中，经常需要先把某个段落或篇章划分成一个一个的小句，以便观察回指对象在小句中出现的具体位置，确定回指对象与先行词之间的距离等。

陈平（1987）在确定"小句"时指出："一般以标点符号为标记，把用逗号、句号、问号等断开的语段算作小句。"②

徐赳赳（2003）认为，在篇章回指的研究中，"无法按照传统的句子概念来划分小句，必须采用一种能反映篇章回指特性、适合篇章回指研究的小句"③，并将这种以篇章分析为目的而划分的小句称为"篇章小句"。篇章小句以一个主谓结构（主语可以为零形式）为划分的主要标准，以停顿和功能作为划分篇章小句的次要标准。

篇章语言学对篇章小句的划分标准建立在主谓结构上，同时兼顾停顿、功能等因素。其中对连动、兼语句的处理与一般的小句界定有较大的差别。总的来看，篇章语言学对"小句"的判定与其研究的目的有密切关系，某些判定标准不适合作为考察语法发展的句子划定标准。

---

① 徐赳赳：《小句的概念和小句划分》，钱军主编：《语言学：中国和世界同步》，外语教学与研究出版社2003年版，第231页。
② 陈平：《汉语零形回指的话语分析》，《中国语文》1987年第5期，第364页。
③ 徐赳赳：《现代汉语篇章回指研究》，中国社会科学出版社2003年版，第58页。

2.1.4　本文中"句子"的切分

本文需要对大规模语料库中句子的长度进行统计，这一过程主要依靠计算机软件来实现。计算机对句子边界的识别需要依靠外在的形式标记。从已有的研究来看，书面标点符号是划分句子的最主要的、可直接依赖的标记。下面我们主要探讨如何利用标点符号的句法功能帮助计算机识别句子的边界，从而在此基础上进行句子长度的统计分析。

2.1.4.1　标点符号的"切句"功能

根据2011年12月30日中华人民共和国国家质量监督检验检疫总局和中国国家标准化管理委员会联合发布的国家标准《标点符号用法》（GB/T15834—2011），标点符号包括点号和标号。点号又分为句末点号和句内点号。句末点号包括句号、问号、叹号3种，句内点号包括逗号、顿号、分号、冒号4种。常用标号包括引号、括号、破折号、省略号、着重号、连接号、间隔号、书名号、专名号、分隔号等10种。

李幸、宗成庆（2006）认为："如果某个标点符号分隔开的子句单元，相互之间的句法关系是整体的而非局部的，换言之，也就是它们整体发生关系而非某个子句单元内部的某一成分和其他子句片断发生关系，那么我们把这类标点定义为'分割'标点。"[①]

在点号中，句号、问号、叹号作为句末点号[②]，毫无疑问可以作为句子的边界。分号和冒号主要用于分割停顿较大的分句和引句，而我们界定的"句子"主要是小句层面的句子，所以，冒号、分号也同样具有"切分"句子的

[①] 李幸、宗成庆：《引入标点处理的层次化汉语长句句法分析方法》，《中文信息学报》2006年第4期，第10—11页。

[②] 邵敬敏（2000）称之为断句性点号。

功能。顿号主要用于并列的词、短语之间的停顿，不具有"分割标点"的地位。在点号中，逗号既可以分割短语片段，又可以分割小句，情况比较复杂，需要人工一一甄别。

在标号中，省略号在很多情况下也可以成为句子（小句）末尾的标记。跟逗号一样，需要统计其分布，再根据一定的标准做人工甄别。标号中的引号、括号、破折号等符号只具有语义上的作用，在句法分析上是透明的，在句子切分中基本上可以不予考虑。

下面我们主要分析逗号、省略号在书面语中的分布情况和作用，从而确定它们切分句子的功能。

1. 调查的语料说明

我们采用抽样的方法从120万字的本族人语料中抽取20万字[①]，这些语料从本族人语料的6个部分（五位作家的作品和初中生作文）中抽取，每一部分抽取语料总量的1/6。然后再对其中出现的逗号、省略号的分布情况进行穷尽性的调查、统计和分析。

2. 逗号的分布和逗号切分句子的功能

根据《标点符号用法》，逗号在句子中的位置主要包括：（1）句子内部主语与谓语之间；（2）句子内部动词与宾语之间；（3）状语和其修饰的句子之间；（4）复句内各分句之间。但在实际语料中，逗号的用法远比这些情况复杂。在我们调查的20万字语料中，逗号的用法和分布情况见表2-1-1。

[①] 采用本族人语料作为标准，主要是考虑到本族人语料为自然语料，相对于教材语料可能更接近标点符号的实际使用状况。

表 2-1-1　　　　　　　　　逗号用法及分布情况

位　置	小句之间	主谓之间	动宾之间	状语之后	联合短语	关联词后	复指成分	独立语	语义块	合　计
数量（个）	6550	513	168	1799	317	197	47	692	212	10495
百分比（%）	62.4	4.9	1.6	17.2	3.0	1.9	0.4	6.6	2.0	100

从表 2-1-1 可以看出，除了上述《标点符号用法》所述的 4 种位置以外，逗号还可以用于联合短语之间、关联词语之后、复指成分前后、独立语前后、复杂语义块内部等。

在逗号的各类用法中，用于小句之间（即《标点符号用法》中所谓的"复句内各分句之间"）的比例最大，达 62.4%。这一数据与已有研究的统计数据可以互为参考[1]，说明将逗号作为一种切分句子的标记是有一定依据的。逗号用于分隔小句的情况，例如：

（2）然而走了一大段路，终于还是觉得胆怯，连忙回头去寻父亲，却早已不见他的踪影了。

（3）他们走到了一座木桥前，桥下是一条河流，河流向前延伸时一会儿宽，一会儿又变窄了。

上述两例中各逗号所分隔的语言片段都具有独立成句（小句）的资格。下面我们来看"逗号"的其他用法。

我们先来看逗号出现在主谓之间、动宾之间和状语与修饰语之间的情况，例如：

---

[1] 晋耀红（2003）从句群小句、语义块及其构成、语言逻辑概念和语习类概念等方面对逗号的用法和分布进行了统计，指出逗号用于句子之间的情况占到了 50% 多。池毓焕、李颖（2009）则发现汉语以逗号结尾的语串，单独成句的比例为 65% 以上。

(4) 那些祝贺的、送礼的、来看新郎的，就像排队买东西似的一个挨着一个。

(5) 饥饿，远远比他手中的鞭子厉害。

(6) 我知道，这一切都是我从未享受过的。

(7) 我就能感受到，校园里总有股不安和焦躁的气氛。

(8) 这之后的许多年里，我们都一直是好朋友。

(9) 他以他出色的工作，已经赢得了邵其平的信任。

(4)(5)的逗号用来分隔主语和谓语，占4.9%；(6)(7)的逗号用来分隔动词和宾语，占1.6%；(8)(9)的逗号用于状语之后，占17.2%，为逗号的第二大用法。

下面我们来看逗号用于联合短语之间、关联词之后的情况，例如：

(10) 我的脸, 我的脖子, 我的脚底, 我的手掌都在一阵阵地发烧。

(11) 到处是木屋的碎片, 掀翻的渔船, 变形的汽车。

(12) 然而, 我终于没有去阻止这个故事的流传。

(13) 可是, 此时人们却发现石板无法抬起，砸了这儿一头，伤了另一头。

(10)(11)为逗号用于联合短语之间，联合短语主要位于主语、宾语位置上，这类情况占3.0%；(12)(13)用于关联词语之后，占1.9%。

逗号还可以用于复指成分前后、独立语前后和复杂语义块内部，例如：

(14) 一个穿着白裙、牵着两条狗的优雅女孩, 这一形象后来成了油麻地中学全体学生的永恒记忆。

(15) 在伙房的窗口，我碰见了在医院里结识的病友, 西北一所著名大学哲学系讲师。

(16) 海师傅,_场部还远么?

(17) 我不想让这家里的一切人,_包括玛瑞丝太太在内,_感到失望和扫兴。

(18) 他具有一种［能够把人类各个不同的知识领域相互沟通起来,_并融汇为一体］的奇妙的本领。

(19) 直等［陶卉从女生宿舍中出来告诉我她已经把铺盖卷打开了,_一切都很好］之后,我才回到接待站为我安排的男生宿舍里。

(14)(15)的逗号用于分隔较长的复指成分,占0.4%;(16)(17)用于独立成分前后,占6.6%,居第三位;(18)(19)用于复杂语义块内部的停顿,占2%。

在逗号的九种使用情况中,我们只将分隔小句的逗号和分隔独立语的逗号作为分隔句子的标记,其他逗号均认定为"非句子(小句)逗号"。

3. 省略号的分布和省略号切分句子的功能

《标点符号用法》指出省略号的作用主要有:(1)标明引文的省略;(2)标明列举的省略;(3)标明说话的断续。在我们的语料中,除了上述三种用法之外,发现省略号有时可以表示一种叙述的省略,这种省略可以制造一种含蓄、深远、"言虽尽而意无穷"的表意效果。我们暂且将这种用法列为:(4)表示叙述的省略。这四种用法在20万字语料中的分布情况见表2-1-2。

表2-1-2　　　　　　　省略号用法及分布情况

用　　法	引文省略	列举省略	话语断续	叙述省略	合　　计
数　量(个)	80	47	9	36	172
百分比(%)	46.6	27.3	5.2	20.9	100

(1) 引文省略。在小说语体中，主要是直接引语中的省略，例如：

(20) 孩子就哭泣着说："我和大庆在那边林子里玩，他欺负我，我就跑到河边，把斗笠和鞋扔到了河里，吓唬他……"

在引文省略中，还有较为特殊的一类，即重复词语的省略，例如：

(21) 将我朝陶卉家的门口推去，并大声地朝屋里喊："林冰来啦！林冰来啦！……"

(22) 不一会儿，有许多人在不同的方向跟着喊："抓小偷！抓小偷呀！……"

(2) 列举省略。在列举同类事物或现象过程中，可用省略号表示列举的未尽。例如：

(23) 那么一片红瓦房，那么一片黑瓦房，那么多树木，那么多花草，那么多田地……

(24) 他总是出现在我们的眼前：修剪树木花草，下池塘去把要钻进板泥的藕藤小心地转向池塘中间，用铁丝把水码头的木板牢牢固定住，把驱赶麻雀的稻草人立到地里去……

(3) 话语断续。例如：

(25) "在办公室里算……算账，算伙食账。"

(26) "就……就是没有写什么。"杨文富完全蒙了。

(4) 叙述省略。例如：

(27) 团长终于下马，牵了它，很尴尬地走向了后台，再也没有露面……

（28）暑气使我的眼角上长了一个疖子，至今伤疤犹在……

总的来看，省略号分割句子的功能比较清晰，即（1）（2）（4）等用法具有分割句子的功能，而用法（3）则是一般的句子内部停顿，不具备分割句子功能，在人工校对时可以删除或替换成顿号。

2.1.4.2 对句子特殊成分的处理

胡裕树（1995）认为，"句子的特殊成分，是指全句的修饰语、提示成分、独立成分而言。这三者的特点是：附丽于句，不能离句而独立，但又不是句子所有组成的直接成分"[①]。邢福义（1996）认为，"在句子结构的配置中还有两类特殊句子成分，即独立语和外位语"[②]。张斌（2005）认为，"句子的特殊成分，主要指提示成分和独立成分"[③]。现在的研究一般不将全句修饰语作为句子的特殊成分，公认的特殊句子成分主要是提示成分和独立成分。

1. 对复指成分的处理

复指成分有时又被称为"提示成分"[④]"外位语"（"外位成分"）[⑤]等，是一种居于句子外位、与句子中某一构成成分在意义上具有复指关系，但又不属于句子直接构成成分的语言单位。着眼于其与句中成分的语义关系，可以称为"复指成分"；着眼于其在句中所起的作用，可以成为"提示成分"；着眼于其句法位置，则可以称为"外位语""外位成分"。例如：

（29）一个初来北京的、孤独一人的、无依无靠的打工女孩儿，<u>这</u>就是安心的全部。

---

① 胡裕树：《现代汉语》（重订本），上海教育出版社1995年版，第341页。
② 邢福义：《汉语语法学》，东北师范大学出版社1996年版，第127页。
③ 张斌：《新编现代汉语》，复旦大学出版社2005年版，第389页。
④ 胡裕树：《现代汉语》（重订本），上海教育出版社1995年版，第343页。
⑤ 邢福义：《汉语语法学》，东北师范大学出版社1996年版，第128页。

（30）与他一起回来的是他的妻子，<u>一位漂亮的护士</u>。

（29）中的"这"复指主语，（30）中"一位漂亮的护士"复指宾语。

复指成分主要是名词性的成分，不具有单独成句的资格，我们将其划入毗邻的句子（小句）中。需要注意的是，我们这里所说的复指成分，仅指名词性的成分，不包括动词性的复指用法。例如：

（31）<u>想记就记</u>，这是你的个性。

（32）<u>削铅笔的时候把手削破</u>，这种雷人恐怕也只有你了吧。

上述两例中画线部分的句子有独立的主谓结构，可以单独成句，不属于句子的复指成分。

2. 对独立成分的处理

独立成分，有时也被称为"独立语"①"游离成分"②"插入语"③ 等。是一种独立于句子一般成分（主语、谓语、宾语等）之外的，不与一般成分发生语法关系、位置较为灵活的语言单位。

胡裕树（1995）将独立成分的作用分为七种，黄伯荣、廖序东（2011）从表意的角度将独立语分为"插入语""称呼语""感叹语""拟声语"4 种。其中"称呼语""感叹语"大致相当于胡裕树（1995）分类中的第一类。"拟声语"是新列出来的一类。邢福义、汪国胜（2003）认为，从表意上看，独立语分为提醒性、解释性、评论性、关联性、音像性、招呼性等 6 种。其中音像性独立语相当于"拟声语"，招呼性独立语相当于"称呼语"。

由此可见，各家对独立成分的范围大体上是相同的。对于独立成分，我

---

① 黄伯荣、廖序东：《现代汉语》（增订五版）（下册），高等教育出版社 2011 年版，第 77 页。
② 吕叔湘、朱德熙：《语法修辞讲话》，中国青年出版社 1979 年版，第 160 页。
③ 吕冀平：《汉语语法基础》，黑龙江人民出版社 1983 年版，第 270 页。

们在分割句子时的处理方法如下。

（1）称呼语、感叹语后面一般都有较大的停顿，认定为一个独立的小句。例如：

(33) 星子，我不知道，我真的不知道。

(34) 哟，送我这个是什么意思呀？

张登岐（1998）曾指出称呼语、感叹语与由单个名词、叹词充当的非主谓句在形式上很难区分，建议从独立成分中取消称呼语和感叹语，将它们当作句子看待。这在一定程度上说明称呼语、感叹语具有独立作为句子的资格。

（2）独立成分如果与句子中的其他成分之间没有语音停顿，无论其居于句首、句中或句尾，都处理成小句内成分。例如：

(35) 稿子一经刊出，据说其真实感和震撼力使很多读者为之动容。

(36) 我看你也别急着回来上班了，你可以再续一段假。

（3）独立成分如果与前后成分之间有较大的语音停顿，书面上有逗号表示，视为单独的一个句子（小句）。① 例如：

(37) 确切地说，她正在向这个男人哭泣！

(38) 总的来说，安心是个理智型的和责任感比较强的女孩儿。

例（37）（38）中的独立成分都处理成独立句子（小句）。

---

① 独立成分跟一般所谓的"小句"在句法形式和表达功能上并不一致。如独立成分一般不带有谓词，或者其中谓词的意义已经虚化，在表达功能上，独立成分一般不具有述谓性。这里将独立成分处理成小句主要是出于对语料进行穷尽性统计的需要，将被逗号隔开的独立成分视为一个具有一定形式的"语段句"。

2.1.4.3 对变式句的处理

变式句是相对于常式句而言的。黄伯荣、廖序东（2011）认为，"在交际中出于修辞或语用上的需要，故意减省了句法成分或调换成分的位置，这些变化了的句型叫变式句……""变式句可以分为省略句和倒装句"。[①] 常见的变式句有主语和谓语倒置，定语、状语和中心语倒置，在我们用来统计标点符号的 20 万字语料中，没有发现变式句的例子。于是我们扩大语料检索范围，在 120 万字的本族人语料中寻找变式句，变式句的数量依然很有限，仅 13 例，主要为主谓倒置和状中倒置的现象，下面各举两例：

（39）谁呀这是？

（40）起来吧，你们。

（41）一回到家里就是痛打先。

（42）我第一次在那么多同学面前流泪了，为你，为了你的不理解。

对于变式句，我们认为这是一种语用现象，应处理为一个句子。

2.1.4.4 对其他几种较为特殊的句子形式的处理

1. 句首状语修饰句子串

我们先看句首状语修饰单个句子的情况，如：

（43）<u>当河上吹来微风时</u>，她的白裙便会如同一朵倒着开放的莲花。

（44）<u>月光下</u>，满场东倒西歪的桌凳像瘟疫过后满地倒毙的驴马和猫狗。

[①] 黄伯荣、廖序东：《现代汉语（增订五版）》（下册），高等教育出版社 2011 年版，第 97 页。

例（43）（44）的状语位于句首，修饰整个句子。根据我们所界定的"句子"概念，状语作为一种修饰、限制性的成分，没有独立成句的资格，我们将这类句首状语处理为句子的附加成分。

但有时候句首状语修饰的是句子串（即若干个句子的集合），则可能会出现断句上的问题，例如：

(45) <u>那天晚自习</u>，他没有到教室来，/跑到宿舍后面那口恐怖的大塘边，/直把笛子吹到后半夜。

(46) <u>当这两块杏黄色的窗帘拉开后</u>，这空寂了多年的屋子立即洋溢出生命，/并给人一种说不清的意味。

例（45）（46）中的状语，都同时修饰了后面连续的若干个句子（小句），这时会给切分句子带来困难。当遇到这种情况的时候，我们只能采取变通的办法，将最前面的共同状语划归第一个句子（小句），后面的句子（小句）算成独立的句子。从句子平均长度的计算看，这种处理并不影响句子的平均句长。（45）例一共4个语言片段，计为3个句子。无论将句首状语的长度划归第一个句子，还是将句首状语的长度计算为3个句子所共有，这4个片段的平均句长都是一样的。

2. 宾语位置上的句子串

根据我们对"句子"的定义，宾语位置出现的主谓短语（即一般所谓的"宾语小句"），都不属于独立的句子。例如：

(47) 乔桉走后，我就一直觉得<u>他仿佛还在我们的屋子里</u>。

(48) 但我从他的眼里看到了<u>一种更可怕的东西在黑暗里生长着</u>。

在（47）（48）中，虽然做宾语的都是"句子"形式，我们将其处理成宾语。但实际语料中，还存在下面的情况。

(49) 我甚至觉得，/局面也就这样了，/已根本不可逆转了。

(50) 我们看见，/有一个草把砸在了她好看的脸上，/她都快哭了。

对这类句子，我们的处理方法是在动词后切断，后面的小句属于独立的小句。

但如果后面是一个没有语音停顿的紧缩句形式，则不断开，与前面的动词一起处理成一个小句。例如：

(51) 你一个女人哪里晓得我这样的人能打开一点局面又有多难。

3. 复合谓语句

"复合谓语"的说法源自吕叔湘（1979）。如果谓语是结构一致、形式短小、语音停顿小的形式，视作一个句子。例如：

(52) 它们在厕所前面的林子里呜咽着，叫喊着。

(53) 人们叫着、问着、答着，河岸边人声鼎沸。

(54) 那声音很怨屈，很悲凉，很痛苦。

(55) 他几乎无时不在、无处不在。

其中（52）（53）的谓语为并列动词性成分，（54）的谓语为并列的形容词性成分，（55）的谓语为固定短语，以上各例都界定为一个句子。

4. 引述性话语和直接引语

引述性话语是指提示将直接引述他人话语的句子，常常以"说"类动词结尾。直接引语是指位于两个引号中的直接引述的话语。例如：

(56) 许三观说："爷爷，我不是你儿，我是你孙子，我的脸在这里……"

(57)"那就再给他一树柿子。"<u>马水清说</u>。

(58)"我认识你,"<u>许三观笑着说</u>,"你就是油条西施。"

上述各例中画线的部分均为引述性话语,而各引号内的句子属于直接引语。邢福义(1993)认为,"'说'类动词以套内句子(即'直接引语')为逻辑宾语,书面上,作为逻辑宾语的套内句子加上引号,标明是引述的内容。但从总体上看,套内句子无法分析或不好分析为一个句子的结构宾语"。因此,邢福义认为,"外套句"(即"引述性话语")和"套内句"(即"直接引语")代表两个不同层面的述说,"最好的办法是分别算'句'"。

引述性话语后面常常有较大的语音停顿,在书面上常常有冒号、引号或句号作为标记,因此我们认为引述性话语和直接引语是两个部分,引述性话语和直接引语内部的句子都具有独立成句的资格。

5. 紧缩句形式

紧缩句是指一种以单句形式表达复句内容的句法形式。根据梁蕴华(2002)、刘天堂(2002)、王进(2003)、毛润民(2007)、邹晓玲(2011)等的研究,紧缩句特点主要有:(1)由两个或两个以上的谓词性结构构成;(2)句子中间没有语音停顿;(3)前后部分之间存在逻辑语义关系。例如:

(59)送钱我爸不敢收。

(60)让你送你就送去。

(61)他们人多我就跑。

(62)越吹得玄乎越让人跌破眼镜。

储泽祥(2004)认为紧缩句属于非典型小句。根据我们对句子的界定,我们将紧缩句处理成一个句子,不做内部的切分和标注。

2.2 汉语本族人句长统计分析

2.2.1 以"字"为单位的汉语句长统计分析

在汉语书面语中,"字"的界限是清晰的,因此"字"是衡量汉语句子长度最直观的单位。在汉语作为母语的习得中,有不少研究者就选取以"字"为单位计算儿童句子的平均长度。我们通过软件对 120 万字的本族人语料进行穷尽性的统计(以"字"为单位的句长统计软件的简介见附录1),主要试图得到以下的数据:(1) 120 万字文本中句子的总数;(2) 所有句子以"字"为单位的长度;(3) 同一长度句子的数量,也即句子在各个长度上的分布频率。通过这些数据,主要回答以下两个问题:(1) 汉语本族人语料中句子的平均长度是多少;(2) 汉语本族人语料中各类长度句子的频次分布情况如何?最主要的区间是多少? 峰值是多少?

2.2.1.1 统计数据与整体情况

通过软件统计,我们发现约 120 万字本族人语料(具体数字为 1226623 个字)共有句子 112431 个,分布范围为 1—63 个字,句子平均长度为 10.91 个字。各类长度句子的分布情况见表 2-2-1。

表2-2-1　　本族人各类长度句子（以"字"为单位）分布情况

句长(字)	1	2	3	4	5	6	7	8	9	10
句子数(句)	1354	3573	4538	8040	8115	9960	9690	9537	8591	7822
百分比(%)	1.20	3.18	4.04	7.15	7.22	8.86	8.62	8.48	7.64	6.96
累加值	1.20	4.38	8.42	15.56	22.78	31.64	40.26	48.74	56.38	63.34

句长(字)	11	12	13	14	15	16	17	18	19	20
句子数(句)	6851	5788	4893	4212	3531	2848	2473	1955	1487	1257
百分比(%)	6.09	5.14	4.35	3.75	3.14	2.53	2.20	1.74	1.32	1.11
累加值	69.43	74.58	78.93	82.68	85.82	88.35	90.55	92.29	93.62	94.73

句长(字)	21	22	23	24	25	26	27	28	29	30
句子数(句)	1023	873	724	577	478	398	283	255	211	185
百分比(%)	0.91	0.78	0.64	0.51	0.42	0.11	0.11	0.10	0.08	0.06
累加值	95.64	96.42	97.06	97.58	98.00	98.36	98.61	98.83	99.02	99.19

句长(字)	31	32	33	34	35	36	37	38	39	40
句子数(句)	129	126	112	94	71	46	47	44	32	24
百分比(%)	0.04	0.04	0.04	0.03	0.02	0.02	0.02	0.02	0.01	0.008
累加值	99.30	99.41	99.51	99.60	99.66	99.70	99.74	99.78	99.82	99.84

句长(字)	41	42	43	44	45	46	47	48	49	50
句子数(句)	21	27	24	16	10	14	15	8	8	7
百分比(%)	0.02	0.02	0.02	0.01	0.008	0.012	0.013	0.007	0.007	0.006
累加值	99.86	99.88	99.90	99.91	99.92	99.93	99.94	99.95	99.96	99.97

续　表

句长(字)	51	52	53	54	55	56	57	58	59	60
句子数(句)	6	8	4	3	0	4	1	1	3	1
百分比(%)	0.005	0.007	0.004	0.003	0	0.004	0.0009	0.0009	0.003	0.0009
累加值	99.97	99.982	99.985	99.998	99.998	99.991	99.992	99.993	99.996	99.997

句长(字)	61	62	63	合　计
句子数(句)	0	1	2	112431
百分比(%)	0	0.0009	0.002	100
累加值	99.997	99.998	100	—

注：百分比（%）为各类长度句子的数量/句子总数×100；累加值为百分比的累加值，为已有百分比的累加所得。

从表 2-2-1 可以看出，本族人句子长度的分布范围较广，在各个长度上的分布呈不均衡状态。从百分比的累加值可以看出，长度在 30 个字之上的句子总数的比例不足 1%。我们将不同句长句子的频次数据转换成图 2-2-1，以便更直观地观察汉语句子长度的变化情况。

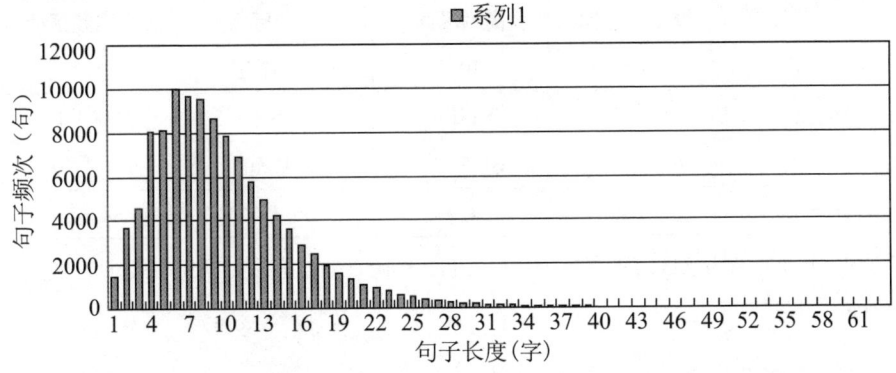

图 2-2-1　汉语不同长度句子（以"字"为单位）频次分布及变化

结合表 2-2-1 和图 2-2-1，我们可以做如下的分析。

1. 从整体情况来看，汉语句子在所有长度上的出现频次呈"长尾"[①]分布。句子频次在长度为 6 个字时达到峰值，然后逐渐下降，长度在 30 个字以上的句子总数在全部句子数量中的比例不足 1%，它们的使用频次极低，却占据着分布链条上一半的长度，形成一条无限靠近横坐标的"尾巴"。

2. 从百分比的累加值看，长度为 1—10 个字的句子数已超过句子总数的 60%，长度为 1—15 个字的句子数已超过句子总数的 85%。也就是说，汉语大多数句子都分布在 1—15 个字之间。

3. 从主要分布区间看，6—8 个字句子的出现频率均在 9000 句以上，是以"字"为单位的句长分布的最高频区间，这一区间可占句子总数的 25.96%。从最高频区间往两端推移，我们发现：4—10 个字句子的出现频次均在 7000 句以上，为句长分布的高频区间，这一区间可占句子总数的 54.93%；4—12 个字句子的出现频次均在 5000 句以上，为句长分布的次高频区间，这一区间可占句子总数的 66.17%；2—15 个字句子的出现频次均在 3000 句以上，为句长分布的次次高频区间，这一区间可占句子总数的 84.62%。本族人以"字"为单位的句子长度的高频区间分布情况见表 2-2-2。

表 2-2-2　　本族人句子长度高频区间分布（以"字"为单位）

	最高频区间	高频区间	次高频区间	次次高频区间
字　　数	6—8 个字	4—10 个字	4—12 个字	2—15 个字
标　　准	9000 句	7000 句	5000 句	3000 句
句子总数	29187 句	61755 句	74394 句	95141 句
区间百分比(%)	25.96	54.93	66.17	84.62

注：句子总数为该区间所有句子数量之和；区间百分比为该区间所有句子的数量/句子总数（112431）。

[①] "长尾"这一术语借自"长尾理论"。"长尾理论"是美国人克里斯·安德森提出来的，主要用于解释"网络时代"的商业和经济模式，即认为在网络时代，除了占绝对地位的商家拥有大部分客户以外，大众客户的分布则如一条长长的尾巴。

从表 2-2-2 可以看出，6、7、8 个字的句子是汉语以"字"为单位的句长分布的最高峰，这三种长度的句子占据了所有句子总数的 1/4 强。同时也可以看出，汉语绝大多数句子分布在 2—15 个字之间，这一区间句子的数量已接近句子总数的 85%。

结合表 2-2-1 中的数据，我们还可以发现句子频次在所有高频区间上基本呈正态分布，即句子数量以 6、7、8 个字为最高峰向两端依次递减。

2.2.1.2 以"字"为单位的分区间汉语句子长度分析

我们根据百分比的累加值，将本族人语料中的句子按长度分为 1—5 个字、6—10 个字、11—15 个字、17—20 个字、21—30 个字、31—40 个字、41—50 个字和 51—63 个字等 8 个区间。这 8 个区间的句子总数、句子总数百分比、句子总数百分比累加值见表 2-2-3。

表 2-2-3　　本族人句子长度区间分布情况（以"字"为单位）

区间	1	2	3	4	5	6	7	8
字数范围（个）	1—5	6—10	11—15	17—20	21—30	31—40	41—50	51—63
句子总数（句）	25620	45600	25275	10020	5007	725	150	34
百分比（%）	22.79	40.56	22.48	8.91	4.45	0.65	0.13	0.03
累加值	22.79	63.35	85.83	94.74	99.19	99.84	99.97	100

注：句子总数为该区间所有句子的数量之和，百分比（%）= 区间句子总数/总句子数（112431），累加值为百分比累加值，为所有已有百分比的累加所得。

各区间句子数量的分布如图 2-2-2 所示。

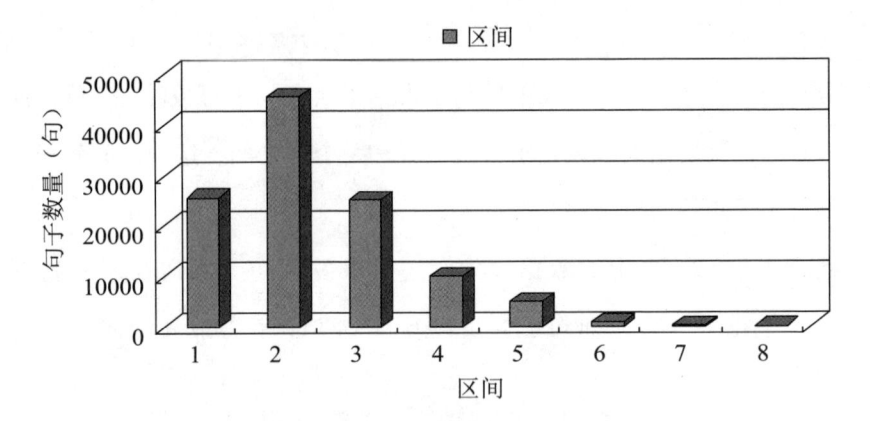

图 2-2-2　各区间句子数量的分布情况（以"字"为单位）

结合表 2-2-2 和图 2-2-3，我们可以看到各个区间上句子数量的分布并不一致，句子数量由多到少依次为区间 2（6—10 个字）＞区间 1（1—5 个字）＞区间 3（11—15 个字）＞区间 4（17—20 个字）＞区间 5（21—30 个字）＞区间 6（31—40 个字）＞区间 7（41—50 个字）＞区间 8（51—63 个字）。同时我们还发现句子数量在 1、2、3 三个区间呈正态分布，三个区间句子数已超过句子总量的 85%，这说明汉语绝大多数句子在 15 个字以内，最多的为 6—10 字句。

各区间百分比累加值的变化曲线如图 2-2-3 所示。

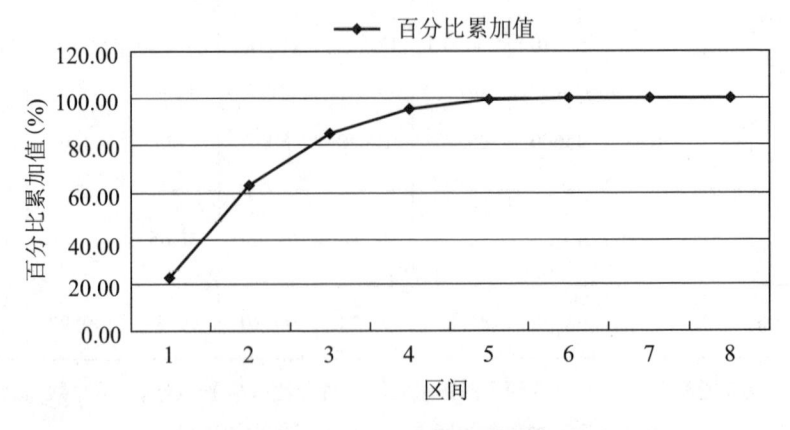

图 2-2-3　各区间句子总数百分比累加值变化曲线

从各区间句子总数百分比的累计值变化曲线（见图2-2-3）可以看出，句子总数在第一区间（1—5个字）达20%强，到第二区间（6—10个字）已超过60%，到第三区间（11—15个字）则达到85%，到第四区间（17—20个字）句子总数已非常接近95%，而到第五区间（21—30个字）则已超过99%。而这些数据也是我们划分区间的依据所在。

2.2.2 以"词"为单位的汉语句长统计分析

"词是代表一定的意义、具有固定的语音形式、可以独立运用的最小的结构单位。"①"字"可能只是一个音节单位，而"词"一定是一个意义单位。因而相对于"字"而言，"词"是衡量句子长度的更为理想的单位。在本节中，我们首先依据一定的分词规范，利用分词软件对本族人语料进行分词处理（对分词规范的说明及分词软件的介绍见附录2）。在对分词结果进行人工校对的基础上，通过软件穷尽性地统计120万字本族人语料（对以"词"为单位的句长统计软件的简介见附录3），以考察汉语本族人语料中以"词"为单位的平均句长、各类句长句子的分布情况，最主要区间及峰值等。

2.2.2.1 统计数据与整体情况

通过软件统计，我们发现120万字本族人语料句子总数共112431句，总词数为798260个，以"词"为单位的句长分布范围为1—43个词，句子平均长度为7.10个词。各类长度句子的分布情况见表2-2-4。

---

① 胡裕树：《现代汉语（重订本）》，上海教育出版社1995年版，第203页。

表2-2-4　　本族人以"词"为单位的句子长度分布情况

句长(词)	1	2	3	4	5	6	7	8	9	10
句子数(句)	3381	6861	10391	13251	13853	13026	11287	9335	7691	5840
百分比(%)	3.01	6.10	9.24	11.79	12.32	11.59	10.04	8.30	6.84	5.19
累加值	3.01	9.11	18.35	30.14	42.46	54.04	64.08	72.38	79.23	84.42

句长(词)	11	12	13	14	15	16	17	18	19	20
句子数(句)	4419	3374	2464	1890	1331	1003	728	551	430	331
百分比(%)	3.93	3.00	2.19	1.68	1.18	0.89	0.65	0.49	0.38	0.29
累加值	88.35	91.35	93.54	95.23	96.41	97.30	97.95	98.44	98.82	99.12

句长(词)	21	22	23	24	25	26	27	28	29	30
句子数(句)	218	167	126	110	77	60	66	40	22	29
百分比(%)	0.19	0.15	0.11	0.10	0.07	0.05	0.06	0.04	0.02	0.03
累加值	99.31	99.46	99.57	99.67	99.74	99.79	99.85	99.88	99.90	99.93

句长(词)	31	32	33	34	35	36	37	38	39	40
句子数(句)	15	14	10	5	9	9	6	2	3	4
百分比(%)	0.01	0.01	0.009	0.004	0.008	0.008	0.005	0.002	0.003	0.004
累加值	99.94	99.95	99.96	99.968	99.977	99.985	99.90	99.992	99.994	99.998

句长(词)	41	42	43	合计
句子数(句)	1	0	1	112431
百分比(%)	0.0008	0	0.0008	100
累加值	99.999	99.999	100	—

注：百分比(%)为各类长度句子的数量/句子总数×100；累加值为百分比的累加值，为已有百分比的累加所得。

第 2 章 汉语本族语者句长与定、状、补语复杂度研究

从表 2-2-4 可以看出，本族人以"词"为单位的句子分布范围较广，但绝大部分句子（99%）主要集中在 20 个词之内。20 个词以上的句子占句子总数的比例不足 1%。我们将各类长度句子的频次分布情况转换成条状图，如图 2-2-4 所示。

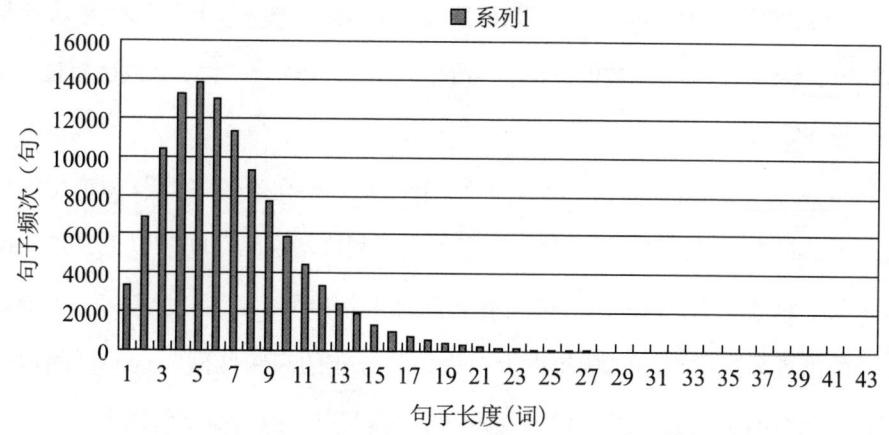

图 2-2-4　汉语不同长度句子（以"词"为单位）的频次分布及变化

同时，我们将百分比累加值制成折线图，如图 2-2-5 所示。

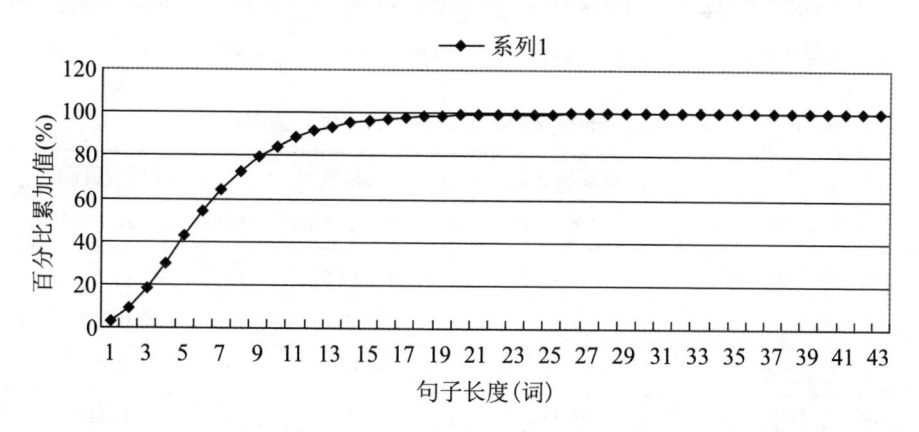

图 2-2-5　汉语不同长度句子（以"词"为单位）的百分比累加值变化

我们结合句子频次和百分比累加值的变化情况，可以对汉语以"词"为单位的句子的分布情况做如下分析。

1. 从整体情况看，以"词"为单位汉语句子长度的频次分布呈"长尾"

分布态势。句子频次达到在 5 个词时达到峰值，然后逐渐下降。20 个词以上的句子不足句子总数的 1%，在分布链上占据超过一半的长度，形成一条不断靠近横坐标的"尾巴"。

2. 从百分比的累加值看，句子长度为 7 个词时，句子数已超过句子总数的 60%，句子长度为 9 个词时，句子数已接近句子总数的 80%，句子长度为 12 个词时，句子数已超过句子总数的 90%，句子长度为 20 个词时，句子数则已超过句子总数的 99%。

3. 从主要分布区间看，4 个、5 个、6 个词是中介语以"词"为单位的句长分布的最高峰（最高频区间），句子的出现频次均在 13000 句以上，这一区间占句子总数的 35.69%；从最高频区间往两端推移，我们发现：3—7 个词句子的出现频次均在 10000 句以上，为句长分布的高频区间，这一区间占所有句子总数的 54.97%；2—10 个词句子的出现频次均在 5000 句以上，为句长分布的次高频区间，这一区间占所有句子总数的 81.41%。[①] 也就是说，4—6 个词是句长分布的最高峰，2—10 个词是最常用的句子长度区间。本族人以"词"为单位的句子长度的高频区间分布情况见表 2-2-5。

表 2-2-5　　本族人句子长度高频区间分布（以"词"为单位）

	最高频区间	高频区间	次高频区间
词　数	4—6 个词	3—7 个词	2—10 个词
对应的大致字数	6—8 个字	4—10 个字	2—15 个字
标　准	13000 句	10000 句	5000 句
句子总数	40130 句	61808 句	91535 句
区间百分比(%)	35.69	54.97	81.41

注：句子总数为该区间所有句子数量之和；区间百分比为该区间所有句子的数量/句子总数（112431）。

---

① 由于以"词"为单位的句长频次分布比以"字"为单位的句长频次分布更为集中，在"次高频区间"即已达到句子总数的 80% 以上，所以这里不再设立"次次高频区间"。

结合表 2-2-5 及以"字"为单位的句子长度分布情况,我们可以发现汉语本族人在句子长度分布上的特点:句子长度分布的最高峰(最高频区间)为 6、7、8 个字和 4、5、6 个词;以"字"为单位的句长分布的最常见区间为 2—15 个字,这一区间可以覆盖所有句子总数的 84.62%,以"词"为单位的句长分布的最常见区间为 2—10 个词,这一区间可以覆盖句子总数的 81.41%。

2.2.2.2 以"词"为单位的分区间汉语句子长度分析

对字、词长度对应关系的研究一般认为汉语词与字的比例为 1:1.5 至 1:1.6 之间。在我们统计的约 120 万字的本族人语料中,词数为 798260,字数为 1226623 个,词与字的比例为 1:1.54。① 根据我们前面以"字"为单位的汉语句子长度的区间划分,并结合词与字的比例关系,我们将汉语本族人以"词"为单位的句子长度划分为 1—3 个词、4—6 个词、7—10 个词、11—13 个词、14—20 个词、21—26 个词、27—33 个词、34—43 个词等相应的 8 个区间。各区间的句子总数、句子总数百分比、句子总数百分比累加值如表 2-2-6 所示:

表 2-2-6　　本族人句子长度区间分布情况(以"词"为单位)

区　间	1	2	3	4	5	6	7	8
词数范围(个)	1—3	4—6	7—10	11—13	14—20	21—26	27—33	34—43
字数范围(个)	1—5	6—10	11—15	17—20	21—30	31—40	41—50	51—63
句子总数(句)	20633	40130	34153	10257	6264	758	196	40
百分比(%)	18.35	35.69	30.38	9.12	5.57	0.68	0.17	0.04
累加值	18.35	54.04	84.42	93.54	99.11	99.79	99.96	100

---

① 本族人语料中词与字的比例关系为 1:1.54(798260:1226623)。这里的统计数据表明以"字"为单位和以"词"为单位的句子长度分布情况具有很好的一致性和相关性。

注：句子数为该区间所有句子的数量之和，百分比（％）＝区间句子数/句子总数（112431），累加值为百分比累加值，为已有百分比的累加所得。

各区间句子数量的分布如图 2-2-6 所示。

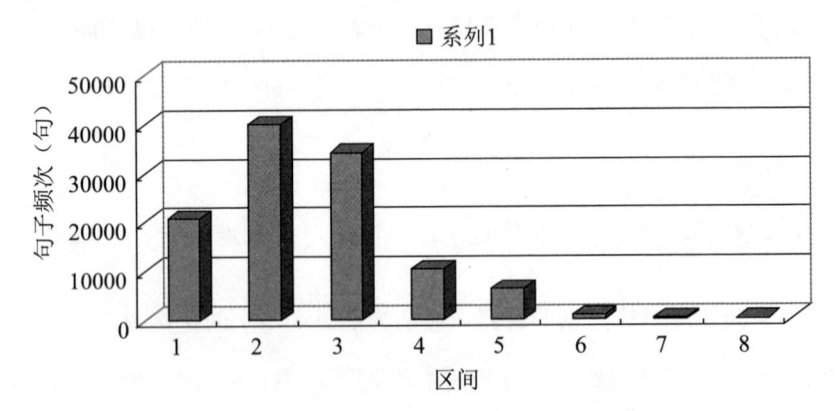

图 2-2-6　各区间句子数量的分布情况（以"词"为单位）

结合表 2-2-6 和图 2-2-6，我们可以看到各个区间上句子数量的分布并不一致，句子数量由多到少依次为区间 2（4—6 个词）＞区间 3（7—10 个词）＞区间 1（1—3 个词）＞区间 4（11—13 个词）＞区间 5（14—20 个词）＞区间 6（21—26 个词）＞区间 7（27—33 个词）＞区间 8（34—43 个词）。其中区间 2 为以"词"为单位的句子长度的最高频区间，区间 3 的句子长度位于高频区间和次高频区间内，句子主要分布于这两个区间上。从百分比累加值来看，在区间 3（7—10 个词）句子数量接近句子总数的 85％，在区间 4（11—13 个词）时已超句子数量的 90％。

2.2.3　以"字"和以"词"为单位的汉语句长分布比较

2.2.3.1　以"字"和以"词"为单位的汉语句子长度整体情况对比

我们将以"字"和以"词"为单位的汉语平均句长、句长分布范围、最高峰区间、最常用区间列表（见表 2-2-7），以观察"字""词"两种统计单位在这些方面的对应性和相关性。

表 2-2-7　以"字"和以"词"为单位汉语本族人句长相关数据对比

	平均句长	句长分布范围	最高频区间	最常用区间
字	10.91	1—61	6—8	2—15
词	7.1	1—43	4—6	2—10

从上表可以看出，汉语以"字"和以"词"为单位的平均句长为 10.91 个字和 7.1 个词。句长分布范围为 1—61 个字和 1—43 个词，最高频区间为 6、7、8 个字和 4、5、6 个词，最常用区间为 2—15 个字和 2—10 个词。以"字"为单位和以"词"为单位的汉语本族人语料在平均句长、句长分布范围、最高频区间、最常用区间上都具有较高的一致性和对应性，其对应的比例关系基本上接近于本族人语料中词与字的比例关系（1∶1.54）。

2.2.3.2　以"字"和以"词"为单位的本族人句子长度区间分布对比

我们将以"字"和以"词"为单位的本族人语料在各个区间上的分布情况列出，以观察以"字"与"词"两种统计单位在句长区间分布上的对应性和相关性。具体情况见表 2-2-8。

表 2-2-8　以"字""词"为单位的句长区间分布情况比较

区　间	1	2	3	4	5	6	7	8
字数范围(个)	1—5	6—10	11—15	17—20	21—30	31—40	41—50	51—63
词数范围(个)	1—3	4—6	7—10	11—13	14—20	21—26	27—33	34—43
句子总数("字")(句)	25620	45600	25275	10020	5007	725	150	34
句子总数("词")(句)	20633	40130	34153	10257	6264	758	196	40
百分比("字")(%)	22.79	40.56	22.48	8.91	4.45	0.65	0.13	0.03

续 表

区 间	1	2	3	4	5	6	7	8
百分比("词")(%)	18.35	35.69	30.38	9.12	5.57	0.68	0.17	0.04
累加值("字")	22.79	63.35	85.83	94.74	99.19	99.84	99.97	100
累加值("词")	18.35	54.04	84.42	93.54	99.11	99.79	99.96	100

从上表可以看出,以"字""词"为单位划分出来的各区间在句子总数、句子总数百分比及百分比累加值都比较接近,1—3 区间均为句子频次分布的最主要区间。由此可见,以"字"和"词"为单位统计的句子长度具有内在的一致性和较强的相关性。

2.3 汉语本族人各句长句子定、状、补语复杂度分析

李宇明(1995)认为,"句子平均句长必然是一种外在指标,只能说明儿童语言或语法的量上的变化,但不能反映儿童语言或语法发展的质上的变化。句子长度相同,并不意味着句子结构的复杂程度也相同"[1]。

我们认为"平均句长"能够从外在形式上反映句子的难度,但不能只依据"平均句长"这一个标准来判断句子的难度,必须把句子长度和句子的句法结构复杂程度结合起来考察,才能科学地反映句子的难度,从而衡量句法的发展水平。

本书主要采用直接成分分析法对句子的句法结构进行分层标注(句子句

---

[1] 李宇明:《儿童语言的发展》,华中师范大学出版社 1995 年版,第 155 页。

法信息标注方案见附录4)。对一定长度范围语料进行句法信息标注后，利用句法信息抽取软件对标注语料进行句子检索与抽取（句法信息抽取软件的介绍见附录5)。在本书已有的句法标记信息的基础上，主、谓、宾、定、状、补等各类句法成分的复杂程度都可以进行详细的描写和分析。由于主语、宾语的复杂化程度主要跟定语有关，谓语的复杂性则主要跟状语、补语有关，所以，我们主要通过分析跟句子复杂化密切相关的句子的修饰性成分——定语、状语和句子的连带性成分——补语，考察不同句长句子的句法复杂化程度。

本族人语料中99%以上的句子分布在20个词之内。在1—20个词的区间内，由于区间1和区间2的句子较短，句子的句法复杂度有限，我们不对其进行研究。我们进行句法复杂度分析的句子范围为区间3—5区间（7—20个词）的句子。

为了使抽取的样本具有更好的代表性，我们对全部语料进行了抽样处理。从语料总样本中抽取1/6的句子，即每6句抽取1句（从语料中的第6句开始，依次抽取6的倍数）。这样抽取的语料覆盖了整个语料库，可以使语料不受单一作家或单一作品风格的影响而具有更好的代表性。

2.3.1 本族人各句长句子定语复杂度分析

本书的"句法复杂度"主要是指句子内部的句法复杂度。对句子复杂程度的考察主要建立在以下四个方面的假设上：（1）凝固化的紧缩结构比常规结构复杂；（2）双谓核或多谓核结构比单谓核结构复杂；（3）句法成分呈现越多，句子越复杂；（4）句法成分内部结构越复杂，句子越复杂。定语的复杂程度会涉及上面所列举的四个方面的后三个方面。

1. 双谓核或多谓核结构比单谓核结构复杂。在连谓句中，连谓成分可能出现两个宾语，宾语有带定语的情况；在兼语句中，兼语可能带有定语，兼语后动词所支配的宾语中可能也存在定语。对句子中出现的各处定语的考察，在一定程度上体现了整个句子的句法复杂度。例如：

（1）献出［DZ2 我们的（DZ1 全部力量和感情）］来回报［DZ1 我们的土地］！①

（2）使［DZ1 我的心］不由得整个溶进了［DZ2 这（DZ1 绝妙的情景里）］。

2. 句法成分呈现越多，句子越复杂。在一个句子中，主语、宾语、兼语位置上都可能出现定语。也就是说，一个句子句法成分呈现越多，定语出现的次数可能越多。在这个意义上，定语可以较好地代表整个句子的复杂程度。例如：

（3）［DZ1 满地的花瓣］组成了［DZ2 一张（DZ1 长长的地毯）］。

（4）［DZ1 这种醉意］使［DZ1 我的意识］像暮霭一样在田野上飘散了。

3. 句法成分内部结构越复杂，句子越复杂。定语内部的复杂性主要体现在定语的层次性上，层次越多，定语往往越复杂。主语、宾语或兼语越复杂，在很大程度上就是其中的定语越复杂，体现在定语的其各层的内部构成上。所以，定语的复杂程度也可以较好地代表句子内部结构成分的复杂程度。例如：

（5）［DZ2 一条（DZ1 清清浅浅的南勐河）］从这城市的边缘无声地流过。

（6）让［DZ2 两个（DZ1 女学生）］给她们一勺一勺地喂下去。

---

① 计算机软件可自动识别各括号之间的配对关系，在语料标注中我们只使用［］这一种括号形式。出版时为便于阅读，采用了多种括号形式。

(7) 住到了｛DZ4 河边上〔DZ3 那间［DZ2 原先堆放工具的（DZ1 小草房里）］〕｝。

根据语料中定语出现的实际情况及我们的研究目标，我们所要考察的定语主要包括以下 7 种句法位置上的定语。这 7 种句法位置分别为主语、宾语、兼语、主语小句、谓语小句、宾语小句和补语小句。我们先来看主语、宾语、兼语位置上的定语，例如：

(8) ［DZ1 你的样子］也变了很多。

(9) 他已是［DZ2 一个（DZ1 年轻军官）］。

(10) 有［DZ1 一位老师］在办公室里对其他老师说……

(8) 的定语位于主语位置，(9) 的定语位于宾语位置，(10) 的定语位于兼语位置，这些定语都属于我们的考察对象。

下面我们来看主语小句、谓语小句、宾语小句和补语小句位置上的定语①，例如：

(11) 做［DZ1 一身衣服］要剪两个人的布料。

(12) 我［DZ1 什么罪］都受过了。

(13) 觉得［DZ1 他们的眼睛］似乎也都浸了油。

(14) 瘦小得简直像［DZ1 一只耗子］。

以上各例中的定语分别位于主语小句、谓语小句、宾语小句和补语小句中，这些定语也属于我们考察的对象。

由于状语的复杂程度我们将单独展开考察，所以状语中的定语，也就是

---

① 这里的"小句"的概念跟我们整个研究中的"小句"概念不一样。这里的各类"小句"只是句子形式，我们不承认它们有"句子"的地位，称为"子句"可能更为合适。但为称说方便而采用一般通用的术语，仍称为"小句"。

介词宾语里面的定语我们不列入考察范围。例如，以下两例中的定语我们不列入考察的范围。

（15）秋与［DZ1 那个团长］结婚了。
（16）我再把［DZ1 你的血］卖给他？

2.3.1.1 各区间句子定语复杂度分析

下面我们先分析各区间句子定语的复杂程度，再分析汉语本族人句子定语复杂度的整体发展变化情况。在单个区间的分析上，我们采用整体情况分析和个案分析相结合的方法，以探讨汉语定语的复杂程度随句长上升而不断发展变化的过程。

（一）7—10 个词（区间3）句子定语复杂度分析

我们先来看7—10个词句长上带定语句子的百分比，具体数据见表2-3-1。

表 2-3-1　　　　7—10 个词句长上带定语句子的百分比情况

	7 个词	8 个词	9 个词	10 个词
句子总数（句）	11287	9335	7691	5840
抽样句子数（句）	1881	1564	1283	972
带定语的句子数（句）	880	816	751	619
带定语句子百分比（%）	46.78	52.17	58.53	63.68

注：带定语句子的百分比＝带定语的句子数/抽样句子数。

从表2-3-1可以看出，随着句子长度的上升，带定语句子的比例逐步上升。7个词带定语句子的比例为46.78%，而10个词带定语句子的比例已上升至63.68%。这表明句长越长,定语的覆盖率越高。下面我们来看这一区间定语分布的整体情况,具体数据见表2-3-2。

表2-3-2　　区间3(7—10个词)句子定语分布情况

定语分布		三处定语	两处定语				一处定语			
			D1+D1	D1+D2	D2+D1	D2+D2	D1	D2	D3	D4
7个词	句子数量(句)	0	33	4	0	0	680	151	12	0
	百分比(%)	0	3.75	0.46	0	0	77.27	17.16	1.36	0
		0	4.2				95.8			
8个词	句子数量(句)	0	45	9	3	0	598	149	12	0
	百分比(%)	0	5.51	1.10	0.37	0	73.29	18.26	1.47	0
		0	6.98				93.02			
9个词	句子数量(句)	0	66	6	1	1	510	153	14	0
	百分比(%)	0	8.79	0.8	0.13	0.13	67.91	20.37	1.87	0
		0	9.85				90.15			
10个词	句子数量(句)	3	41	6	13	5	368	152	30	1
	百分比(%)	0.48	6.62	0.97	2.10	0.81	59.45	24.56	4.85	0.16
		0.48	10.5				89.02			

注:百分比=带该定语类型的句子数量/带定语的句子总数。表格中的"D"表示"DZ",后面的表格同此,不再做说明。

下面我们先对这一区间7、9个词句子的定语构成情况做个案分析,然后再分析这一区间句子定语复杂度的发展变化趋势。①

---

① 本文主要选取单数句长的句子做个案分析。

1. 7个词句子定语复杂度分析。

本族人语料中7个词的句子共11287句,我们抽取其中的1881句进行句法信息的标注和分析。发现共有880个句子带有定语,占所有抽样句子的46.78%。7个词句子定语的分布情况见表2-3-3。

表2-3-3　　　　　　　7个词句子定语的分布情况表

定语分布	两处定语		一处定语			合　计
	D1+D1	D1+D2	D1	D2	D3	
句子数量(句)	33	4	680	151	12	880
百分比(%)	3.75	0.46	77.27	17.16	1.36	100

注:百分比=该类型句子数量/带定语的句子总数。

从表2-3-3可以看出,7个词句子中,出现两处定语的句子共37个,占4.2%;出现一处定语的句子共843个,占95.8%。

带两处定语的句子包括两种情况:带两个单层定语和带一个单层定语、一个双层定语。例如:

(17) [DZ1 那微笑] 就像 [DZ1 温暖的阳光]。

(18) [DZ1 一唱一和的唱词] 有 [DZ2 不尽的 (DZ1 弦外之音)]。

(17) 为带两个单层定语的句子,(18) 为带一个单层定语和一个双层定语的句子。两处定语均位于主语和宾语位置。

下面我们来看带一处定语句子的情况。在带一处定语的句子中,带单层定语的句子共680个,占句子总数的77.27%,为7个词句子定语的最主要形式,例如:

(19)［DZ1 她的裙子］也是迷人的。

(20) 爷爷抹着［DZ1（ZZ1 总是流泪）的眼睛］。

单层定语可以出现在主语位置上，如（19）；也可以出现在宾语位置上，如（20），但以出现在宾语位置上更为常见①。

在带一处定语的句子中，带双层定语的句子共 151 个，占带定语句子总数的 17.16%，例如：

(21)［DZ2 那些［DZ1 往日的居民］］又回来了。

(22) 这是｛DZ2 一个［DZ1（ZZ1 很难得）的机会］｝。

在这 151 个句子中，双层定语出现在主语位置上的为 28 个，如例（21）；出现在宾语位置上的为 123 个，如例（22）。由此可见，双层定语也主要出现在宾语的位置上②。

带三层定语的 7 个词的句子共 12 个，占句子总数的 1.36%。例如：

(23)｛DZ3 地球的［DZ2 许多（DZ1 生态问题）］｝正迫在眉睫。

(24) 有了｛DZ3 我［DZ2 一个（DZ1 舒适的房间）］｝。

其中在主语位置的三层定语共 3 例，如例（23）；在宾语位置上的三层定语共 9 例，如例（24）。由此可见，三层定语也更倾向于出现在宾语位置上。

下面我们从层次性的角度对所有出现的定语进行分类，7 个词句子定语的层次分布情况见表 2-3-4。

---

① 出现在主语位置上的为 238 例，占 35%，出现在宾语位置上的为 394 例，占 57.94%。另外 48 例（占 7.06%）单层定语出现在宾语小句、主语小句、主谓谓语句的小主语、兼语等结构中。前者例如："我［DZ1 什么罪］都受过了""安心眼睛看看［DZ1 电视新闻］""让［DZ1 你的心］真正得到慰藉"。

② 双层定语还出现在带两处定语的句子中（共 4 例），出现位置也均为宾语位置。具体可参看例（42）（43）。

表 2-3-4　　　　　　　7 个词句子定语的层次分布情况

	D1	D2	D3	合　计
数　量(个)	750	155	12	917
百分比(%)	81.79	16.9	1.31	100

注：百分比 = 该层次定语的数量/定语总数。

从所有定语的层次性看，在 917 个定语中，单层定语为 750 个，占定语总数的 81.79%。双层定语为 155 个，占定语总数的 16.9%；三层定语为 12 个，占定语总数的 1.31%。与 6 个词的句子相比，单层定语的比例下降，双层定语和三层定语的比例均呈上升趋势。

综上所述，7 个词句子的定语主要出现一个句法位置上，且以单层定语为主。

2. 9 个词句子定语复杂度分析。

9 个词的句子一共有 7691 句，我们抽取了其中的 1283 句进行句法信息的标注和分析，发现共有 751 个句子带定语，占所有抽取句子的 58.53%。句子的定语分布情况见表 2-3-5。

表 2-3-5　　　　　　　9 个词句子定语分布情况

定语分布	两处定语				一处定语			合　计
	D1+D1	D1+D2	D2+D1	D2+D2	D1	D2	D3	
句子数量(句)	66	6	1	1	510	153	14	751
	74				677			
百分比(%)	8.79	0.8	0.13	0.13	67.91	20.37	1.87	100
	9.85				90.15			

注：百分比 = 该类型句子数量/带定语的句子总数。

从表2-3-5可以看出，9个词句子中，出现两处定语的句子共74个，占9.85%；出现一处定语的句子共677个，占90.15%。跟8个词的句子相比，9个词句子带两处状语的比例上升了2.87%。

带两处定语的句子包括三种情况：带两个单层定语、带一个单层（或双层）定语和一个双层（或单层）定语，带两个双层定语。其中带两个双层定语的情况是9个词句子新出现的定语类型。这三种情况的用例如下：

(25) [DZ1 里面的和尚] 全戴上了 [DZ1 白帽子]。

(26) [DZ1 那个老头] 听了 [DZ2 许三观 (DZ1 这番话)]。

(27) [DZ2 牺 (DZ1 灼热的目光)] 烧烤着 [DZ1 星子的脸]。

(28) [DZ2 他 (DZ1 这一招)] 是 [DZ2 个 (DZ1 救急的办法)]。

在上述各例中，(25)为带两个单层定语的情况（即D1+D1），共66例；(26)为带一个单层定语和一个双层定语的情况（即D1+D2），共6例；(27)为带一个双层定语和一个单层定语的情况（即D2+D1），共1例；(28)为带两个双层定语的句子（即D2+D2），共1例。

下面我们来看带一处定语的句子的使用情况。带一处定语的句子中，带单层定语的句子共510个，占带定语句子总数的67.91%。是9个词句子定语的最主要形式。用例如下：

(29) [DZ1 小小的错误] 就能让他们懊悔很久。

(30) 江面在阳光下抖着 [DZ1 炫目的光]。

上述各例中，(29)位于主语位置，(30)位于宾语位置。

在带一处定语的句子中，带双层定语的句子共153个，占带定语句子总数的20.37%，例如：

(31) [DZ2 他 (DZ1 异常温和的语气)] 使我镇定下来。

(32) 我是 [DZ2 一个 (DZ1 喜欢旅游不知疲惫的人)]。

在9个词的句子中，带有三层定语的句子共14个，均出现在带一处定语的句子中，例如：

(33) {DZ3 门前的 [DZ2 那棵（DZ1 老榕树）]} 活了好久。

(34) 我可以看到〔DZ3 一片 [DZ2 夏天的（DZ1 晴朗天空）]〕。

在14个带三层定语的句子中，有12个三层定语出现在宾语位置上。表明多层的定中短语更倾向于出现在宾语位置上。

下面我们从层次性的角度对定语进行分类，9个词句子定语的层次分布情况见表2-3-6。

表2-3-6　　　　　9个词句子定语的层次性分布情况

	D1	D2	D3	合　计
数量（个）	649	162	14	825
百分比（%）	78.67	19.64	1.69	100

注：百分比=该层次定语的数量/定语总数。

从所有定语的层次性看，在825个定语中，单层定语共649个，占定语总数的78.67%；双层定语的数量为162个，占定语总数的19.64%；三层定语的数量为14个，占定语总数的1.69%。

综上所述，与7个词句子的定语分布情况相比，9个词句子定语的分布情况表现在：(1) 带定语的句子的比例由46.78%上升到58.53%；(2) 带两处定语的句子比例由4.2%上升到9.85%；(3) 带一处定语的句子中，一层定语的比例下降9.36%，二层定语、三层定语的比例均有所上升。(4) 从定语的层次性分布看，单层定语的比例下降，双层定语和三层定语的比例上升。

3. 7—10个词句子（区间3）定语复杂度整体情况分析。

在这一区间（7—10个词），随着句长的上升，句子定语的复杂化程度也逐步提高，主要表现在以下三个方面。

（1）句子的长度越长，出现定语的处数越多。7—9个词的句子最多只出现两处定语，10个词的句子开始出现三处定语。

（2）句子的长度越长，多处定语的比例越大。7—10个词的句子中，带两处定语的句子比例逐步上升，带一处定语的句子比例逐渐下降。

（3）句子的长度越长，定语类型搭配越丰富。在两处定语中，7个词的句子两处定语只出现"D1+D1""D1+D2"两种类型，8个词的两处定语开始出现"D2+D1"的类型，9、10个词的句子开始出现"D2+D2"的类型。这在一定程度上也反映出定语随句长的上升而逐步复杂化的过程。

下面我们来看这一区间句子定语层次性的变化情况。7—10个词句子定语的层次性分布情况见表2-3-7。

表2-3-7　　区间3（7—10个词）的句子定语层次性分布情况

		D1	D2	D3	D4	合计
7个词	数量(个)	750	155	12	0	917
	百分比(%)	81.79	16.9	1.31	0	100
8个词	数量(个)	700	161	12	0	873
	百分比(%)	80.18	18.44	1.38	0	100
9个词	数量(个)	649	162	14	0	825
	百分比(%)	78.67	19.64	1.69	0	100
10个词	数量(个)	478	181	30	1	690
	百分比(%)	69.28	26.23	4.35	0.14	100

注：百分比＝该层次定语的数量/定语总数。

从表 2-3-7 可以看出，随着句子长度的上升，单层定语的比例逐渐下降，双层、三层定语的比例上升。在句长为 10 个词时，出现了四层定语。这表明从层次性看，定语的复杂程度也随句长的增长而逐步上升。

(二) 11—13 个词句子（区间 4）定语复杂度分析

下面我们分析本族人语料 11—13 个词句子（区间 4）定语的分布情况，考察定语复杂度随句长递增而产生的变化情况。11—13 个词句长上带定语句子的百分比情况见表 2-3-8。

表 2-3-8　　　　　11—13 个词句子带定语的百分比情况

	11 个词	12 个词	13 个词
句子总数(句)	4419	3374	2464
抽样句子数(句)	738	562	412
带定语的句子数(句)	473	388	292
带定语句子百分比(%)	64.09	69.04	70.87

注：带定语句子百分比＝带定语的句子数/抽样句子数。

从表 2-3-8 可以看出，随着句子长度的上升，带定语句子的百分比逐步上升。11 个词带定语句子的比例为 64.09%，13 个词带定语句子的比例已上升至 70.87%。这表明句长越长，带定语句子的比例越大。下面我们先分析这一区间上 11、13 个词句子定语的复杂程度，再分析这一区间上句子定语复杂度的整体变化情况。

1. 11 个词句子定语复杂度分析。

11 个词的句子一共有 4419 句，我们抽取其中 738 句进行句法信息的标注和分析，发现带定语的句子数为 473 句，占所有抽取句子的 64.09%。11 个词句子定语的分布情况见表 2-3-9。

表 2-3-9　　　　　　　　11 个词句子定语分布情况

定语分布	两处定语					一处定语			
	D1+D1	D1+D2	D2+D1	D2+D2	D3+D2	D1	D2	D3	D4
句子数量（句）	50	13	10	5	2	250	119	21	3
	80					393			
百分比(%)	10.57	4.86	1.06	0.42	10.57	52.86	25.16	4.44	0.63
	16.91					83.09			

注：百分比=该类型句子数量/带定语的句子总数。

从表可以看出，11 个词的句子中没有出现带三处定语的句子，最多定语层次仍为四层。在 473 个带定语的句子中，带两处定语的比例为 16.91%。下面我们先来看带两处定语的情况。

带两处定语的句子包括五种情况，即 "D1+D1" "D1+D2" "D2+D1" "D2+D2" "D3+D2"。这五种情况的用例如下：

(35) [DZ1 技巧的淡化] 反而加深了 [DZ1 秋给人们的印象]。

(36) 这使 [DZ1 我的心头] 掠过 [DZ2 一丝（DZ1 无名的怅恨)]。

(37) [DZ2 种种（DZ1 抽象的概念)] 都会还原为 [DZ1 具体的形象]。

(38) [DZ2 那（DZ1 灯红酒绿拥挤嘈杂的地方)] 像 [DZ2 一个（DZ1 历史的标志)]。

(39) 〔DZ3 两只 [DZ2 水汪汪的（DZ1 大眼睛)]] 好像 [DZ2 两粒（DZ1 大葡萄)]。

在上述各例中，(35) 为 "D1+D1"，共 50 例；(36) 为 "D1+D2"，共 13 例；(37) 为 "D2+D1"，共 10 例；(38) 为 "D2+D2"，共 5 例；(39)

为"D3+D2",共2例;跟9个词的句子相比,带两处定语句子的比例呈上升趋势。

下面我们来看一处定语的使用情况。在带一处定语的句子中,带单层定语的句子共250个,占带定语句子总数的52.86%,为11个词句子定语的最主要形式。用例如下:

(40) ［DZ1 陶卉的歌］使我觉得天空明亮了许多。

(41) 他从枕边拿出［DZ1 一封信］交给我。

上述各例中,(40)位于主语位置,(41)位于宾语位置。

在带一处定语的句子中,带双层定语的句子共119个,占带定语句子总数的25.16%,例如:

(42) 傍晚,［DZ2 一个(DZ1 骑着黑马的男人)］到了吴庄。

(43) 让学生回去帮家中收割［DZ2 一地(DZ1 成熟的庄稼)］。

例(42)为双层定中短语做主语,(43)为双层定中短语做宾语。
带一处定语的句子中,带有三层定语的句子共21个,例如:

(44) {DZ3 会所接待部的［DZ2 那位(DZ1 女经理)］} 悄悄告诉我。

(45) 我可能不懂得{DZ3 女人的［DZ2 复杂的(DZ1 微妙的心理)］}。

(44)出现在主语位置上,共2例;(45)出现在宾语位置上,共19例。
11个词的句子中,带四层定语的句子共3个,均出现在宾语位置上,例如:

(46) 跑到{DZ4 宿舍后面［DZ3 那口［DZ2 恐怖的(DZ1 大塘边)］］}。

(47) 于是便看见了｛DZ4 对岸〔DZ3 那〔DZ2 一片（DZ1 朦朦胧胧的木棉树）〕〕｝。

下面我们从定语的层次性对定语进行考察。11 个词句子中所有定语的层次分布情况见表 2-3-10。

表 2-3-10　　　　11 个词句子定语的层次性分布情况

	D1	D2	D3	D4	合计
数　量(个)	373	154	23	3	553
百分比(%)	67.45	27.85	4.16	0.54	100

注：百分比 = 该层次定语的数量/定语总数。

从所有定语的层次性看，在 553 个定语中，单层定语共 373 个，占定语总数的 67.45%；双层定语的数量为 154 个，占定语总数的 27.85%；三层定语的数量为 23 个，占定语总数的 4.16%；四层定语共 3 个，占定语总数的 0.54%。

综上所述，与 9 个词句子相比，11 个词句子定语分布情况的变化主要表现在：（1）带定语的句子的比例由 58.53% 上升到 64.09%；（2）带两处定语的句子比例由 9.85% 上升到 16.91%，带一处定语的比例则由 90.15% 下降到 83.09%；（3）带一处定语的句子中，一层定语的比例由 67.91% 下降到 52.86%；（4）从定语的层次性分布看，单层定语的比例由 78.67% 下降到 67.45%。

2.13 个词句子定语复杂度分析。

13 个词的句子共 2464 句，我们抽取其中 412 句进行句法信息的标注和分析，发现带定语的句子数为 292 句，占所有抽取句子的 70.87%。13 个词句子定语的分布情况见表 2-3-11。

表 2-3-11　　　　　　　13 个词句子定语分布情况

定语分布	三处定语	两处定语							一处定语			
			D1+D1	D1+D2	D2+D1	D1+D3	D3+D1	D2+D3	D3+D2	D1	D2	D3	D4
句子数量（句）	2	30	13	10	1	5	4	7	133	72	14	1
			70							220			
百分比（%）	0.68	10.27	4.45	3.43	0.34	1.71	1.37	2.4	45.55	24.66	4.8	0.34
			23.97							75.35			

注：百分比＝带该类型定语的句子数量/带定语的句子总数。

从表 2-3-11 可以看出，13 个词句子最多带有三处定语。带两处定语的比例为 23.97%，跟 11 个词的句子相比，比例上升 7.06%。

我们先来看带三处定语的情况，用例如下：

（48）[DZ1 印度和中国西藏的佛教徒] 视 [DZ1 红色珊瑚] 是 [DZ1 如来佛的化身]。

（49）[DZ1 那个水香] 永远是 [DZ1 一片阴影] 罩在 [DZ1 你俩的头上]。

上述两例中的三处定语均分别出现在主语、兼语和宾语位置上。

带两处定语的句子包括 7 种情况，我们先看前面 5 种，用例如下：

（50）附和着他的是 [DZ1 时间的痕迹] 与 [DZ1 青春的流逝]。

（51）[DZ1 他的神态里] 没有留下 [DZ2 丝毫（DZ1 昨晚那件事情的痕迹）]。

（52）[DZ2 几个（DZ1 年轻教师）] 也装得 [DZ1 无所事事的样子] 从这里经过。

（53）[DZ1 那公司] 在 {DZ3 黄寺附近 [DZ2 一幢（DZ1 不怎么起眼的楼房里）]}。

(54) {DZ3 许玉兰 [DZ2 最后（DZ1 那句话）]} 让许三观吸了 [DZ1 口冷气]。

在上述各例中,（50）为"D1 + D1",共 30 例；（51）为"D1 + D2",共 13 例；（52）为"D2 + D1",共 10 例；（53）为"D1 + D3",仅 1 例；（54）为"D3 + D1",共 5 例[①]。

我们再来看另外两种情况,例如：

(55) 所以 [DZ2 她（DZ1 此时的凄凉）] 似乎包含 [DZ2 一种（DZ1 被抛弃的主题）]。

(56) {DZ3 那 [DZ2 难忘的（DZ1 校园生活）]} 一定会成为 [DZ2 我们（DZ1 最美好的回忆）]。

(55) 为"D2 + D2",共 4 例；（56）为"D3 + D2",共 7 例。

下面我们来看一处定语的使用情况。在带一处定语的句子中,带单层定语的句子共 133 个,占带定语句子总数的 45.55%,仍为 13 个词句子定语的最主要形式。但与 11 个词句子相比,这一比例下降了 7.31%。带一处单层定语的句子用例如下：

(57) [DZ1 群体的混乱] 是被一种盲目的力量所推动的。

(58) 或是板着脸却在目光里透出 [DZ1 一丝温暖]。

上述各例中,（57）位于主语位置,（58）位于宾语位置。

在带一处定语的句子中,带双层定语的句子共 72 个,占带定语句子总数的 24.66%,例如：

---

① 这里 5 例全部位于主语位置,而"D1 + D3"仅 1 例,这似乎与我们前面观察到的"多层定语多位于宾语位置"相矛盾,但综观整个三层定语的分布,三层定语仍以居于句尾为多。因为在后面将讨论到的带一处三层定语（D3）的 14 个句子均位于句子宾语位置上。

(59) {DZ2 那位［DZ1（ZZ1 一向严肃不苟）的马经理］} 不但立即起身相迎……

(60) 倘若春天是 {DZ2 一位［DZ1（LH 花枝招展的、透着活泼纯真）的少女］}。

上述两例中，例（59）为双层定中短语充当主语，（60）为双层定中短语充当宾语。

带一处定语的句子中，带有三层定语的句子共14个，均出现在宾语位置上，例如：

(61) 送 {DZ3 各种各样［DZ2 很实用但又不是价值吓人的（DZ1 生活用品）］}。

(62) 焦急地望着 {DZ3 这［DZ2 一刻也不安宁的（DZ1 混乱的人群）］}。

13个词的句子中，带四层定语的句子仅1例，用例如下：

(63) 只静静地停着 {DZ4 老潘〔DZ3 那辆［DZ2 老旧的（DZ1 敞篷吉普）］］}。

下面我们从定语的层次性对定语进行考察。13个词句子定语的层次分布情况见表2-3-12。

表2-3-12　　　　13个词句子定语的层次性分布情况

	D1	D2	D3	D4	合 计
数量(个)	228	110	27	1	366
百分比(%)	62.3	30.05	7.38	0.27	100

注：百分比=该层次定语的数量/定语总数。

第2章 汉语本族语者句长与定、状、补语复杂度研究

从所有定语的层次性看,在 366 个定语中,单层定语共 228 个,占定语总数的 62.3%;双层定语的数量为 110 个,占定语总数的 30.05%;三层定语的数量为 27 个,占定语总数的 7.38%。四层定语共 1 个,占定语总数的 0.27%。

与 11 个词句子的定语分布情况相比,13 个词句子定语的分布情况表现在:(1) 带定语的句子的比例上升了 6.78%;(2) 有带三处定语的句子出现,带两处定语的句子比例上升了 7.06%,带一处定语的句子比例下降了 7.74%;(3) 带一处定语的句子中,一层定语的比例下降了 7.31%;(4) 从定语的层次性分布看,单层定语的比例下降了 7.15%,双层、三层定语的比例有所上升。

3. 11—13 个词句子(区间 4)定语复杂度整体情况分析。

下面我们比较区间 4 上各类句长句子定语的分布情况,考察定语的复杂程度随句长递增而产生的变化。我们先来看这一区间各类定语类型的出现情况,具体数据见表 2-3-13。

表 2-3-13　　区间 4(11—13 个词)各类型定语的出现情况

	三处定语	两处定语						一处定语			
		D1+D1	D1+D2	D2+D1	D1+D3	D3+D1	D2+D2	D3+D2	D1	D2	D3	D4
11 个词		√	√	√			√	√	√	√	√	√
12 个词		√	√	√	√	√	√	√	√	√	√	√
13 个词	√	√	√	√	√	√	√	√	√	√	√	√

注:"√"表示该定语类型的出现。

从表 2-3-13 可以看出,跟 13 个词的句子相比,11 个词的句子没有出现三处定语、"D1+D3""D3+D1"等三种类型,12 个词句子没有出现三处定语的情况。这表明句长越长,出现的定语类型越丰富。

下面我们来看区间 4(11—13 个词)句子在定语处数上的比例变化情况,具体数据见表 2-3-14。

表 2-3-14　　区间 4（11—13 个词）定语处数的比例变化

		三处定语	两处定语	一处定语
11 个词	数量(句)	0	80	393
	百分比(%)	0	16.91	83.09
12 个词	数量(句)	0	94	294
	百分比(%)	0	24.23	75.77
13 个词	数量(句)	2	70	220
	百分比(%)	0.68	23.97	75.35

注：百分比＝该类型句子数量/带定语句子的总数。

从表 2-3-14 可以看出：随着句子长度的递增，带多处定语（包括 2 处和 3 处）的句子比例逐渐上升，带 1 处定语的句子比例逐渐下降。这说明句子的长度越长，句子出现定语的处数越多。

下面我们来看这一区间句子定语层次性的变化情况。11—13 个词句子定语的层次性分布情况见表 2-3-15。

表 2-3-15　　区间 4（11—13 个词）句子定语层次性情况分布

		D1	D2	D3	D4	合计
11 个词	数量(个)	373	154	23	3	553
	百分比(%)	67.45	27.85	4.16	0.54	100
12 个词	数量(个)	326	129	25	2	482
	百分比(%)	67.63	26.77	5.19	0.41	100
13 个词	数量(个)	228	110	27	1	366
	百分比(%)	62.3	30.05	7.38	0.27	100

注：百分比＝该层次定语的数量/定语总数。

根据表 2-3-15 中的数据，从总体变化情况来看，随着句子长度的上升，单层定语的比例呈下降趋势，双层、三层定语的比例则呈上升趋势。四层定语的比例呈下降趋势。从整体上看，定语的复杂程度随句长的增长而逐渐上升。

（三）14—20 个词句子（区间 5）定语复杂度分析

随着句子长度的上升，句子总数及相应的抽样句子数量开始逐渐递减。在这一区间（14—20 个词），我们不再对各类句长句子定语的复杂程度做具体分析，而是从整体上分析这一区间定语的发展变化情况。

我们先看本族人语料 14—20 个词的句子总数、抽样句子数、带定语句子数及所占百分比情况，具体数据见表 2-3-16。

表 2-3-16　　14—20 个词句长带定语句子的百分比情况

	14 个词	15 个词	16 个词	17 个词	18 个词	19 个词	20 个词
句子总数(句)	1890	1331	1003	728	551	430	331
抽样句子数(句)	318	221	168	125	91	72	55
带定语的句子数(句)	224	157	127	100	73	60	48
带定语句子百分比(%)	70.44	71.04	75.06	82.64	80.22	83.33	87.27

注：带定语句子的百分比=带定语的句子数/抽样句子数。

从表 2-3-16 可以看出，随着句子长度的上升，带定语句子的比例呈上升趋势。14 个词带定语的句子比例为 70.44%，而 20 个词带定语的句子的比例已上升至 87.27%。

下面我们来看 14—20 个词句子定语的分布类型和用例数量，具体数据见表 2-3-17。

表2-3-17　　14—20个词句子各类定语的出现情况及用例数

	五处定语	四处定语	三处定语	两处定语								一处定语			
				D1+D1	D1+D2	D2+D1	D1+D3	D3+D1	D2+D2	D2+D3	D3+D2	D1	D2	D3	D4
14词	0	0	3	22	15	8	2	1	2	1	0	0	0	89	59	18	4
15词	0	1	5	14	6	7	4	2	1	0	3	0	1	61	37	15	0
16词	0	0	10	14	3	3	0	2	3	0	0	0	40	33	17	1
17词	0	1	3	10	6	3	4	0	3	0	2	0	0	38	23	6	1
18词	0	0	5	7	3	4	0	1	2	1	0	1	28	15	5	1
19词	0	0	3	7	3	4	1	0	2	0	0	0	24	14	1	1
20词	1	0	3	4	4	2	2	1	2	1	0	0	1	12	9	5	1

从表2-3-17可以看出，在这一区间，随着句长的递增，定语在整体分布情况上的变化主要有以下两点。

1. 多处定语的出现更为常见，多处定语的范围进一步扩大。在前面两个区间内，只在10个词、13个词句长上出现了带三处定语的句子。但在这一区间的所有句长上都有带三处定语的句子出现，并且出现了带四处、五处定语的用例。我们先来看带四处、五处定语的情况。

(64) [DZ1 我的脸]、[DZ1 我的脖子]、[DZ1 我的脚底]、[DZ1 我的手掌] 都在一阵阵地发烧。(15个词)

(65) [DZ1 那些树木]、[DZ1 那些池塘]、[DZ2 那 (DZ1 所有的一切)]，仿佛都是 {DZ3 他 [DZ2 身体的 (DZ1 一部分)]}。(17个词)

(66) [DZ2 一 (DZ1 戴眼镜的男人)] 提着 [DZ1 十斤肉骨头]、[DZ1 五斤黄豆]、[DZ1 两斤绿豆]、[DZ1 一斤菊花]。(20个词)

（64）为带四处定语的例子，四处定语均为单层定语，一起构成联合短语充当句子的主语；（65）也是带四处定语的例子，前面三处构成联合短语充当主语，宾语则由带三层定语的定中短语充当；（66）为带五处定语的句子，一处位于主语位置，另外四处构成联合短语充当句子的宾语。从所出现的用例看，四处、五处定语的出现跟主语、宾语的复杂化有密切的关系。

带三处定语的句子数量比前面的区间有所上升，并且在每一句长都有用例出现。例如：

（67）因为［DZ1 殷实般的种子］已带着［DZ1 你的希望］去奔赴［DZ1 下一个春天］。(16 个词)

（68）［DZ1 告别的话］，［DZ1 分手的话］，［DZ1 从此不再回来的话］，她实在是说不出口。(17 个词)

（69）［DZ1 这样的相识］使［DZ2 我在她心目中的（DZ1 第一印象）］是｛DZ3 一个［DZ2 优秀的（DZ1 好男孩儿）］｝。(18 个词)

（70）看着［DZ2 那个（DZ1 土坯凳子）］、［DZ2 那张（DZ1 垂着花布帘子的土台子）］、［DZ1 那《脖子上的安娜》］……(19 个词)

（71）［DZ2 那（DZ1 低沉而且略哑的语言）］几乎像是［DZ2 一个（DZ1 沧桑女人）］在讲述［DZ2 一段（DZ1 陈年的往事）］。(20 个词)

在上述各例中，（67）中的三处定语分别出现在主语和连谓短语的两个宾语上；（68）的三处定语均出现在主语位置上；（69）的三处定语分别出现在主语、兼语和宾语位置上；（70）中的三处定语出现在宾语位置上；（71）的三处定语出现在句子主语和小句宾语的主语及宾语位置上。总的来看，带三处定语的句子结构都比较复杂。

2. 在多处定语中，各层次定语的搭配方式更加复杂多样。如上文所讨论的三处定语的使用情况，在前面两个区间里，三处定语多为三个单层定语的搭配使用，例如：

(72) [DZ1 多愁善感的他] 总无法忘记 [DZ1 那些事]、[DZ1 那些人]……(10个词)

(73) [DZ1 印度和中国西藏的佛教徒] 视 [DZ1 红色珊瑚] 是 [DZ1 如来佛的化身]。(13个词)

但在本区间里，三处定语出现了 D1 + D2 + D3，D2 + D2 + D2 等更为复杂的形式，例如前面所举的（69）（71）等。

在两处定语的使用上，这一趋势更为明显。虽然这一区间抽样的语料数量减少，但新的定语搭配形式仍有出现，主要有 D2 + D3，D2 + D4，D3 + D3 等。例如：

(74) 让 [DZ2 医院里（DZ1 最粗的针）] 扎到 {DZ3 他 [DZ2 胳膊上（DZ1 最粗的血管里）]} 去。(18个词)

(75) [DZ2 那双（DZ1 小眼睛）]、让我觉得是 {DZ4 一对 [DZ3 令人不快的 [DZ2 动物的（DZ1 小眼睛）]]}。(18个词)

(76) 仅仅像 {DZ3 一个 [DZ2 割野菜的（DZ1 小女孩）]} 丢了 {DZ3 她 [DZ2 弯弯的（DZ1 小镰刀）]}。(15个词)

(74)中为"D2 + D3"，两处定语出现在兼语和宾语的位置上；（75）为"D2 + D4"，两处定语出现在主语和宾语的位置上；（76）为"D3 + D3"，两处定语出现宾语小句的主语和宾语中。这些句子的句法结构都比较复杂。

下面我们来看 14—20 个词句子定语在各处的数量及所占的百分比情况，具体数据见表 2-3-18。

表 2-3-18　　　　　　14—20 个词句子的定语出现情况

		一处定语	两处定语	三处定语	四处定语	五处定语
14 个词	数量（句）	170	51	3	0	0
	百分比（%）	75.89	22.77	1.34	0	0
15 个词	数量（句）	113	38	5	1	0
	百分比（%）	71.97	24.21	3.18	0.64	0
16 个词	数量（句）	91	26	10	0	0
	百分比（%）	71.66	20.46	7.88	0	0
17 个词	数量（句）	68	28	3	1	0
	百分比（%）	68	28	3	1	0
18 个词	数量（句）	49	19	5	0	0
	百分比（%）	67.12	26.03	6.85	0	0
19 个词	数量（句）	40	17	3	0	0
	百分比（%）	66.67	28.33	5	0	0
20 个词	数量（句）	27	17	3	0	1
	百分比（%）	56.26	35.41	6.25	0	2.08

注：百分比＝该类型句子数量/带定语句子的总数。

从表 2-3-18 可以看出，在这一区间内，带一处定语的句子比例逐步下降，从 14 个词的 75.89% 下降至 20 个词的 56.26%。从总体上看，带两处定语、三处定语的句子比例随句长的增长呈上升趋势。这说明句子越长，句子出现的定语处数越多，句子定语的复杂程度越高。

下面我们来看14—20个词句子定语的层次性分布情况，具体数据见表2-3-19。

表2-3-19　　　　　　14—20个词句子定语层次性分布情况

		D1	D2	D3	D4	合　计
14个词	数量(个)	166	89	22	4	281
	百分比(%)	59.08	31.67	7.83	1.42	100
15个词	数量(个)	119	62	27	0	208
	百分比(%)	57.21	29.81	12.98	0	100
16个词	数量(个)	97	47	21	1	166
	百分比(%)	58.43	28.32	12.65	0.6	100
17个词	数量(个)	82	41	13	1	137
	百分比(%)	59.85	29.93	9.49	0.73	100
18个词	数量(个)	60	29	8	2	99
	百分比(%)	59.6	30.3	8.08	2.02	100
19个词	数量(个)	49	30	3	1	83
	百分比(%)	59.04	36.15	3.61	1.2	100
20个词	数量(个)	55	27	10	2	94
	百分比(%)	58.51	28.72	10.64	2.13	100

注：百分比＝该层次定语的数量/定语总数。

从表2-3-19的数据看，在14—20个词这一区间，单层定语的比例维持在58%到60%之间，基本上呈下降的趋势；双层定语的比例维持在30%左右,三层、四层定语所占比例波动较大,变化规律均不太明显。但从总体上看,各类句长句子在单层定语比例呈下降趋势的情况下,某一多层定语的使用会呈现比较突出的态势。

2.3.1.2 定语复杂度整体情况分析

根据前面对本族人 7—20 个词的句子定语复杂度的统计数据和具体分析,我们将 7—20 个词句子定语复杂度的相关指标定为五项,即带定语句子的比例(定语覆盖率)、多处定语的比例、最多出现处数①、多层定语的比例、最多出现层次②。本族人 7—20 个词句子定语在各项指标上的具体情况见表 2-3-20。

表 2-3-20　　　　本族人 7—20 个词句子定语复杂度

区间	句长(词)	覆盖率(%)	多处比例(%)	最多处数(处)	多层比例(%)	最多层数(层)
区间3	7	46.78	4.21	2	18.21	3
	8	52.17	6.98	2	19.82	3
	9	58.53	9.85	2	21.33	3
	10	63.68	10.98	3	30.72	4
区间4	11	64.09	16.91	2	32.55	4
	12	69.04	24.23	2	32.37	4
	13	70.87	24.65	3	32.7	4

---

① 这里的"最多出现处数"是指在这一句长上,定语处数出现的最高峰值,不是指定语"出现频次最多的处数"。

② 这里的"最多出现层次"是指在这一句长上,定语层次出现的最高峰值,不是指定语"出现频次最多的层数"。

续　表

区　间	句长(词)	覆盖率(%)	多处比例(%)	最多处数(处)	多层比例(%)	最多层数(层)
区间5	14	70.44	24.11	3	40.92	4
	15	71.04	28.03	4	42.79	3
	16	75.06	28.34	3	41.57	4
	17	82.64	32	4	40.25	4
	18	80.22	32.88	3	40.4	4
	19	83.33	33.33	3	40.96	4
	20	87.27	43.74	5	41.49	4

从表2-3-20可以非常直观地看出本族人7—20个词句子定语复杂度的发展变化过程，定语的复杂化主要表现在以下五个方面。

1. 从定语的覆盖率看，随着句长的上升，句子带定语的比例逐步上升。7—10个词（区间3）句子带定语的比例大致在45%—60%之间，11—13个词（区间4）比例为60%—70%之间，14—20个词（区间5）为70%—90%之间。

2. 从带多处定语的句子比例看，随着句长的上升，带多处定语句子的比例呈逐步上升的趋势。7—10个词（区间3）句子带多处定语的比例大致在4%—10%之间，11—13个词（区间4）比例为15%—25%之间，14—20个词（区间5）大致在25%—45%之间。

3. 从定语出现的最多处数看，区间3、区间4均以两处最为常见，区间5则以三处、四处最为常见。

4. 从定语的层次性看，多层定语的比例从总体上看呈逐步上升的趋势。

7—10个词句子（区间3）多层定语比例主要在18%—30%之间，11—13个词（区间4）比例在32%左右，14—20个词（区间5）比例为40%左右。区间3、区间4内句子层次分布的变化不大。

5. 从定语的出现的最多层次看，区间3以3层为主，区间4均为4层，区间5以4层占绝大多数。

2.3.2　本族人各句长句子状语复杂度分析

状语可以修饰整个句子或句子中的谓语，是体现句子复杂程度的一个重要方面。状语复杂度与句子句法复杂度的关系主要体现在以下三个方面。

1. 句首状语修饰整个句子，既可以单独使用，又可以与句中状语配合使用。句首状语会带来句子长度和句子复杂程度的上升。例如：

(77)［ZZ1 这天下午，许三观也离开了七里堡］。

(78)［ZZ1 在这个世界上，善良、同情、奉献、博爱的心都不能再少了］。

上述各例中，句首状语后的句子也可以独立成句，但带上句首状语后，句子状语修饰整个句子，句子的长度增长，句子复杂程度上升。

2. 状语与连谓、兼语等双谓核或多谓核句式关系密切。在连谓、兼语句中，对动词谓语前状语的考察，在一定程度上表现为对句子双谓核或多谓核结构的考察。句中状语出现的处数越多，代表句子句法结构越复杂。例如：

(79) 他［ZZ1 刚刚站直了］［ZZ1 就倒在了地上］。

(80) 其中｛ZZ2 总［ZZ1 会［JY 有人（ZZ1 要滑倒）］］｝。

(81)［ZZ1 还有四个孩子（ZZ1 正围着炭盆）（ZZ1 在喝粥）］。

（79）为连谓句，在两个连谓动词结构前都出现了状语；（80）为兼语句，在兼语动词前和兼语后的动词结构中都出现了状语；（81）为连谓句与兼句的套叠句式，在兼语结构前及连谓结构内部两套谓核结构前都使用了状语。由此可见，状语的复杂程度跟句子谓语的复杂程度甚至整个句子的复杂程度都关系密切。

3. 状语的层次性与内部构成跟句子的复杂程度有着密切的关系。例如：

（82）人［ZZ1 都跑掉了］。

（83）三乐［ZZ2 更（ZZ1 愿意住在厂里）］。

（84）可是他｛ZZ3 现在［ZZ2 还（ZZ1 想干下去）］｝。

（85）她｛ZZ3 首先［ZZ2 在声音上（ZZ1 把他们砸下去）］｝。

例（82）至（84）的谓语动词分别带一层、两层、三层状语，状语层次的增加带来了谓语的复杂化。（84）与（85）同为三层状语，但各层状语内部的复杂程度的差异带了谓语复杂程度上的差异。由此可见，状语层次性和内部构成在一定程度上代表了句子的谓语复杂程度及句法复杂度。

本节研究的是句子状语的复杂程度，状语主要出现的语法位置为句首和句中谓语动词之前，不包括句子成分中的状语。例如：

（86）［ZZ2 能（ZZ1 被这样的女孩看上）］是我的福气。

（87）所以我相信你［ZZ2 一定（ZZ1 会尊重她的选择）］。

（88）冷得我肚子里［ZZ2 都（ZZ1 在打抖了）］。

（89）那是［ZZ1 很个别］的例子。

以上各例中的状中短语分别位于主语、宾语、补语、定语位置上，其中的状语都属于句子成分内的状语，不属于我们考察的对象。

2.3.2.1 各区间句子状语复杂度分析

（一）7—10个词句子（区间3）状语复杂度分析

下面我们分析区间3上各类句长句子状语的分布情况，考察状语的复杂程度随句长递增而产生的变化。我们先来看7—10个词句长上带状语句子的百分比，具体数据见表2-3-21。

表2-3-21　　7—10个词的句长带状语句子的百分比情况

	7个词	8个词	9个词	10个词
句子总数(句)	11287	9335	7691	5840
抽样句子数(句)	1881	1564	1283	972
带状语的句子数(句)	1342	1183	972	730
带状语句子百分比(%)	71.34	72.70	75.58	75.1

注：带状语句子的百分比＝带状语句子数/抽样句子数。

从表2-3-21可以看出，随着句子长度的上升，带状语句子的比例呈上升趋势。7个词带状语句子的比例为71.34%，10个词带状语句子的比例为75.1%。这表明句长越长，状语的覆盖率越高。下面我们先对7个词、9个词句子状语复杂度做个案分析，然后再分析这一区间7—10个词句子在状语复杂度上的发展变化趋势。

1. 7个词句子状语复杂度分析。

本族人语料中7个词的句子共11287句，我们抽取其中的1881句进行句法信息的标注和分析。发现带状语的句子共1342个，占所有抽样句子的71.34%。句子状语的分布情况见表2-3-22。

表 2-3-22　　　　　　　7 个词的句子状语的分布情况

状语分布	两处状语						一处状语				
	S+Z1	Z1+Z1	S+Z2	Z1+Z2	Z2+Z1	S+Z3	S	Z1	Z2	Z3	Z4
句子数量（句）	43	34	11	7	3	2	25	756	349	97	15
	100						1242				
百分比（%）	3.2	2.53	0.82	0.52	0.23	0.15	1.86	56.33	26.01	7.23	1.12
	7.45						92.55				

注：百分比=该类型句子数量/带状语的句子总数，表格中的"S"表示句首状语，"Z"表示"句中状语"，下面的表格同此。

从表 2-3-22 可以看出，在 7 个词句子中，带两处状语的句子共 100 个，占所有带状语句子的 7.45%，带一处状语的句子共 1242 个，占所有带状语句子的 92.55%。7 个词句子主要以带一处状语为主。

带两处状语的情况主要包括带一个句首状语、一个句中状语，以及带两个句中状语两种情况。我们先来看句首状语和句中状语同时使用的情况，例如：

(90) ［ZZ1 这时，许三观（ZZ1 已经走过去了）］。

(91) ｛ZZ1 每天早晨，我［ZZ2 都（ZZ1 不用调闹钟）］｝。

(92) ｛ZZ1 今天我［ZZ3 也［ZZ2 要（ZZ1 为青海加油）］］｝！

以上各例中，(90) 为句首状语和一层状语同时使用（S+Z1），共 43 例；(91) 为句首状语和两层状语同时使用（S+Z2），共 11 例；(92) 为句首状语和三层状语同时使用（S+Z3），共 2 例。

下面我们来看带两个句中状语的情况，例如：

(93) ［ZZ1 竟然穿起衣服］［ZZ1 不睡了］。

（94）［ZZ1 现在想到了］［ZZ2 也（ZZ1 已经晚了）］……

（95）其中 ｛ZZ2 总〔ZZ1 会［JY 有人（ZZ1 要滑倒）］］｝。

以上各例中，（93）带两处单层状语（Z1+Z1），共34例；（94）带一处单层状语和一处双层状语（Z1+Z2），共7例；（95）为带一处双层状语和一处单层状语（Z2+Z1），共3例。带两处句中状语的句子多为连谓、兼语、复合谓语等双谓核结构。由此可见，状语的复杂程度跟句子谓语的复杂程度密切相关，在一定程度也代表了句子的复杂程度。下面我们来看带一处状语的句子。

带一处状语的句子包括带句首状语和句中状语两种情况。我们先来看带句首状语的情况，共25例，占所有带状语句子数的1.86%。例如：

（96）［ZZ1 高三上学期，他辍学离校］。

（97）［ZZ1 清晨，快乐的鸟儿唱着歌］。

7个词句子所带句中状语可分为一至四层状语。例如：

（98）你［ZZ1 都是我的好朋友］。

（99）［ZZ2 只（ZZ1 在空中停留了那么片刻）］。

（100）并且｛ZZ3 从此［ZZ2 很少（ZZ1 再回吴庄）］｝。

（101）｛ZW 你＜ZZ4 现在〔ZZ3 就［ZZ2 应该（ZZ1 向我解释）］］＞｝。

（98）为带一层状语的句子，共756例。占带状语句子数的56.33%，是7个词状语的最主要的形式。（99）为带两层状语的句子，共349例，占带状语句子数的26.01%；（100）为带三层状语的句子共97例，占带状语句子数的7.23%；（101）为带四层状语的句子，共15例，占带状语句子数的1.12%。

下面我们分析状语的层次性分布情况。7个词句子句中状语的层次性分布情况见表2-3-23。

表 2-3-23　　　　　7 个词句子状语的层次分布情况

	Z1	Z2	Z3	Z4	合计
数量(个)	877	370	99	15	1361
百分比(%)	64.44	27.19	7.27	1.1	100

注：百分比为该层状语数量/状语总数。

从表 2-3-23 可以看出，7 个词句子的状语主要以单层状语为主，单层状语的比例达 64.44%，但双层状语的比例也达到 27.19%。单层状语和双层状语的总和所占比例已超过 90%。

最后我们看一下 7 个词句子句首状语的分布情况。在 7 个词句子的所有状语中，带句首状语的句子共 81 例，占所有带状语句子总数的 6.04%，占抽样句子总数的 4.31%。

2. 9 个词句子状语复杂度分析。

9 个词的句子一共有 7691 句，我们抽取了其中的 1283 句进行句法信息的标注和分析，发现带状语的句子共 972 个，占所有抽取句子的 75.58%。9 个词句子的状语分布情况见表 2-3-24。

表 2-3-24　　　　　9 个词句子状语的分布情况

状语分布	三处状语	两处状语						一处状语				
		S+Z1	Z1+Z1	S+Z2	Z1+Z2	S+Z3	Z1+Z3	S	Z1	Z2	Z3	Z4
句子数量(句)	3	23	48	12	5	2	3	14	523	228	96	15
		93						876				
百分比(%)	0.31	2.36	4.94	1.23	0.51	0.21	0.31	1.44	53.81	23.46	9.88	1.54
		9.56						90.13				

注：百分比 = 该类型句子数量/带状语的句子总数。

第2章 汉语本族语者句长与定、状、补语复杂度研究

从表2-3-24可以看出，9个词句子最多状语处数为三处。带三处状语的句子共3个，占所有带状语句子的0.31%；带两处状语的句子共93个，占所有带状语句子的9.56%，带一处状语的句子共876个，占所有带状语句子的90.13%。9个词句子主要以带一处状语为主。

下面我们先分析带三处状语的情况，例如：

(102)［ZZ1 现在，［ZZ1 对海喜喜我［ZZ1 已经没有了同情］］］。

(103)［ZZ1 也许，［ZZ1 在你们看来这事［ZZ1 真的没什么］］］。

这种情况共3例，均带两个句首状语和一个句中单层状语（即S+S+Z1）。

下面我们来分析带两处状语的句子，先来看句首状语和句中状语配合使用的情况，例如：

(104)［ZZ1 那些天的下午，我们（ZZ1 总是去割草）］。

(105){ZZ1 作为班长，谢百三［ZZ2 自然（ZZ1 也跟了去）]}。

(106){ZZ1 这时，我动作〔ZZ3 一下子［ZZ2 就（ZZ1 会变轻）]]}。

以上各例中，(104)为"S+Z1"，共23例，占所有带状语句子的2.36%；(105)为"S+Z2"，共12例，占1.23%；(106)为"S+Z3"，共2例，占0.21%。

下面我们来看带两个句中状语的情况，例如：

(107) 他［ZZ1 已没有资格］［ZZ1 再踏进校长办公室］。

(108){ZZ1 就让他［ZZ2 在城里（ZZ1 多住些日子）]}。

(109){ZZ1 难道我〔ZZ3 真的［ZZ2 这么（ZZ1 深刻地爱着牠）]]}?

以上各例中，(107)为"Z1+Z1"，共48例，占所有带状语句子的4.94%；(108)为"Z1+Z2"，共5例，占0.51%；(109)为"Z1+Z3"，共3例，占0.31%。

下面我们分析带一处状语的句子。带一处状语的句子包括带句首状语和句中状语两种情况。我们先来看带句首状语的情况,共14例,占所有带状语句子数的1.44%。例如:

(110) [ZZ1 两年以后,马水清的父亲回来了]。

(111) [ZZ1 对王儒安,我们心存感激、充满敬意]。

9个词句子所带句中状语可分为一至四层状语。例如:

(112) 但是我们的心却 [ZZ1 紧紧连在一起]。

(113) 因为后面的叫喊声 [ZZ2 实在 [ZZ1 太有威力]]。

(114) 不安分的人 [ZZ3 也 [ZZ2 无心 [ZZ1 再捣乱下去]]]。

(115) {ZZ4 也 [ZZ3 正在 [ZZ2 盲目地 (ZZ1 往一个方向而去)]]}。

(112)为带一层句中状语的句子,共523例,占带状语句子数的53.81%,是9个词句子状语的最主要的形式。(113)为带两层状语的句子,共228例,占带状语句子数的23.46%;(114)为带三层状语的句子,共97例,占带状语句子数的9.88%;(115)为带四层状语的句子,共15例,占带状语句子数的1.54%。

下面我们分析状语的层次性分布情况,9个词句子句中状语的层次性分布情况见表2-3-25。

表2-3-25　　　　9个词句子状语的层次分布情况

	Z1	Z2	Z3	Z4	合 计
数量(个)	653	245	101	15	1014
百分比(%)	64.4	24.16	9.96	1.48	100

注:百分比为该层状语数量/状语总数。

从表 2-3-25 可以看出，9 个词句子的状语主要以单层状语为主，单层状语的比例为 64.4%。跟 7 个词的句子相比，单层状语所占比例较为接近，但双层状语比例下降，三层状语的比例有所上升。

最后我们看一下 9 个词句子句首状语的分布情况。在 9 个词句子的所有状语中，带句首状语的句子共 54 例，占所有带状语句子总数的 5.56%，占所有抽样调查句子总数的 4.36%。

3. 7—10 个词句子（区间 3）状语复杂度整体情况分析。

下面我们来看这一区间状语分布的整体情况，具体情况见表 2-3-26。

表 2-3-26　　区间 3（7—10 个词）句子状语分布情况

状语分布		三处状语	两处状语						一处状语					
			S+Z1	Z1+Z1	S+Z2	Z1+Z2	Z2+Z2	S+Z3	Z1+Z3	S	Z1	Z2	Z3	Z4	Z5
7个词	数量（句）	0	43	34	11	7	3	2	0	25	756	349	97	15	0
	百分比（%）	0	3.2	2.53	0.82	0.52	0.23	0.15	0	1.86	56.33	26.01	7.23	1.12	0
			7.45							92.55					
8个词	数量（句）	3	39	48	13	12	5	3	0	19	640	302	81	18	0
	百分比（%）	0.25	3.29	4.06	1.1	1.02	0.42	0.25	0	1.61	54.1	25.53	6.85	1.52	0
			10.14							89.61					
9个词	数量（句）	3	23	48	12	5	0	2	3	14	523	228	96	15	0
	百分比（%）	0.31	2.36	4.94	1.23	0.51	0	0.21	0.31	1.44	53.81	23.46	9.88	1.54	0
			9.56							90.13					
10个词	数量（句）	3	27	39	17	8	6	7	0	20	349	168	77	7	2
	百分比（%）	0.41	3.7	5.34	2.33	1.1	0.82	0.96	0	2.74	47.81	23.01	10.55	0.96	0.27
			14.25							85.34					

注：百分比 = 该类型句子数量/带状语的句子总数。

从表 2-3-26 可以看出，在区间 3（7—10 个词）上，句子状语的复杂化程度随着句长的上升逐步上升，主要表现在以下两个方面。

（1）句子的长度越长，出现状语的处数越多。7 个词的句子最多只出现两处状语，8—9 个词的句子则出现了三处状语。状语出现的处数越多，表明句首修饰性成分或句子中的谓词性结构越多，句子的复杂程度也越高。

（2）句子的长度越长，多处状语的比例越大。从总体变化情况看，7—10 个词的句子中，带三处状语、两处状语的句子比例基本呈上升趋势，带一处状语的句子比例呈下降趋势。这在一定程度上也反映出状语随句长的上升而逐步复杂化的过程。

下面我们来看这一区间句子状语层次性的变化情况。7—10 个词句子状语的层次性分布情况见表 2-3-27。

表 2-3-27　　区间 3（7—10 个词）句子状语层次性分布情况

		Z1	Z2	Z3	Z4	Z5	合　计
7 个词	数量（个）	877	370	99	15	0	1361
	百分比（%）	64.44	27.19	7.27	1.1	0	100
8 个词	数量（个）	798	333	84	18	0	1233
	百分比（%）	64.72	27.01	6.81	1.46	0	100
9 个词	数量（个）	653	245	101	15	0	1014
	百分比（%）	64.4	24.16	9.96	1.48	0	100
10 个词	数量（个）	475	199	84	7	2	767
	百分比（%）	61.93	25.95	10.95	0.91	0.26	100

注：百分比 = 该层次状语的数量/状语总数。

从表 2-3-27 可以看出，随着句子长度的上升，单层、双层状语的比例均呈下降趋势，三层状语的比例呈上升趋势。在句长为 10 个词时，出现了五层状语的句子。这表明从层次性看，状语的复杂程度也随句长的增长而逐步上升。

最后我们看一下这 7—10 个词句子（区间 3）句首状语的发展变化情况。7—10 个词带句首状语的句子所占比例情况见表 2-3-28。

表 2-3-28　　　　7—10 个词带句首状语句子所占比例情况

	带句首状语句子数(句)	带状语句子数(句)	抽样句子数(句)	占带状语句子数的百分比(%)	占抽样句子数的百分比(%)
7 个词	81	1342	1881	6.04	4.31
8 个词	75	1183	1564	6.34	4.8
9 个词	54	972	1283	5.56	4.36
10 个词	72	730	972	9.86	7.41

从表 2-3-28 可以看出，随着句子长度的递增，带句首状语的句子在总抽样语料或带状语句子语料中的比例都呈上升趋势。也就是说，句子长度越长，句首状语的出现频率越高。句首状语的出现会引起句子复杂程度的提高，这表明句子越长，句子的复杂程度越高。

（二）11—13 个词句子（区间 4）状语复杂度分析

下面我们分析 11—13 个词句子状语的分布情况，我们先来看这一区间带状语句子的百分比情况，具体数据见表 2-3-29。

表 2 – 3 – 29　　　　11—13 个词句子带状语句子的百分比情况

	11 个词	12 个词	13 个词
句子总数(句)	4419	3374	2464
抽样句子数(句)	738	562	412
带状语的句子数(句)	583	458	325
带状语句子百分比(%)	79	81.49	78.88

注：带状语句子百分比 = 带状语的句子数/抽样句子数。

从表 2 – 3 – 29 可以看出，在这一区间，带状语句子的百分比变化不大，基本上在 80% 左右。虽然在这一区间内的变化趋势不明显，但带状语句子的比例明显高于上一区间（7—10 个词）的句子。句长越长，带状语句子的比例越大，这一变化趋势在更大的句长范围内依然存在。下面我们先对 11 个词、13 个词句子状语复杂度做个案分析，然后再分析这一区间句子在状语复杂度上的发展变化趋势。

1. 11 个词句子状语复杂度分析。

11 个词的句子一共有 4419 句，我们抽取其中 738 句进行句法信息的标注和分析，发现带状语的句子数为 582 句，占所有抽取句子的 79%。11 个词句子状语的分布情况见表 2 – 3 – 30。

表 2 – 3 – 30　　　　　　11 个词句子状语分布情况

状语分布	三处状语	两处状语							一处状语				
		S+Z1	Z1+Z1	S+Z2	Z1+Z2	Z2+Z2	Z1+Z2	S+Z3	Z3+Z1	S	Z1	Z2	Z3	Z4
句子数量(句)	1	25	23	22	8	3	4	6	1	16	267	138	61	8
		92							490				
百分比(%)	0.17	4.29	3.95	3.77	1.38	0.51	0.69	1.03	0.17	2.74	45.8	23.67	10.46	1.37
		15.79							84.04				

注：百分比 = 该类型句子数量/带状语的句子总数。

从表2-3-30可以看出，11个词句子最多状语处数为三处。带三处状语的句子仅1例，占所有带状语句子的0.17%；带两处状语的句子共92个，占所有带状语句子的15.79%，带一处状语的句子共490个，占所有带状语句子的84.04%。11个词句子主要以带一处状语为主。

下面我们先分析带三处状语的情况，仅一例，用例如下：

(116)［ZZ1 还有四个孩子（ZZ1 正围着炭盆）（ZZ1 在喝粥）］。

例（116）为兼语结语与连谓结语套用，在兼语结构前及连谓结构内部两套谓核结构前都使用了状语。由此例也可以管窥状语复杂程度与谓语复杂程度甚至句子复杂程度之间的内在联系。

下面我们来分析带两处状语的句子，先来看句首状语和句中状语配合使用的情况，例如：

(117)［ZZ1 几天之后，我（ZZ1 又来到了这片老树林）］。

(118){ZZ1 在夜色中，她［ZZ2 还（ZZ1 能找到一些当时的印象）］}。

(119){ZZ1 在家中，父母〔ZZ3 对我的教育［ZZ2 从（ZZ2 不曾少过）］]}。

以上各例中，(117)为"S+Z1"，共23例，占所有带状语句子的3.95%；(118)为"S+Z2"，共22例，占所有带状语句子的3.77%；(119)为"S+Z3"，共6例，占所有带状语句子的1.03%。

下面我们来看两个句中状语同时出现的情况，主要包括"Z1+Z1""Z1+Z2""Z2+Z1""Z2+Z2""Z3+Z1"等五种情况，其中"Z2+Z2""Z3+Z1"为新出现的类型。我们先来看前面三种情况，例如：

(120) 两人［ZZ1 没说几句］［ZZ1 就走出了街角］。

(121) 但是我{ZZ1 能让你［ZZ2 把我（ZZ1 深深刻在心上）］}。

(122) 但一次次的打击 {ZZ2 也 [ZZ1 逐渐让我 (ZZ1 向脆弱低头)]}。

以上各例中，(120) 为"Z1 + Z1"，共 39 例，占带状语句子的 5.34%；(121) 为"Z1 + Z2"，共 8 例，占带状语句子的 1.38%；(122) 为"Z2 + Z1"，共 3 例，占带状语句子的 0.51%。

下面我们来看新出现的类型，即"Z2 + Z2""Z3 + Z1"，例如：

(123) 我 {ZZ2 本来 [ZZ1 想让你 [ZZ2 一辈子 (ZZ1 都过幸福的生活)]]}。

(124) {ZZ3 到时候 [ZZ2 就 [ZZ1 会让你们 (ZZ1 早些日子抽调回城)]]}。

(123) 为"Z2 + Z2"，均出现在兼语句中，共 4 例，占带状语句子的 0.62%；(124) 为"Z3 + Z1"，仅 1 例，也出现在兼语句中。

下面我们分析带一处状语的句子。带一处状语的句子包括带句首状语和句中状语两种情况。我们先来看带句首状语的情况，共 16 例，占所有带状语句子数的 2.74%。例如：

(125) [ZZ1 这一天，他回到村里来看望他的爷爷]。

(126) [ZZ1 从您的音乐中，我吸取到精神的力量]！

11 个词句子所带句中状语可分为一至四层状语。例如：

(127) 冬天的夕阳 [ZZ1 在西南方向放射着金色的光辉]。

(128) 种种抽象的概念 [ZZ2 都 (ZZ1 会还原为具体的形象)]。

(129) 老会计 {ZZ3 在这点上 [ZZ2 也 (ZZ1 确实迂腐得可笑)]}。

(130) 她 {ZZ4 也 [ZZ3 总是 [ZZ2 在一旁 (ZZ1 静静地看着、听着)]]}。

（127）为带一层状语的句子，共 267 例，占带状语句子数的 45.8%，是 11 个词句子状语的最主要的形式；（128）为带两层状语的句子，共 138 例，占带状语句子数的 23.67%；（129）带三层状语的句子，共 61 例，占带状语句子数的 10.46%；（130）带四层状语的句子，共 8 例，占带状语句子数的 1.37%。

下面我们分析状语的层次性分布情况，11 个词句子句中状语的层次性分布情况见表 2 – 3 – 31。

表 2 – 3 – 31　　　　11 个词句子状语的层次分布情况

	Z1	Z2	Z3	Z4	合计
数量（个）	353	179	68	8	608
百分比（%）	58.06	29.44	11.18	1.32	100

注：百分比 = 该层状语数量/状语总数。

从表 2 – 3 – 31 可以看出，11 个词句子的状语仍以单层状语为主。跟 9 个词句子相比，单层状语的比例下降了 6.34%，双层状语的比例上升了 5.28%，三层、四层状语的比例基本持平。总的来看，多层状语的比例有所上升。

最后我们看一下 11 个词句子句首状语的分布情况。在 11 个词的句子中，带句首状语的句子共 69 例，占所有带状语句子总数的 11.84%，占所有抽样调查句子总数的 9.35%。

2. 13 个词句子状语复杂度分析。

13 个词的句子共 2464 句，我们抽取其中 412 句进行句法信息的标注和分析，发现带状语的句子数为 325 句，占所有抽取句子的 78.88%。13 个词句子状语的分布情况见表 2 – 3 – 32。

表 2-3-32　　　　　　　13 个词句子状语分布情况

状语分布	三处状语	两处状语					一处状语				
		S+Z1	Z1+Z1	S+Z3	Z2+Z1	S+Z3	Z3+Z1	S	Z1	Z2	Z3	Z4
句子数量（句）	1	23	13	9	3	4	1	7	136	84	32	12
		52						271			
百分比（%）	0.31	7.08	4	2.77	0.92	1.23	0.31	2.15	41.85	25.84	9.85	3.69
		16.31						83.38			

注：百分比=该类型句子数量/带状语的句子总数。

从 2-3-32 表可以看出，13 个词句子最多状语处数为三处。带三处状语的句子仅 1 例，占所有带状语句子的 0.31%；带两处状语的句子共 52 个，占所有带状语句子的 16.31%，带一处状语的句子共 271 个，占所有带状语句子的 83.38%。13 个词句子主要以带一处状语为主。

下面我们先分析带三处状语的情况，用例如下：

（131）｛ZZ1 这时，[ZZ1 大概野兔（ZZ1 突然拗起脑袋来咬了他一口）]｝。

例（131）为连谓句，在整个连谓结构之前和连谓结构内部都使用了状语。

下面我们来分析带两处状语的句子，先来看句首状语和句中状语配合使用的情况，例如：

(132)［ZZ1 几天前，我（ZZ1 又蹭着妈妈去买新衣服了）］。

(133)｛ZZ1 在夜晚的时候，解放饭店的灯光［ZZ2 在那个十字路口（ZZ1 最为明亮）］｝。

(134)｛ZZ1 那几天，家里的活［ZZ3 全［ZZ2 得（ZZ1 由你来做了）］］｝。

以上各例中，（132）为"S＋Z1"，共 23 例，占所有带状语句子的 7.08%；（133）为"S＋Z2"，共 9 例，占所有带状语句子的 2.77%；（134）为"S＋Z3"，共 4 例，占所有带状语句子的 1.23%。

下面我们来看两个句中状语同时出现的情况，主要包括"Z1＋Z1""Z2＋Z1""Z3＋Z1"等三种情况，例如：

(135) 几个年轻教师［ZZ1 也装作无所事事的样子］［ZZ1 从这里经过］。

(136)｛ZZ2 独独［ZZ1 要请睡在我旁边的老会计（ZZ1 与他分享）］｝。

(137) 而且这股暖流｛ZZ3 只［ZZ2 会［ZZ1 随温度的降低而（ZZ1 更深厚）］］｝。

以上各例中，（135）为"Z1＋Z1"，共 13 例，占带状语句子的 4%；（136）为"Z1＋Z2"，共 3 例，占带状语句子的 0.92%；（137）为"Z3＋Z1"，仅 1 例，占带状语句子的 0.31%。

下面我们分析带一处状语的句子。带一处状语的句子包括带句首状语和句中状语两种情况。我们先来看带句首状语的情况，共 7 例，占所有带状语句子数的 2.15%。例如：

(138)［ZZ1 在医院冷冰冰的床上，我搂着母亲哭了起来］。

(139)［ZZ1 在旅程中，我下定决心用实际行动来报答他们］。

13 词句子所带句中状语可分为一至四层状语，例如：

（140）那落叶美丽的风景［ZZ1 深深地留在了我的心底］。

（141）人［ZZ2 会（ZZ1 对知道自己秘密的人产生不快、恼怒和怨恨）］。

（142）然后铁军的母亲｛ZZ3 又［ZZ2 低声（ZZ1 给什么人打了一通电话）］｝。

（143）你｛ZZ4 那时候〔ZZ3 为什么［ZZ2 那么轻易地（ZZ1 将我忽略了呢）］〕｝？

（140）为带一层状语的句子，共 136 例，占带状语句子数的 41.85%，是 13 个词句子状语的最主要的形式；（141）为带两层状语的句子，共 84 例，占带状语句子数的 25.84%；（142）为带三层状语的句子，共 32 例，占带状语句子数的 9.85%；（143）为带四层状语的句子，共 12 例，占带状语句子数的 3.69%。

下面我们分析状语的层次性分布情况，13 个词句子句中状语的层次性分布情况见表 2-3-33。

表 2-3-33　　　　　13 个词句子状语的层次分布情况

	Z1	Z2	Z3	Z4	合　计
数量（个）	191	96	37	12	337
百分比（%）	56.68	28.49	11.27	3.56	100

注：百分比＝该层状语数量/状语总数。

从表 2-3-33 可以看出，13 个词句子的状语仍以单层状语为主。跟 11 个词句子相比，单层状语的比例略有下降，二层、四层状语的比例略有上升，三层状语比例非常接近，状语的层次性分布变化不大。

最后我们看一下 13 个词句子句首状语的分布情况。在 13 个词的句子中，带句首状语的句子共 44 例，占所有带状语句子总数的 13.54%，占所有抽样调查句子总数的 10.68%。

（3）11—13 个词句子（区间 4）状语复杂度整体情况分析。

下面我们来看这一区间状语分布的整体情况，具体情况见表 2-3-34（见附录 6）。

从该表中的数据可以看出：从总体变化趋势看，11—13 个词的句子中，带三处状语、两处状语的句子比例基本呈上升趋势，带一处状语的句子比例呈下降趋势。这表明句子越长，多处状语所占比例越大，句子越复杂。

另外，从状语搭配的类型来看，这一区间句子中状语的使用类型更为丰富，新出现了"Z1+Z4""Z2+Z2""Z3+Z1"等新的状语搭配类型。

下面我们来看这一区间句子状语层次性的变化情况。11—13 个词句子状语的层次性分布情况见表 2-3-35。

表 2-3-34　区间 4（11—13 个词）句子状语层次性分布情况

		Z1	Z2	Z3	Z4	合计
11 个词	数量(个)	353	179	68	8	608
	百分比(%)	58.06	29.44	11.18	1.32	100
12 个词	数量(个)	288	149	54	14	505
	百分比(%)	57.03	29.5	10.7	2.77	100
13 个词	数量(个)	191	96	37	12	337
	百分比(%)	56.68	28.49	11.27	3.56	100

注：百分比 = 该层次状语的数量/状语总数。

从表2-3-35可以看出，在这一区间，单层状语比例逐渐下降，双层状语也呈下降趋势，三层状语的变化趋势不明显，四层状语的比例逐渐上升。这一区间没有出现上五层状语的句子。总的来看，各句长句子在状语层次性分布上的差异不大。

最后我们看一下这11—13个词句子（区间4）句首状语的发展变化情况。11—13个词带句首状语句子所占比例情况见表2-3-36。

表2-3-36　　　11—13个词带句首状语句子所占比例情况表

	带句首状语句子数(句)	带状语句子数(句)	抽样句子数(句)	占带状语句子数的百分比(%)	占抽样句子数的百分比(%)
11个词	69	583	738	11.84	9.35
12个词	56	562	458	12.22	9.96
13个词	44	325	412	13.54	10.68

从表2-3-35可以看出，随着句子长度的递增，带句首状语的句子在带状语句子中的比例和在总抽样语料中的比例都呈上升趋势。也就是说，句子长度越长，句首状语的出现频率越高。在句长为13个词时，有1/10的句子带有句首状语。这在一定程度上也表明句子越长，句子的复杂程度越高。

（三）14—20个词句子（区间5）状语复杂度分析

随着句子长度的上升，句子总数及相应的抽样句子数量开始逐渐递减。对14—20个词的句子，我们不再对各类句长句子状语的复杂程度做具体分析，而是从整体上分析这一区间（14—20个词句子）状语复杂度的发展变化情况。

我们先看本族人语料14—20个词的句子总数、抽样句子数、带状语句子数及所占百分比情况。具体数据见表2-3-37。

表 2 -3 -37　　14—20 个词句长带状语句子的百分比情况

	14 个词	15 个词	16 个词	17 个词	18 个词	19 个词	20 个词
句子总数(句)	1890	1331	1003	728	551	430	331
抽样句子数(句)	318	221	168	125	91	72	55
带状语的句子数(句)	255	184	147	106	83	65	53
带状语句子百分比(%)	80.19	83.26	87.5	87.6	91.21	90.28	96.36

注：带状语句子的百分比＝带状语的句子数/抽样句子数。

从表 2 -3 -37 可以看出，随着句子长度的上升，带状语句子的比例呈上升趋势。14 个词带状语的句子的比例为 80.19%，而 20 个词带状语的句子的比例已上升至 96.36%。

下面我们来看 14—20 个词句子状语的分布的整体情况，具体数据见表 2 -3 -38（见附录 7）。

从该表可以看出，在这一区间，随着句长的递增，状语在整体分布情况上的复杂化主要表现在以下两个方面。

1. 单处状语的比例逐步下降，多处状语（三处状语和两处状语之和）的比例逐步上升。单处状语的比例从 14 个词的 81.18% 下降至 20 个词的 56.6%。多处状语则由 14 个词的 18.82% 上升至 43.4%。从上面对各区间多处状语分布的分析可以知道：多处状语的出现主要是跟句首状语、句中多处状语的出现有关。句首状语修饰整个句子，会带来句子长度的递增和句子结构的复杂化[①]；句中多处状语的出现往往跟句子带有两套或两套以上的谓核结

[①] 句首状语出现比例随句子长度的变化情况后面还会单独论及。

构（如连谓句、兼语句、复合谓语等）有关。所以，多处状语比例的上升说明状语的复杂化程度及句子的复杂化程度在上升。

2. 虽然这一区间抽样的语料数量减少，后面几种句长（如17—20个词）句子在某些状语搭配类型出现了语料空缺，但整个区间新的状语搭配形式仍有出现。主要有"S+S""S+Z4""Z6"等。例如：

（144）{ZZ1 夜里，[ZZ1 当我们站在宿舍门口，见他（ZZ1 从路那头走过来）]}。

（145）{ZZ1 每当我唱时，他<ZZ4 就［ZZ3 会［ZZ2 在一旁（ZZ1 也跟着哼着曲调）]]>}。

（146）{ZZ6 甚至【ZZ5 对是否选择钟宁过一辈子<ZZ4 也［ZZ3 还［ZZ2 没有（ZZ1 彻底拿定主意）]]>】}。

上述各例中，（144）为带两个句首状语的句子，（145）为"S+Z4"的的用例，（146）为带六层状语的例子。这些新的搭配形式都是较之前面区间更为复杂的状语形式。

下面我们来看14—20个词句子在状语层次性上的分布情况，具体数据见表2-3-39。

表2-3-39　　　　14—20个词句子状语层次性分布情况

		Z1	Z2	Z3	Z4	Z5	Z6
14个词	数量(个)	143	69	36	8	2	0
	百分比(%)	55.43	26.74	13.95	3.1	0.78	0
15个词	数量(个)	105	45	35	3	2	1
	百分比(%)	54.98	23.56	18.32	1.57	1.05	0.52

续　表

		Z1	Z2	Z3	Z4	Z5	Z6
16 个词	数量(个)	80	53	12	2	1	0
	百分比(%)	54.05	35.81	8.11	1.35	0.67	0
17 个词	数量(个)	61	36	11	3	1	0
	百分比(%)	54.46	32.15	9.82	2.68	0.89	0
18 个词	数量(个)	45	24	10	4	1	0
	百分比(%)	53.57	28.57	11.91	4.76	1.19	0
19 个词	数量(个)	35	15	13	4	1	0
	百分比(%)	51.47	22.06	19.12	5.88	1.47	0
20 个词	数量(个)	24	17	8	3	0	0
	百分比(%)	46.15	32.69	15.39	5.77	0	0

注：百分比＝该层状语数量/状语总数。

从表 2-3-39 的数据看，在 14—20 个词这一区间，单层状语的比例基本呈下降趋势；双层状语先呈上升趋势，在 16 个词句长之后又呈下降趋势（可能跟三层状语比例的上升有关）；三层状语的比例变化不太规律，从整体看，基本呈上升趋势；四层、五层状语出现的数量有限，基本也呈上升的趋势；六层状语仅在句长为 15 个词时出现 1 例。

最后我们看一下这 14—20 个词句子（区间 5）句首状语的发展变化情况。14—20 个词带句首状语句子所占比例情况见表 2-3-40。

表 2 – 3 – 40　　　　14—20 个词带句首状语句子所占比例情况

	带句首状语句子数(句)	带状语句子数(句)	抽样句子数(句)	占带状语句子数的百分比(%)	占抽样句子数的百分比(%)
14 个词	45	255	318	17.65	14.15
15 个词	39	184	221	21.2	17.65
16 个词	48	147	168	32.65	28.57
17 个词	33	106	125	31.13	26.4
18 个词	31	83	91	37.35	34.07
19 个词	26	65	72	40	36.11
20 个词	24	53	55	45.28	43.64

从表 2 – 3 – 40 可以看出，随着句子长度的递增，带句首状语的句子在带状语句子中的比例和在总抽样语料中的比例基本呈上升趋势。在所抽样语料中，在句长为 20 个词时，有 43.64% 的句子带有句首状语。由此可见，句首状语的出现是句子长度递增的一个非常重要的原因。

2.3.2.2　状语复杂度整体情况分析

根据前面对本族人 7—20 个词状语复杂度的统计数据和具体分析，我们将 7—20 个词句子状语复杂度的相关指标定为六项，即带状语句子的比例（状语覆盖率）、多处状语的比例、最多出现处数[1]、多层状语的比例、最多出现层次[2]、句首状语占抽样句子总数的比例。本族人 7—20 个词句子状语在各项指标上的具体情况见表 2 – 3 – 41。

---

[1] 这里的"最多出现处数"是指在这一句长上，状语处数出现的最高峰值，不是指"出现频次最多的处数"。

[2] 这里的"最多出现层次"是指在这一句长上，状语层次出现的最高峰值，不是指"出现频次最多的层次数"。

表 2-3-41　　　　本族人 7—20 个词句子状语复杂度

区　间	句长(词)	覆盖率(%)	多处状语比例(%)	最多处数(处)	多层状语比例(%)	最多层数(层)	句首状语比例(%)
区间3	7	71.34	7.45	2	35.56	4	4.31
	8	72.70	10.39	3	35.28	4	4.8
	9	75.58	9.87	3	35.6	4	4.36
	10	75.1	14.66	3	38.07	5	7.41
区间4	11	79	15.96	3	41.94	4	9.35
	12	81.49	18.78	3	42.97	4	9.96
	13	78.88	16.62	3	43.32	4	10.68
区间5	14	80.19	18.82	3	44.57	5	14.15
	15	83.26	26.08	3	45.02	6	17.65
	16	87.5	33.34	3	45.95	5	28.57
	17	87.6	37.74	3	45.54	5	26.4
	18	91.21	38.55	3	46.43	5	34.07
	19	90.28	43.08	3	48.53	5	36.11
	20	96.36	43.4	3	53.85	4	43.64

从表 2-3-41 可以非常直观地看出本族人 7—20 个词句子状语复杂度的发展变化过程，状语的复杂化主要表现在以下六个方面。

1. 从状语的覆盖率看，随着句子长度的上升，带状语的句子比例在整体上呈上升趋势。7—10 个词（区间 3）句子带状语的比例主要在 70%—75% 之间，11—13 个词（区间 4）的比例在 80% 左右，14—20 个词（区间 5）的比例主要在 80%—95% 之间。

2. 从带多处状语的句子比例看,随着句长的上升,带多处状语的句子的比例基本上呈上升趋势。7—10 个词(区间 3)句子带多处状语的比例为 5%—15%,11—13 个词(区间 4)比例为 15%—20%,14—20 个词(区间 5)为 20%—45%。

3. 从状语出现的最多处数看,区间 3 以三处为主,区间 4 和区间 5 均为三处。这一指标在各句长上的差异不大。

4. 从状语的层次性看,多层状语的比例从总体上看呈逐步上升的趋势。7—10 个词句子(区间 3)多层状语比例约为 35%—40%,11—13 个词(区间 4)比例约为 40%—45%,14—20 个词(区间 5)比例约为 45%—55%。区间 3、区间 4 内部句子状语层次分布的变化不大。

5. 从状语的出现的最多层次看,区间 3 以 4 层为主,区间 4 均为 4 层,区间 5 以 5 层为主。

6. 从带句首状语句子占抽样句子总数的比例看,随着句长的上升,带句首状语的句子所占比例呈逐渐上升的趋势。7—10 个词句子(区间 3)带句首状语的句子比例约为 4%—8%,11—13 个词(区间 4)比例在 10% 左右,14—20 个词(区间 5)比例主要在 15%—45% 之间。

2.3.3 本族人各句长句子补语复杂度分析

根据我们的标注规范,标注的补语类型有结果补语、趋向补语、数量补语、情态补语、可能补语、程度补语和时间、处所补语等。补语的长度受到其结构形式的制约,在长度上很少延长,在句法结构上也较难复杂化。所以在考察句子补语的复杂化程度时,我们主要考察句子中多处补语使用情况和补语套叠使用的情况。

本节研究的是句子补语的复杂程度,出现在句子成分中的补语不作为研究对象。例如:

(147) 孩子从小的时候，[PC1 看得多][PC1 听得多] 对他肯定有好处。

(148) 他看到林浦的房屋从河两岸[PC1 伸出来]。

(149) 大陆人曾有过一段[PC1 饿怕]了、[PC1 馋坏]了的日子。

(150) 许三观与林芬芳的事被[PC1 揭出来]后，许玉兰神气了一些日子。

以上各例中画线部分的补语分别出现在主语、宾语、定语和状语位置上，属于句子成分上的补语，不属于我们研究的范围。

2.3.3.1 各区间句子补语复杂度分析

下面我们先分析各区间句子补语的复杂程度，再分析汉语本族人句子补语复杂度的整体发展变化情况。在单个区间的分析上，我们仍采用整体情况分析和个案分析相结合的方法，以探讨汉语补语的复杂程度随句长上升而不断发展变化的过程。

（一）7—10个词（区间3）的句子补语复杂度分析

我们先来看7—10个词句长上带补语句子的百分比，具体数据见表2-3-42。

表2-3-42　　7—10个词句长带补语句子的百分比情况

	7个词	8个词	9个词	10个词
句子总数(句)	11287	9335	7691	5840
抽样句子数(句)	1881	1564	1283	972
带补语句子数(句)	530	582	543	359

续 表

	7个词	8个词	9个词	10个词
带补语句子百分比(%)	28.18	37.21	42.32	36.93

注：带补语句子的百分比 = 带补语的句子数/抽样句子数。

从表2-3-42可以看出，7-9个词带补语句子的比例随着句子长度的上升呈上升趋势。10个词带补语的句子的比例比8-9个词的句子又略有下降。但总体看来，补语覆盖率随句长的增长基本上呈增长趋势。下面我们来看这一区间补语分布的具体情况，数据见表2-3-43。

表2-3-43　　区间3（7—10个词）的句子补语分布情况

	7个词	8个词	9个词	10个词
带补语句子数(句)	530	582	543	359
单处补语句子数(句)	521	567	521	342
两处补语句子数(句)	7	12	16	15
两处补语句子百分比(%)	1.32	2.06	2.95	4.18
单处两层补语句子数(句)	2	3	6	2
单处两层补语句子百分比(%)	0.38	0.52	1.1	0.56

注：两处补语句子百分比 = 带两处补语句子的数量/带补语句子总数；单处两层补语句子百分比 = 带单处两层补语句子的数量/带补语句子总数。

对区间7、9个词句子补语构成情况做个案分析，然后再分析这一区间句子补语复杂度的发展变化情况。

1. 7个词句子补语复杂度分析。

本族人语料中7个词的句子共11287句，我们抽取其中的1881句进行句法信息的标注和分析，发现共有 530 个句子带有补语，占所有抽样句子的 28.18%。7 个词句子中带两处补语的句子共 7 个，占 1.32%。例如：

（151）一乐［PC 站在］门口［PC 等了一会儿］……

（152）［PC 走到］自己铺位上盘腿［PC 坐下］……

两处补语主要是出现在连动句中，如例（151）中带介词补语和数量补语，例（152）带两处结果补语。

绝大部分句子均只带一处补语，共 521 例，占 98.68%，例如：

（153）所以就让大家一起［PC 行动起来］。

（154）下面的事情［PC 变得极为简单］……

其中例（153）带趋向补语，例（154）带情态补语。

在带单处补语的句子中，还存在一种两层补语套叠的现象，共 2 例，占 0.38%，用例如下：

（155）家底自然又能［PC（PC1 积起来）一些］。

（156）也太［PC 闲得（PC1 难受了点）］。

例（155）中为数量补语和趋向补语的套用，例（156）则为情态补语和程度补语的套用。但此类现象的数量有限。

2. 9 个词句子补语复杂度分析。

本族人语料中 9 个词的句子共 7691 句，我们抽取其中的 1283 句进行句法信息的标注和分析，发现共有 543 个句子带有补语，占所有抽样句子的 42.32%。9 个词句子中带两处补语的句子共 16 个，占 2.95%。略举 2 例如下：

（157）能［PC 玩到天黑］［PC 见不着］人影。

(158) 也先［PC 拿起］酒盅［PC 抿了一口］。

例（157）中带结果补语和可能补语，例（158）则带趋向补语和数量补语。两者均出现在连动句中。

其他均为带一处补语的情况，共521例，占97.05%。例如：

(159) 这副手套［PC 戴了三年多了］。
(160) 仿佛全神贯注地要［PC 品尝出］茶的味道。

其中例（159）带数量补语，例（160）带结果补语。

带单处补语的句子存在一种两层补语套叠的现象，共6例，占1.1%，用例如下：

(161) 后面的人被［PC 冲得（PC1 坚持不住了）］。
(162) 又使他往后［PC（PC1 仰倒）了一次］。

例（161）为情态补语和趋向补语的套用，例（162）中为数量补语和结果补语的套用。

3. 7—10个词句子（区间3）补语复杂度整体情况分析。

在这一区间（7—10个词），随着句长的上升，句子补语的复杂化程度基本呈上升趋势，这主要表现在以下三个方面。

(1) 句子的长度越长，带补语句子所占比例基本呈上升趋势。7个词的句子带补语句子比例为28.18%，10个词的句子则已达36.93%。

(2) 句子的长度越长，带多处补语句子的比例越大。7—10个词的句子中，带两处补语的句子比例逐步上升。7个词的句子带两处补语比例为1.32%，10个词的句子比例为4.18%。

(3) 句子的长度越长，单处两层补语句子所占百分比基本上也呈上升趋势。7个词的句子带两层补语比例为0.38%，10个词句子比例为0.56%。

(二) 11—13个词句子（区间4）补语复杂度分析

下面我们分析本族人语料11—13个词句子（区间4）补语分布情况，考察补语复杂度的发展变化情况。11—13个词句长上带补语句子的百分比情况见表2-3-44。

表2-3-44　　　　11—13个词句子带补语的百分比情况

	11个词	12个词	13个词
句子总数(句)	4419	3374	2464
抽样句子数(句)	738	562	412
带补语的句子数(句)	257	264	173
带补语句子百分比(%)	34.82	46.98	41.99

注：带补语句子百分比＝带补语的句子数/抽样句子数。

从表2-3-44可以看出，随着句子长度的上升，带补语句子的百分比逐步上升。11个词带补语句子的比例为34.82%，12-13个词带补语句子的比例已上升至40%以上。

下面我们来看这一区间补语分布的具体情况，数据见表2-3-45。

表2-3-45　　　区间4（11—13个词）句子补语分布情况

	11个词	12个词	13个词
带补语句子数(句)	257	264	173
单处补语句子数(句)	244	248	160
两处补语句子数(句)	13	16	12

续 表

	11 个词	12 个词	13 个词
两处补语句子百分比(%)	5.06	6.06	6.94
单处多层补语句子数(句)	1	2	2
单处多层补语句子百分比(%)	0.39	0.76	1.16

注：两处补语句子百分比＝带两处补语句子的数量/带补语句子总数；单处多层补语句子百分比＝带单处多层补语句子的数量/带补语句子总数。

下面我们先分析这一区间上11、13个词句子补语的复杂程度，再分析这一区间上句子补语复杂度的整体变化情况。

1. 11个词句子补语复杂度分析。

11个词的句子一共有4419句，我们抽取其中738句进行句法信息的标注和分析，其中带补语的句子数为257句，占所有抽取句子的34.82%。其中带单处补语的句子共244例，占带补语句子总数的94.94%，可见11个词句子仍以单处补语为主，例如：

（163）那时所有的人都［PC 饿得变成了馋鬼］。

（164）于是他把红薯的皮也全［PC 吃了下去］。

其中例（163）带情态补语，例（164）带趋向补语。

11个词的句子带两处补语的共13例，占5.06%，比例比上一区间有所上升。主要出现在连动句中，例如：

（165）年轻的血头［PC 说到］这里嘿嘿［PC 笑了起来］。

（166）他只好［PC 掏出一根筹子来］［PC 交给］老头。

例（165）和（166）均带结果补语和趋向补语。

第2章 汉语本族语者句长与定、状、补语复杂度研究

11个词的句子出现了1例补语套叠使用的情况,用例如下:

(167) 我还[PC[PC1 回到]死狗派儿车把式的车上去]。

例(167)为趋向补语和处所补语的套用。

2. 13个词句子补语复杂度分析。

13个词的句子共2464句,抽取句子为412句,发现带补语的句子数为173句,占所有抽取句子的41.99%。其中带单处补语的句子共160例,占带补语句子总数的93.06%,13个词的句子仍以单处补语为主。单处补语的例子如:

(168) 粞一天起码有三次以上[PC 提到]你的名字哩。

(169) 毛杰也把那只黑色的大象牌旅行包[PC 放下来]。

以上2例分别带结果补语和趋向补语。

13个词带两处补语的句子共12例,占6.94%,这一比例高于这一区间其他句长句子所占比例。略举2例如下:

(170) 是去厕所蹲坑时[PC 磕在]台阶上[PC 磕坏]的。

(171) 这时,大概野兔突然[PC 拗起脑袋来][PC[PO 咬了他]一口]。

例(170)带两处结果补语,例(171)带趋向补语和数量补语。

13个词句子还出现了2例带两层补语的句子,用例如下:

(172) 他们将一根手臂那么粗的树枝从树上[PC(PC1 折断)下来]。

(173) 到底是哪个女的让你帮忙[PC(PC1 抬到岸上)去]的……

例(172)为趋向补语和结果补语的套用,例(173)为趋向补语和处所补语的套用。

· 125 ·

3. 11—13个词句子（区间4）补语复杂度整体情况分析。

在这一区间（11—13个词），随着句长的上升，句子补语的复杂化程度基本呈上升趋势，这主要表现在以下三个方面。

（1）句子的长度越长，带补语句子所占比例基本呈上升趋势。11个词的句子带补语句子比例为34.82%，13个词的句子则已达41.99%。

（2）句子的长度越长，带多处补语句子的比例越大。11—13个词的句子中，带两处补语的句子比例逐步上升。11个词的句子带两处补语比例为5.06%，13个词句子比例为6.94%。并且均高于上一区间的多处补语所占比例。

（3）在这一区间，带多层补语句子的比例随句长的增长呈逐步上升的趋势。

（三）14—20个词句子（区间5）补语复杂度分析

由于句子总数及相应的抽样句子数量开始逐渐递减，我们不再对这一区间（区间5）各类句长句子补语的复杂度做具体分析，而是从整体上分析这一区间补语的发展变化情况。

本族人语料14—20个词（区间5）的句子总数、抽样句子数、带补语句子数及所占百分比情况见表2-3-46。

表2-3-46　　14—20个词句长带补语句子的百分比情况

	14个词	15个词	16个词	17个词	18个词	19个词	20个词
句子总数(句)	1890	1331	1003	728	551	430	331
抽样句子数(句)	318	221	168	125	91	72	55
带补语的句子数(句)	137	89	71	58	36	23	27
带补语句子百分比(%)	43.08	40.27	42.26	46.4	39.56	31.94	49.09

注：带补语句子的百分比＝带补语的句子数/抽样句子数。

这一区间（14—20个词）句长句子所带补语的数量并没有依次上升，带补语句子比例在 18-19 个词句长上有所下降，但从总体上看，带补语句子所占比例仍呈上升趋势。下面我们来看 14—20 个词句子补语分布的具体情况，见表 2-3-47。

表 2-3-47　　　　14—20 个词句子补语出现情况及用例数

	14 个词	15 个词	16 个词	17 个词	18 个词	19 个词	20 个词
带补语的句子数（句）	137	89	71	58	36	23	27
单处补语句子数（句）	130	79	68	50	36	22	25
多处补语句子数（句）	7	9	3	8	0	1	2
多处补语百分比（%）	5.11	10.1	4.23	13.8	0	4.35	7.41
多层补语句子数（句）	4	1	2	1	0	1	2
多层补语百分比（%）	2.92	1.12	2.82	1.72	0	4.35	7.41

注：多处补语句子百分比＝带多处补语句子的数量/带补语句子总数。

由表 2-3-47 可以看出，由于受制于语料的数量，这一区间带多处补语句子所占的比例并未依次增长，但跟上一区间相比，仍呈增长趋势。其中在 19 个词句长句子上出现了 1 例带三处补语的句子，用例如下：

（174）趁老师没来我赶紧［PC 放下］书包［PC 坐在］座位上［PC 拿出］课本装作学习的样子。

在 14-17 个和 20 个词的句长上，均出现带两处补语的用例，所有用例均出现在连动句中。各举一例如下：

（175）她的父母显然被公安机关［PC 转移到其他地区］［PC 保护起来］了。

（176）我把我的身份证和安心的身份证都［PC 拿出来］［PC 交给］医生。

（177）她的行李也已经［PC 打在一只木箱里］［PC［PC1 托运到北邱市］去了］。

（178）［PC 憋足］了劲将尿在明亮的灯光下［PC 尿成］了大弧度。

（179）省里派人以他朋友身份把他父母从曲靖农村悄悄［PC 接到昆明］［PC 住下来］。

例（175）带处所补语和趋向补语，例（176）带趋向补语和结果补语，例（177）带处所补语和趋向补语，例（178）带两处结果补语，例（179）带处所补语和趋向补语。

从表2-3-47也可以看出，即使在14—20个词的句长区间，带单处补语的句子仍占优势，这可能跟补语与谓语动词紧密联系而出现多套谓语结构的句子数量有限有关，这也是补语复杂化跟定、状语不同的地方。限于篇幅，单处补语的例子我们这里不再一一举例说明。

在层次性上，带多层补语句子的比例随句长的增长呈比较明显的上升趋势，在14-17个词和19-20个词句长上均出现带多层补语的句子，下面各举一例如下：

（180）场里叫我把你们［PC（PC1 送到山根下那个队）去］。

（181）在不到一个小时的时间里面、往小路旁边［PC（PC1 摔倒了）两次］。

（182）把有关这一段的回忆都［PC（PC1 抹进了时光的垃圾桶里）去］。

（183）没有一个人去等待那两条小狗会［PC（PC1 做出什么惊人或

有趣的动作）来］。

（184）目光被这突如其来的、仿佛是从另外一个世界飘来的声音［PC（PC1 吸引到门口）去］……

（185）猫在做这个动作的时候就极可能将很多脱落的毛发［PC（PC1 卷到肚子里）去］。

其中例（180）先后带处所补语和趋向补语，例（181）为先后带结果补语和数量补语。例（182）（183）先后带两层趋向补语，例（184）（185）先后带处所补语和趋向补语。

2.3.3.2 补语复杂度整体情况分析

根据前面对本族人 7—20 个词补语复杂度的统计分析，我们从带补语句子的比例（补语覆盖率）、多处补语的比例、最多出现处数①、多层补语的比例等方面来考察补语的复杂化程度。本族人 7—20 个词的句子补语在各方面的具体情况见表 2-3-48。

表 2-3-48　　　　本族人 7—20 个词句子补语复杂度

区间	句长(词)	覆盖率(%)	多处补语比例(%)	最多处数(处)	多层补语比例(%)
区间3	7	28.18	1.32	2	0.38
	8	37.21	2.06	2	0.52
	9	42.32	2.95	2	1.1
	10	36.93	4.18	2	0.56

---

① 这里的"最多出现处数"是指在某一句长上补语处数出现的最高峰值，不是指"出现频次最多的处数"。

续 表

区间	句长(词)	覆盖率(%)	多处补语比例(%)	最多处数(处)	多层补语比例(%)
区间4	11	34.82	5.06	2	0.39
	12	46.98	6.06	2	0.76
	13	41.99	6.94	2	1.16
区间5	14	43.08	5.11	2	2.92
	15	40.27	10.1	2	1.12
	16	42.26	4.23	2	2.82
	17	46.4	13.8	2	1.72
	18	39.56	0	2	0
	19	31.94	4.35	3	4.35
	20	49.09	7.41	2	7.41

从表2-3-48可以非常直观地看出本族人7—20个词的句子补语复杂度的发展变化过程，补语的复杂化主要表现在以下四个方面。

1. 从补语的覆盖率看，随着句子长度的上升，带补语的句子比例在整体上呈上升趋势。区间3句子带补语的比例主要在20%—30%为主，区间4和区间5带补语句子比例以40%以上为主。

2. 从带多处补语的句子比例看，随着句长的上升，带多处补语的句子的比例基本上呈上升趋势。区间3、区间4的比例呈逐步上升趋势，区间5由于受语料的影响变化趋势不规则，但从整体上看，仍普遍高于前两个区间的比例。

3. 从补语出现的最多处数看，各区间均以带2处补语为主，仅仅在区间

5 的 19 个词句长句子上出现了带 3 处补语的情况。这一指标在各句长上的差异不大。

4. 从补语的层次性看，多层补语的出现比例较低。从区间看，区间 5 带多层补语句子的比例明显高于区间 3 和区间 4，不同区间的上升趋势较为明显。

2.4　本章小结

本章从"句子"定义和"句子"切分的已有研究成果出发，确定"句子"概念和切分句子的依据、方法。在此基础上，分别以"字""词"为单位统计分析 120 万字的汉语本族人语料的平均句长和句子长度分布情况，并详细描写、分析不同句长句子定、状、补语的句法复杂度，以期为后续的中介语研究提供对比的参照和标准。本章的主要研究内容和结论包括以下两个方面。

第一，对汉语本族人平均句长和句长分布的统计分析。我们的主要结论如下：

1. 在约 120 万字本族人语料中共有句子 112431 个，以"字/词"为单位的句长分布范围为 1—63 个字/1—43 个词，平均句长为 10.91 个字/7.1 个词。6—8 个字、4—6 个词句子是汉语句长分布的最高频区间，2—15 个字、2—10 个词为汉语句子的最常用的区间。

2. 从整体的情况来看，汉语句子的出现频次在所有句长上呈"长尾"分布（不足句子总数 1% 的句子占据句长分布链条上一半以上的长度），在句长的主要分布区间上呈正态分布。

3. 以"字"为单位的句长分布和以"词"为长度的句长分布在最高频区间（分别为6—8个字和4—6个词）、最常用区间（分别为2—15个字和2—10个词）表现出较强的对应性和一致性。同时，以"字"和以"词"为单位划分出来各个区间在句子总数、句子总数百分比及百分比累加值上都较为接近。这均说明以"字"和"词"为单位统计的句子长度具有内在的一致性和较强的相关性。

第二，对汉语本族人各句长句子定、状、补语复杂度的统计分析。

在明确定、状、补语复杂度与整个句子复杂程度的内在联系，确定定、状、补语句法分布位置的基础上，分析了7—20个词句子定、状、补语的构成情况。主要包括定、状、补语的覆盖率，句子所带定、状、补语的处数，定、状、补语的层次性分布等内容，探讨句子长度的变化与句子定、状、补语的复杂化之间的关系。通过详尽的数据统计与分析，句子长度与定、状、补语复杂化程度之间的互变关系主要地表现在以下四个方面。

1. 带定语（状语）句子所占比例随句子长度的上升而逐步上升。带补语句子比例随句长增长在整体上呈上升趋势。

2. 带多处定语（状语）句子所占比例随句子长度的上升而逐步上升。这表明句子越长，句子各句法成分的呈现越多、构成情况越复杂。总体看来，带多处补语的句子比例随句长的增长而增长。

3. 多层定语（状语）的比例随着句子长度的上升而逐步上升。定语（状语）的层次性体现定语（状语）内部构成的复杂性，定语（状语）层次性的复杂化表明句子某些句法成分（如主语、宾语、兼语或谓语等）的复杂程度提高。带多层补语句子出现的比例较低，从整体看基本呈上升趋势。

4. 带句首状语的句子比例随句子长度的上升而逐步上升。句首状语作为全句的修饰语，跟整个句子的复杂化程度有密切的关系。

定、状语是句子重要的修饰、限定性成分，补语是句子重要的连带成分。

定语的复杂化与其他句法成分（如主语、宾语、兼语）的出现数量、句法成分的内部复杂程度有着密切的关系，状语的复杂化则与全句修饰语、句子谓语的复杂程度着密切的关系。补语的复杂化跟句子谓语的复杂程度有密切关系。定语、状语、补语的复杂程度在一定程度上可以体现句子的复杂程度。所以对定语、状语、补语复杂度的定量研究在一定程度上也揭示了句长变化与句法复杂化之间的互变关系。

至此，我们已经分别讨论了一定句长范围内（7—20个词）句子定、状、补语的复杂程度问题，从定语、状语、补语复杂度各项指标的变化趋势看，随着句长的上升，句子的定语、状语和补语存在同步复杂化的倾向，即定语、状语、补语同时对句子的复杂化产生作用。由于受句长的制约，定语、状语和补语在一定句长的句子中同时也应该存在此消彼长的变换关系，对定语、状语、补语和句长之间的倚变有待我们在后续研究中做进一步探讨。

第 3 章 汉语教材语料句长与定、状、补语复杂度研究

我们对 100 万字的教材语料进行封闭性、全面性的句子长度统计分析，从定量研究的角度来考察教材句子长度的分布及平均句长情况。对教材语料句子长度的统计思路和所应用的软件与本族人句长统计相同，这里不再做具体的介绍。本章主要具体分析各级教材语料句长分布及各句长句子定、状、补语复杂度情况，对比分析各级教材在句长分布与定、状、补语复杂度上的发展变化过程，为从输入与输出的角度考察教学输入语言与中介语之间在句长与定、状、补语复杂度上的关系提供数据支持。

3.1 教材语料句长统计分析

3.1.1 以"字"为单位的教材句长统计分析

3.1.1.1 以"字"为单位的教材总语料句长分布情况统计分析

教材语料共为 100 万字，其中初级 20 万字，中级、高级各 40 万字。我们先以"字"为单位来考察教材的平均句长和各类长度句子的分布情况。通过

软件统计发现,在约 100 万字的教材(具体字数为 907243 个)中①,共有句子 104207 个,平均句子长度为 8.7 个字,句子长度分布范围为 1—51 字。各类长度句子的分布情况见表 3-1-1。

表 3-1-1　　　　教材语料句子长度(字)分布情况

句长(字)	1	2	3	4	5	6	7	8	9	10
句子数(句)	1752	4721	5666	8185	8449	10791	10689	9098	7877	6937
百分比(%)	1.68	4.53	5.44	7.85	8.11	10.36	10.26	8.73	7.56	6.66
累加值	1.68	6.21	11.65	19.5	27.61	37.97	48.22	56.95	64.51	71.17

句长(字)	11	12	13	14	15	16	17	18	19	20
句子数(句)	5982	4759	3879	3140	2462	1934	1645	1191	1026	717
百分比(%)	5.74	4.57	3.72	3.01	2.36	1.86	1.58	1.14	0.98	0.69
累加值	76.91	81.48	85.2	88.21	90.58	92.43	94.01	95.15	96.14	96.83

句长(字)	21	22	23	24	25	26	27	28	29	30
句子数(句)	710	511	373	333	262	215	173	153	115	114
百分比(%)	0.68	0.49	0.36	0.32	0.25	0.21	0.17	0.15	0.11	0.11
累加值	97.51	98	98.36	98.68	98.93	99.13	99.3	99.45	99.56	99.67

---

① 100 万字原料是通过 WORD 的"字数统计"功能统计出来的。该"统计信息"中所显示的"字数"包括了文本里中英文标点符号的数量,而我们的句长统计软件统计出来的字数不包括标点,所以在最后的字数上跟以前用 WORD 统计出来的字数存在一定的差异,这一差异即为语料中标点符号的数量。

续 表

句长(字)	31	32	33	34	35	36	37	38	39	40
句子数(句)	57	40	43	34	36	15	16	16	15	9
百分比(%)	0.05	0.04	0.04	0.03	0.03	0.01	0.02	0.02	0.01	0.01
累加值	99.72	99.76	99.8	99.83	99.87	99.88	99.9	99.91	99.93	99.94

句长(字)	41	42	43	44	45	46	47	48	49	50
句子数(句)	18	19	8	6	2	5	3	3	0	0
百分比(%)	0.02	0.02	0.01	0.006	0.002	0.005	0.003	0.003	0	0
累加值	99.95	99.97	99.98	99.985	99.987	99.991	99.994	99.997	99.997	99.997

句长(字)	51	合 计
句子数(句)	3	104207
百分比(%)	0.003	100
累加值	100	—

注：百分比（%）为各类长度句子的数量/句子总数×100；累加值为百分比的累加值，即已有百分比的累加所得。

从表 3-1-1 可以看出，教材语料句长（字）的分布范围比本族人的范围小。[①] 但在各个长度上的分布同样呈现出不均衡的状态。长度在 10 个字以内的句子占所有句子总数的 71.17%；当长度达到 15 个字时，出现的句子数已超过句子总数的 90%。我们将不同句长句子的频次数据转换成图 3-1-1，以便更直观地观察教材总语料句子长度的变化情况。

---

① 本族人以"字"为单位的句长分布范围是 1—63 字。

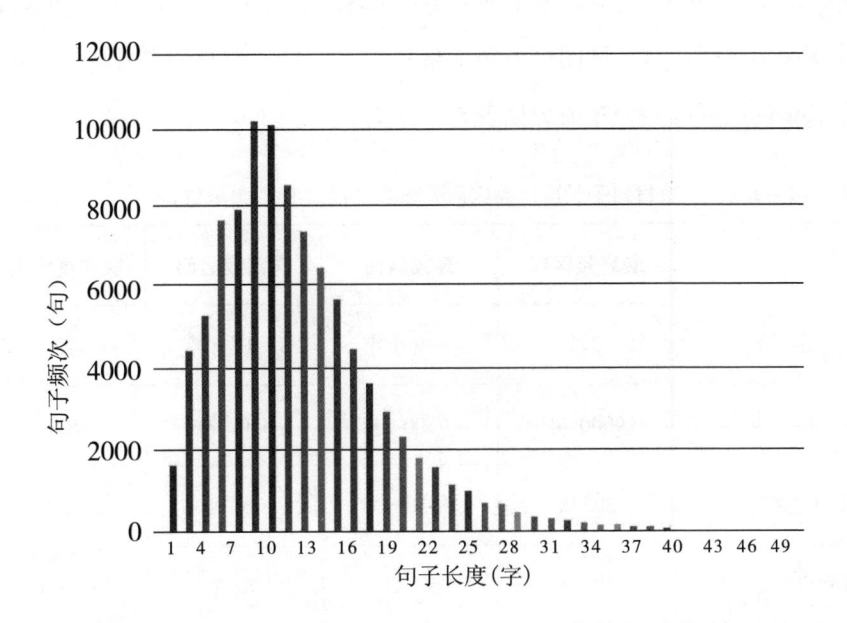

图 3-1-1　教材语料不同长度句子（字）频次分布及变化

结合表 3-1-1 和图 3-1-1，我们可以对教材语料以"字"为单位的句子长度分布情况做如下分析。

1. 从整体情况来看，和本族人句子长度的分布一样，教材句子在所有长度上的出现频次呈"长尾"分布态势①。句子频次在 6 个字时达到峰值，然后逐渐下降。

2. 从主要分布区间看，6—8 个字句子是句子长度分布的最高峰，在这一区间，句子的出现频次均在 9000 句以上，这一区间的句子数占句子总数的 29.34%。从最高频区间往两端推移，4—9 个字句子的出现频次均在 7500 句以上，为句长分布的高频区间，这一区间可占句子总数的 52.87%；3—11 个字句子的出现频次均在 5500 句以上，为句长分布的次高频区间，这一区间可

---

① 如果以峰值为中心，从句长分布的主要区间进行考察，各类长度句子的出现频次仍表现出正态分布的特征。

占句子总数的70.7%；2—12个词的出现频次均在4500句以上，为句长分布的次次高频区间，这一区间可占句子总数的79.8%。教材以"字"为单位的句子长度的高频区间分布情况见表3-1-2。

表3-1-2　　教材句子长度高频区间分布表（以"字"为单位）

	最高频区间	高频区间	次高频区间	次次高频区间
字　数	6—8个字	4—9个字	3—11个字	2—12个字
标　准	9000句	7500句	5500句	4500句
句子总数(句)	30578	55089	73674	83154
区间百分比(%)	29.34	52.87	70.7	79.8

注：句子总数为该区间所有句子数量之和；区间百分比＝该区间所有句子的数量/句子总数（104207）。

从表3-132可以看出，6-8个字的句子为教材以"字"为单位的句长分布的最高峰，这三种长度的句子接近句子总数的1/3。教材绝大多数句子集中在2—12个字之间，这一区间句子的数量已接近句子总数的80%。

同时我们发现教材句子频次在所有高频区间上基本呈正态分布，即句子数量以6个字为峰值向两端依次递减。

3.1.1.2　以"字"为单位的各级教材句长分布情况统计分析

（一）初级教材句长分布情况统计分析

通过软件统计，我们发现约20万字的初级教材语料（具体字数为182136个）共有句子21518个，平均句子长度为8.46个字。以"字"为单位的句长分布范围为1—46个字，各类长度句子的分布情况见表3-1-3。

第3章 汉语教材语料句长与定、状、补语复杂度研究

表3-1-3　　初级教材各类长度句子分布情况（以"字"为单位）

句长(字)	1	2	3	4	5	6	7	8	9	10
句子数(句)	453	1258	1289	1696	1898	2077	2047	1802	1634	1449
百分比(%)	2.11	5.85	5.99	7.88	8.82	9.65	9.51	8.37	7.59	6.73
累加值	2.11	7.95	13.94	21.82	30.64	40.3	49.81	58.18	65.78	72.51

句长(字)	11	12	13	14	15	16	17	18	19	20
句子数(句)	1195	954	773	613	516	378	308	219	186	108
百分比(%)	5.55	4.43	3.59	2.85	2.4	1.76	1.43	1.02	0.86	0.5
累加值	78.06	82.5	86.09	88.94	91.34	93.09	94.53	95.54	96.41	96.91

句长(字)	21	22	23	24	25	26	27	28	29	30
句子数(句)	137	112	70	73	52	53	18	24	21	25
百分比(%)	0.64	0.52	0.33	0.34	0.24	0.25	0.08	0.11	0.1	0.12
累加值	97.55	98.07	98.39	98.73	98.97	99.22	99.3	99.41	99.51	99.63

句长(字)	31	32	33	34	35	36	37	38	39	40
句子数(句)	17	6	12	7	6	4	3	2	6	4
百分比(%)	0.08	0.03	0.06	0.03	0.03	0.02	0.01	0.01	0.03	0.02
累加值	99.71	99.74	99.79	99.82	99.85	99.87	99.88	99.89	99.92	99.94

句长(字)	41	42	43	44	45	46	合计	
句子数(句)	5	2	4	0	0	2	21518	
百分比(%)	0.02	0.01	0.02	0	0	0.01	100	
累加值	99.96	99.97	99.99	99.99	99.99	100	—	

注：百分比（%）=各类长度句子的数量/句子总数×100；累加值为百分比的累加值，为已有百分比的累加所得。

从表 3-1-3 可以看出，初级教材最长句子已经达 46 个字，但 27 个字以上的句子数量很少。各句长上句子数量的分布呈不均衡状态。从百分比的累加值可以看出，长度在 10 个字以内的句子数已超出句子总数的 70%。长度在 15 个字以内的句子数已超过句子总数的 90%。不同长度句子频次分布如图 3-1-2 所示。

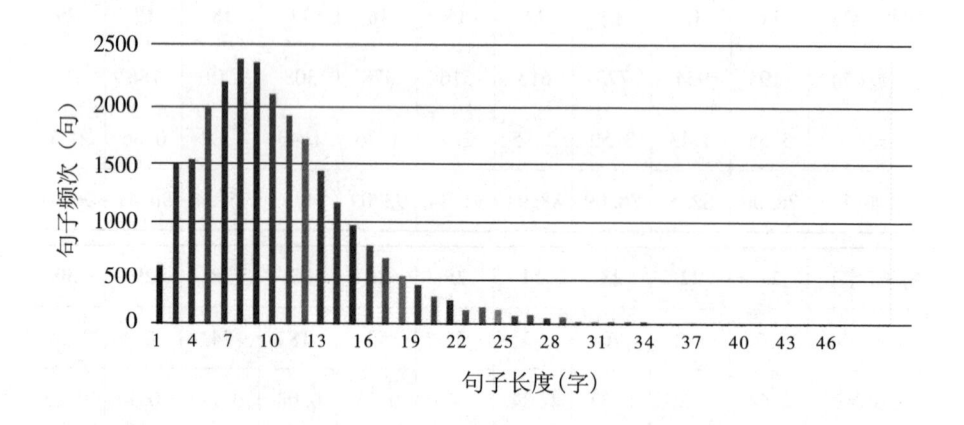

图 3-1-2 初级教材不同长度句子（以"字"为单位）频次分布及变化

结合各种长度句子的频次分布及百分比累加值的变化情况，我们可以对初级教材以"字"为单位的句子分布情况做如下分析。

1. 从整体情况看，以"字"为单位的初级教材句子长度的分布呈"先升后降"的态势。句子频次在 6 个字时达到峰值，然后逐渐下降。27 个字以上的句子只零星出现。

2. 从主要分布区间看，5—7 个字句子为初级教材句子长度的最高频分布区间，句子出现频次都近 1900 句，这一区间句子数量占句子总数的 27.99%；从最高频区间往两端推移，4—8 个字句子的出现频次均在 1600 句以上，为句长分布的高频区间，这一区间句子数量占句子总数的 44.24%；2—12 个字句子的出现频次均近 1000 句，为句长分布的次高频区间，这一区间句子数量占句子总数的 80.39%。初级教材以"字"为单位的句子长度的高频区间分布情况见表 3-1-4。

表 3-1-4　　初级教材句子长度高频区间分布表（以"字"为单位）

	最高频区间	高频区间	次高频区间
字　数	5—7 个字	4—8 个字	2—12 个字
标　准	1900 句	1600 句	1000 句
句子总数	6022 句	9520 句	17299 句
区间百分比(%)	27.99	44.24	80.39

注：句子总数为该区间所有句子数量之和；区间百分比 = 该区间所有句子的数量/句子总数（21518）。

从上表可以看出，初级教材以"字"为单位的句长分布的最高峰为 5、6、7 个字的句子。这三种长度的句子数量已接近所有句子总数的 1/3。同时也可以看出，初级教材的绝大多数句子分布在 2—12 个字之间，这一区间句子的数量已超过句子总数的 80%。

结合表 3-1-3 中的数据，我们还可以发现句子频次在所有高频区间上基本呈正态分布，即句子数量以 5、6、7 个字为频次的最高峰向两端依次递减。

（二）中级教材句长分布情况统计分析

通过软件统计，我们发现约 40 万字中级教材语料（具体字数为 362278 个）共有句子 39909 个，分布范围为 1—51 个字，句子平均长度为 9.08 个字。句子的长度范围和以"字"为单位的平均句子长度都比初级教材有所增长。各类长度句子的分布情况见表 3-1-5。

表3－1－5　　　　　中级教材各类长度句子分布情况

句长(字)	1	2	3	4	5	6	7	8	9	10
句子数(句)	667	1704	2075	3189	3113	3511	3698	3410	3022	2727
百分比(%)	1.67	4.27	5.2	7.99	7.8	8.8	9.27	8.54	7.57	6.83
累加值	1.67	5.94	11.14	19.13	26.93	35.73	44.99	53.54	61.11	67.94

句长(字)	11	12	13	14	15	16	17	18	19	20
句子数(句)	2349	1925	1627	1361	1033	857	779	530	448	330
百分比(%)	5.89	4.82	4.08	3.41	2.59	2.15	1.95	1.33	1.12	0.83
累加值	73.83	78.65	82.73	86.14	88.73	90.88	92.83	94.16	95.28	96.11

句长(字)	21	22	23	24	25	26	27	28	29	30
句子数(句)	356	232	168	165	128	85	96	72	60	58
百分比(%)	0.89	0.58	0.42	0.41	0.32	0.21	0.24	0.18	0.15	0.15
累加值	97	97.58	98	98.41	98.73	98.95	99.19	99.37	99.52	99.66

句长(字)	31	32	33	34	35	36	37	38	39	40
句子数(句)	25	14	10	15	22	6	6	0	3	3
百分比(%)	0.06	0.04	0.03	0.04	0.06	0.02	0.02	0	0.008	0.008
累加值	99.73	99.76	99.79	99.82	99.88	99.89	99.91	99.91	99.917	99.925

句长(字)	41	42	43	44	45	46	47	48	49	50
句子数(句)	6	14	0	4	0	3	0	0	0	0
百分比(%)	0.02	0.04	0	0.01	0	0.01	0	0	0	0
累加值	99.94	99.97	99.97	99.98	99.98	99.99	99.99	99.99	99.99	99.99

续 表

句长(字)	51	合　计
句子数(句)	3	39909
百分比(%)	0.01	100
累加值	100	—

注：百分比（%）=各类长度句子的数量/句子总数（39909）×100；累加值为百分比的累加值，为已有百分比的累加所得。

从表3-1-5可以看出，中级教材句子长度的分布范围进一步扩大，在各个长度上的分布也呈不均衡状态。从百分比的累加值可以看出，长度在9个字以内的句子数已超过句子总数的60%。长度在16个字以内的句子数已达到句子总数的90%以上。不同长度句子频次如图3-1-3所示。

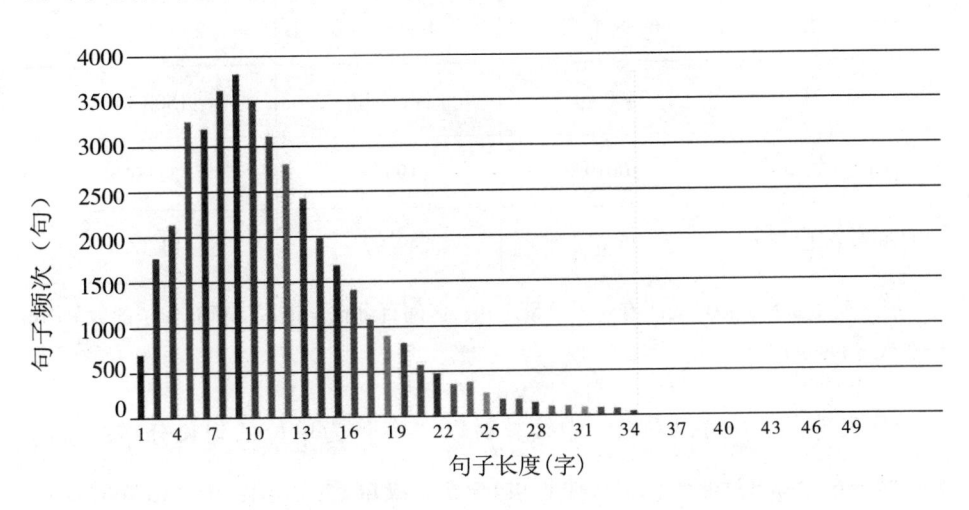

图3-1-3　中级教材不同长度句子（以"字"为单位）频次分布及变化

结合表3-1-5和图3-1-3，我们可以发现中级教材以"字"为单位的句子长度分布具有以下的特点。

1. 从整体情况看，以"字"为单位的中级教材句子长度的分布也是呈

"先升后降"的态势。句子频次在 7 个字时达到峰值，然后逐渐下降。19 个字之内的句子数量超过 95%，30 个字以上的句子只零星出现。

2. 从主要分布区间看，6－8 个字句子是中级教材句长分布的最高峰。在这一区间，句子的出现频次均在 3400 句以上，这一区间的句子数占句子总数的 26.61%。从峰值区间（即最高频区间）往两端推移，4—9 个字句子的出现频次均在 3000 句以上，为句长分布的高频区间，这一区间可占句子总数的 49.97%；2—13 个字句子的出现频次均在 1500 句以上，为句长分布的次高频区间，这一区间可占句子总数的 81.06%。中级教材以"字"为单位的句子长度的高频区间分布情况见表 3－1－6。

表 3－1－6　　中级教材句子长度高频区间分布（以"字"为单位）

	最高频区间	高频区间	次高频区间
字　数	6—8 个字	4—9 个字	2—13 个字
标　准	3400 句	3000 句	1500 句
句子总数(句)	10619	19943	32350
区间百分比(%)	26.61	49.97	81.06

注：句子总数为该区间所有句子数量之和；区间百分比＝该区间所有句子的数量/句子总数（39909）。

从表 3－1－6 可以看出，中级教材以"字"为单位的句长分布的最高峰为 6－8 个字的句子。这三种长度的句子数量超过所有句子总数的 1/4。同时也可以看出，中级教材的绝大多数句子分布在 2—13 个字之间，这一区间的句子数量已超过句子总数的 80%。句子频次在所有高频区间上基本呈正态分布，即句子数量以 6－8 个字为频次的最高峰向两端依次递减。

(三) 高级教材句长分布情况统计分析

通过软件统计,我们发现约40万字高级教材语料(具体字数为362829个)共有句子42780个,分布范围为1—48个字,句子平均长度为8.48个字。句子的长度范围和以"字"为单位的平均句子长度比中级阶段又有所减少。各类长度句子的分布情况见表3-1-7。

表3-1-7　　　　高级教材各类长度句子分布情况

句长(字)	1	2	3	4	5	6	7	8	9	10
句子数(句)	632	1759	2302	3300	3438	5203	4944	3886	3221	2761
百分比(%)	1.48	4.11	5.38	7.71	8.04	12.16	11.56	9.08	7.53	6.45
累加值	1.48	5.59	10.97	18.68	26.72	38.88	50.44	59.52	67.05	73.51

句长(字)	11	12	13	14	15	16	17	18	19	20
句子数(句)	2438	1880	1479	1166	913	699	558	442	392	279
百分比(%)	5.7	4.39	3.46	2.73	2.13	1.63	1.3	1.03	0.92	0.65
累加值	79.21	83.6	87.06	89.78	91.92	93.55	94.86	95.89	96.8	97.46

句长(字)	21	22	23	24	25	26	27	28	29	30
句子数(句)	217	167	135	95	82	77	59	57	34	31
百分比(%)	0.51	0.39	0.32	0.22	0.19	0.18	0.14	0.13	0.08	0.07
累加值	97.96	98.35	98.67	98.89	99.08	99.26	99.4	99.53	99.61	99.69

句长(字)	31	32	33	34	35	36	37	38	39	40
句子数(句)	15	20	21	12	8	5	7	14	6	2
百分比(%)	0.04	0.05	0.05	0.03	0.02	0.01	0.02	0.03	0.01	0.005
累加值	99.72	99.77	99.82	99.85	99.86	99.87	99.89	99.93	99.94	99.945

续　表

句长(字)	41	42	43	44	45	46	47	48	合　计
句子数(句)	7	3	4	2	2	0	3	3	42780
百分比(%)	0.02	0.01	0.009	0.005	0.005	0	0.007	0.007	100
累加值	99.96	99.97	99.976	99.981	99.986	99.986	99.993	100	—

注：百分比（%）=各类长度句子的数量/句子总数（42780）×100；累加值为百分比的累加值，为已有百分比的累加所得。

从表3-137可以看出，高级教材句子长度的分布范围比中级阶段有所缩小，在各个长度上的分布仍呈不均衡状态。从百分比的累加值可以看出，长度在7个字以内的句子数已超过句子总数的50%。长度在17个字以内的句子数已接近句子总数的95%。不同长度句子频次如图3-1-4所示。

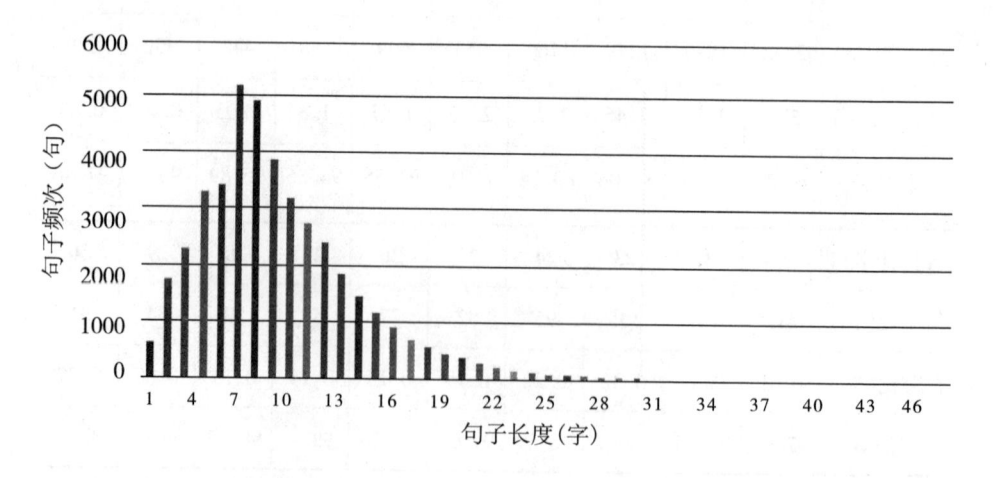

图3-1-4　高级教材不同长度句子（以"字"为单位）频次分布及变化

结合表3-1-7和图3-1-4，我们可以发现高级教材以"字"为单位的句子长度分布具有以下的特点。

1. 从整体情况看，以"字"为单位的高级教材句子长度的分布也是呈

第3章 汉语教材语料句长与定、状、补语复杂度研究

"先升后降"的趋势。句子频次在6个字时达到峰值，然后逐渐下降。17个字之内的句子数量接近95%，28个字以上的句子只零星出现。

2. 从主要分布区间看，6－9个字句子是高级教材句长分布的最高峰，这一区间的句子数占句子总数的32.8%；从峰值区间（即最高频区间）往两端推移，4－9个字句子的出现频次均在3200句以上，为句长分布的高频区间，这一区间可占句子总数的56.08%；2－12个字句子的出现频次均在1700句以上，为句长分布的次高频区间，这一区间可占句子总数的82.12%。高级教材以"字"为单位的句子长度的高频区间分布情况见表3－1－8。

表3－1－8 高级教材句子长度高频区间分布（以"字"为单位）

	最高频区间	高频区间	次高频区间
字　数	6—8个字	4—9个字	2—12个字
标　准	3500句	3200句	1700句
句子总数	14033句	23992句	35132句
区间百分比(%)	32.8	56.08	82.12

注：句子总数为该区间所有句子数量之和；区间百分比＝该区间所有句子的数量/句子总数（42780）。

从表3－1－8可以看出，高级教材以"字"为单位的句长分布的最高峰为6－8个字的句子。这三种长度的句子数量非常接近句子总数的1/3。同时也可以看出，高级教材的绝大多数句子分布在2－12个字之间，这一区间的句子数量已超过句子总数的80%。句子频次在所有高频区间上基本呈正态分布，即句子数量以6－8个字为频次的最高峰向两端依次递减。

3.1.1.3 各级教材以"字"为单位的句长分布比较分析

在较为详细地分析了教材总语料和各级教材语料平均句长及句子长度的分布情况的基础上,下面我们主要从各级教材的平均句长、句长分布范围、句长分布的最高频区间、主要百分比累加值对应的句子长度、句子的最主要区间等方面进行总结分析。上述各方面在各级教材语料及总语料中的表现情况见表 3 – 1 – 9。

表 3 – 1 – 9　　各级教材平均句长及句子长度分布对比表

	平均句长(字)	句长分布范围(字)	最高频句长(字)	主要百分比累加值对应的句子长度(字) 60%	80%	90%	99%	句子分布的主要区间(最常用区间)
初　级	8.46	1—46	5、6、7	8	11	15	26	2—12 个字,占 80.39%
中　级	9.08	1—51	6、7、8	9	12	16	26	2—13 个字,占 81.06%
高　级	8.48	1—48	6、7、8	8	11	15	25	2—12 个字,占 82.12%
总语料	8.71	1—51	6、7、8	8	12	15	26	2—12 个字,占 79.8%

从表 3 – 1 – 9 可以看出,教材平均句长及句子长度的发展变化具有以下的特点和规律。

1. 教材平均句长并未随学时等级的提高而逐步上升。初级教材平均句长为 8.46 个字,中级的平均句长最高为 9.08 个字。从初级到中级,增长了 0.62 个字;但高级教材的平均句长仅为 8.48 个字,略高于初级,比中级下降了 0.6 个字。高级教材语料句长偏低可能跟高级汉语教材中有较大比例的戏剧作品和叙述性很强小说有关。

2. 与平均句长一致,中级教材的句长分布范围最广,为 1—51 个字。另外,初级最长句子为 46 个字,高级最长句子为 48 个字。

3. 教材各句长句子出现的最高频区间依次为 5—7 个字(初级)、6—8 个字（中级）、6—8个字（高级）。初级的最高频区间低于中、高级。这也说明初级教材最高频使用句子的句子长度低于中、高级教材。

4. 从主要百分比累加值对应的句子长度看，对应同一百分比累加值的句子长度以中级教材为最高，初级、高级及总语料的对应句长基本一致。也就是说，在对应同一句子数量时，中级教材句长的分布范围最广。

5. 从句子分布的主要常用区间看，初级、高级的最主要区间为 2—12 个字，中级的最主要区间为 2—13 个字。中级教材平均句长高，句长分布范围大，因此所对应的最主要区间也更大。

下面我们综合相关数据，进一步对比分析各级教材语料每一句长上句子的频次、句子频次百分比，以期进一步揭示教材句长的特点。

（一）中、高级教材以"字"为单位的不同句长句子频次对比分析

由于初级语料为 20 万，中级和高级语料各 40 万，初级语料在绝对数量上明显少于中、高级语料，所以我们这里主要比较中级和高级不同句长上句子的出现频次。结合中、高级教材不同句长句子频次分布情况（具体数据可参看表 3-1-5 和 3-1-7），中、高级教材不同长度句子频次的分布如图 3-1-5 所示。

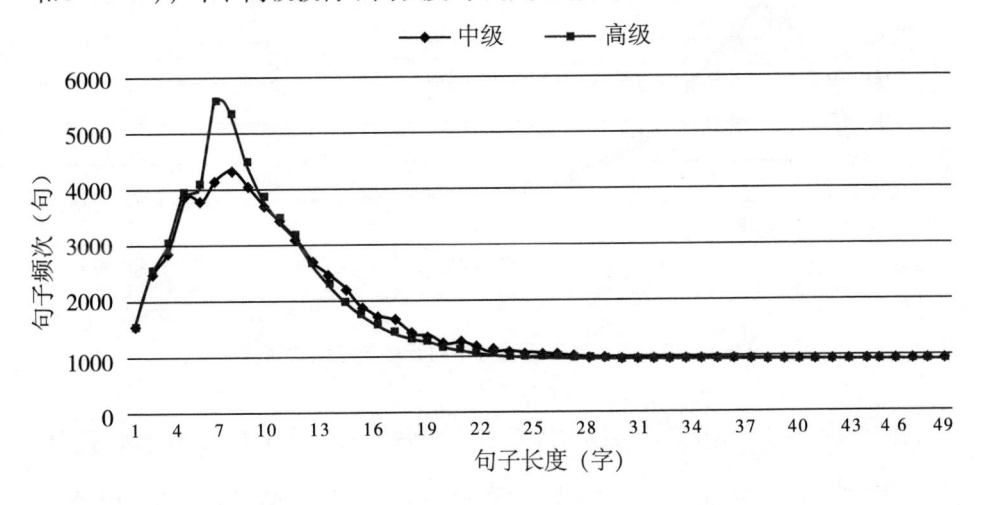

图 3-1-5 中、高级教材不同句长句子频次分布

结合上图及具体数据可以看出,在1、2个字句长上,中级和高级教材的句子数量相差不大。在2—11个字的句子长度上,高级教材的句子频次明显高于中级教材。在12—31个字句长上,中级教材的句子频次均高于高级。而在31个字以后句长上,两者数据或高或低,变化规律不明显。这一数据说明中级教材在长句子上的使用更为突出,在长句上的出现频次高于高级,这一分布特点跟平均句长的结论一致。

(二) 初、中、高三级以"字"为单位的不同句长句子频次百分比对比分析

句子频次百分比表明该长度句子数量在句子总数中的比例,该百分比可以作为一个不受语料绝对数量限制的指标来研究不同长度句子在句子总数中的相对数量的大小。结合初、中、高三级教材不同句长句子出现频次的百分比(具体数据可参看表3-1-3、3-1-5和3-1-7),各级教材不同长度句子频次百分比的分布如图3-1-6所示。

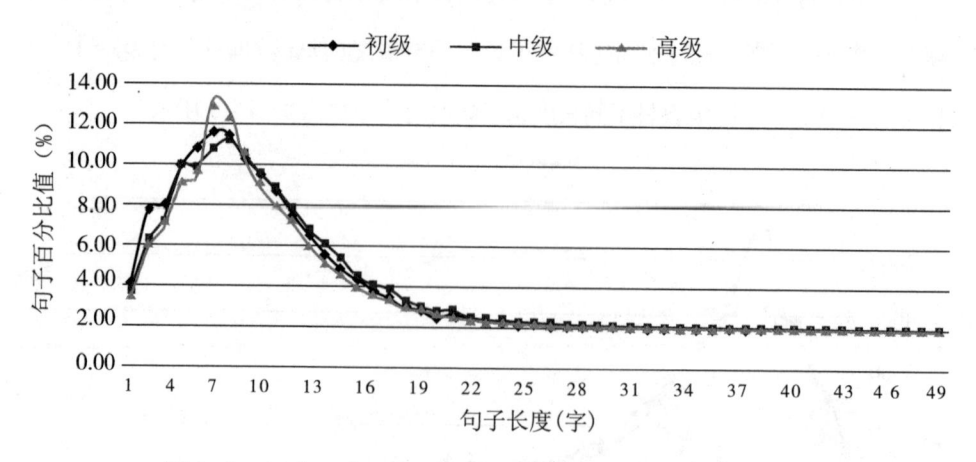

图3-1-6 初、中、高三级教材不同长度句子频次百分比分布

结合图3-1-6及具体数据可以看出:在1—3个字句长上,初级教材语料句子频次的百分比最高,4个字时以中级为最高,5个字时以初级最高,6—8个

字时以高级为最高。9—25个字句长上的句子频次百分比均以中级教材语料为最高。25个字以后句子频次百分比非常低,规律不明显。这表明在短句上,初级、高级教材句子频次百分比较高,在长句上中级教材的句子频次百分比更高。这一分布情况同样说明中级教材在长句的使用上高于初、高级教材。

3.1.2 以"词"为单位的教材句长统计分析

3.1.2.1 以"词"为单位的教材总语料句长分布情况统计分析

我们先来考察教材以"词"为单位的平均句长和各类长度句子的分布的总体情况。

通过软件统计,我们发现在约100万字的教材(具体词数为628948个)中,共有句子104207个,平均句子长度为6.04个词,句子长度分布范围为1—38个词。各类长度句子的分布情况见表3-1-10。

表3-1-10　　　　教材句子长度(词)分布情况

句长(词)	1	2	3	4	5	6	7	8	9	10
句子数(句)	4858	8314	11642	14063	13922	12722	10307	7899	5841	4164
百分比(%)	4.66	7.98	11.17	13.5	13.36	12.21	9.89	7.58	5.61	4
累加值	4.66	12.64	23.81	37.31	50.67	62.88	72.77	80.35	85.95	89.95

句长(词)	11	12	13	14	15	16	17	18	19	20
句子数(句)	3121	2191	1497	1099	746	480	384	260	215	90
百分比(%)	3	2.1	1.44	1.05	0.72	0.46	0.37	0.25	0.21	0.09
累加值	92.94	95.05	96.48	97.54	98.25	98.71	99.08	99.33	99.54	99.62

续 表

句长(词)	21	22	23	24	25	26	27	28	29	30
句子数(句)	119	71	47	34	26	15	21	9	21	4
百分比(%)	0.11	0.07	0.05	0.03	0.02	0.01	0.02	0.009	0.02	0.004
累加值	99.74	99.81	99.85	99.88	99.91	99.92	99.94	99.952	99.972	99.976

句长(词)	31	32	33	34	35	36	37	38	合 计	
句子数(句)	8	9	0	6	1	0	0	1	104207	
百分比(%)	0.008	0.009	0	0.006	0.001	0	0	0.001	100	
累加值	99.984	99.992	99.992	99.998	99.999	99.999	99.999	100	—	

注：百分比（%）=各类长度句子的数量/句子总数×100；累加值为百分比的累加值，即已有百分比的累加所得。

从表3-1-10可以看出，以"词"为单位的教材分布范围低于本族人语料。句子的分布比较集中，10个词以内的句子已接近90%。不同句长句子频次分布如图3-1-7。

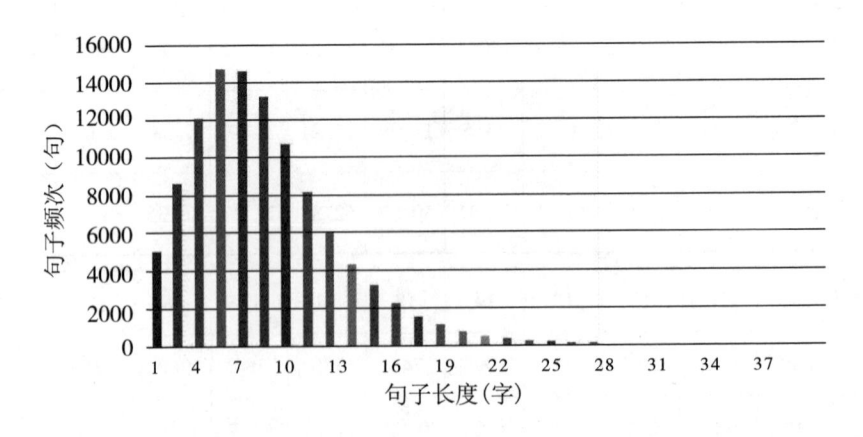

图3-1-7 教材不同长度句子（以"词"为单位）频次分布及变化

结合表 3-1-10 和图 3-1-7，我们可以发现以"词"为单位的教材句长分布具有如下特点。

1. 从总体情况来看，教材以"词"为单位的句子长度分布呈"长尾"分布态势。句子频次在 4 个词时达到峰值，然后逐渐下降。17 个词以上的句子不足句子总数的 1%，在分布链上形成一条不断靠近横坐标的"尾巴"。

2. 从主要分布区间看，4—6 个词是以"词"为单位的句长分布的最高峰。在这一区间，句子的出现频次均在 12000 句以上，这一区间占句子总数的 39.06%；从最高频区间往两端推移，我们发现：3—7 个词句子的出现频次均在 10000 句以上，为句长分布的高频区间，这一区间占所有句子总数的 60.13%；2—9 个词句子的出现频次均在 5000 句以上，为句长分布的次高频区间，这一区间占所有句子总数的 81.29%。[①] 也就是说，4—6 个词是句长分布的最高峰，2—9 个词是最常用的句子长度区间。教材以"词"为单位的句长的高频区间分布情况见表 3-1-11。

表 3-1-11　　教材句子长度高频区间分布（以"词"为单位）

	最高频区间	高频区间	次高频区间
词　数	4—6 个	3—7 个	2—9 个
对应的大致字数	6—8 个	4—10 个	3—12 个
标　准	12000 句	10000 句	5000 句
句子总数	40707	62656	84710
区间百分比(%)	39.06	60.13	81.29

注：句子总数为该区间所有句子数量之和；区间百分比＝该区间所有句子的数量/句子总数（104207）。

[①] 由于以"词"为单位的句长频次分布比以"字"为单位的句长频次分布更为集中，在"次高频区间"即已达到句子总数的 80% 以上，所以这里不再讨论"次次高频区间"。

从表 3-1-11 可以看出，4—6 个词的句子为教材以"词"为单位的句长分布的最高峰，这三种长度的句子数量占句子总数近 40%。教材绝大多数句子集中在 2—9 个词之间，这一区间句子的数量已超过句子总数的 80%。同时我们发现教材句子频次在所有高频区间上基本呈正态分布，即句子数量以 4 个词为峰值向两端递减。

3.1.2.2 以"词"为单位的各级教材句长分布情况统计分析

（一）初级教材句长分布情况统计分析

通过软件统计，我们发现约 20 万字的初级教材语料（词数为 126075 个）共有句子 21518 个，平均句子长度为 5.86 个词。以"词"为单位的句长分布范围为 1—32 个。各类长度句子频次分布情况见表 3-1-12。

表 3-1-12　初级教材各类长度句子分布情况（以"词"为单位）

句长(词)	1	2	3	4	5	6	7	8	9	10
句子数(句)	1160	1868	2483	2954	2827	2633	2086	1582	1192	818
百分比(%)	5.39	8.68	11.54	13.73	13.14	12.24	9.69	7.35	5.54	3.8
累加值	5.39	14.07	25.61	39.34	52.48	64.71	74.41	81.76	87.3	91.1
句长(词)	11	12	13	14	15	16	17	18	19	20
句子数(句)	601	367	250	208	135	84	96	48	30	24
百分比(%)	2.79	1.71	1.16	0.97	0.63	0.39	0.45	0.22	0.14	0.11
累加值	93.89	95.6	96.76	97.73	98.35	98.75	99.19	99.41	99.55	99.67
句长(词)	21	22	23	24	25	26	27	28	29	30
句子数(句)	22	6	6	11	9	6	4	0	6	0
百分比(%)	0.1	0.03	0.03	0.05	0.04	0.03	0.02	0	0.03	0
累加值	99.77	99.8	99.82	99.87	99.92	99.94	99.96	99.96	99.99	99.99

续 表

句长(词)	31	32	合 计
句子数(句)	0	2	21518
百分比(%)	0	0.01	100
累加值	99.99	100	—

注：百分比（%）=各类长度句子的数量/句子总数×100；累加值为百分比的累加值，即所有已有百分比的累加所得。

从表3-1-12可以看出，初级教材句子长度的分布范围已较广，最长句子已达32个词，但各个长度上的句子频次分布呈不均衡状态。从百分比的累加值可以看出，长度在5个词以内的句子数已超过句子总数的50%，长度在10个词以内的句子数已超过句子总数的90%。不同长度句子频次的分布如图

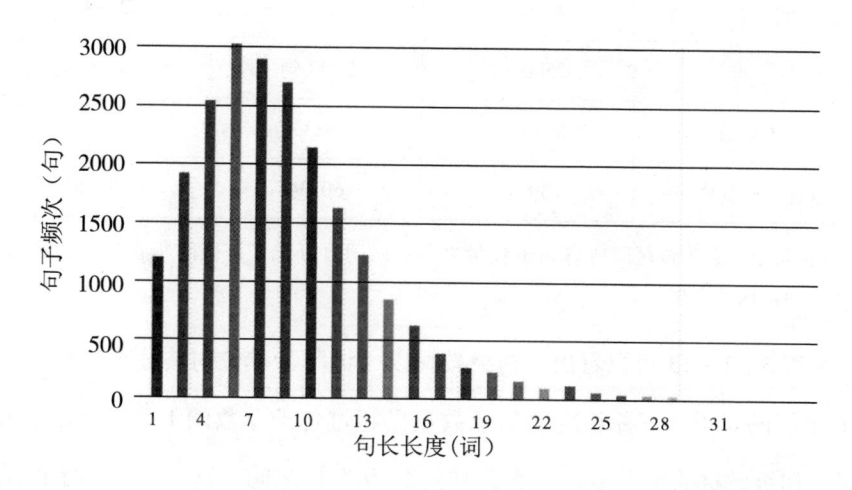

图3-1-8 初级教材不同长度句子（以"词"为单位）频次分布及变化

3-1-8。结合各类长度句子的频次分布及百分比累加值的变化情况，我们对初级教材以"词"为单位的句子分布情况做如下分析。

1. 从整体情况看，以"词"为单位的初级教材句子长度的分布呈"先升后降"的趋势，句子频次在 4 个词时达到峰值，然后逐渐下降。

2. 从主要分布区间看，4—6 个词是以"词"为单位的句长分布的最高峰，这一区间句子的出现频次均在 2500 句以上，句子数量占句子总数的 39.1%；从句子分布的最高峰间往两端推移，我们发现：3—7 个词句子的出现频次均在 2000 句以上，为句长分布的高频区间，这一区间句子数量占总数的 60.34%；2—9 个词句子的出现频次均在 1000 句以上，为句长分布的次高频区间，这一区间占所有句子总数的 81.91%。也就是说，4—6 个词是初级教材句长分布的最高峰，3—9 个词是最常用的句子长度区间。初级教材以"词"为单位的句子长度的高频区间分布情况见表 3 – 1 – 13。

表 3 – 1 – 13 初级教材句子长度高频区间分布（以"词"为单位）

	最高频区间	高频区间	次高频区间
词　数	4—6 个	3—7 个	2—9 个
标　准	2500 句	2000 句	1000 句
句子总数	8418 句	12983 句	17625 句
区间百分比(%)	39.1	60.34	81.91

注：句子总数为该区间所有句子数量之和；区间百分比 = 该区间所有句了的数量/句子总数（21518）。

从表 3 – 1 – 13 可以看出，初级教材以"词"为单位句长分布的最高峰为 4—6 个词的句子，三种长度的句子数量已超过句子总数的 1/3。同时也可以看出，初级教材的绝大多数句子集中在 2—9 个词之间，这一区间句子的数量已达句子总数的 81.91%，为最常用区间。结合表 3 – 2 – 4（见附录 8）中的数据，我们还可以发现句子频次在所有高频区间上基本呈正态分布，即句子数量以 4—6 个词为频次的最高峰向两端递减。

(二) 中级教材句长分布情况统计分析

通过软件统计，我们发现约40万字的中级教材（词数为248281个）共有句子39909个，以"词"为单位的句长分布范围为1—32个词，句子平均长度为6.22词。各类长度句子的分布情况见表3-1-14。

表3-1-14　以"词"为单位中级教材各类长度句子分布情况

句长（词）	1	2	3	4	5	6	7	8	9	10
句子数（句）	1781	3066	4195	5158	4984	4798	4099	3206	2385	1718
百分比（%）	4.46	7.68	10.51	12.92	12.49	12.02	10.27	8.03	5.98	4.3
累加值	4.46	12.15	22.66	35.58	48.07	60.09	70.36	78.4	84.37	88.68

句长（词）	11	12	13	14	15	16	17	18	19	20
句子数（句）	1289	984	659	499	341	205	157	113	99	41
百分比（%）	3.23	2.47	1.65	1.25	0.85	0.51	0.39	0.28	0.25	0.1
累加值	91.91	94.37	96.02	97.27	98.13	98.64	99.04	99.32	99.57	99.67

句长（词）	21	22	23	24	25	26	27	28	29	30
句子数（句）	43	25	18	10	3	6	10	4	6	0
百分比（%）	0.11	0.06	0.05	0.03	0.01	0.02	0.03	0.01	0.02	0
累加值	99.78	99.84	99.88	99.91	99.92	99.93	99.96	99.97	99.98	99.98

句长（词）	31	32	合计						
句子数（句）	0	7	39909						
百分比（%）	0	0.02	100						
累加值	99.98	100	—						

注：百分比（%）=各类长度句子的数量/句子总数×100；累加值为百分比的累加值，为已有百分比的累加所得。

从表 3-1-14 可以看出，以"词"为单位的中级教材句子长度的分布范围与初级阶段一致，句子频次在各个长度上的分布仍呈不均衡状态，从百分比的累加值可以看出，长度在 10 个词以内的句子数已超过句子总数的 88%。长度在 12 个词以内的句子数已接近句子总数的 95%。不同长度句子频次如图 3-1-9 所示。

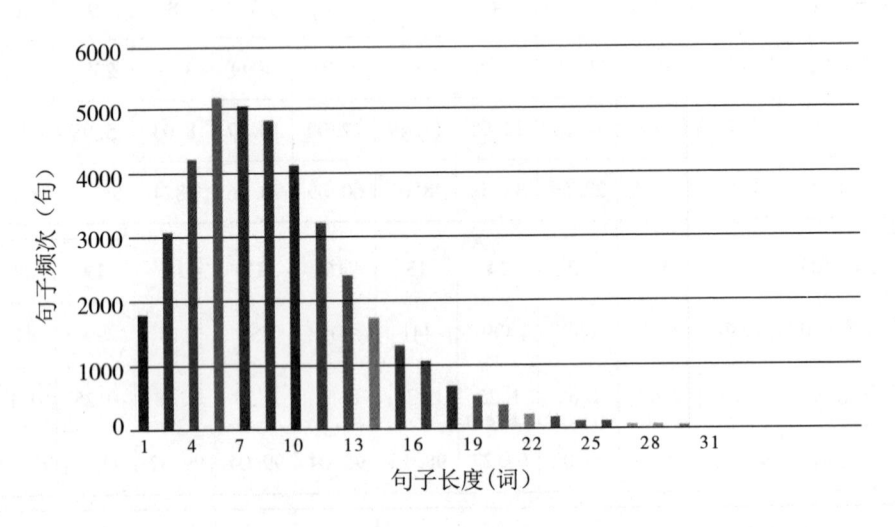

图 3-1-9 中级教材不同长度句子（以"词"为单位）频次分布及变化

结合表 3-1-14 和图 3-1-9，我们可以对中级教材以"词"为单位的句子长度分布情况做如下分析。

1. 从整体情况看，以"词"为单位的中级教材句子长度的分布呈"先升后降"的趋势。句子频次在 4 个词时达到峰值，然后逐渐下降。12 个词之内的句子数量已接近 95%，17 个词以内的句子数量已超过 99%。

2. 从主要分布区间看，4—6 个词是中级教材句长分布的最高峰，这一区间句子的出现频次均在 4500 句以上，句子数量占句子总数的 37.44%，为最高频使用区间；从最高频区间往两端推移，3—7 个词句子的出现频次均在 4000 句以上，为句长分布的高频区间，这一区间可占句子总数的 58.22%，为句长分布的高频区间；2—9个词句子的出现频次在2000句以上，为句长分布的次高频区间，这一区间可占句子总数的79.91%。中级教材以"词"为单位的句子长度的高频区间分布情况见表3-1-15。

表3-1-15 中级教材句子长度高频区间分布（以"词"为单位）

	最高频区间	高频区间	次高频区间
词　数	4—6个	3—7个	2—9个
对应的大致字数	6—8个	4—9个	2—13个
标　准	4500句	4000句	2000句
句子总数(句)	14940	23234	31891
区间百分比(%)	37.44	58.22	79.91

注：句子总数为该区间所有句子数量之和；区间百分比＝该区间所有句子的数量/句子总数（39909）。

从表3-1-15可以看出，中级教材学生以"词"为单位的句长分布的最高峰为4、5、6个词的句子。这三种长度的句子数量占句子总数的37.44%。从最常用区间看，中级教材接近80%的句子分布在2—9个词之间。句子频次在所有高频使用区间上基本呈正态分布，即句子数量以4个词为峰值向两端逐步递减。

（三）高级教材句长分布情况统计分析

通过软件统计，我们发现40万字高级教材（词数为254592个）共有句子42780个，以"词"为单位的句长分布范围为1—38个，平均句长为5.95个词。各类长度句子的分布情况见表3-1-16。

表 3-1-16　　　　　　　高级教材各类长度句子分布情况

句长(词)	1	2	3	4	5	6	7	8	9	10
句子数(句)	1917	3380	4964	5951	6111	5291	4122	3111	2264	1628
百分比(%)	4.48	7.9	11.6	13.91	14.28	12.37	9.64	7.27	5.29	3.81
累加值	4.48	12.38	23.99	37.9	52.18	64.55	74.18	81.46	86.75	90.55

句长(词)	11	12	13	14	15	16	17	18	19	20
句子数(句)	1231	840	588	392	270	191	131	99	86	25
百分比(%)	2.88	1.96	1.37	0.92	0.63	0.45	0.31	0.23	0.2	0.06
累加值	93.43	95.4	96.77	97.69	98.32	98.76	99.07	99.3	99.5	99.56

句长(词)	21	22	23	24	25	26	27	28	29	30
句子数(句)	54	40	23	13	14	3	7	5	9	4
百分比(%)	0.13	0.09	0.05	0.03	0.03	0.01	0.02	0.01	0.02	0.01
累加值	99.69	99.78	99.83	99.86	99.89	99.9	99.92	99.93	99.95	99.96

句长(词)	31	32	33	34	35	36	37	38	合　计
句子数(句)	8	0	0	6	1	0	0	1	42780
百分比(%)	0.02	0	0	0.014	0.002	0	0	0.002	100
累加值	99.98	99.98	99.98	99.995	99.998	99.998	99.998	100	—

注：百分比(%)=各类长度句子的数量/句子总数×100；累加值为百分比的累加值，为已有百分比的累加所得。

第 3 章　汉语教材语料句长与定、状、补语复杂度研究

从表 3-1-16 可以看出，高级教材以"词"为单位的句子长度分布范围跟中级一样，最长的句子均为 38 个词。句子频次在各个长度上的分布仍呈不均衡状态。长度在 10 个词以内的句子数已超过句子总数的 90%。长度在 12 个词以内的句子数已超过句子总数的 95%。不同长度句子频次的如图 3-1-10 所示。

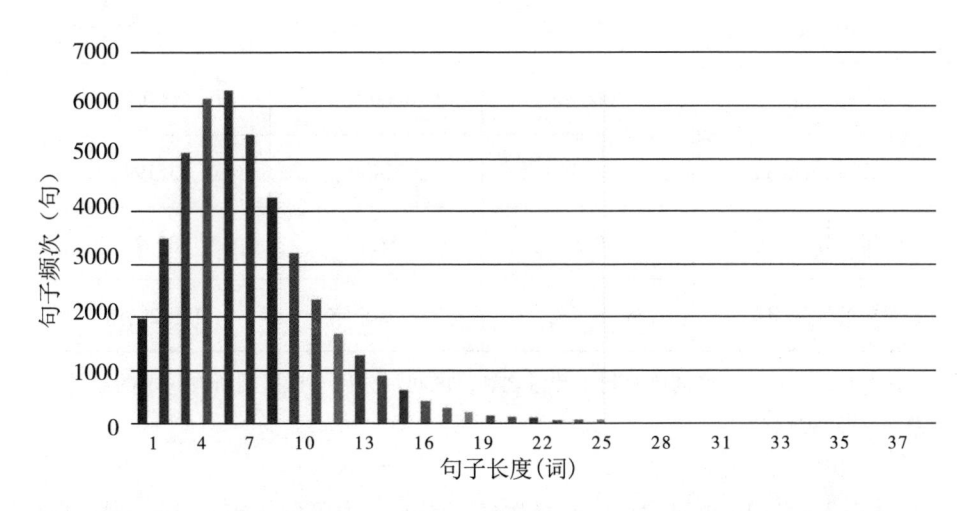

图 3-1-10　高级教材不同长度句子（以"词"为单位）频次分布及变化

结合表 3-1-16 和图 3-1-10，我们可以发现高级教材以"词"为单位的句子长度分布具有以下的特点。

1. 从整体情况看，以"词"为单位的高级教材句子长度的分布也是呈"先升后降"的趋势。句子频次在 5 个词时达到峰值，然后逐渐下降，10 个词之内的句子数量已超过句子总数的 90%。

2. 从主要分布区间看，4—6 个词是高级教材句长分布的最高峰，这一区间句子的出现频次均在 5000 句以上，句子数量占句子总数的 40.56%，为最高频使用区间；从最高频区间往两端推移，3—7 个词句子的出现频次均在 4000 句以上，为句长分布的高频区间，这一区间可占句子总数的 61.8%；2—9 个词句子的出现频次在 2000 句以上，为句长分布的次高频区间，这一区

间可占句子总数的 82.27%。高级教材以"词"为单位的句子长度的高频区间分布情况见表 3-1-17。

表 3-1-17　高级教材句子长度高频区间分布（以"词"为单位）

	最高频区间	高频区间	次高频区间
词　数	4—6 个词	3—7 个词	2—9 个词
标　准	5000 句	4000 句	2000 句
句子总数(句)	17353	26439	35194
区间百分比(%)	40.56	61.8	82.27
对应的大致字数	6—8 个字	4—9 个字	2—12 个字

注：句子总数为该区间所有句子数量之和；区间百分比 = 该区间所有句子的数量/句子总数（42780）。

从表 3-1-17 可以看出，高级教材以"词"为单位的句长分布的最高峰为 4、5、6 个词的句子。这三种长度的句子数量占句子总数的 40.56%。中级教材超过 80% 的句子分布在 2—9 个词之间。句子频次在所有高频使用区间上基本呈正态分布，即句子数量以 4—6 个词为高峰向两端逐步递减。

3.1.2.3　以"词"为单位的各级教材句长分布比较分析

在分析教材总语料及各级教材语料以"词"为单位的平均句长及句子长度分布情况的基础上，下面我们对各级教材的平均句长、句长分布范围、句长分布的最高峰、主要百分比累加值对应的句子长度、句子的最常用区间等方面进行分析。上述方面在以"词"为单位的各级教材语料及总语料中的呈现情况见表 3-1-18。

第3章 汉语教材语料句长与定、状、补语复杂度研究

表3-1-18 教材各级以"词"为单位的平均句长及句子长度对比

平均句长（字）	句长分布范围（词）	最高频句长（词）	主要百分比累加值对应的句子长度（词）				句子分布的最常用区间
			60%	80%	90%	99%	
初级	5.86	1—32	4、5、6	6	8	10	17	2—9个词,占81.91%
中级	6.22	1—32	4、5、6	6	8	10	17	2—9个词,占79.91%
高级	5.95	1—38	4、5、6	6	8	10	17	2—9个词,占82.27%
总语料	6.04	1—38	4、5、6	6	8	10	17	2—9个词,占81.29%

从表3-1-18可以看出，以"词"为单位的教材平均句长及句子长度的发展变化具有以下的特点和规律。

1. 以"词"为单位的教材平均句长并未随等级的提高而逐级上升，初级教材平均句长为5.86个词，中级教材为6.22个词，比初级上升了0.36个词，高级教材为5.95个词，低于中级，高于初级。

2. 初级、中级以"词"为单位的句长分布范围为1—32个词，高级为1—38个词，高级的范围最广。

3. 教材句长出现的最高峰区间均为4—6个词，初级、中级句子频次最高的句长为4个词，高级为5个词。这表明教材句长最高峰区间较为一致。

4. 从主要百分比对应的句子长度看，对应同一百分比累加值的句子长度（词长）基本一致。

5. 从句子分布的主要常用区间看，初、中、高级各级教材的最常用区间均为2—9个词，仅在所占句子总数的百分比上存在一定的差异。

下面我们综合本节中的相关数据，进一步对比分析每一种具体的长度上

句子的频次、句子所占百分比、句子频次百分比累加值，以进一步揭示教材以"词"为单位的句长发展特点。

（一）中、高级教材以"词"为单位的不同句长句子频次对比分析

由于初级教材语料在绝对数量上低于中级、高级教材，中、高级为等量语料。所以我们这里只比较中、高级语料在不同句长上具体频次的分布情况。结合中、高级教材不同句长句子出现的频次（具体数据可参看表3-1-14和3-1-16），两级教材不同长度句子频次的分布如图3-1-11所示。

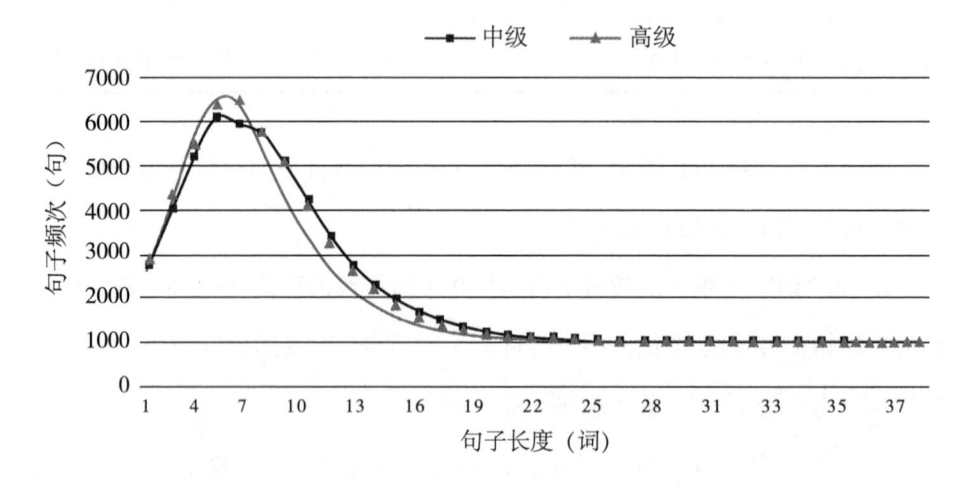

图3-1-11 中、高级教材不同句长句子频次分布（以"词"为单位）

结合图3-1-11及具体数据可以看出，在1—7个词的句子长度上，高级教材的句子频次均高于中级教材，8—20个词的句子长度上，中级教材的句子频次高于高级教材。在20个词之后的区间，高级教材在9种句长上高于中级教材，3种句长上低于中级教材①。这说明高级教材在短句（如1—7个词）和长句（20个词以上的句子）上的数量高于中级教材。

---

① 只属于高级教材、范围为33—38个词的句长排除在外。

（二）初、中、高三级以"词"为单位的不同句长句子频次百分比对比分析

句子频次百分比可以作为一个不受语料绝对数量影响的指标来考察不同长度句子在句子总数中的相对数量的大小。结合初、中、高级教材不同句长句子出现频次的百分比（具体数据可参看表 3 – 1 – 12、3 – 1 – 14 和 3 – 1 – 16），各级教材不同长度（以"词"为单位）句子频次百分比的分布如图 3 – 1 – 12 所示。

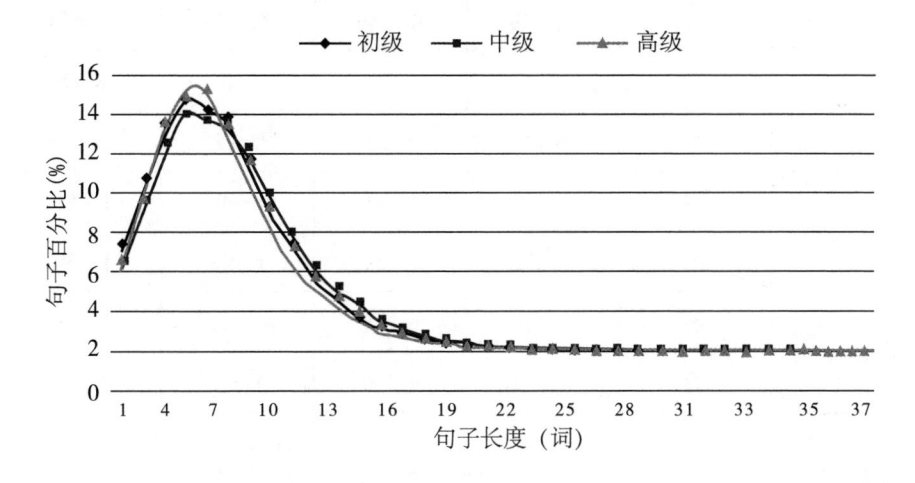

图 3 – 1 – 12　初、中、高三级教材不同长度句子频次百分比分布

结合图 3 – 1 – 12 及具体数据可以看出：句长为 1—2 个词的句子，初级教材句子频次百分比最高；句长为 3—6 个词的句子，高级教材句子频次的百分比最高；句长为 7—16 个词时，中级教材句子频次百分比最高。在 16 个词之后，各级句子频次百分比的出现有高有低，变化规律不明显。总的来看，较短的句子（如 1—6 个词）在初、高级教材中的使用比例较高，较长的句子（如 7—16 个词）在中级教材中的使用比例较高。

3.1.3 以"字"和以"词"为单位的教材句长对比分析

我们将以"字"和以"词"为单位的教材总语料及各级教材的平均句长、句长范围、最高峰区间、最常用区间列表,以观察以"字""词"两种统计单位在这些方面的对应性和相关性,见表3-1-19。

表3-1-19 以"字"和以"词"为单位的教材句长相关数据对比

		初级	中级	高级	总语料
平均句长	字	8.46	9.08	8.48	8.71
	词	5.86	6.22	5.95	6.04
句长范围	字	1—46	1—51	1—48	1—51
	词	1—32	1—32	1—38	1—38
最高峰区间	字	5、6、7	6、7、8	6、7、8	6、7、8
	词	4、5、6	4、5、6	4、5、6	4、5、6
最常用区间	字	2—12个字	2—13个字	2—12个字	2—12个字
	词	2—9个词	2—9个词	2—9个词	2—9个词
词与字的比例		1:1.44	1:1.46	1:1.43	1:1.44	—

从表3-1-19可以看出,以"字"为单位和以"词"为单位的教材总语料及各级教材语料在平均句长、句长分布范围、最高峰区间、最常用区间上都具有较高的一致性和对应性,主要表现在以下三个方面。

1. 各级语料及总语料以"字"和以"词"为单位的平均句长、句长分布范围具有较高的一致性和对应性,其对应的比例关系基本上等同于对应语料中词与字的比例关系。

2. 各级语料及总语料以"字"和以"词"为单位的最高峰区间具有较高

的一致性和对应性。以"字"为单位的最高峰区间跨度为 5—8 个字,以"词"为单位的最高峰区间跨度为 4—6 个词,对应的比例关系基本上等同于语料中词与字的比例关系。

3. 各级语料及总语料以"字"和以"词"为单位的最常用区间具有较高的一致性和对应性。以"字"为单位的最常用区间跨度为 2—12 个字,以"词"的最常用区间跨度为 2—9 个词,对应的比例关系基本上等同于语料中词与字的比例关系。

3.2 教材各句长句子定、状、补语复杂度分析

本节主要考察对外汉语教材语料中跟句子长度密切相关的三种句法成分——定语、状语和补语在不同句长句子中的出现和分布情况。教材语料的句法信息标注、句子的抽取与检索均与本族人语料相同,这里不再一一介绍。各级语料的抽样规模与抽取方法与本族人语料一致,这里也不再赘述。为了节省篇幅,本节不再具体分析各级语料内各个区间内句子定、状、补语的具体分布情况,而是更注重探讨 7—20 个词句长句子定、状、补语的分布情况的发展变化,研究各级教材句法复杂度的发展变化,以便进行教材语料(教学输入语言)各句长句子的句法复杂度与中介语句法复杂度的对比分析。

3.2.1 各级教材各句长句子定语复杂度分析

3.2.1.1 初级教材各句长句子定语复杂度分析

根据初级教材 7—20 个词句子定语复杂度的统计数据,我们将根据初级教材句子定语复杂度相关的指标,即带定语句子的比例(定语覆盖率)、

多处定语的比例、最多出现处数、多层定语的比例、最多出现层次列表（见表3-2-1），以观察初级教材定语复杂度在不同句长上的发展变化情况。

表3-2-1　　　　初级教材7—20个词句子定语复杂度

区　　间	句长(词)	覆盖率(%)	多处比例(%)	最多处数(处)	多层比例(%)	最多层数(层)
区间3	7	50.57	5.27	2	18.93	3
	8	58.88	11.21	2	24.42	3
	9	63.31	10.25	2	25.93	3
	10	64.25	21.8	2	26.99	4
区间4	11	69.43	26.61	2	30.15	3
	12	66.67	23.33	2	40.54	3
	13	79.69	19.61	3	32.26	3
区间5	14	78.95	37.78	3	36.51	3
	15	80	39.28	3	39.02	4
	16	68.18	33.35	3	28.57	3
	17	76.92	30	2	57.69	3
	18	64.29	11.11	4	50	2
	19	62.5	0	1	60	2
	20	71.43	40	2	28.58	3

根据表 3-2-1，我们对初级教材 7—20 个词句子定语复杂度的发展变化情况进行分析，定语的复杂化程度变化情况主要有以下五点。

1. 从定语的覆盖率看，随着句长的上升，句子带定语的比例逐步上升。7—10 个词（区间 3）和 11—13 个词（区间 4）句子带定语的比例为 50%—80% 之间，14—20 个词（区间 5）为 60%—80% 之间。

2. 从带多处定语的句子比例看，随着句长的上升，带多处定语句子的比例基本上呈逐步上升的趋势。7—10 个词（区间 3）句子带多处定语的比例大致为 5%—20%，11—13 个词（区间 4）比例大致为 20%—25%，14—20 个词（区间 5）的大致范围为 30%—40%。

3. 从定语出现的最多处数看，区间 3 均为两处，区间 4 以两处为主，区间 5 以三处为主。

4. 从定语的层次性看，多层定语的比例从总体上看呈逐步上升的趋势。7—10 个词句子（区间 3）多层定语比例大致为 15%—25%，11—13 个词（区间 4）比例大致为 30%—40%，14—20 个词（区间 5）比例大致在 30%—60% 之间。

5. 从定语的出现的最多层次看，区间 4 为 3 层，区间 3、区间 5 均以 3 层为主。

从上面的分析我们可以看出，初级教材各句长句子定语的覆盖率、多处定语的比例、最多处数、多层定语的比例基本上都呈上升的趋势。

3.2.1.2 中级教材各句长句子定语复杂度分析

根据中级教材 7—20 个词句子定语复杂度的各项统计数据，我们将句子定语复杂度的相关数据列表（见表 3-2-2）。

表3-2-2　　　　中级教材7—20个词句子定语复杂度

区　间	句长(词)	覆盖率(%)	多处比例(%)	最多处数(处)	多层比例(%)	最多层数(层)
区间3	7	53.41	9.13	2	21.4	3
	8	59.55	10	2	25.19	3
	9	61.79	15.6	3	27.78	3
	10	61.32	16.92	2	28.95	2
区间4	11	75.47	19.17	2	30.42	3
	12	75.2	28.72	4	29.03	3
	13	71.95	35.59	2	33.75	3
区间5	14	71.42	26.67	2	38.6	4
	15	69.77	33.33	3	36.59	2
	16	80.77	47.62	3	25	3
	17	78.95	46.67	3	39.13	3
	18	64.29	22.22	2	63.64	3
	19	100	23.08	3	31.58	3
	20	83.33	40	2	42.86	2

根据表3-2-2，我们对中级教材7—20个词句子定语复杂度的发展变化情况进行分析，定语的复杂程度的变化情况及与初级教材之间的差异主要表现在以下五点。

1. 从带定语句子的比例看，随着句长的上升，带定语句子的比例从整体上看呈逐步上升的趋势。7—10个词（区间3）句子带定语的比例在50%—60%之间；11—13个词（区间4）句子带定语的比例大致在70%—75%之间，

14—20个词（区间5）主要在60%—85%之间。跟初级教材定语覆盖率相比，中级教材定语覆盖率在9种句长①上高于初级教材水平。

2. 从带多处定语的句子比例看，随着句长的上升，带多处定语句子的比例在整体上呈逐步上升的趋势。7—10个词（区间3）句子带多处定语的比例为9%—17%之间，11—13个词（区间4）比例大致在19%—36%之间，14—20个词（区间5）为20%—50%之间。跟初级教材相比，中级教材多处定语比例在9种句长②上高于初级教材。这表明中级教材的复杂程度高于初级教材。

3. 从定语出现的最多处数看，区间3、区间4均以两处为主，区间5以三处为主。中级教材最多定语处数的水平跟初级教材相差不大。

4. 从定语的层次性看，多层定语的比例从总体上看呈逐步上升的趋势。7—10个词句子（区间3）多层定语比例约为20%—30%，11—13个词句子（区间4）比例范围大致为30%—35%，14—20个词句子（区间5）比例大多在30%—65%之间。跟初级教材相比，中级教材多层定语的比例在9种句长③上高于初级教材。这表明中级教材复杂程度高于初级教材。

5. 从定语的出现的最多层次看，区间3以3层为主，区间4均为3层，区间5以3层为主。这一水平跟初级教材水平大致相当。

从上面的分析可以看出，随着句子长度的上升，中级教材各句长上定语的覆盖率、多处定语的比例、多层定语的比例在整体上均呈上升趋势，这表明随着句长的上升，中级教材句子的复杂程度也逐步上升。

跟初级教材进行比较，中级教材在带定语的句子比例、带多处定语的句子比例、多层定语的比例上都高于初级教材，这表明中级教材定语的句法复杂度高于初级教材，这一趋势跟两者在平均句长上的差异一致。

---

① 这9种句长为7、8、11、12个词和16—20个词。
② 这9种句长为7、9、12、13、16、17、18、19、20个词。
③ 这9种句长为7、8、9、10、11、13、14、18、20个词。

3.2.1.3 高级教材各句长句子定语复杂度分析

根据高级教材 7—20 个词句子定语复杂度的统计数据，我们将跟句子定语复杂度相关的"带定语句子的比例（定语覆盖率）""多处定语的比例""最多出现处数""多层定语的比例""最多出现层次"等情况列表（见表 3-2-3）。

表 3-2-3　　　　高级教材 7—20 个词句子定语复杂度

区　间	句长(词)	覆盖率(%)	多处比例(%)	最多处数(处)	多层比例(%)	最多层数(层)
区间 3	7	41.36	7.04	2	21.49	4
	8	44.85	8.05	2	23.94	3
	9	44.41	8.66	2	26.81	3
	10	54.9	11.61	2	34.4	3
区间 4	11	48.7	8	2	30.86	3
	12	68.57	23.61	3	34.78	4
	13	54.79	20	2	43.75	4
区间 5	14	73.47	25.01	2	48.84	3
	15	75.76	40	3	37.84	3
	16	83.33	20	3	28	4
	17	81.25	30.76	5	52.62	4
	18	83.33	10	2	54.54	4
	19	72.73	12.5	2	77.78	3
	20	66.67	50	2	100	3

第3章 汉语教材语料句长与定、状、补语复杂度研究

根据表3-2-3，我们对高级教材7—20个词句子定语复杂度的发展变化情况进行分析，定语的复杂化程度变化情况及与中级教材之间的差异主要表现在以下五个方面。

1. 从带定语句子的比例看，随着句长的上升，带定语句子的比例在整体上呈逐步上升的趋势。7—10个词（区间3）句子带定语的比例在40%—55%之间；11—13个词（区间4）句子带定语的比例为45%—55%之间，14—20个词（区间5）为70%—85%之间。跟中级教材相比，中级教材的定语覆盖率9种句长上高于高级教材①，这表明中级教材在定语覆盖率高于高级教材。

2. 从带多处定语的句子比例看，随着句长的上升，带多处定语句子的比例整体上呈上升的趋势。7—10个词（区间3）句子带多处定语的比例为7%—12%之间，11—13个词（区间4）比例为8%—25%之间，14—20个词（区间5）为10%—50%之间。高级教材带多处定语句子的比例在12种句长上低于中级教材。

3. 从定语出现的最多处数看，区间3为两处定语，区间4、区间5均以2处定语为主。最多处数的水平与中级教材的水平基本一致。

4. 从定语的层次性看，多层定语的比例从总体上看呈上升的趋势。7—10个词句子（区间3）多层定语比例约为20%—35%，11—13个词句子（区间4）比例为30%—45%，14—20个词句子（区间5）大多数的比例主要在30%—80%之间。跟中级教材相比，高级教材多层定语的比例在11种句长高于中级教材。这表明高级教材多层定语的水平高于中级教材。

5. 从定语出现的最多层次看，区间3以3层为主，区间4以4层为主，区间5为3层或4层。这一水平高于中级教材。

---

① 即总计14种句长中除14、15、16、17、18个词以外的其他11种句长。

从上面的分析我们可以看出，随着句子长度的上升，高级教材各句长带定语句子的比例、多处定语比例、多层定语比例等相关数据均呈逐渐上升的趋势，这表明随着句长的上升，高级教材句子的复杂程度也逐步上升。

跟中级教材进行比较，高级教材在带定语的句子比例、带多处定语的句子比例上都低于中级教材，但在多层定语的比例上却高于中级教材。高级教材的平均句长低于中级教材，但高级教材在定语层次性上的突出表现表明高级教材的句法复杂度并不一定低于中级教材。

3.2.1.4 初、中、高三级教材定语复杂度对比分析

下面我们综合考察初、中、高三级教材语料在定语覆盖率、多处定语比例、多层定语比例、最多处数、最多层次上的发展变化情况，以观察各级教材句子定语复杂度的发展变化过程。具体数据见表3-2-4（见附录8）。

根据表3-2-4中的相关数据及我们前面各小节的讨论，我们可以对教材各级句子定语复杂度的发展变化过程做如下的分析。

1. 比较同一句长的初、中、高三级教材带定语句子比例的数据，我们发现中级教材各句长带定语句子的比例最大，中级教材9种句长的比例高于初级教材，11种句长的比例高于高级教材。

2. 比较同一句长的初、中、高三级教材多处定语的比例，我们发现中级教材各句长带多处定语的句子比例最大。中级教材8种句长的比例高于初级，12种句长的比例高于高级教材。

3. 比较同一句长的初、中、高三级教材多层定语的比例，我们发现各句长句子高级教材多层定语的比例最高。高级教材11种句长的比例高于中级教材，8种句长的比例高于初级教材。

4. 比较同一句长的初、中、高三级教材最多定语处数的出现情况,各级教材在最多定语处数的变化不大,上升趋势不明显。

5. 比较同一句长的初、中、高三级最多层次的出现情况,我们发现同一句长出现的最多层次的特点为高级教材高于初、中级教材。

总的来看,在带定语句子比例、多处定语句子比例上,中级教材高于初级教材和高级教材。这一结论与初、中、高三级教材的平均句长的高低差异一致。在多层定语的比例上,高级教材高于初级教材和中级教材。这说明虽然高级教材的平均句长低于中级教材,但在定语的层次性却比中级教材更为复杂。也就是说,以中级教材作为比较的标准,初级教材句子是最为简单的,句长最短,带定语句子的比例小,带多处定语句子的比例小,定语的层次性也最为简单。而高级教材虽然在各句长上带定语句子比例低于中级教材,带多处定语句子比例也低于中级教材,但在定语的层次性上却比中级教材复杂,这一数据可能表明高级教材句子的句法复杂度并不一定低于中级教材。

3.2.2 各级教材各句长句子状语复杂度分析

3.2.2.1 初级教材各句长句子状语复杂度分析

根据初级教材7—20个词句子状语复杂度的统计数据,我们将跟句子状语复杂度相关的指标,即带状语句子的比例(状语覆盖率)、多处状语的比例、最多出现处数、多层状语的比例、最多出现层次等进行列表。初级教材7—20个词句子状语在各项指标上的具体情况见表3-2-5。

表3-2-5　　　初级教材7—20个词句子状语复杂度

区　间	句长(词)	覆盖率(%)	多处状语比例(%)	最多处数(处)	多层状语比例(%)	最多层数(层)	句首状语比例(%)
区间3	7	72.81	12.79	3	35.94	4	9.7
	8	72.81	12.67	4	37.73	5	11.93
	9	77.6	13.39	3	41.63	4	12.66
	10	84.54	14.85	3	46.2	4	14.98
区间4	11	86.62	22.05	3	39.57	4	17.83
	12	82.22	21.62	2	51.47	4	24.44
	13	92.19	32.2	3	39.66	4	31.25
区间5	14	84.21	24.98	3	42.86	4	26.32
	15	94.29	45.45	3	14.71	3	40
	16	77.27	41.17	3	53.33	3	45.45
	17	84.62	31.82	2	27.79	4	42.31
	18	92.86	46.15	2	46.15	4	42.86
	19	87.5	28.58	2	50	3	37.5
	20	100	85.71	3	42.86	2	85.71

注：句首状语的比例=该句长上带句首状语的句子数/该句长抽样句子数。

根据表3-2-5，我们对初级教材7—20个词句子状语复杂度的发展变化情况进行分析，状语的复杂化程度变化情况主要有以下六点。

1. 从状语的覆盖率看，随着句长的上升，句子带状语的比例从整体上呈上升趋势。7—10个词（区间3）句子带状语的比例在70%—85%之间，

11—13个词（区间4）和14—20个词（区间5）句子带状语的比例在80%—95%之间。

2. 从带多处状语的句子比例看，随着句长的上升，带多处状语句子的比例基本上呈上升的趋势。7—10个词（区间3）句子带多处状语的比例在10%—15%之间，11—13个词（区间4）比例在20%—35%之间，14—20个词（区间5）大多数句长上带多处定语的比例主要在20%—50%之间。

3. 从状语出现的最多处数看，各个区间均以三处为主。

4. 从状语的层次性看，多层状语的比例从整体上看呈逐步上升的趋势。7—10个词句子（区间3）多层状语比例约在35%—45%之间，11—13个词（区间4）比例约在35%—50%之间，14—20个词（区间5）多数句长句子的比例主要在30%—55%之间。

5. 从状语的出现的最多层次看，区间3以4层为主，区间4均为4层，区间5则4层、3层各占一半。

6. 从带句首状语句子占抽样句子总数的比例看，随着句长的上升，带句首状语句子所占比例从整体上看呈逐步上升的趋势。7—10个词句子（区间3）带句首状语的句子比例在9%—15%之间，11—13个词（区间4）比例为15%—32%之间，14—20个词（区间5）多数句长句子的比例主要在25%—45%之间。

从上面的分析我们可以看出，随着句子长度的上升，初级教材各句长句子状语的覆盖率、多处状语的比例、多层状语的比例、句首状语所占比例基本上都呈上升的趋势。

3.2.2.2 中级教材各句长句子状语复杂度分析

根据中级教材7—20个词句子状语复杂度的统计数据，我们将7—20个词句子带状语句子的比例（状语覆盖率）、多处状语的比例、最多出现处数、多层状语的比例、最多出现层次、句首状语比例等数据列表3-2-6。

表 3-2-6　中级教材 7—20 个词句子状语复杂度

区间	句长（词）	覆盖率（%）	多处状语比例（%）	最多处数（处）	多层状语比例（%）	最多层数（层）	句首状语比例（%）
区间3	7	72.9	12.83	2	38.06	4	7.99
	8	76.18	12.7	2	38.08	4	10.92
	9	78.43	19.06	3	40.42	5	14.95
	10	85.85	19.78	3	38.44	4	19.34
区间4	11	88.68	21.28	2	47.79	6	22.01
	12	85.6	23.37	3	51.52	4	26.4
	13	87.8	19.17	3	50.68	4	25.61
区间5	14	82.54	36.54	3	47.06	4	22.22
	15	86.05	18.93	3	57.57	5	25.58
	16	65.38	52.94	2	68.42	4	26.92
	17	94.74	38.89	2	41.18	3	42.11
	18	92.86	53.84	2	50	4	42.86
	19	84.62	45.45	3	41.67	3	30.77
	20	83.33	40	2	25	2	50

注：句首状语的比例 = 该句长上带句首状语的句子数/该句长抽样句子数。

根据表 3-2-6，我们对中级教材 7—20 个词句子状语复杂度的发展变化情况进行分析，状语的复杂化程度变化情况及初级教材之间的差异主要表现在以下六个方面。

1. 从状语的覆盖率看，随着句长的上升，带状语句子的比例基本呈上升趋势。7—10个词（区间3）和11—13个词（区间4）句子带状语的比例在70%—90%之间，14—20个词（区间5）大部分句长带状语的比例在80%—95%之间。中级教材状语的覆盖率的8种句长高于或等于初级教材①，这表明中级教材状语的覆盖率比初级有所发展。

2. 从带多处状语的句子比例看，随着句长的上升，带多处状语句子的比例基本上呈上升的趋势。7—10个词（区间3）句子带多处状语的比例在12%—20%之间，11—13个词（区间4）比例约在20—25%之间，14—20个词（区间5）大多数句长主要在30%—55%之间。中级教材带多处状语的句子比例的10种句长高于初级教材。②

3. 从状语出现的最多处数看，区间3、区间4均为三处，区间5均为三处或两处，跟初级教材相差不大。

4. 从状语的层次性看，多层状语的比例从整体上看基本呈逐步上升的趋势。区间3多层状语比例大致为35%—40%，区间4比例大致为45%—50%，区间5大部分句长在40%—70%。中级教材多层状语的比例的10种句长高于初级教材。③

5. 从状语的出现的最多层次看，区间3、区间4均以4层为主，区间5中4层、3层为主。这一区间的情况略高于初级教材水平。

6. 从带句首状语句子占抽样句子总数的比例看，随着句长的上升，带句首状语句子所占比例基本上呈逐步上升的趋势。7—10个词句子（区间3）带句首状语的句子比例在5%—20%之间，11—13个词（区间4）比例在20%—30%之间，14—20个词（区间5）大部分句长的比例在25%—50%之间。中级教材带句首状语的句子比例的9种句长低于初级教材。④

---

① 即在7—12个词等7种句长高于初级教材，17个词等于初级教材。
② 这10种句长为7—10个词、12、14个词及16—19个词。
③ 这10种句长为7、8个词以及11—18个词。
④ 这9种句长为7—8个词和13—17、19—20个词。

从上面的分析我们可以看出，随着句子长度的上升，中级教材各句长带状语句子的比例、多处状语的比例、多层状语的比例、句首状语所占比例基本上都呈上升的趋势。

跟初级教材进行比较，我们发现中级教材在带状语句子比例、多处状语比例、多层状语比例均高于初级教材，但句首状语比例低于初级教材。这在一定程度上表明中级教材的句法复杂度高于初级教材。

3.2.2.3　高级教材各句长句子状语复杂度分析

根据高级教材7—20个词状语复杂度的统计数据，我们考察跟句子状语复杂度相关的6项数据，即带状语句子的比例（状语覆盖率）、多处状语的比例、最多出现处数、多层状语的比例、最多出现层次和句首状语的比例。高级教材7—20个词句子状语复杂度在各项数据上的具体情况见表3-2-7。

表3-2-7　　　　高级教材7—20个词句子状语复杂度

区间	句长(词)	覆盖率(%)	多处状语比例(%)	最多处数(处)	多层状语比例(%)	最多层数(层)	句首状语比例(%)
区间3	7	73.2	9.02	3	39.84	5	6.6
	8	73.92	9.76	3	39.45	5	7.47
	9	77.27	10.41	3	42.36	5	5.59
	10	74.51	9.87	2	38.93	4	8.82
区间4	11	81.82	19.04	4	46.97	5	12.99
	12	89.52	14.89	2	47.25	4	16.19
	13	76.71	16.09	3	54.39	5	12.33

续 表

区 间	句长(词)	覆盖率(%)	多处状语比例(%)	最多处数(处)	多层状语比例(%)	最多层数(层)	句首状语比例(%)
区间5	14	79.59	23.06	2	60.53	4	20.14
	15	84.85	21.42	2	39.29	4	18.18
	16	100	24	2	42.31	3	20
	17	75	58.34	2	46.16	3	31.25
	18	91.67	27.27	2	54.54	3	25
	19	90.91	60	3	16.67	2	45.45
	20	66.47	0	1	0	1	0

注：句首状语的比例＝该句长上带句首状语的句子数/该句长抽样句子数。

根据表3-2-7，我们对高级教材7—20个词句子状语复杂度的发展变化情况进行分析，状语的复杂化程度变化情况及与中级教材之间的差异主要有以下六点。

1. 从状语的覆盖率看，随着句长的上升，带状语句子的比例基本呈上升趋势。7—10个词（区间3）句子带状语的比例大致在70%—75%之间，11—13个词（区间4）句子带状语的比例为75%—90%之间，14—20个词（区间5）大多数句子的覆盖率则在75%—95%之间。高级教材带状语句子的比例的11种句长低于中级教材。[①]

2. 从带多处状语的句子比例看，随着句长的上升，带多处状语句子的比例基本呈上升的趋势。7—10个词（区间3）句子带多处状语的比例为10%左右，11—13个词（区间4）比例大致在14%—20%，14—20个词（区间5）

---

① 这11种句长为8—11个词，13—15个词及17、18、20个词。

的大多数句长在20%—60%之间。高级教材带多处状语的比例的11种句长上低于中级教材。①

3. 从状语出现的最多处数看，7—10个词（区间3）的以三处为主，11—13个词（区间4）二处、三处、四处均有出现，在区间5的以两处为主。这一水平低于中级教材。

4. 从状语的层次性看，多层状语的比例从整体上看基本呈逐步上升的趋势。区间3多层状语比例在40%左右，区间4比例在45%—55%，区间5多数句长的比例在35%—65%之间。高级教材多层状语的比例在8种句长上高于中级教材。②

5. 从状语的出现的最多层次看，区间3、区间4均以5层为主，区间5中以3层为主，这一水平跟中级教材基本一致。

6. 从带句首状语句子占抽样句子总数的比例看，随着句长的上升，带句首状语句子所占比例基本上呈上升的趋势。7—10个词句子（区间3）带句首状语的句子比例在5%—10%之间，11—13个词（区间4）比例在10%—17%，14—20个词（区间5）比例主要在15%—50%，这一比例在13种句长上低于中级教材。③

从上面的分析我们可以看出，随着句子长度的上升，高级教材各句长上带状语句子的比例、多处状语的比例、多层状语的比例、句首状语所占比例基本上都呈上升的趋势。

跟中级教材进行比较，我们发现高级教材在带状语句子比例、多处状语比例、句首状语的比例均低于中级教材，但多层状语的比例不低于中级教材。

---

① 这11种句长为7—14个词及16、18、20个词。
② 这8种句长为7—10个词和13、14、17、18个词。
③ 即除19个词以外的其他句长。

3.2.2.4 初、中、高三级教材状语复杂度对比分析

下面我们综合考察初、中、高三级教材语料带状语句子的比例（状语覆盖率）、多处状语比例、多层状语比例、最多处数、最多层次及句首状语比例的发展变化情况，以观察各级教材句子状语复杂度的发展变化过程。具体数据见表3-2-8（见附录9）。

根据表3-2-8中的相关数据及我们前面的各小节的讨论，我们可以对各级教材句子状语复杂度的发展变化过程做如下的分析。

1. 从初、中、高三级教材带状语句子的比例看，中级教材带状语句子的比例最高。中级教材状语覆盖率在8种句长上高于或等于初级教材，在11种句长上高于高级教材。这跟三种教材语料平均句长的高低关系一致，中级语料平均句长最高，带状语句子的比例也最高。

2. 从初、中、高三级教材多处状语的比例看，中级教材多处状语的比例最高。中级教材带多处状语的句子比例在10种句长上高于初级教材，在11种句长上高于高级教材。这跟三种教材平均句长的高低关系也一致。

3. 从初、中、高三级教材多层状语的比例看，高级教材多层状语的比例最高。高级教材多层状语的比例在9种句长上高于初级教材，在8种句长上高于中级教材。这跟三者在平均句长上的关系并不一致，高级教材语料在平均句长上低于中级，但在状语的层次性分布上反而高于中级水平。

4. 从初、中、高三级教材最多处数的出现情况看，各级教材水平基本一致。

5. 从初、中、高三级最多层次的出现情况看，各级教材水平相差不大。

6. 从同一句长上初、中、高三级教材带句首状语句子出现的比例看，初级教材比例最大。初级教材带句首状语的句子比例在9种句长上超过中级教材，在13种句长上超过高级教材。

总的来看，在带状语句子比例、带多处状语句子比例上，中级教材高于初级教材和高级教材。这一结论与初、中、高三级教材在平均句长上的高低差异一致。

在多层状语的比例上，高级教材高于初级教材和中级教材。这跟三者在平均句长上的高低关系并不一致，虽然高级教材在平均句长上低于中级教材，但状语的层次性却比中级教材更为复杂。

在句首状语的比例上，初级教材带句首状语的句子比例最高，从初级到高级，各句长上带句首状语的句子所占的比例逐渐减小。这跟三者在平均句长上的高低关系也不一致。句首状语在初级教材语料中所占比例最大可能跟初级教材中某些特定的句子模式有关。

3.2.3　各级教材各句长句子补语复杂度分析

3.2.3.1　初级教材各句长句子补语复杂度分析

根据初级教材7—20个词句子补语复杂度的统计数据，我们将跟初级教材句子补语复杂度相关的指标，即带补语句子数、带补语句子比例、带多处补语句子比例等数据列表如下（见表3-2-9)[①]。

表3-2-9　初级教材7—20个词句子补语复杂度

区　间	句长(词)	抽样句子数(个)	带补语句子数(个)	带补语句子比例(%)	带多处补语句子比例(%)
区间3	7	526	147	27.95	3.4
	8	394	128	32.49	0.78
	9	308	103	33.44	0
	10	207	80	38.65	3.75

---

① 由于初、中、高各级教材带补语句子出现的最多处数均为2处，未出现带多层补语的句子，所以教材语料分析不再列举这两方面的数据。

续 表

区　间	句长(词)	抽样句子数(个)	带补语句子数(个)	带补语句子比例(%)	带多处补语句子比例(%)
区间4	11	157	50	31.85	2
	12	90	26	28.89	3.85
	13	64	23	35.94	4.34
区间5	14	57	13	22.81	7.69
	15	35	14	40	7.14
	16	22	5	22.73	20
	17	26	7	26.92	14.29
	18	14	6	42.86	0
	19	8	4	50	0
	20	7	2	28.57	0

根据表3-2-9，我们对初级教材7—20个词句子补语复杂度的发展变化情况进行分析，补语的复杂化情况主要表现在以下四个方面。

1. 从带补语句子的比例看，随着句长的上升，带补语的比例在一定范围的句长上（如在区间3上）呈逐步上升的趋势。但相对于区间3，区间4带补语句子比例上升趋势不明显，在区间5上，带补语句子比例并未逐步攀升，但在3类句长（即15词、18词和19词）上明显高于前面的两个区间。总体看来，补语覆盖率仍呈现随句长增长而增长的趋势。

2. 从带多处补语句子的比例看，带多处补语句子的比例虽然未随着句长的上升而逐次上升，但从不同区间的分布情况来看，各区间之间的上升趋势较为明显，如区间3主要在0.5%—4%之间，区间4在2%—4%之间，区间

5有3类句长在7%—20%之间。

3. 从补语出现的最多处数看,初级教材各区间上出现的最多处数均为2处。

4. 从补语的层次性看,在初级教材的抽样句子中未发现带多层补语的句子。

从上面的分析我们可以看出,初级教材各句长句子补语的覆盖率、多处补语的比例随句长的上升基本呈上升趋势。

3.2.3.2 中级教材各句长句子补语复杂度分析

根据中级教材7—20个词句子补语复杂度的各项统计数据,我们将跟中级教材语料中各句长上的抽样句子数、带补语句子数、带补语句子比例、带多处补语句子比例的情况列表如下(见表3-2-10)。

表3-2-10　　　　中级教材7—20个词句子补语复杂度

区间	句长(词)	抽样句子数(个)	带补语句子数(个)	带补语句子比例(%)	带多处补语句子比例(%)
区间3	7	598	140	23.41	3.57
	8	513	97	18.91	2.06
	9	403	87	21.59	2.3
	10	301	70	23.56	5.71
区间4	11	212	51	24.06	1.96
	12	159	38	23.9	2.63
	13	125	32	25.6	6.25

第3章 汉语教材语料句长与定、状、补语复杂度研究

续 表

区　间	句长(词)	抽样句子数(个)	带补语句子数(个)	带补语句子比例(%)	带多处补语句子比例(%)
区间5	14	82	17	20.74	0
	15	63	13	20.63	7.69
	16	43	4	9.3	25
	17	26	7	26.92	0
	18	19	4	21.05	0
	19	14	7	50	14.28
	20	13	5	38.46	0

根据表3-2-10，我们对中级教材7—20个词句子补语复杂度的发展变化情况进行分析，补语的复杂化情况主要表现在以下四个方面。

1. 从带补语句子的比例看，带补语句子的比例未随句长的增长而逐次上升。但区间4带补语句子的比例高于区间3，在区间5上出现了明显高于前面2个区间的比例。从总体来看，中级教材语料补语覆盖率随着句长的增长表现出一定的上升趋势。跟初级教材语料补语覆盖率相比，中级教材语料在1类句长上（20词）高于初级教材语料，在2类句长上（17词和19词）等于初级教材语料，在其他11类句长均低于初级教材语料。这说明中级教材语料带补语句子的比例低于初级教材。

2. 从带多处补语句子的比例看，带多处补语句子的比例未随着句长的增长而逐次上升。从不同区间的分布情况来看，区间3和区间4带多处补语句子的比例较为接近，在区间5上，多处补语句子所占比例在2类句长上（16词和19词）明显高于前面两个区间。从总体上看，中级教材语料带补语句子比例随句长增长表现出一定的上升趋势。跟初级教材相比，中级教材多处补

语比例在 8 类句长上高于初级教材。① 这表明中级教材带多处补语句子的比例高于初级教材。

3. 从补语出现的最多处数看，中级教材在所有出现多处补语的句长上，出现的最多处数均为 2 处。这一情况跟初级教材一致。

4. 从补语的层次性看，在中级教材的抽样句子中未发现带多层补语的句子。这一情况跟初级教材一致。

从上面的分析可以看出，中级教材各句长句子补语覆盖率、带多处补语句子比例随着句长的增长表现出一定的上升趋势。与初级教材进行比较，中级教材在带补语的句子比例上低于初级教材，但在带多处补语句子比例上高于初级教材，两者在补语出现的最多处数、补语的层次性上情况一致，补语出现的最多处数均为 2 处，且均未出现带多层补语的句子。

3.2.3.3　高级教材各句长句子补语复杂度分析

根据高级教材 7—20 个词句子补语复杂度的统计数据，我们将跟句子补语复杂度相关的带补语句子的比例（补语覆盖率）、带多处补语句子比例等情况列表如下（见表 3-2-11）。

表 3-2-11　　　　高级教材 7—20 个词句子补语复杂度

区　间	句长(词)	抽样句子数(个)	带补语句子数(个)	带补语句子比例(%)	带多处补语句子比例(%)
区间 3	7	515	140	27.18	0
	8	388	107	27.58	2.8
	9	286	94	32.87	2.76
	10	204	62	30.39	0

---

① 这 8 种句长为 7、8、9、10、13、15、16、19 个词。

第3章 汉语教材语料句长与定、状、补语复杂度研究

续 表

区 间	句长(词)	抽样句子数(个)	带补语句子数(个)	带补语句子比例(%)	带多处补语句子比例(%)
区间4	11	154	55	35.71	3.64
	12	105	34	32.38	0
	13	73	23	31.51	13.04
区间5	14	49	14	28.57	14.29
	15	33	12	36.36	8.33
	16	24	10	41.67	20
	17	16	5	31.25	0
	18	12	4	33.33	0
	19	11	2	18.18	50
	20	3	2	66.67	50

根据表3-2-11，我们对高级教材7—20个词句子补语复杂度的发展变化情况进行分析，补语的复杂化情况主要表现在以下四个方面。

1. 从带补语句子比例看，随着句长的上升，带补语句子的比例未逐次上升。但在区间上的增长趋势较为明显。在区间3中，20%和30%以上各占一半，区间4则以30%以上为主，在区间5中出现了明显高于前面两个区间的带补语句子的比例。总体看来，高级教材补语覆盖率呈现出随句长增长而上升的趋势。跟中级教材语料补语覆盖率相比，高级教材语料在1类句长上（19词）低于中级教材语料，在13类句长上（19词以外的句长）均高于中级教材语料，这说明高级教材语料带补语句子的比例高于中级教材。

2. 从带多处补语句子的比例看，高级教材带多处补语句子比例基本随句

· 189 ·

长的增长而逐次上升。总体看来，这一上升趋势非常明显。跟中级教材相比，高级教材多处补语比例在9类句长上高于中级教材。① 这表明高级教材带多处补语句子的比例高于中级教材。

3. 从补语出现的最多处数看，高级教材在所有出现多处补语的句长上，出现的最多处数均为两处。这一情况跟中级教材一致。

4. 从补语的层次性看，高级教材的抽样句子中未出现带多层补语的句子。这一情况跟中级教材一致。

从上面的分析可以看出，高级教材带补语句子比例呈现出随句长增长而上升的趋势，带多处补语句子比例随句长的增长而逐次上升的趋势非常明显。跟中级教材相比，高级教材在带补语的句子比例、带多处补语句子比例上均高于中级教材。在补语出现的最多处数、补语的层次性上，两者情况一致，即补语出现的最多处数均为两处，且均未出现带多层补语的句子。

3.2.3.4　初、中、高三级教材补语复杂度对比分析

下面我们综合考察初、中、高三级教材语料在带补语句子比例、带多处补语句子比例上的发展变化情况，以观察各级教材句子补语复杂度的发展变化过程。具体数据见表3-2-12。

表3-2-12　初、中、高教材语料7—20个词句子补语复杂度情况

句子种类	带补语句子比例(%)			带多处补语句子比例(%)		
	初级	中级	高级	初级	中级	高级
7词	27.95	23.41	27.18	3.4	3.57	0
8词	32.49	18.91	27.58	0.78	2.06	2.8

---

① 这9种句长为8、9、11、13、14、15、16、19、20个词。

续 表

	带补语句子比例(%)			带多处补语句子比例(%)		
	初级	中级	高级	初级	中级	高级
9 词	33.44	21.59	32.87	0	2.3	2.76
10 词	38.65	23.56	30.39	3.75	5.71	0
11 词	31.85	24.06	35.71	2	1.96	3.64
12 词	28.89	23.9	32.38	3.85	2.63	0
13 词	35.94	25.6	31.51	4.34	6.25	13.04
14 词	22.81	20.74	28.57	7.69	0	14.29
15 词	40	20.63	36.36	7.14	7.69	8.33
16 词	22.73	9.3	41.67	20	25	20
17 词	26.92	26.92	31.25	14.29	0	0
18 词	42.86	21.05	33.33	0	0	0
19 词	50	50	18.18	0	14.28	50
20 词	28.57	38.46	66.67	0	0	50

根据表3-2-12中的相关数据及我们前面各小节的讨论，我们可以对教材各级句子补语复杂度的发展变化过程做如下的分析。

1. 从初、中、高三级教材带补语句子的比例看，初级教材带补语句子的比例最高。初级教材语料带补语句子比例在13类句长上高于或等于中级教材，在8类句长上高于高级教材。高级教材带补语的句子比例在13类句长上高于中级。总的情况是：初级＞高级＞中级。这可能跟初级教材更集中引入各类补语材料有关。

2. 从初、中、高三级教材带多处补语句子比例看，高级教材带多处补语句子比例最高。高级教材带多处补语的句子比例在9类句长上高于或等于初级教材，在8类句长上高于中级教材。中级教材带多处补语句子比例在8类句长上高于初级教材，总的情况是：高级＞中级＞初级。由于多处补语一般出现在多谓核结构的句子中，高级、中级教材这类句子的比例一般高于初级教材。

3. 从初、中、高三级教材补语出现的最多处数看，各级教材在所有出现多处补语的句长上均为两处补语，各级教材在这一复杂度指标上一致。

4. 从初、中、高三级教材带多层补语的情况看，各级教材的抽样句子中均未出现带多层补语的句子，各级教材情况一致。

总的来看，在带补语句子比例上，初级教材高于高级教材和中级教材；在带多处补语句子比例上，高级教材高于中级教材和初级教材。在多层补语的比例和补语出现的最多处数上，各级教材语料较为一致。

3.3 本章小结

本章主要从定量研究的角度统计分析100万字教材语料平均句长、句长分布及各句长句子定语、状语、补语复杂度情况，对比分析各级教材在平均句长、句长分布及定、状、补语复杂度上的发展变化过程。本章的主要内容和结论包括以下两个方面。

（一）对教材语料平均句长和句长分布的统计分析

本章分别以"字"和"词"为单位分析了教材总语料及各级教材语料的

第3章 汉语教材语料句长与定、状、补语复杂度研究

平均句长及句长分布情况。主要结论有以下五点。

1. 约100万字的教材语料共有句子104207个，以"字"/"词"为单位的平均句长分别为8.71个字/6.04个词，句长分布范围为1—51字/1—38个词。教材平均句长和句子长度分布范围都低于本族人语料。

2. 各级教材平均句长的发展变化情况为：初级的8.46字/5.86词，中级的9.08字/6.22词，高级的8.48字/5.95词，中级教材的平均句长最高。

3. 以"字"为单位，各级教材语料的最高频区间情况为：初级5—7个字；中级和高级均为6—8个字；以"词"为单位，各级教材语料的最高频区间均为4—6个词。

4. 以"字"为单位，各级教材最常用区间情况为：初级2—12个字，中级2—13个字，高级2—12个字。以"词"为单位，各级教材语料最常用区间均为2—9个词。最常用区间的句子数量占句子总数的80%左右。

5. 以"字"和以"词"为单位统计的教材句子长度在平均句长、句子长度范围、最高频区间、最常用区间的分布上都具有较强的一致性和相关性。以"字"为单位的最高峰区间跨度为5—8个字，以"词"的最高峰区间跨度为4—6个词；以"字"为单位的最常用区间跨度为2—12个字，以"词"的最常用区间跨度为2—9个词。这些数据均表明"字""词"作为统计平均句长的两种基本单位，具有较强的内在一致性和相关性。

（二）对各级教材各句长句子定、状、补语复杂度发展状况的分析

本章综合考察了初、中、高三级教材语料带定、状、补语句子比例，多处定、状、补语比例，多层定、状语、补语比例，最多处数、最多层次及句首状语比例的发展变化情况，以观察各级教材句子定语、状语和补语复杂度的发展变化过程。主要结论有以下三点。

1. 中级教材中带定语（状语）句子比例、多处定语（状语）句子比例，高于初级教材和高级教材，这一结论与初、中、高三级教材在平均句长上的

高低差异一致。初级教材带补语句子比例高于中级教材和高级教材，这可能跟初级教材集中介绍、引入不同类型的补语材料有关；高级教材带多处补语句子比例，则高于中级教材和初级教材，多处补语多出现于谓核结构的句子中，在这一方面高级教材表现得更为突出。

2. 高级教材多层定语（状语）的比例，高于初级教材和中级教材。这跟三者在平均句长上的高低关系并不一致，虽然高级教材的平均句长低于中级教材，但定语（状语）的层次性却比中级教材更为复杂。各级教材补语层次性，表现较为一致，在抽样语料中均未出现带多层补语的句子。

3. 初、中、高三级教材带句首状语句子所占比例呈逐级下降趋势。初级教材带句首状语的句子比例最高，这跟初、中、高三级教材语料在平均句长上的高低关系也不一致。初级教材语料带句首状语句子所占比例最大可能跟初级教材中某些特定的句子模式（如"时间状语＋句子"）有关。

第4章 韩国留学生汉语中介语句长发展研究

20世纪70年代初,美国学者塞林格(Selinker)指出,中介语是一个独立的语言系统,具有自身的系统性,这一点一直为学界所公认。但从中介语的研究现状来看,国内外对中介语的研究主要集中在对少量语素、部分语音、词汇和语法进行偏误分析或中介语状况的研究,尚未有人对一定数量的语料进行穷尽性的统计分析,以全面描述中介语语音、词汇或语法方面的系统性。肖奚强(2011)指出:"仅从理论上或局部的例证中说明中介语具有系统性还远远不够。时至今日……中介语的系统性仍然是一种假设而缺乏实证研究的支持。"[①]

中介语的系统性可以从语音、词汇、语法等方面去探究。语法的系统性应为中介语系统性研究中的重要组成部分,语法的发展过程和发展状况是观测中介语系统性的一个重要窗口。语法的发展通常可以从两方面进行评定和分析:一是句子的长度,即句子中所包含的最基本的意义单位的数量;另一个更为主要的方面是句子结构的完整性和复杂性(朱曼殊、缪小春,1990)。母语习得研究往往从这两个方面去考察儿童句法的发展过程。但迄今为止,尚未有建立在中介语语料库基础上的将汉语作为第二语言习得的平均句长及

---

① 肖奚强:《汉语中介语研究论略》,《语言文字应用》2011年第2期,第114页。

句子复杂程度的研究。

对一定规模的、同一母语背景学习者的汉语中介语语料进行封闭性、全面性的句子长度统计分析，可以从实证研究的角度考察中介语的发展演变过程，从而检验、论证和丰富中介语理论。

在进行中介语句子长度统计时的思路和所应用的统计软件和本族人句子长度的统计相同，这章不再做具体的介绍。中介语中存在偏误用例，但中介语作为一个独立的能够完成交际的表达系统，其正确用例远远多于偏误用例（特别是中、高级阶段）。所以我们在统计句子长度时既包括正确用例，也包括偏误用例。本章重点关注中介语平均句长的发展情况、中介语不同学时等级上句长分布的特点，中介语与汉语本族语者在句长分布上的共性和异同等。

4.1 以"字"为单位的韩国留学生中介语句长分析

我们通过软件对 100 万字的韩国留学生中介语语料进行穷尽性的统计，主要试图得到以下数据。

1. 韩国留学生中介语总语料及各级中介语语料中句子的总数；

2. 韩国留学生中介语总语料及各级中介语语料中所有句子以"字"为单位的长度；

3. 韩国留学生中介语总语料及各级中介语语料中同一长度句子（以"字"为单位）的数量；

4. 韩国留学生中介语总语料及各级中介语语料以"字"为单位的句长的主要分布区间。

通过这些数据,主要探讨以下两个问题。

1. 韩国留学生中介语以"字"为单位的平均句长及各级中介语平均句长的发展变化情况;

2. 韩国留学生中介语以"字"为单位的各类长度句子的频次分布及在不同学时等级上的发展变化情况。

4.1.1 韩国留学生中介语句长整体情况分析

4.1.1.1 统计数据及整体情况

韩国留学生中介语语料共为 100 万字,其中初级 20 万,中级、高级各 40 万。我们先以"字"为单位来考察韩国留学生中介语的平均句长和各类长度句子的分布情况。

通过软件统计发现,在约 100 万字的韩国留学生中介语(具体字数为914020 个)中①,共有句子 90370 个,平均句子长度为 10.11 个字,句子长度分布范围为 1—44 字。各类长度句子的分布情况见表 4-1-1。

表 4-1-1　　韩国留学生中介语句子长度(字)分布情况

句长(字)	1	2	3	4	5	6	7	8	9	10
句子数(句)	159	1857	2128	4609	5792	7360	8025	8597	8040	7560
百分比(%)	0.18	2.05	2.35	5.10	6.41	8.14	8.88	9.51	8.90	8.37
累加值	0.18	2.23	4.59	9.69	16.09	24.14	33.12	42.63	51.53	59.89

---

① 100 万字语料是通过办公软件 WORD 的"字数统计"功能统计出来的,该"统计信息"中所显示的"字数"包括了文本里中英文标点符号的数量。而我们的句长统计软件统计出来的字数不包括标点,所以在最后的字数上跟以前用 WORD 统计出来的字数存在一定的差异。这一差异即为语料中标点符号的数量。后面各学时等级上的中介语也存在类似的情况,不再做说明。

续 表

句长（字）	11	12	13	14	15	16	17	18	19	20
句子数（句）	6785	5638	4671	4029	3155	2562	2090	1677	1321	1026
百分比（%）	7.51	6.24	5.17	4.46	3.49	2.84	2.31	1.86	1.46	1.14
累加值	67.40	73.64	78.81	83.27	87.76	89.59	91.91	93.76	95.23	96.36

句长（字）	21	22	23	24	25	26	27	28	29	30
句子数（句）	741	577	467	325	252	223	154	122	79	81
百分比（%）	0.82	0.64	0.51	0.36	0.28	0.25	0.17	0.14	0.09	0.09
累加值	97.18	97.82	98.33	98.70	98.97	99.22	99.39	99.53	99.61	99.70

句长（字）	31	32	33	34	35	36	37	38	39	40
句子数（句）	74	51	38	29	23	11	11	2	9	3
百分比（%）	0.08	0.06	0.04	0.03	0.03	0.01	0.01	0.002	0.01	0.003
累加值	99.79	99.84	99.88	99.92	99.94	99.95	99.96	99.97	99.98	99.98

句长（字）	41	42	43	44	合 计		
句子数（句）	6	7	2	2	90370		
百分比（%）	0.007	0.008	0.002	0.002	100		
累加值	99.987	99.995	99.997	100	—		

注：百分比（%）＝各类长度句子的数量/句子总数×100；累加值为百分比的累加值，即所有已有百分比的累加所得。

从表4-1-1可以看出，韩国留学生中介语语料句长（字）的分布范围比本族人的范围小，但在各个长度上的分布同样呈现出不均衡的状态。长度在 10 个字以内的句子占句子总数的近 60%；当长度达到 15 个字时，出现的句子数已达到句子总数的 87.76%。我们将不同句长句子的频次数据转换成图 4-1-1，以便更直观地观察韩国留学生句子长度的变化情况。

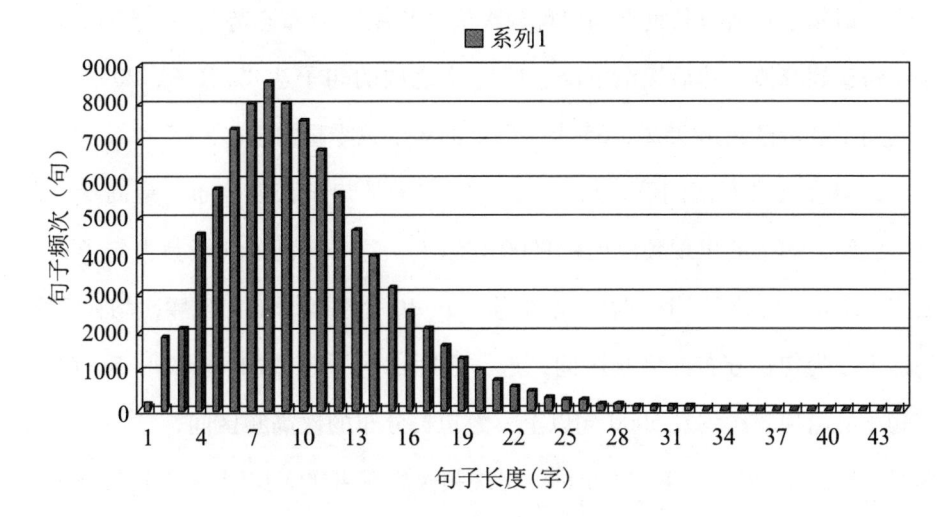

图 4-1-1　韩国留学生中介语不同长度句子（字）频次分布及变化

同时，我们将各类长度句子的百分比累加值转换成折线图（如图 4-1-2 所示）。

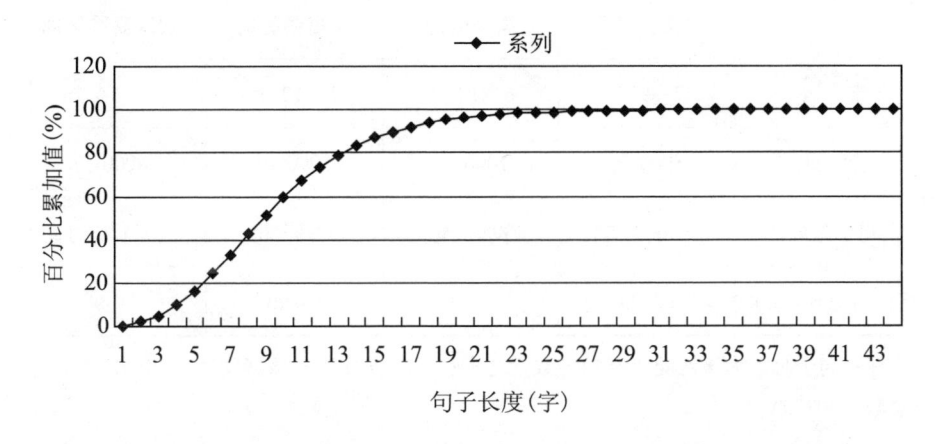

图 4-1-2　韩国留学生中介语不同句长（字）句子百分比累加值变化

结合表4-1-1和图4-1-1、4-1-2，我们可以对韩国留学生中介语以"字"为单位的句子长度分布情况做如下分析。

1. 从整体情况来看，跟目标语（汉语）句子长度的分布一样，韩国留学生中介语句子在所有长度上的出现频次呈"长尾"分布态势[①]。句子频次在8个字时达到峰值，然后逐渐下降。15个字之内的句子达87.76%，20个字之内的句子数量已超过95%，35个字以上的句子只零星出现。

2. 从主要分布区间看，7、8、9个字句子是句子长度分布的最高峰，在这一区间，句子的出现频次均在8000句以上，这一区间的句子数占句子总数的27.29%。从最高频区间往两端推移，6—10个字句子的出现频次均在7000句以上，为句长分布的高频区间，这一区间占句子总数的43.8%；5—12个字句子的出现频次均在5000句以上，为句长分布的次高频区间，这一区间占句子总数的63.96%；4—14个词的出现频次均在4000句以上，为句长分布的次次高频区间，这一区间占句子总数的78.68%。韩国留学生以"字"为单位的句子长度的高频区间分布情况见表4-1-2。

表4-1-2　韩国留学生句子长度高频区间分布（以"字"为单位）

	最高频区间	高频区间	次高频区间	次次高频区间
字　数	7—9个	6—10个	5—12个	4—14个
标　准	8000句	7000句	5000句	4000句
句子总数	24662句	39582句	57797句	71106句
区间百分比（%）	27.29	43.8	63.96	78.68

注：句子总数为该区间所有句子数量之和；区间百分比=该区间所有句子的数量/句子总数（90370）。

---

① 这里需要说明的是，如果以峰值为中心，只考虑句长分布的主要区间，各类长度句子的出现频次仍表现出正态分布的特征。

从表 4-1-2 可以看出，7—9 个字的句子为韩国留学生以"字"为单位的句长分布的最高峰，这三种长度的句子占所有句子总数的 1/4 强。韩国留学生绝大多数句子集中在 4—14 个字之间，这一区间句子的数量已接近句子总数的 80%。

同时我们发现韩国留学生中介语句子频次在所有高频区间上基本呈正态分布，即句子数量以 8 个字为峰值向两端依次递减。

4.1.1.2 以"字"为单位的韩国留学生中介语句子长度的分区间分析

我们参考本族人语料中句子区间的划分方法，根据中介语各类长度句子百分比的累加值情况，将韩国留学生中介语句子按长度分为 1—5 个字、6—10 个字、11—15 个字、17—20 个字、21—30 个字、31—44 个字等六个区间。六个区间的句子总数、句子总数百分比、句子总数百分比累加值见表 4-1-3。

表 4-1-3　韩国留学生中介语句子长度区间分布情况（以"字"为单位）

区　间	区间 1	区间 2	区间 3	区间 4	区间 5	区间 6
字数范围(个)	1—5	6—10	11—15	17—20	21—30	31—44
句子总数(句)	14545	39582	24278	8676	3021	268
百分比(%)	16.09	43.8	26.87	9.6	3.34	0.3
百分比累加值(%)	16.09	59.89	86.76	96.36	99.7	100

注：句子总数为该区间所有句子的数量之和，百分比（%）= 区间句子总数/总句子数（90370），累加值为百分比累加值，为所有已有百分比的累加所得。

从表 4-1-3 我们可以看出：各个区间上句子数量由多到少依次为，区间 2（6—10 个字）> 区间 3（11—15 个字）> 区间 1（1—5 个字）> 区间 4

(17—20个字) >区间5（21—30个字）>区间6（31—44个字）。句子主要分布在1—3三个区间上，这三个区间的句子数已超过句子总量86%，这说明中介语绝大多数句子都集中在15个字之内。在这三个区间内，又以6—10字句的句子为主（占句子总数的43.8%）。

我们将各区间句子百分比累加值转化为曲线图（如图4-1-3所示）。

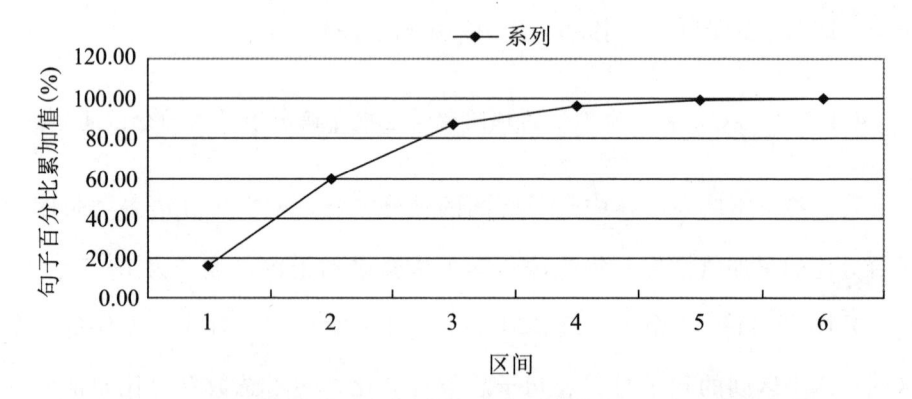

图4-1-3 韩国留学生中介语各区间句子数百分比累加值变化曲线

从图4-1-3可以看出，句子总数在第一区间（1—5个字）达到16.09%，到第二区间（6—10个字）非常接近60%，到第三区间（11—15个字）已超过80%，到第四区间（17—20个字）句子总数已超过95%，到第五区间则已超过99%。

4.1.2 韩国留学生各学时等级中介语句长分析

4.1.2.1 初级阶段韩国留学生中介语句长分析

（一）统计数据及整体情况

通过软件统计，我们发现约20万字的初级阶段语料（具体字数为181090字）共有句子20246个，平均句子长度为8.94个字。以"字"为单位的句长分布范围为1—34个，各类长度句子的分布情况见表4-1-4。

表4-1-4　　初级阶段各类长度句子分布情况（以"字"为单位）

句长（字）	1	2	3	4	5	6	7	8	9	10
句子数（句）	27	416	524	1162	1689	2180	2209	2362	1959	1700
百分比（%）	0.13	2.05	2.59	5.74	8.34	10.77	10.91	11.67	9.68	8.40
累加值	0.13	2.19	4.78	10.52	18.86	29.63	40.54	52.20	61.88	70.28

句长（字）	11	12	13	14	15	16	17	18	19	20
句子数	1463	1125	849	718	475	351	308	218	149	128
百分比（%）	7.23	5.56	4.19	3.55	2.35	1.73	1.52	1.08	0.74	0.63
累加值	77.5	83.06	87.25	90.80	93.14	94.88	96.40	97.48	98.21	98.84

句长（字）	21	22	23	24	25	26	27	28	29	30
句子数（句）	67	47	39	18	13	9	13	6	6	7
百分比（%）	0.33	0.23	0.19	0.09	0.06	0.04	0.06	0.03	0.03	0.03
累加值	99.18	99.41	99.60	99.69	99.75	99.80	99.86	99.89	99.92	99.96

句长（字）	31	32	33	34	合　计				
句子数（句）	3	2	3	1	20246				
百分比（%）	0.01	0.01	0.01	0.005	100				
累加值	99.97	99.98	99.99	100	—				

注：百分比（%）=各类长度句子的数量/句子总数×100；累加值为百分比的累加值，为所有已有百分比的累加所得。

从表 4-1-4 可以看出，初级阶段韩国留学生句子长度的分布范围较广，但在各个长度上的分布呈不均衡状态。从百分比的累加值可以看出，长度在 10 个字以内的句子数已超过句子总数的 70%。长度在 15 个字以内的句子数已达到句子总数的 93.14%。不同长度句子频次分布如图 4-1-4 所示。

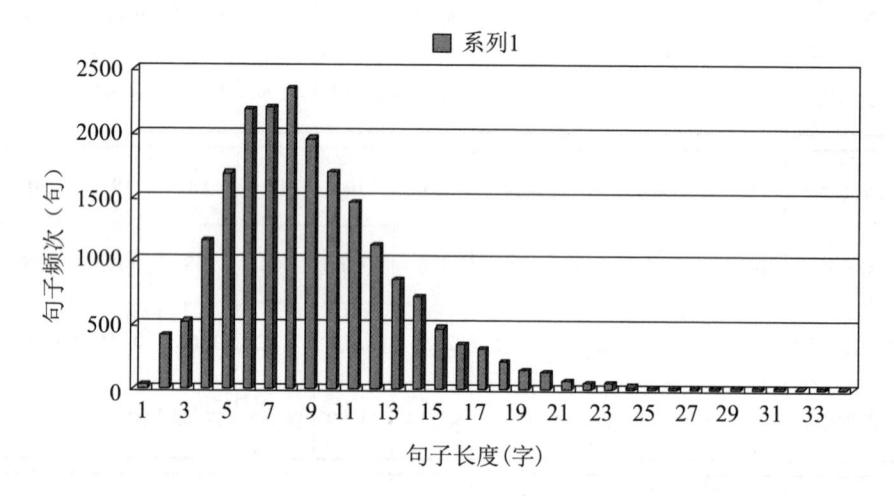

图 4-1-4 初级中介语不同长度句子（以"字"为单位）频次分布及变化

各类长度句子的百分比累加值转换成折线图（如图 4-1-5 所示）。

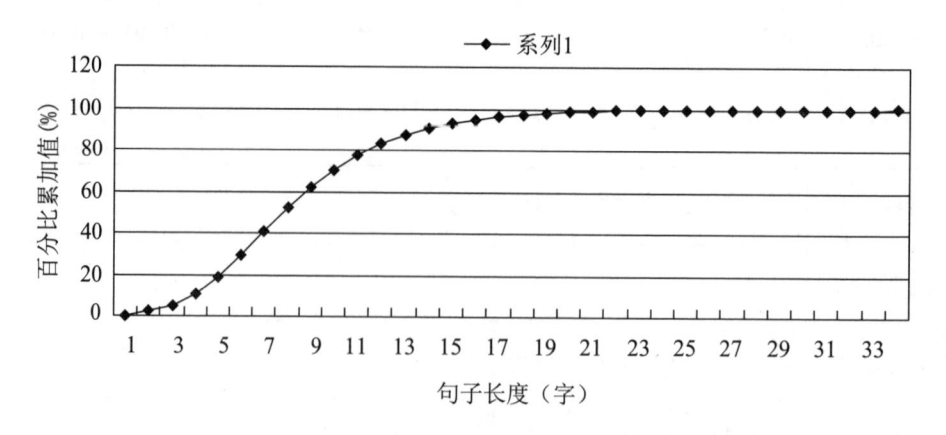

图 4-1-5 初级中介语不同句长（字）句子百分比累加值变化

第4章 韩国留学生汉语中介语句长发展研究

结合各种长度句子的频次分布及百分比累加值的变化情况,我们可以对韩国留学生初级阶段中介语以"字"为单位的句子分布情况做如下分析。

1. 从整体情况看,以"字"为单位的初级阶段中介语句子长度的分布呈"先升后降"的态势。句子频次在8个字时达到峰值,然后逐渐下降。20个字以上的句子数量均在100例以下,25个字以上的句子只零星出现。

2. 从主要分布区间看,6—8个字句子为初级阶段韩国留学生句子长度的最高频分布区间,句子出现频次均在2000句以上,这一区间句子数量占句子总数的33.34%;从最高频区间往两端推移,5—10个字句子的出现频次均在1500句以上,为句长分布的高频区间,这一区间句子数量占句子总数的59.76%;4—12个字句子的出现频次均在1000句以上,为句长分布的次高频区间,这一区间句子数量占句子总数的78.28%。韩国留学生初级阶段以"字"为单位的句子长度的高频区间分布情况见表4-1-5。

表4-1-5 初级阶段韩国留学生句子长度高频区间分布(以"字"为单位)

	最高频区间	高频区间	次高频区间
字　数	6—8个	5—10个	4—12个
标　准	2000句	1500句	1000句
句子总数	6751句	12099句	15849句
区间百分比(%)	33.34	59.76	78.28

注:句子总数为该区间所有句子数量之和;区间百分比=该区间所有句子的数量/句子总数(20246)。

从表4-1-5可以看出,初级阶段韩国留学生以"字"为单位的句长分布的最高峰为6—8个字的句子。这三种长度的句子数量已超过所有句子总数的1/3。同时也可以看出,韩国留学生初级阶段中介语的绝大多数句子分布在

4—12个字之间,这一区间句子的数量已接近句子总数的80%。

结合表4-1-4中的数据,我们还可以发现句子频次在所有高频区间上基本呈正态分布,即句子数量以6—8个字为频次的最高峰向两端依次递减。

(二)初级中介语句子长度的分区间分析

我们参考本族人句长分析的句子区间划分方式,根据句子百分比的累加值,将初级阶段中介语句子按长度分为1—5个字、6—10个字、11—15个字、17—20个字、21—34个字等五个区间。五个区间的句子总数、句子总数百分比、句子总数百分比累加值见表4-1-6。

表4-1-6　　初级阶段中介语句子长度区间分布情况(以"字"为单位)

区间	区间1	区间2	区间3	区间4	区间5
字数范围(个)	1—5	6—10	11—15	17—20	21—34
句子总数(句)	3818	10410	4630	1154	234
百分比(%)	18.86	51.42	22.87	5.70	1.15
百分比累加值(%)	18.86	70.28	93.15	98.85	100

注:句子总数为该区间所有句子的数量之和,百分比(%)=区间句子总数/总句子数(20246),累加值为百分比累加值,为已有百分比的累加所得。

从表4-1-6我们可以看出:各个区间上句子数量由多到少依次为,区间2(6—10个字)>区间3(11—15个字)>区间1(1—5个)>区间4(17—20个字)>区间5(21—34个字)。句子主要分布在1—3三个区间上,这三个区间的句子数已超过句子总数的90%。在这三个区间中,又以6—10个字的句子为主(超过句子总数的一半)。

各区间百分比累加值的变化曲线如图4-1-6所示。

第4章 韩国留学生汉语中介语句长发展研究

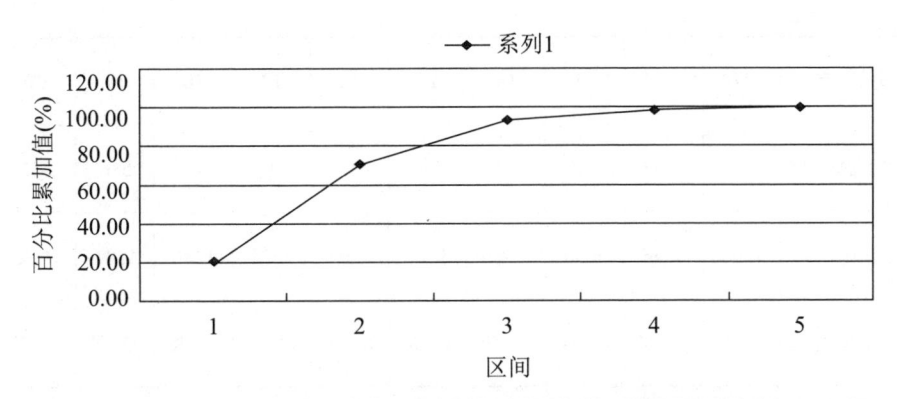

图4-1-6 初级中介语各区间句子总数百分比累加值变化曲线

从图4-1-6可以看出,句子总数在第一区间(1—5个字)已接近20%,到第二区间(6—10个字)已超过70%,到第三区间(11—15个字)已超过90%,到第四区间(17—20个字)句子总数已非常接近99%。

4.1.2.2 中级阶段韩国留学生中介语句长分析

(一)统计数据及整体情况

通过软件统计,我们发现约40万字中级中介语语料(具体字数为369085)共有句子36660个,分布范围为1—40个字,句子平均长度为10.07个字。句子的长度范围和以"字"为单位的平均句子长度都比初级阶段有所增长。各类长度句子的分布情况见表4-1-7。

表4-1-7 中级阶段各类长度句子分布情况

句长(字)	1	2	3	4	5	6	7	8	9	10
句子数(个)	59	803	846	1833	2256	2938	3265	3415	3335	3132
百分比(%)	0.16	2.19	2.31	5	6.15	8.01	8.91	9.32	9.10	8.54
累加值	0.16	2.35	4.66	9.66	15.81	23.83	32.73	42.05	51.15	59.69

续 表

句长(字)	11	12	13	14	15	16	17	18	19	20
句子数(句)	2796	2355	1978	1633	1381	1077	815	682	516	352
百分比(%)	7.63	6.43	5.40	4.45	3.77	2.94	2.22	1.86	1.41	0.96
累加值	67.32	73.74	79.14	83.59	87.36	90.29	92.52	94.38	95.79	96.77

句长(字)	21	22	23	24	25	26	27	28	29	30
句子数(句)	282	215	187	118	97	88	56	49	19	20
百分比(%)	0.77	0.59	0.51	0.32	0.26	0.24	0.15	0.13	0.05	0.05
累加值	97.52	98.10	98.61	98.93	99.19	99.43	99.58	99.72	99.77	99.83

句长(字)	31	32	33	34	35	36	37	38	39	40
句子数(句)	18	12	7	3	8	3	3	2	5	1
百分比(%)	0.05	0.03	0.02	0.005	0.02	0.008	0.005	0.01	0.01	0.002
累加值	99.88	99.91	99.93	99.94	99.96	99.96	99.97	99.98	99.99	100

合　计	
句子总数(句)	36660
百分比(%)	100

注：百分比(%)=各类长度句子的数量/句子总数(36660)×100；累加值为百分比的累加值，为所有已有百分比的累加所得。

从表4-1-7可以看出，中级阶段韩国留学生句子长度的分布范围有所扩大，在各个长度上的分布也呈不均衡状态。从百分比的累加值可以看出，长度在10个字以内的句子数已接近句子总数的60%。长度在16个字以内的句子数已达到句子总数的90.29%。不同长度句子频次如图4-1-7所示。

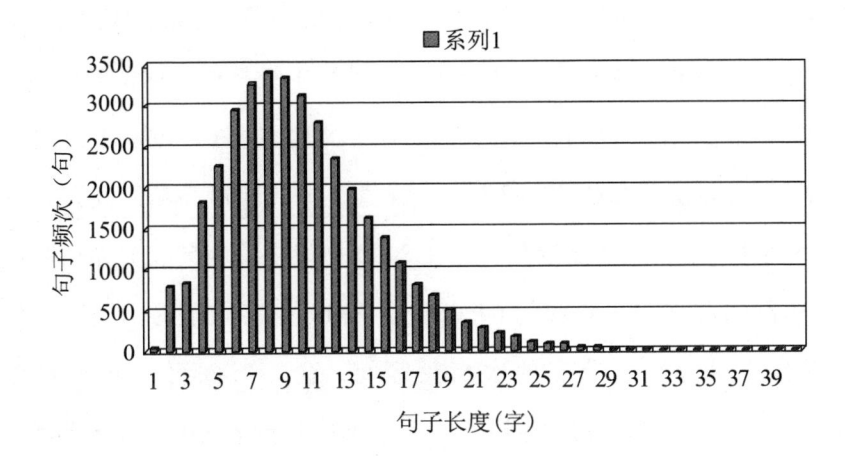

图4-1-7 中级中介语不同长度句子（以"字"为单位）频次分布及变化

各类长度句子的百分比累加值转换成折线图（如图4-1-8所示）。

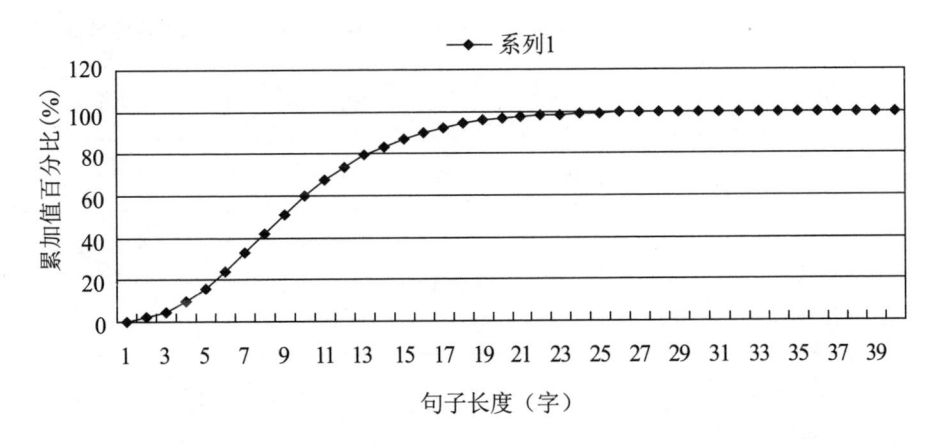

图4-1-8 中级中介语不同句长（字）句子百分比累加值变化

结合表 4-1-7 和图 4-1-7、4-1-8，我们可以发现韩国留学生中级阶段中介语以"字"为单位的句子长度分布具有以下的特点。

1. 从整体情况看，以"字"为单位的中级阶段中介语句子长度的分布也是呈"先升后降"的态势。句子频次仍在 8 个字时达到峰值，然后逐渐下降。20 个字之内的句子数量超过 95%，30 个字以上的句子只零星出现。

2. 从主要分布区间看，7—9 个字的句子是中级阶段韩国留学生句长分布的最高峰。在这一区间，句子的出现频次均在 3200 句以上，这一区间的句子数占句子总数的 27.32%。从峰值区间（即最高频区间）往两端推移，5—12 个字的句子出现频次均在 2000 句以上，为句长分布的高频区间，这一区间可占句子总数的 64.08%；4—14 个字句子的出现频次均在 1500 句以上，为句长分布的次高频区间，这一区间可占句子总数的 78.93%。中级阶段韩国留学生以"字"为单位的句子长度的高频区间分布情况见表 4-1-8。

表 4-1-8　中级阶段韩国留学生句子长度高频区间分布（以"字"为单位）

	最高频区间	高频区间	次高频区间
字　数	7—9 个字	5—12 个字	4—14 个字
标　准	3200 句	2000 句	1500 句
句子总数	10015 句	23492 句	28936 句
区间百分比(%)	27.32	64.08	78.93

注：句子总数为该区间所有句子数量之和；区间百分比＝该区间所有句子的数量/句子总数（36660）。

从表 4-1-8 可以看出，中级阶段韩国留学生以"字"为单位的句长分布的最高峰为 7—9 个字的句子。这三种长度的句子数量超过所有句子总数的

1/4。同时也可以看出,韩国留学生中级中介语的绝大多数句子分布在4—14个字之间,这一区间的句子数量已接近句子总数的80%。句子频次在所有高频区间上基本呈正态分布,即句子数量以7—9个字为频次的最高峰向两端依次递减。

(二) 中级中介语句子长度的分区间分析

我们根据中级阶段句子百分比的累加值,将中级阶段中介语句子按长度分为1—5个字、6—10个字、11—15个字、17—20个字、21—30个字、31—40个字等6个区间。6个区间的句子总数、句子总数百分比、句子总数百分比累加值见表4-1-9。

表4-1-9 中级阶段中介语句子长度区间分布情况(以"字"为单位)

区　　间	区间1	区间2	区间3	区间4	区间5	区间6
字数范围(个)	1—5	6—10	11—15	17—20	21—30	31—40
句子总数(句)	5797	16085	10143	3442	1131	62
百分比(%)	15.81	43.88	27.67	9.39	3.08	0.17
百分比累加值(%)	15.81	59.69	87.36	96.75	99.83	100

注:句子总数为该区间所有句子的数量之和,百分比(%)=区间句子总数/总句子数(36660),累加值为百分比累加值,为所有已有百分比的累加所得。

从表4-1-9我们可以看出:各个区间上句子数量由多到少依次为,区间2(6—10个字)>区间3(11—15个字)>区间1(1—5个字)>区间4(17—20个字)>区间5(21—30个字)>区间6(31—40个字)。句子主要分布在1—3三个区间上,三个区间的句子数已超过句子总量的87.36%,说明韩国留学生中级中介语的绝大多数句子都在 15 字以内,并以 6—10 个字为主(占句子总数的 43.88%)。

各区间百分比累加值的变化曲线如图 4-1-9 所示。

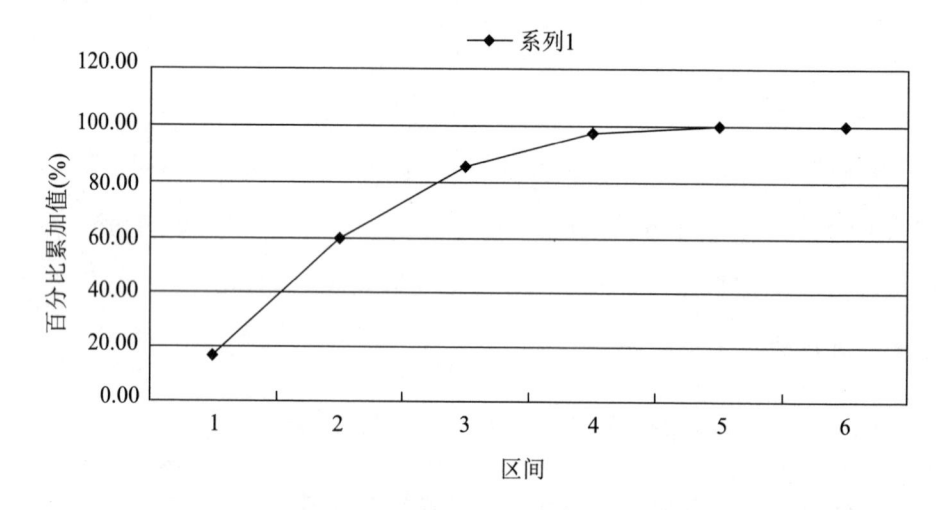

图 4-1-9 中级中介语各区间句子总数百分比累加值变化曲线

从图 4-1-9 可以看出,句子总数在第一区间(1—5 个字)达到 15.81%,到第二区间(6—10 个字)已非常接近 60%,到第三区间(11—15 个字)已超过 85%,到第四区间(17—20 个字)句子总数已超过 95%,到第五区间则达到 99%。

4.1.2.3 高级阶段中介语句长分析

(一)统计数据及整体情况

通过软件统计,我们发现约 40 万字高级中介语语料(具体字数为 363845 个)共有句子 33464 个,分布范围为 1—44 个字,句子平均长度为 10.87 个字。句子的长度范围和以"字"为单位的平均句子长度比中级阶段又有所增长。各类长度句子的分布情况见表 4-1-10。

表 4-1-10　　　　　　高级阶段各类长度句子分布情况

句长(字)	1	2	3	4	5	6	7	8	9	10
句子数(句)	73	638	758	1614	1847	2242	2551	2820	2746	2728
百分比(%)	0.22	1.91	2.27	4.82	5.52	6.7	7.62	8.43	8.21	8.15
累加值	0.22	2.12	4.39	9.21	14.73	21.43	29.05	37.48	45.69	53.84

句长(字)	11	12	13	14	15	16	17	18	19	20
句子数(句)	2526	2158	1844	1678	1299	1134	967	777	656	546
百分比(%)	7.55	6.45	5.51	5.01	3.88	3.39	2.89	2.32	1.96	1.63
累加值	61.39	67.84	73.35	78.36	82.24	85.63	88.52	90.84	92.80	94.43

句长(字)	21	22	23	24	25	26	27	28	29	30
句子数(句)	392	315	241	189	142	126	85	67	54	54
百分比(%)	1.17	0.94	0.72	0.56	0.42	0.37	0.25	0.20	0.16	0.16
累加值	95.61	96.55	97.27	97.83	98.26	98.63	98.89	99.09	99.25	99.41

句长(字)	31	32	33	34	35	36	37	38	39	40
句子数(句)	53	37	28	25	15	8	8	0	4	2
百分比(%)	0.16	0.11	0.08	0.07	0.04	0.02	0.02	0	0.01	0.005
累加值	99.57	99.68	99.76	99.84	99.88	99.91	99.93	99.93	99.94	99.95

句长(字)	41	42	43	44	合计
句子数(句)	6	7	2	2	33464
百分比(%)	0.02	0.02	0.005	0.005	100
累加值	99.97	99.99	99.99	100	—

注：百分比(%)=各类长度句子的数量/句子总数×100；累加值为百分比的累加值，为所有已有百分比的累加所得。

从表 4-1-10 可以看出，高级阶段韩国留学生句子长度的分布范围比中级阶段又有所扩大，在各个长度上的分布仍呈不均衡状态。从百分比的累加值可以看出，长度在 10 个字以内的句子数已超过句子总数的 50%。长度在 18 个字以内的句子数已达句子总数的 90.84%。不同长度句子频次如图 4-1-10 所示。

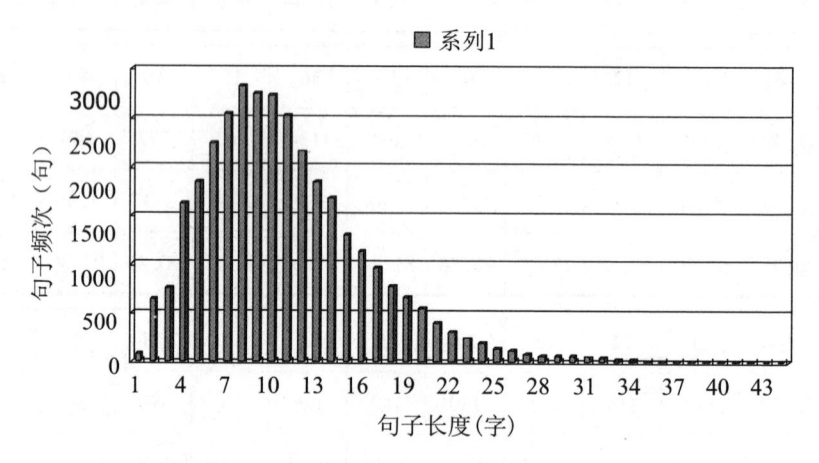

图 4-1-10　高级中介语不同长度句子（以"字"为单位）频次分布及变化

同时，我们将各类长度句子的百分比累加值转换成折线图（如图 4-1-11 所示）。

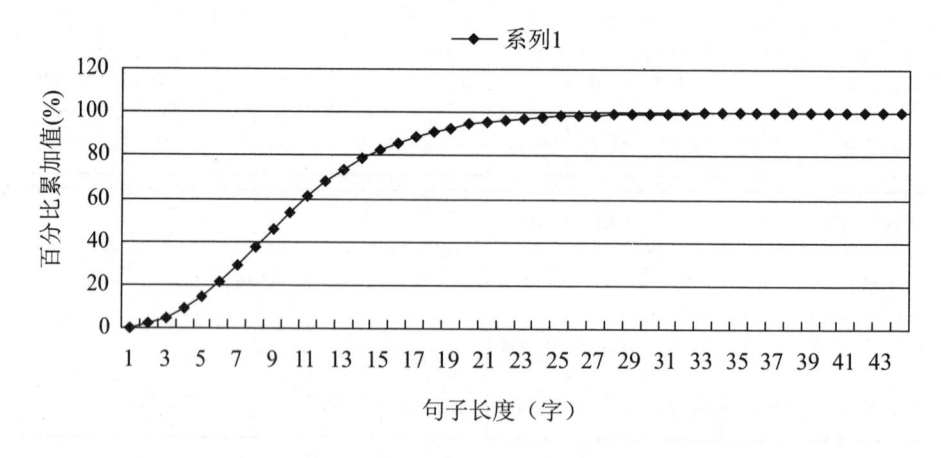

图 4-1-11　高级中介语不同句长（字）句子百分比累加值变化

结合表 4-1-10，图 4-1-10、4-1-11，我们可以发现韩国留学生高级阶段中介语以"字"为单位的句子长度分布具有以下的特点。

1. 从整体情况看，以"字"为单位的高级阶段中介语句子长度的分布也是呈"先升后降"的趋势。句子频次仍在 8 个字时达到峰值，然后逐渐下降。20 个字之内的句子数量接近 95%，35 个字以上的句子只零星出现。

2. 从主要分布区间看，8—10 个字句子是高级阶段韩国留学生句长分布的最高峰，这一区间的句子数占句子总数的 24.78%。从峰值区间（即最高频区间）往两端推移，6—12 个字句子的出现频次均在 2000 句以上，为句长分布的高频区间，这一区间可占句子总数的 53.1%；4—15 个字句子的出现频次均在 1500 句以上，为句长分布的次高频区间，这一区间可占句子总数的 77.85%。高级阶段韩国留学生以"字"为单位的句子长度的高频区间分布情况见表 4-1-11。

表 4-1-11 高级阶段韩国留学生句子长度高频区间分布（以"字"为单位）

	最高频区间	高频区间	次高频区间
字　数	8—10 个	6—12 个	4—15 个
标　准	2700 句	2000 句	1300 句
句子总数	8294 句	17771 句	26053 句
区间百分比(%)	24.78	53.1	77.85

注：句子总数为该区间所有句子数量之和；区间百分比 = 该区间所有句子的数量/句子总数（33464）。

从表 4-1-11 可以看出，高级阶段韩国留学生以"字"为单位的句长分布的最高峰为 8—10 个字的句子。这三种长度的句子数量非常接近句子总数的 1/4。同时也可以看出，韩国留学生中级阶段中介语的绝大多数句子分布在

4—15个字之间,这一区间的句子数量已接近句子总数的80%。句子频次在所有高频区间上基本呈正态分布,即句子数量以8、9、10个字为频次的最高峰向两端依次递减。

(二) 高级中介语句子长度的分区间分析

我们根据高级阶段句子百分比的累加值,将高级阶段中介语句子按长度分为1—5个字、6—10个字、11—15个字、17—20个字、21—30个字、31—44个字等六个区间。六个区间的句子总数、句子总数百分比、句子总数百分比累加值见表4-1-12。

表4-1-12　　高级阶段中介语句子长度区间分布情况(以"字"为单位)

区间	区间1	区间2	区间3	区间4	区间5	区间6
字数范围(个)	1—5	6—10	11—15	17—20	21—30	31—44
句子总数(句)	4930	13087	9505	4080	1665	197
百分比(%)	14.73	39.11	28.40	12.19	4.98	0.59
百分比累加值(%)	14.73	53.84	82.24	94.43	99.41	100

注:句子总数为该区间所有句子的数量之和,百分比(%)=区间句子总数/总句子数(33464),累加值为百分比累加值,为已有百分比的累加所得。

从表4-1-12我们可以看出:各个区间上句子数量由多到少依次为区间2(6—10个字)>区间3(11—15个字)>区间1(1—5个字)>区间4(17—20个字)>区间5(21—30个字)>区间6(31—44个字)。句子主要分布在1—3三个区间上,三区间是总量已达到82.24%,这说明高级韩国留学生中介语大多数句子都集中在15个字以内,并以6—10个字为主(占句子总数的39.11%)。

我们将各区间百分比累加值转化为曲线图（如图 4-1-12 所示）。

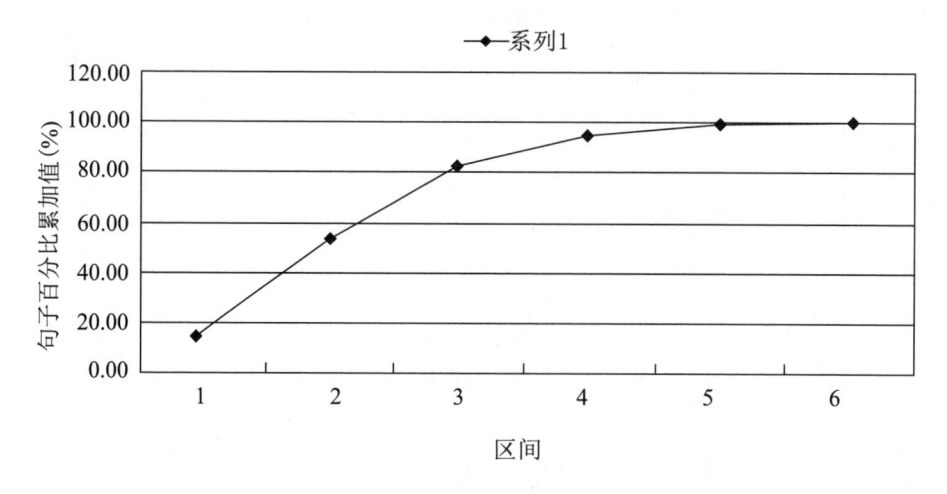

图 4-1-12 高级中介语各区间句子总数百分比累加值变化曲线

从图 4-1-12 可以看出，句子总数在第一区间（1—5 个字）达到 14.73%，到第二区间（6—10 个字）超过 50%，到第三区间（11—15 个字）接近 85%，到第四区间（17—20 个字）句子总数接近 95%，到第五区间则达到 99%。

4.1.3 以"字"为单位的韩国留学生中介语句长发展特点分析

在较为详细地分析了韩国留学生中介语总语料和各学时等级上中介语语料平均句长及句子长度的分布情况的基础上，下面我们主要从韩国留学生不同学时等级上中介语的平均句长、句长分布范围、句长分布的最高频区间、主要百分比累加值对应的句子长度、句子的最主要区间等方面进行总结分析。上述各方面在韩国留学生各级中介语语料及总语料中的表现情况见表 4-1-13。

表4-1-13　韩国留学生各学时等级平均句长及句子长度分布对比

	平均句长（字）	句长分布范围（字）	最高频句长（字）	主要百分比累加值对应的句子长度（字）				句子分布的主要区间（最常用区间）
				60%	80%	90%	99%	
初级	8.94	1—34	6—8	9	12	14	21	4—12个字，占78.28%
中级	10.07	1—40	7—9	10	13	16	25	4—14个字，占78.93%
高级	10.87	1—44	8—10	11	15	18	28	4—15个字，占77.85%
总语料	10.11	1—44	7—9	10	14	17	26	4—14个字，占78.68%

从表4-1-13可以看出，韩国留学生中介语平均句长及句子长度的发展变化具有以下的特点和规律。

1. 随着学时等级的提高，韩国留学生中介语平均句长逐步上升。从初级的8.94个字发展到中级的10.07个字，增长了1.13个字；中级到高级平均句长的增长幅度减小，从10.07个字发展到10.87个字，增长了0.8个字。

2. 随着学时等级的提高，韩国留学生中介语句长分布范围逐步扩大。初级最长句子为34个，中级最长句子为40个，高级最长句子为44个。

3. 韩国留学生句长出现的最高频区间依次为6—8个字（初级）、7—9个字（中级）、8—10个字（高级），这表明中介语句长的最高峰随着学时等级的提高而逐步上升。但在各级上使用频次最高的均为8个字的句子，本族人使用频次最高的句子为6字句，6—8个字为本族人最高频使用的句子区间。中介语以"字"为单位的最高频区间范围略高于本族人。

4. 从主要百分比对应的句子长度看，随着学时等级的提高，对应同一百分比累加值的句子长度逐步上升。也就是说，学生水平越高，句子长度的分布范围越广。

5. 从句子分布的主要常用区间看，初级的最主要区间为 4—12 个字，中级的最主要区间为 4—14 个字，高级的最主要区间为 4—15 个字，这说明随着学时等级的上升，所对应的最主要区间逐步扩大。

韩国留学生中介语平均句长及句子长度的发展的以上特点都体现出中介语的动态性、规律性和系统性。

下面我们综合 4.1.2 中的相关数据，进一步对比分析每一具体长度上句子的频次、句子所占的百分比、句子频次百分比的累加值，以期进一步揭示韩国留学生中介语句长发展的特点。

4.1.3.1　中、高级以"字"为单位的不同句长句子频次对比分析

在我们的语料中，初级语料为 20 万，中级和高级语料各 40 万，初级跟中、高级在句子的绝对数量上相差甚大。所以我们这里只对比分析中级和高级不同句长上句子频次的分布，中、高级韩国留学生中介语不同长度句子频次的分布如图 4-1-13 所示。

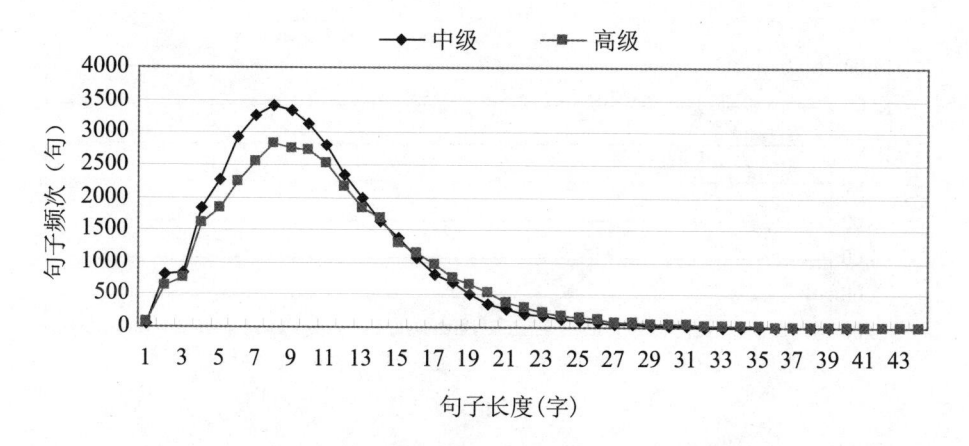

图 4-1-13　中、高级韩国留学生中介语不同句长句子频次分布

结合图 4-1-13 及具体数据（可参看表 4-1-7 和 4-1-10）可以看出，在 2—13 个字的句子长度上，韩国留学生中级中介语的句子频次均高于高级中介语，但在 13 个字的句长之后，高级中介语的句子频次开始反超，除 15 个字和 39 个字的句子长度外，其他句子长度上高级阶段所出现的句子频次均高于中级阶段。这一数据说明，水平越高，韩国留学生在长句子上的使用越突出，长句子的出现频次越高，体现出中介语发展的系统性和动态性。

4.1.3.2 初、中、高三学时等级以"字"为单位的不同句长句子频次百分比对比分析

句子频次百分比表明该长度句子数量在句子总数中的比例，该百分比可以作为一个不受语料绝对数量限制的指标来研究不同长度句子在句子总数中的相对数量的大小。结合初级、中级、高级韩国留学生中介语不同句长句子出现频次的百分比（具体数据可参看表 4-1-4、4-1-7 和 4-1-10），各级韩国留学生中介语不同长度句子频次百分比的分布如图 4-1-14 所示。

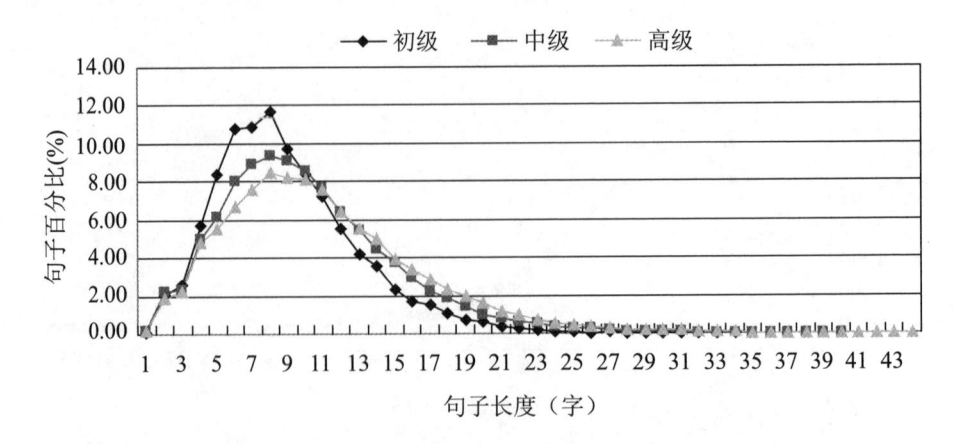

图 4-1-14 初、中、高三级韩国留学生中介语不同长度句子频次百分比分布

结合图4-1-14及具体数据可以看出：句长为1—3个字的句子，初、中、高各级句子的频次百分比较为接近；句长为4—9个字的句子，初级句子的频次百分比高于中级和高级；句长为10、11个字的句子，中级句子的频次百分比最高；在11个字的句子长度之后，除极特殊情况外（即在句长为38时，高级没有出现用例），高级句子频次的百分比都高于初级、中级。

这一数据表明，句长偏短的句子（如4—9个字）在初级阶段的使用比例高于在中、高级阶段的使用比例，句长偏长的句子（如11个字以上的句子）在高级阶段的使用比例高于在初、中级阶段的使用比例。也就是说，随着学生水平的提高，长句子的频次百分比逐步上升。

4.1.3.3 初、中、高三学时等级以"字"为单位不同句长句子百分比累加值对比分析

频次百分比累加值表示的是各类句长句子频次逐步靠近句子总数的过程。结合初、中、高三级韩国留学生中介语不同句长句子的百分比累加值（具体数据可参看表4-1-4、4-1-7和4-1-10），各级韩国留学生中介语不同长度句子百分比的分布如图4-1-15所示。

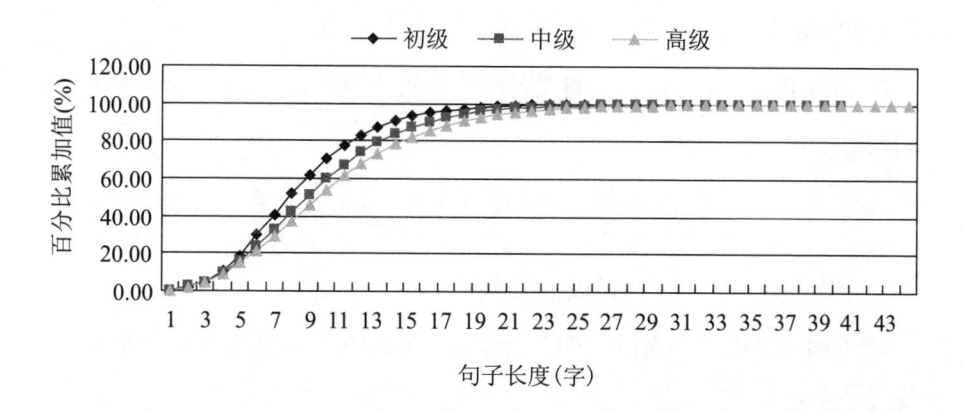

图4-1-15 初、中、高三级韩国留学生中介语不同长度句子百分比累加值分布

结合图 4-1-15 及具体数据可以看出：在 1—5 个字的句子长度上，句子长度的百分比累加值比较接近。在 5 个字以上的句子长度上，初级阶段的句子长度百分比累加值一直高于中级和高级。这表明，初级阶段句子数量在句子长度上的分布更为集中，初级阶段句子以更快的速度靠近句子的总数（即接近 100% 的最大累加值）。

4.2 以"词"为单位的韩国留学生中介语句长分析

在分词、词性校对的基础上，我们通过对约 100 万字的韩国留学生中介语语料进行穷尽性的统计[1]，主要试图得到以下数据。

1. 韩国留学生中介语总语料及各级中介语语料中句子的总数。

2. 韩国留学生中介语总语料及各级中介语语料中所有句子以"词"为单位的长度。

3. 韩国留学生中介语总语料及各级中介语语料中同一长度（以"词"为单位）句子的数量。

4. 韩国留学生中介语总语料及各级中介语语料中以"词"为单位的句长分布的峰值和主要区间。

通过这些数据，主要探讨以下两个问题。

1. 韩国留学生中介语以"词"为单位的平均句长及各级中介语平均句长的发展变化情况。

---

[1] 中介语分词所采用的分词规范和分词软件同本族人语料，这里不再做介绍。

2. 韩国留学生中介语以"词"为单位的各类长度句子的频次分布及在不同学时等级上的发展变化情况。

4.2.1 韩国留学生中介语句长整体情况分析

4.2.1.1 统计数据及整体情况

我们先来考察韩国留学生中介语以"词"为单位的平均句长和各类长度句子的分布的总体情况。

通过软件统计，我们发现在约100万字的韩国留学生中介语（具体词数为598627个）中，共有句子90370个，平均句子长度为6.62个词，句子长度分布范围为1—28个词。各类长度句子的分布情况见表4-2-1。

表4-2-1　韩国留学生中介语句子长度（词）分布情况表

句长(词)	1	2	3	4	5	6	7	8	9	10
句子数(句)	2006	3683	7853	11206	12863	12189	10721	8253	6315	4706
百分比(%)	2.22	4.08	8.69	12.40	14.23	13.49	11.86	9.13	6.99	5.21
累加值	2.22	6.30	14.99	27.39	41.62	55.11	66.97	76.10	83.09	88.30

句长(词)	11	12	13	14	15	16	17	18	19	20
句子数(句)	3391	2347	1578	1036	746	477	303	246	121	102
百分比(%)	3.75	2.60	1.75	1.15	0.83	0.53	0.34	0.27	0.13	0.11
累加值	92.05	94.65	96.39	97.54	98.37	98.89	99.23	99.50	99.63	99.75

续 表

句长(词)	21	22	23	24	25	26	27	28	合 计
句子数(句)	79	40	40	22	14	8	11	14	90370
百分比(%)	0.09	0.04	0.04	0.02	0.015	0.008	0.012	0.015	100
累加值	99.84	99.92	99.92	99.95	99.96	99.97	99.98	100	—

注：百分比（%）=各类长度句子的数量/句子总数×100；累加值为百分比的累加值，即所有已有百分比的累加所得。

从表4-2-1可以看出，韩国留学生以"词"为单位的中介语句长分布范围比本族人的范围窄（本族人的分布范围为1—43个词），句子的分布也相对集中，10个词以内的句子已超过88%。不同句长句子频次分布如图4-2-1所示。

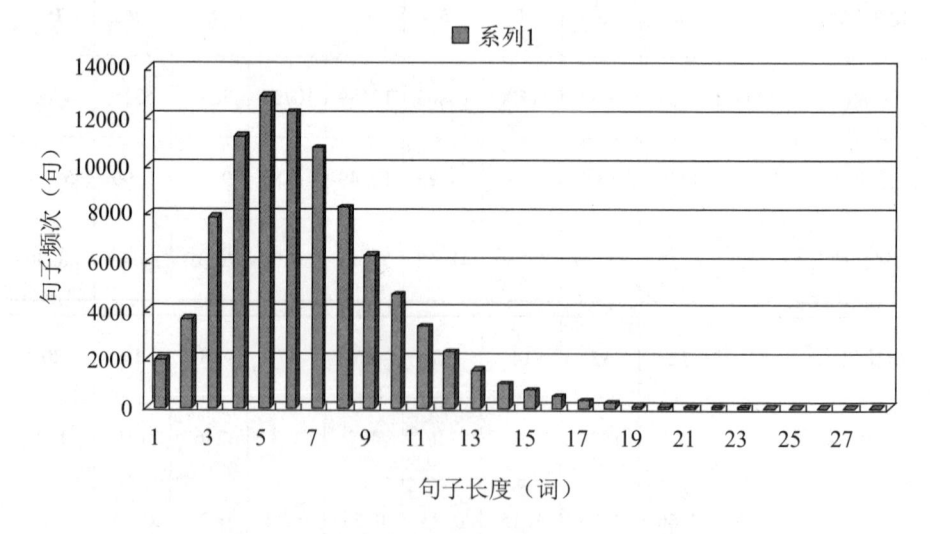

图4-2-1 韩国留学生中介语不同长度句子（以"词"为单位）频次分布及变化

同时，我们将句子频次百分比累加值制成折线图（如图4-2-2）。

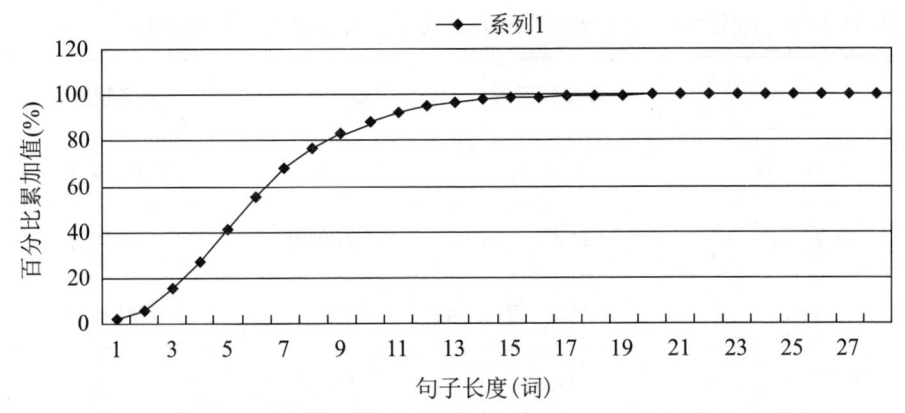

图 4-2-2 韩国留学生中介语不同句长（词）句子百分比累加值变化

结合表 4-2-1 和图 4-2-1、4-2-2，我们可以发现以"词"为单位的韩国留学生中介语句长分布具有如下特点。

1. 从总体情况来看，韩国留学生中介语以"词"为单位的句子长度分布呈"长尾"分布态势。句子频次在 5 个词时达到峰值，然后逐渐下降。17 个词以上的句子不足句子总数的 1%，在分布链上形成一条不断靠近横坐标的"尾巴"。

2. 从主要分布区间看，4、5、6 个词是以"词"为单位的句长分布的最高峰，在这一区间，句子的出现频次均在 11000 句以上，这一区间占句子总数的 40.12%；从最高频区间往两端推移，我们发现：3—8 个词句子的出现频次均在 7500 句以上，为句长分布的高频区间，这一区间占所有句子总数的 69.81%；3—10 个词句子的出现频次均在 4500 句以上，为句长分布的次高频区间，这一区间占所有句子总数的 82%。① 也就是说，4—6 个词是句长分布的最高峰，3—10 个词是最常用的句子长度区间。韩国留学生中介语以"词"为单位的句长的高频区间分布情况见表 4-2-2。

---

① 由于以"词"为单位的句长频次分布比以"字"为单位的句长频次分布更为集中，在"次高频区间"即已达到句子总数的 80% 以上，所以这里不再讨论"次次高频区间"。

表4-2-2 韩国留学生中介语句子长度高频区间分布（以"词"为单位）

	最高频区间	高频区间	次高频区间
词　数	4—6个	3—8个	3—10个
标　准	11000句	7500句	4500句
句子总数	36258句	63085句	74106句
区间百分比(%)	40.12	69.81	82
对应的大致字数	6—8个字	4—12个字	3—15个字

注：句子总数为该区间所有句子数量之和；区间百分比＝该区间所有句子的数量/句子总数（90370）。

从表4-2-2可以看出，4—6个词的句子为韩国留学生以"词"为单位的句长分布的最高峰，这三种长度的句子占所有句子总数的40%。韩国留学生绝大多数句子集中在3—10个词之间，这一区间句子的数量已超过句子总数的80%。同时我们发现韩国留学生中介语句子频次在所有高频区间上基本呈正态分布，即句子数量以5个词为峰值向两端递减。

4.2.1.2 以"词"为单位的韩国留学生中介语句子长度的分区间分析

根据我们前面以"字"为单位的中介语句子长度的区间划分，并结合中介语词与字的比例关系[①]，我们将中介语语料以"词"为单位的句子长度划分为1—3个词、4—6个词、7—10个词、11—13个词、14—20个词、21—28个词等相应的6个区间。各区间的句子总数、句子总数百分比、句子总数百分比累加值如表4-2-3。

[①] 一般的研究认为词与字的比例关系介于1∶1.5和1∶1.6之间。中介语词与字的比例关系为1∶1.52（598629∶914020）。

表4-2-3 韩国留学生中介语句子长度区间分布情况（以"词"为单位）

区间	区间1	区间2	区间3	区间4	区间5	区间6
词数范围(个)	1—3	4—6	7—10	11—13	14—20	21—28
句子总数(句)	13542	36258	29995	7316	3031	228
百分比(%)	14.99	40.12	33.19	8.1	3.35	0.25
百分比累加值(%)	14.99	55.11	88.3	96.4	99.75	100
对应的字数区间(个)	1—5	6—10	11—15	17—20	21—30	31—44

注：句子总数为该区间所有句子的数量之和，百分比（%）=区间句子总数/总句子数（90370），累加值为百分比累加值，为所有已有百分比的累加所得。

从表4-2-3可以看出，各个区间上句子数量由多到少依次为，区间2(4—6个词)＞区间3(7—10个词)＞区间1(1—3个词)＞区间4(11—13个词)＞区间5(14—20个词)＞区间6(21—28个词)。其中区间2为句长分布的最高频区间，区间3的句子长度位于高频区间和次高频区间上，句子主要分布在这两个区间上。我们将各区间句子百分比累加值转化为曲线图（如图4-2-3所示）。

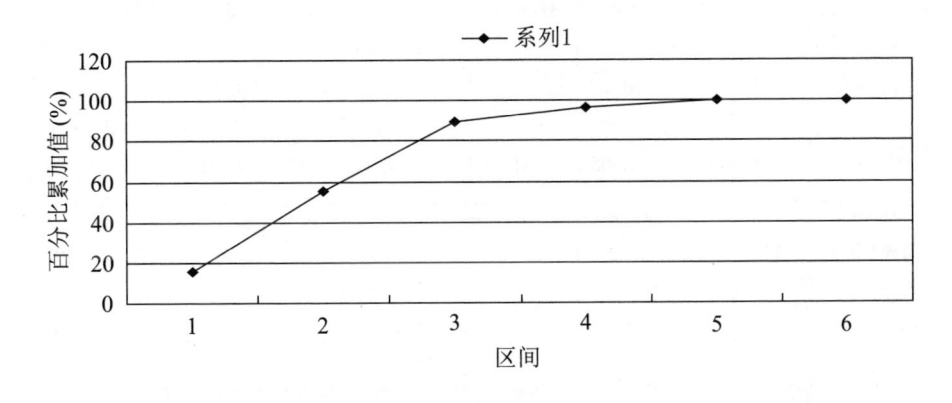

图4-2-3 韩国留学生中介语各区间（以"词"为单位）句子数百分比累加值变化曲线

从图 4-2-3 可以看出，句子总数百分比累加值在前面三个区间几乎呈直线上升的态势。在区间 2（4—6 个词）句子百分比累加值已超过 50%，到区间 3（7—10 个词）已达到句子总数的 88.3%，区间 4（11—13 个词）已超过 95%。

4.2.2　韩国留学生各学时等级中介语句长分析

4.2.2.1　初级阶段韩国留学生中介语句长分析

（一）统计数据及整体情况

通过软件统计，我们发现约 20 万字的初级阶段语料（词数为 120874）共有句子 20246 个，平均句子长度为 5.97 个词。以"词"为单位的句长分布范围为 1—23 个字，各类长度句子频次分布情况见表 4-2-4。

表 4-2-4　初级阶段各类长度句子分布情况（以"词"为单位）

句长(词)	1	2	3	4	5	6	7	8	9	10
句子数(句)	386	789	2080	3186	3474	3088	2405	1682	1109	772
百分比(%)	1.91	3.90	10.27	15.74	17.16	15.25	11.88	8.31	5.48	3.81
累加值	1.91	5.81	16.08	31.81	48.97	64.22	76.10	84.41	89.89	93.70

句长(词)	11	12	13	14	15	16	17	18	19	20
句子数(句)	494	290	192	127	65	41	29	15	6	6
百分比(%)	2.44	1.43	0.95	0.63	0.32	0.20	0.14	0.07	0.03	0.03
累加值	96.14	97.57	98.52	99.15	99.47	99.67	99.82	99.89	99.92	99.95

续　表

句长(个)	21	22	23	合　计
句子数(句)	3	4	3	20246
百分比(%)	0.01	0.02	0.01	100
累加值	99.97	99.99	100%	—

注：百分比（%）= 各类长度句子的数量/句子总数 ×100；累加值为百分比的累加值，即所有已有百分比的累加所得。

从表 4-2-4 可以看出，初级阶段韩国留学生句子长度的分布范围已较广，最长的句子已达 23 个词，但在各个长度上的句子的频次分布呈不均衡状态。从百分比的累加值可以看出，长度在 5 个词以内的句子数已接近句子总数的 50%，长度在 10 个词以内的句子数已超过句子总数的 90%。不同长度句子频次的分布如图 4-2-4 所示。

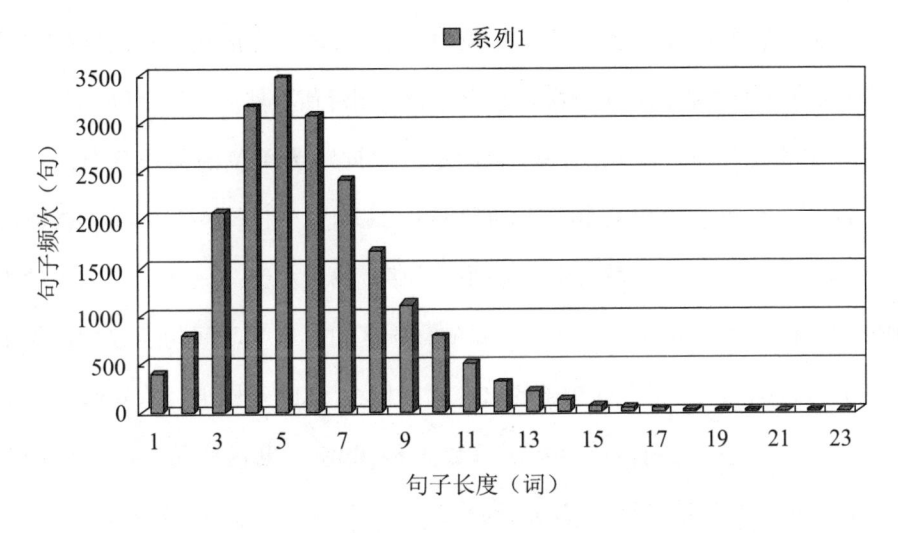

图 4-2-4　初级中介语不同长度句子（以"词"为单位）频次分布及变化

同时，我们将各类长度句子的百分比累加值转换成折线图（如图4-2-5所示）。

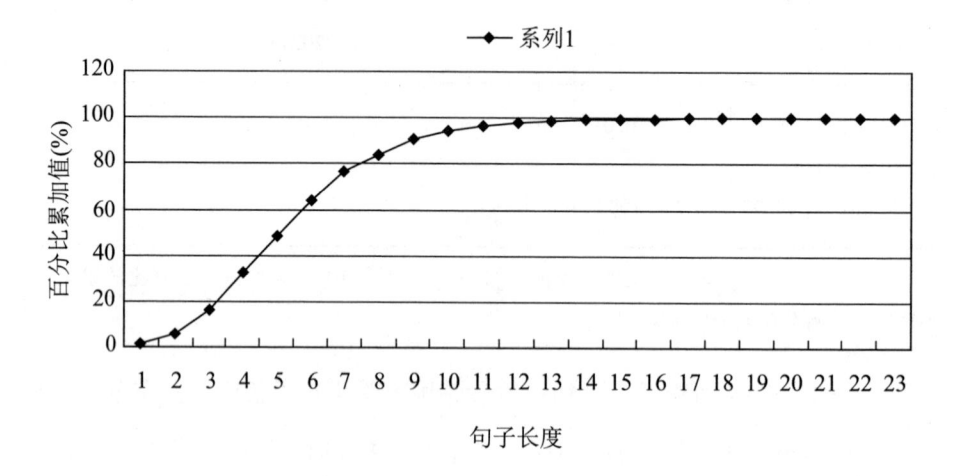

图4-2-5 初级中介语不同句长（词）句子百分比累加值变化

结合各类长度句子的频次分布及百分比累加值的变化情况，我们对韩国留学生初级阶段中介语以"词"为单位的句子分布情况做如下分析。

1. 从整体情况看，以"词"为单位的初级阶段中介语句子长度的分布呈"先升后降"的趋势，句子频次在5个词时达到峰值，然后逐渐下降。

2. 从主要分布区间看，4—6个词是以"词"为单位的句长分布的最高峰，这一区间句子的出现频次均在3000句以上，句子数量占句子总数的33.34%；从句子分布的最高峰间往两端推移，我们发现：3—7个词句子的出现频次均在2000句以上，为句长分布的高频区间，这一区间句子数量占句子总数的70.30%；3—9个词句子的出现频次均在1000句以上，为句长分布的次高频区间，这一区间占所有句子总数的84.09%。也就是说，4—6个词是初级阶段韩国留学生句长分布的最高峰，3—9个词是最常用的句子长度区间。初级阶段韩国留学生中介语以"词"为单位的句子长度的高频区间分布情况见表4-2-5。

第 4 章 韩国留学生汉语中介语句长发展研究

表 4-2-5 初级韩国留学生中介语句子长度高频区间分布（以"词"为单位）

	最高频区间	高频区间	次高频区间
词 数	4—6 个词	3—7 个词	3—9 个词
标 准	3000 句	2000 句	1000 句
句子总数	9748 句	14233 句	17024 句
区间百分比(%)	48.15	70.30	84.09

注：句子总数为该区间所有句子数量之和；区间百分比＝该区间所有句子的数量/句子总数（20246）。

从表 4-2-5 可以看出，初级阶段韩国留学生以"词"为单位句长分布的最高峰为 4—6 个词的句子，三种长度的句子数量已超过句子总数的 1/3。同时也可以看出，韩国留学生初级阶段中介语的绝大多数句子集中在 3—9 个词之间，这一区间句子的数量已达句子总数的 84.09%，为最常用区间。结合表 4-2-4 中的数据，我们还可以发现句子频次在所有高频区间上基本呈正态分布，即句子数量以 4—6 个词为频次的最高峰向两端递减。

（二）以"词"为单位的初级中介语句长的分区间分析

根据上文以"字"为单位的初级中介语句子长度的区间划分，并结合初级中介语词与字的比例关系①，我们将初级中介语以"词"为单位的句子长度划分为 1—3 个词、4—6 个词、7—10 个词、11—13 个词、14—23 个词等相应的五个区间。各区间对应的大概字数、句子总数、句子总数百分比、句子总数百分比累加值见表 4-2-6。

---

① 初级中介语词与字的比例关系为 1∶1.5（120874∶181090）。

表4－2－6　初级阶段中介语句子长度区间分布情况（以"词"为单位）

区间	区间1	区间2	区间3	区间4	区间5
词数范围(个)	1—3	4—6	7—10	11—13	14—23
句子总数(句)	3255	9748	5968	976	299
百分比(%)	16.08	48.15	29.48	4.82	1.47
百分比累加值(%)	16.08	64.23	93.71	98.53	100
对应的字数区间(个)	1—5	6—10	11—15	17—20	21—34

注：句子总数为该区间所有句子的数量之和，百分比（%）＝区间句子总数/总句子数（20246），累加值为百分比累加值，为已有百分比的累加所得。

从表4－2－6我们可以看出：各个区间上句子数量由多到少依次为，区间2（4—6个词）＞区间3（7—10个词）＞区间1（1—3个词）＞区间4（11—13个词）＞区间5（14—23个词）。其中区间2为句长分布的最高频区间，句子数量接近句子总数的一半。区间3的句子长度主要位于最常用区间内，所有句子主要分布这两个区间上。

各区间百分比累加值的变化曲线图如图4－2－6所示。

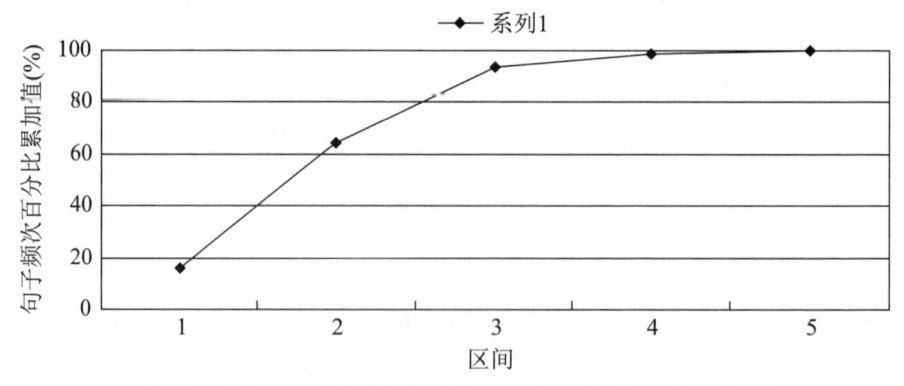

图4－2－6　初级中介语各区间句子总数百分比累加值变化曲线

从图4－2－6可以看出，句子总数在区间2（4—6个词）已超过60%，到区间3（7—10个词）则已超过90%，初级阶段中介语的句子长度绝大部分位于区间 1 至区间 3 上。

4.2.2.2 中级阶段韩国留学生中介语句长分析

（一）统计数据及整体情况

通过软件统计，我们发现约 40 万字的中级中介语语料（词数为 240923）共有句子 36660 个，以"词"为单位的句长分布范围为 1—28 个词，句子平均长度为 6.57 词。各类长度句子的分布情况见表 4-2-7。

表 4-2-7　以"词"为单位中级阶段各类长度句子分布情况

句长（词）	1	2	3	4	5	6	7	8	9	10
句子数（句）	833	1566	3195	4528	5087	5020	4427	3358	2622	1930
百分比（%）	2.27	4.27	8.71	12.35	13.88	13.69	12.07	9.16	7.15	5.26
累加值	2.27	6.54	15.26	27.61	41.49	55.18	67.26	76.42	83.57	88.83
句长（词）	11	12	13	14	15	16	17	18	19	20
句子数（句）	1376	926	598	418	269	165	118	93	38	38
百分比（%）	3.75	2.53	1.63	1.14	0.73	0.45	0.32	0.25	0.10	0.10
累加值	92.59	95.11	96.74	97.88	98.62	99.07	99.39	99.64	99.75	99.85
句长（词）	21	22	23	24	25	26	27	28	合 计	
句子数（句）	22	13	7	4	3	1	2	3	36660	
百分比（%）	0.06	0.04	0.02	0.01	0.008	0.002	0.005	0.008	100	
累加值	99.91	99.95	99.97	99.975	99.983	99.986	99.992	100	—	

注：百分比（%）=各类长度句子的数量/句子总数×100；累加值为百分比的累加值，为所有已有百分比的累加所得。

从表4-2-7可以看出，以"词"为单位的中级阶段句子长度的分布范围比初级有所扩大，但新增长度上句子的出现频次都比较低。句子频次在各个长度上的分布仍为不均衡状态，从百分比的累加值可以看出，长度在10个词以内的句子数已占句子总数的88%。长度在12个词以内的句子数已达到句子总数的95%以上。不同长度句子的频次如图4-2-7所示。

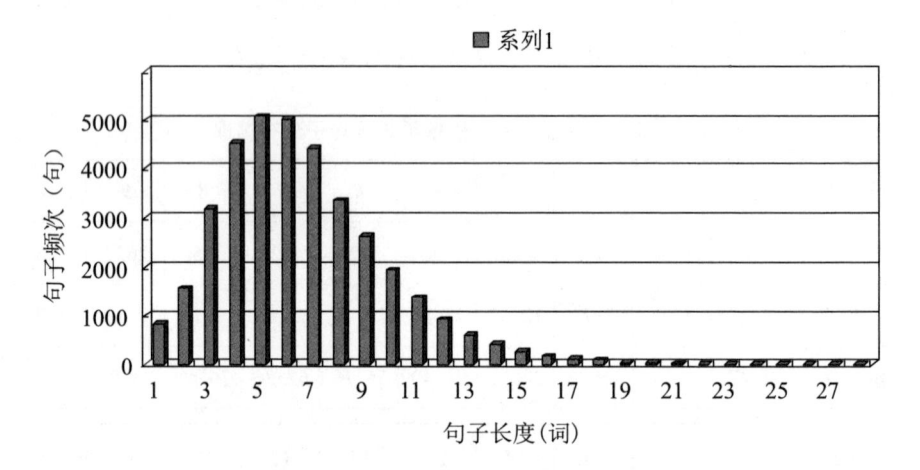

图4-2-7 中级中介语不同长度句子（以"词"为单位）频次分布及变化

各类长度句子的百分比累加值转换成折线图（如图4-2-8所示）。

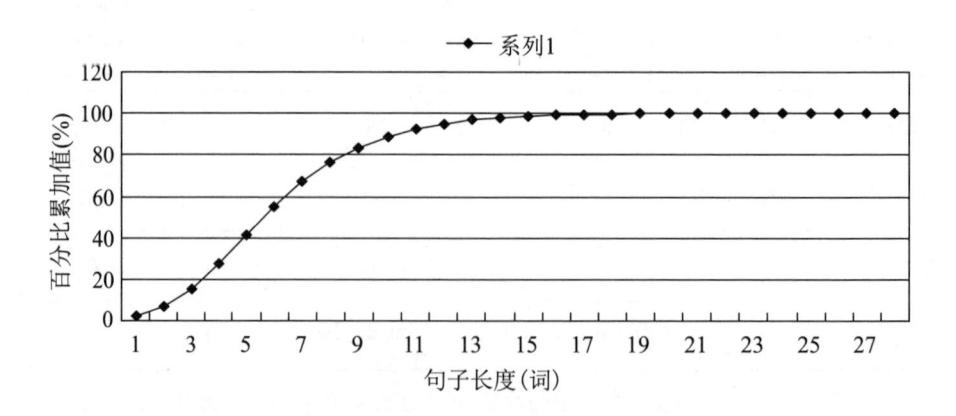

图4-2-8 中级中介语句子百分比累加值（以"词"为单位）

结合表4-2-7和图4-2-7、4-2-8,我们可以对韩国留学生中级阶段中介语以"词"为单位的句子长度分布情况做如下分析。

1. 从整体情况看,以"词"为单位的中级阶段中介语句子长度的分布呈"先升后降"的趋势。句子频次在5个词时达到峰值,然后逐渐下降。12个词之内的句子数量已超过95%,16个词以内的句子数量已超过99%。

2. 从主要分布区间看,4—7个词是中级阶段韩国留学生句长分布的最高峰,这一区间句子的出现频次均在4000句以上,句子数量占句子总数的52%,为最高频使用区间;从最高频区间往两端推移,3—8个词句子的出现频次均在3000句以上,为句长分布的高频区间,这一区间可占句子总数的69.87%,为句长分布的高频区间;3—9个词句子的出现频次在2000句以上,为句长分布的次高频区间,这一区间可占句子总数的77.02%。中级阶段韩国留学生以"词"为单位的句子长度的高频区间分布情况见表4-2-8。

表4-2-8　中级阶段韩国留学生句子长度高频区间分布(以"词"为单位)

	最高频区间	高频区间	次高频区间
词　数	4—7个	3—8个	3—9个
标　准	4000句	3000句	2000句
句子总数	19062句	25615句	28237句
区间百分比(%)	52	69.87	77.02
对应的大致字数	7—9个字	5—12个字	4—14个字

注:句子总数为该区间所有句子数量之和;区间百分比=该区间所有句子的数量/句子总数(36660)。

从表 4-2-8 可以看出，中级阶段韩国留学生以"词"为单位的句长分布的最高峰为 4—7 个词的句子。这四种长度的句子数量超过所有句子总数的一半。同时也可以看出，韩国留学生中级中介语接近 80% 的句子分布在 3—9 个词之间。句子频次在所有高频使用区间上基本呈正态分布，即句子数量以 5 个词为峰值向两端逐步递减。

（二）以"词"为单位的中级中介语句长的分区间分析

根据以"字"为单位的中级中介语句子长度的区间划分，并结合中级中介语词与字的比例关系①，我们将中级中介语以"词"为单位的句子长度划分为 1—3 个词、4—6 个词、7—10 个词、11—13 个词、14—20 个词、21—28 个词等相应的六个区间。各区间句子总数、句子总数百分比、句子总数百分比累加值、对应的大概字数见表 4-2-9。

表 4-2-9　中级阶段中介语句子长度区间分布情况（以"词"为单位）

区　间	区间 1	区间 2	区间 3	区间 4	区间 5	区间 6
词数范围(个)	1—3	4—6	7—10	11—13	14—20	21—28
对应的字数区间(个)	1—5	6—10	11—15	17—20	21—30	31—40
句子总数(句)	5594	14635	12337	2900	1139	55
百分比(%)	15.26	39.92	33.65	7.91	3.11	0.15
百分比累加值(%)	15.26	55.18	88.83	96.74	99.85	100

注：句子总数为该区间所有句子的数量之和，百分比（%）＝区间句子总数/总句子数（36660），累加值为百分比累加值，为已有百分比的累加所得。

---

① 中级中介语词与字的比例关系为 1∶1.53（240923∶369085）。

从表4-2-9可以看出，各个区间上句子数量由多到少依次为区间2（4—6个词）>区间3（7—10个词）>区间1（1—3个词）>区间4（11—13个词）>区间5（14—20个词）>区间6（21—28个词）。其中区间2与句长分布的最高频区间重合，区间3的句子长度与各高频区间有重合，句子主要分布这两个区间上。

各区间百分比累加值的变化曲线如图4-2-9所示。

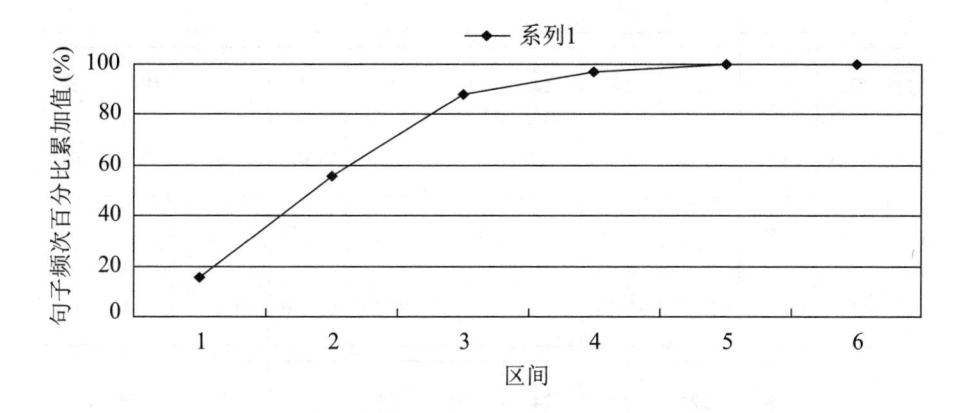

图4-2-9　中级中介语各区间句子总数百分比累加值变化曲线

从图4-2-9可以看出，句子总数在区间2（4—6个词）已达到55.18%，到区间3（7—10个词）已达到88.83%，中级中介语的绝大多数句子分布在前面三个区间上。

4.2.2.3　高级阶段韩国留学生中介语句长分析

（一）统计数据及整体情况

通过软件统计，我们发现40万字高级韩国留学生中介语语料（词数为236830个）共有句子33464个，以"词"为单位的句长分布范围为1—28个字，平均句长为7.08个词。各类长度句子的分布情况见表4-2-10。

表 4-2-10　　　　高级阶段各类长度句子分布情况表

句长(词)	1	2	3	4	5	6	7	8	9	10
句子数(句)	787	1328	2578	3492	4302	4081	3889	3213	2584	2004
百分比(%)	2.35	3.97	7.70	10.44	12.86	12.19	11.62	9.60	7.72	5.99
累加值	2.35	6.32	14.02	24.46	37.31	49.51	61.13	70.73	78.45	84.44

句长(词)	11	12	13	14	15	16	17	18	19	20
句子数(句)	1521	1131	788	491	412	271	156	138	77	58
百分比(%)	4.55	3.38	2.35	1.47	1.23	0.81	0.47	0.41	0.23	0.17
累加值	88.99	92.37	94.72	96.19	97.42	98.23	98.70	99.11	99.34	99.51

句长(词)	21	22	23	24	25	26	27	28	合　计
句子数(句)	54	23	30	18	11	7	9	11	33464
百分比(%)	0.16	0.07	0.09	0.05	0.03	0.02	0.03	0.03	100
累加值	99.67	99.74	99.83	99.88	99.91	99.94	99.97	100	—

注：百分比(%)=各类长度句子的数量/句子总数×100；累加值为百分比的累加值，为已有百分比的累加所得。

从表 4-2-10 可以看出，高级阶段以"词"为单位的句子长度分布范围跟中级一样，最长的句子均为 28 个词。句子频次在各个长度上的分布仍呈不均衡状态。长度在 10 个词以内的句子数已非常接近句子总数的 85%。长度在 12 个词以内的句子数已超过句子总数的 90%。不同长度句子的频次如图 4-2-10 所示。

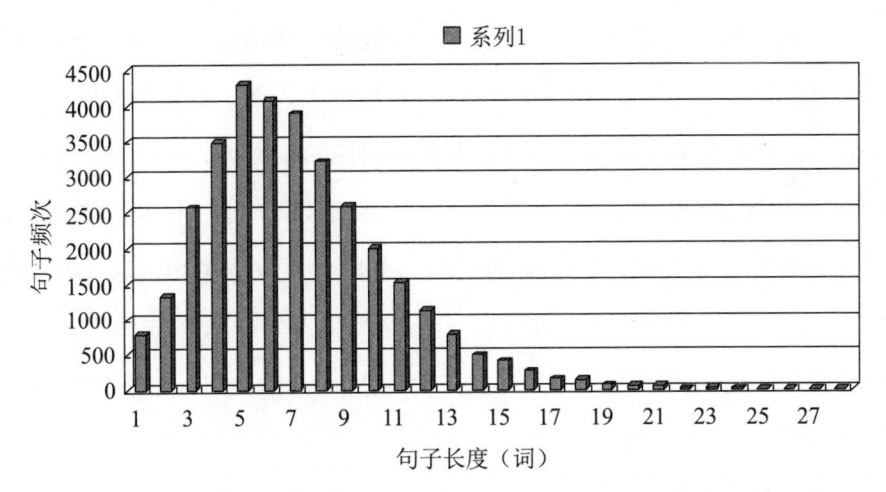

图 4-2-10　高级中介语不同长度句子（以"词"为单位）频次分布及变化

同时，我们将各类长度句子的百分比累加值转换成折线图（如图 4-2-11 所示）。

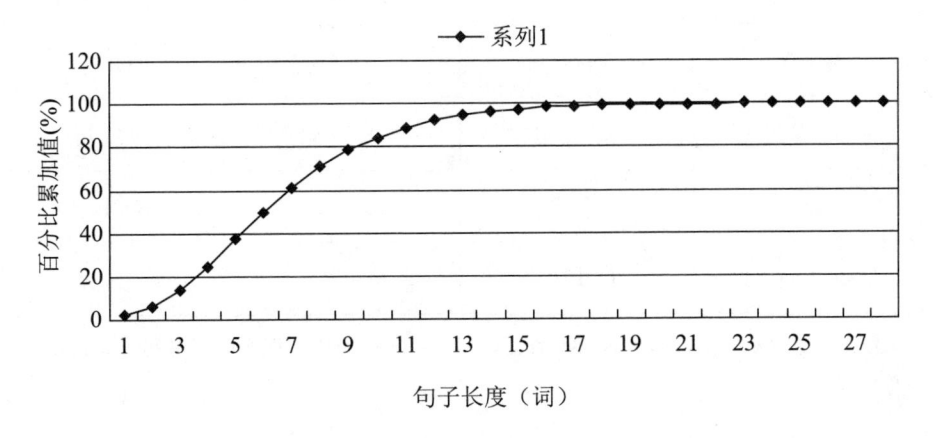

图 4-2-11　高级中介语不同句长（词）句子百分比累加值变化

结合表 4-2-10，图 4-2-10、4-2-11，我们可以发现韩国留学生高级阶段中介语以"词"为单位的句子长度分布具有以下的特点。

1. 从整体情况看，以"词"为单位的高级阶段中介语句子长度的分布也是呈"先升后降"的趋势。句子频次在 5 个词时达到峰值，然后逐渐下降，13 个词之内的句子数量已接近句子总数的 95%。

2. 从主要分布区间看，5—7个词是高级阶段韩国留学生句长分布的最高峰，这一区间句子的出现频次均在3500句以上，句子数量占句子总数的36.67%，为最高频使用区间；从最高频区间往两端推移，4—8个词句子的出现频次均在3000句以上，为句长分布的高频区间，这一区间可占句子总数的56.71%，为句长分布的高频区间；3—10个词句子的出现频次在2000句以上，为句长分布的次高频区间，这一区间可占句子总数的78.12%。高级阶段韩国留学生以"词"为单位的句子长度的高频区间分布情况见表4-2-11。

表4-2-11 高级阶段韩国留学生句子长度高频区间分布（以"词"为单位）

	最高频区间	高频区间	次高频区间
词　数	5—7个	4—8个	3—10个
标　准	3500句	3000句	2000句
句子总数	12272句	18977句	26143句
区间百分比(%)	36.67	56.71	78.12
对应的大致字数	8—10个	6—12个	4—15个

注：句子总数为该区间所有句子数量之和；区间百分比＝该区间所有句子的数量/句子总数（33464）。

从表4-2-11可以看出，高级阶段韩国留学生以"词"为单位的句长分布的最高峰为5—7个词的句子，这三种长度的句子数量接近句子总数的40%。同时也可以看出，韩国留学生中级中介语接近80%的句子分布在3—10个词之间。句子频次在所有高频使用区间上基本呈正态分布，即句子数量以5—7个词为高峰向两端逐步递减。

(二) 以"词"为单位的高级中介语句长的分区间分析

根据以"字"为单位的高级中介语句子长度的区间划分，并结合高级中介语词与字的比例关系①，我们将高级中介语以"词"为单位的句子长度划分为1—3个词、4—6个词、7—10个词、11—13个词、14—20个词、21—28个词等相应的六个区间。各区间句子总数、句子总数百分比、句子总数百分比累加值、对应的大概字数见表4-2-9。

表4-2-12 中级阶段中介语句子长度区间分布情况（以"词"为单位）

区间	区间1	区间2	区间3	区间4	区间5	区间6
词数范围(个)	1—3	4—6	7—10	11—13	14—20	21—28
句子总数(句)	4693	11875	11690	3440	1603	163
百分比(%)	14.02	35.49	34.93	10.28	4.79	0.49
百分比累加值(%)	14.02	49.51	84.44	94.72	99.51	100
对应的字数区间(个)	1—5	6—10	11—15	17—20	21—30	31—40

注：句子总数为该区间所有句子的数量之和，百分比（%）=区间句子总数/总句子数（36660），累加值为百分比累加值，为已有百分比的累加所得。

从表4-2-12可以看出：各个区间上句子数量由多到少依次为，区间2（4—6个词）>区间3（7—10个词）>区间1（1—3个词）>区间4（11—13个词）>区间5（14—20个词）>区间6（21—28个词）。其中区间2与区间3句子数量最多，句子主要分布这两个区间上。

各区间百分比累加值的变化曲线如图4-2-12所示。

从图4-2-12可以看出，句子总数在区间2（4—6个词）已接近50%，到区间3（7—10个词）已接近85%，高级中介语的绝大多数句子分布在前面三个区间上，即分布在10个词之内。

---

① 高级中介语词与字的比例关系为1:1.54（236830:363845）。

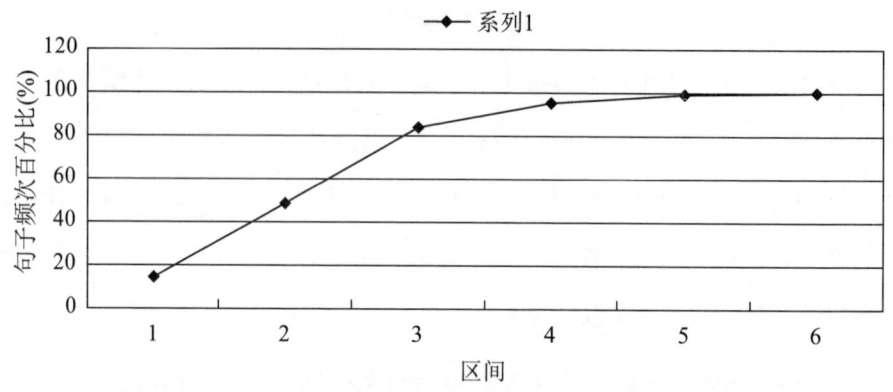

图 4-2-12　高级中介语各区间句子总数百分比累加值变化曲线

4.2.3　以"词"为单位的韩国留学生中介语句长发展特征分析

在分析韩国留学生中介语总语料及各学时等级中介语语料以"词"为单位的平均句长及句子长度分布情况的基础上，下面我们从不同学时等级上韩国留学生中介语的平均句长、句长分布范围、句长分布的最高峰、主要百分比累加值对应的句子长度、句子的最常用区间等方面进行分析。上述方面在以"词"为单位的各级韩国留学生中介语语料及总语料中的呈现情况见表4-2-13。

表4-2-13　韩国留学生各学时等级以"词"为单位的平均句长及句子长度对比表

	平均句长（词）	句长分布范围（词）	最高峰句长（词）	主要百分比累加值对应的句子长度（词）				句长分布最常用区间
				60%	80%	90%	99%	
初级	5.97	1—23	4、5、6	6	8	10	14	3—9个词，占84.09%
中级	6.57	1—28	4、5、6、7	6	9	11	16	3—9个词，占77.02%
高级	7.08	1—28	5、6、7	7	10	12	18	3—10个词，占78.12%
总语料	6.62	1—28	4、5、6	7	9	11	17	3—10个词，占82%

注：句子分布的主要区间取决所选择的句子频次标准，我们这里只列举覆盖句子总量80%左右的区间进行比较分析。

第4章 韩国留学生汉语中介语句长发展研究

从 4-2-13 表可以看出，以"词"为单位的韩国留学生中介语平均句长及句子长度的发展变化具有以下的特点和规律。

1. 随着学时等级的提高，韩国留学生中介语以"词"为单位的平均句长逐步上升。从初级的 5.97 个词发展到中级的 6.57 个词，增长 0.6 个词；中级到高级平均句长从 6.57 个词发展到 7.08 个词，增长了 0.51 个词。

2. 随着学时等级的提高，韩国留学生中介语以"词"为单位的句长分布范围扩大。最长的句子从初级的 23 个词，扩大到中、高级的 28 个词。

3. 韩国留学生句长出现的最高峰区间依次为 4—6 个词（初级）、4—7 个词（中级）、5—7 个词（高级），这说明韩国留学生中介语句子的最高频区间在 4—7 个词上，同时表明中介语句长的最高峰随着学时等级的提高而逐步上升。

4. 从主要百分比对应的句子长度看，随着学时等级的提高，对应同一百分比累加值的句子长度（词长）逐步上升。也就是说，学生水平等级越高，句子长度的分布范围越广。

5. 从句子分布的主要常用区间看，初级、中级的最常用区间均为 3—9 个词，高级的最常用区间为 3—10 个词，这说明韩国留学生中介语的绝大部分句子都集中在 3—10 词。

下面我们综合本节中的相关数据，进一步对比分析每一具体长度上句子的频次、句子所占百分比、句子频次百分比累加值，以进一步揭示韩国留学生中介语以"词"为单位的句长发展特点。

（一）中、高级以"词"为单位的不同句长句子频次对比分析

由于初级语料在绝对数量上明显少于中、高级，而中、高级是等量语料，所以这里主要对比中级和高级韩国留学生中介语在不同长度上的频次分布。结合中、高级韩国留学生中介语不同句长句子出现的频次（具体数据可参看表 4-2-7 和 4-2-10），中、高级韩国留学生中介语不同长度句子频次的分

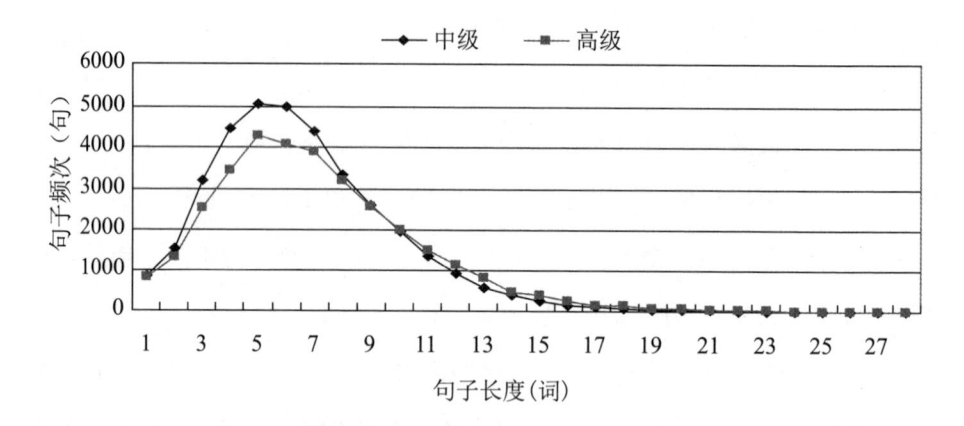

布如图 4-2-13 所示。

图 4-2-13 中、高级韩国留学生中介语不同句长句子频次分布（以"词"为单位）

结合上图及具体数据可以看出，在 1—10 个词的句子长度上，韩国留学生中级中介语的句子频次均高于高级中介语，从 11 个词的句子开始，高级中介语的句子频次开始反超，在 11—28 个词的任一句子长度上，高级阶段所出现的句子频次均高于中级阶段。这一数据同样说明水平越高，韩国留学生在长句子的使用上越突出，长句子的出现频次越高，这种同一句长句子的频次在不同等级上的差异，正体现出中介语句长发展的动态性和系统性。

（二）初、中、高三学时等级以"词"为单位的不同句长句子频次百分比对比分析

句子频次百分比可以作为一个不受语料绝对数量影响的指标来考察不同长度句子在句子总数中的相对数量的大小。结合初、中、高三级韩国留学生中介语不同句长句子出现频次的百分比（具体数据可参看表 4-2-4、4-2-7 和 4-2-10），各级韩国留学生中介语不同长度（以"词"为单位）句子频次百分比的分布如图 4-2-14 所示。

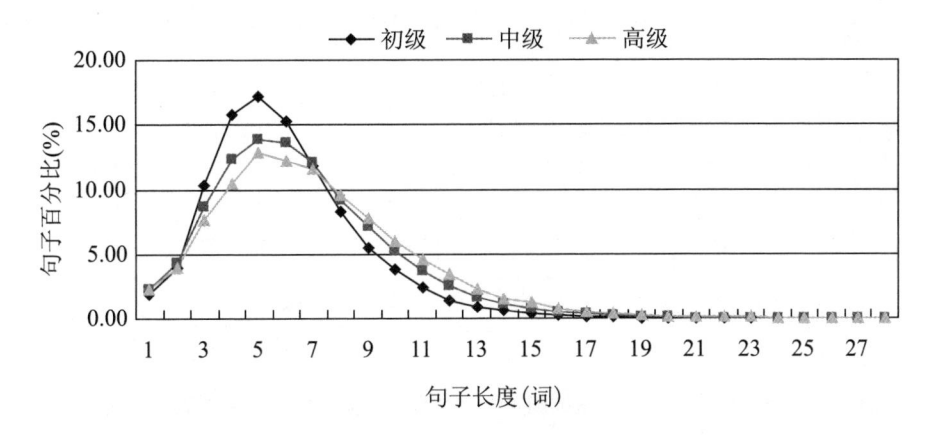

图 4-2-14　初、中、高三级韩国留学生中介语不同长度句子频次百分比分布

结合图 4-2-14 及具体数据可以看出：句长为 1—2 个词的句子，初、中、高各级句子频次所占百分比比较接近；句长为 3—6 个词的句子，初级句子频次的百分比高于中级和高级；句长为 7 个词时，中级句子的频次百分比最高；在 7 个词的句子之后，高级句子频次的百分比都一直高于初级、中级。

这一数据表明：句长偏短的句子（如 3—6 个字词）在初级阶段的使用比例高于在中、高级阶段，句长偏长的句子（如 7 个字以上的句子）在高级阶段的使用比例高于在初、中级阶段。也就是说，随着学生水平等级的提高，长句子的频次百分比逐步上升。

（三）初、中、高三学时等级以"词"为单位的不同句长句子百分比累加值对比分析

百分比累加值表示的是各类句长句子频次逐步靠近句子总数的过程。结合初、中、高三级韩国留学生中介语不同句长句子的百分比累加值（具体数据可参看表 4-2-4、4-2-7 和 4-2-10），各级韩国留学生中介语不同长度（以"词"为单位）句子百分比的分布如图 4-2-15 所示。

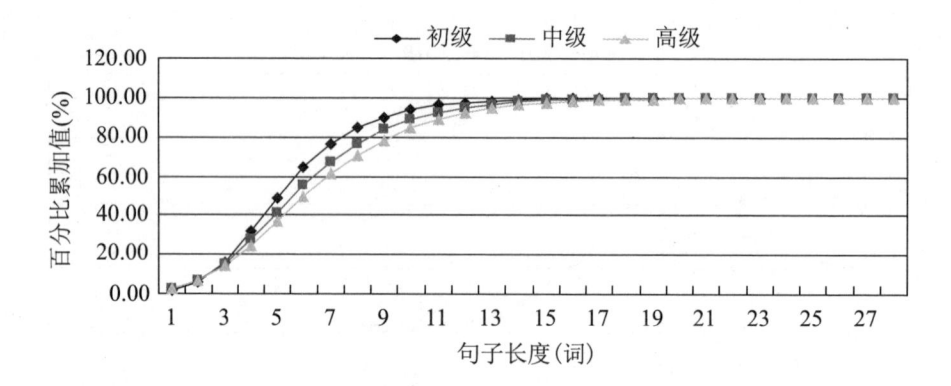

图 4-2-15 初、中、高三级韩国留学生中介语不同长度句子百分比累加值分布

结合图 4-2-15 及具体数据可以看出：在 1—3 个词的句子长度上，句子长度的百分比累加值比较接近。在 3 个词以上的句子长度上，初级阶段的句子长度百分比累加值一直高于中级和高级。这说明初级阶段句子数量在句子长度上的分布更为集中，初级阶段句子以更快的速度靠近句子的总数（即接近100%的最大累加值）。

4.3 以"字""词"为单位的韩国留学生中介语句长对比分析

4.3.1 以"字""词"为单位的韩国留学生中介语句长整体情况对比

我们将以"字"和以"词"为单位的中介语总语料及各级中介语的平均句长、句长范围、最高峰区间、最常用区间列（见表 4-3-1），以观察"字""词"两种统计单位在这些方面的对应性和相关性。

表 4-3-1　以"字"和以"词"为单位的韩国留学生句长相关数据对比

		初　级	中　级	高　级	总语料
平均句长	字(个)	8.94	10.06	10.87	10.11
	词(个)	5.97	6.57	7.08	6.62
句长范围	字(个)	1—34	1—40	1—44	1—44
	词(个)	1—23	1—28	1—28	1—28
最高峰区间	字(个)	6、7、8	7、8、9	8、9、10	7、8、9
	词(个)	4、5、6	4、5、6、7	5、6、7	4、5、6
最常用区间	字(个)	4—12	4—14	4—15	4—14
	词(个)	3—9	3—9	3—10	3—10
词与字的比例		1∶1.5	1∶1.53	1∶1.54	1∶1.53

从表 4-3-1 可以看出，以"字"为单位和以"词"为单位的中介语总语料及各级中介语语料在平均句长、句长分布范围、最高峰区间、最常用区间上都具有较高的一致性和对应性，主要表现在以下几方面。

1. 各级语料及总语料以"字"和以"词"为单位的平均句长、句长分布范围具有较高的一致性和对应性，其对应的比例关系基本上等同于对应语料中词与字的比例关系。

2. 各级语料及总语料以"字"和以"词"为单位的最高峰区间具有较高的一致性和对应性。以"字"为单位的最高峰区间跨度为 6—10 个字，以"词"的最高峰区间跨度为 4—7 个词，对应的比例关系基本上等同于语料中词与字的比例关系。

3. 各级语料及总语料以"字"和以"词"为单位的最常用区间（即覆盖

80%左右的句子数量的区间)具有较高的一致性和对应性。以"字"为单位的最常用区间跨度为4—15个字,以"词"的最常用区间跨度为3—10个词,对应的比例关系基本上等同于语料中词与字的比例关系。

4.3.2 以"字""词"为单位的韩国留学生中介语句长区间分布对比

我们将以"字"和以"词"为单位的中介语总语料在各个区间上的分布情况列表(见表4-3-2),以观察以"字"和以"词"两种统计单位在句长区间分布上的对应性和相关性。

表4-3-2 以"字"和以"词"为单位的韩国留学生总语料句子长度区间分布对比

区间	区间1	区间2	区间3	区间4	区间5	区间6
字数范围(个)	1—5	6—10	11—15	17—20	21—30	31—44
词数范围(个)	1—3	4—6	7—10	11—13	14—20	21—28
句子数("字")(句)	14545	39582	24278	8676	3021	268
句子数("词")(句)	13542	36258	29995	7316	3031	228
百分比("字")(%)	16.09	43.8	26.87	9.6	3.34	0.3
百分比("词")(%)	14.99	40.12	33.19	8.1	3.35	0.25
百分比累加值("字")(%)	16.09	59.89	86.76	96.36	99.7	100
百分比累加值("词")(%)	14.99	55.11	88.3	96.4	99.75	100

注:表格中的"字""词"分别表示以"字""词"为单位的统计情况。

从表4-3-2可以看出,中介语总语料以"字"和以"词"为统计单位的句长区间分布在句子数量、句子所占百分比、百分比累加值等三个方面的数据都较为接近。区间2(6—10个字;4—6个词)均占句子总数的40%以上，为句子数量最大的区间。这表明在按照字与词比例关系确定的相应的区间内，以"字"和以"词"为单位统计的句长分布具有很高的一致性和相关性。

初、中、高三个学时等级上以"字"和以"词"为单位统计的各对应区间上的句子总数、句子百分比及句子百分比累加值都较为接近，具体情况可参看本节中的相关数据，这里不再赘述。

综上所述，以"字"和以"词"为单位统计的中介语句子长度在平均句长、句子长度范围、最高峰区间、最常用区间的分布上都具有较强的一致性和相关性。以"字"为单位的最高峰区间跨度为6—10个字，以"词"为单位的最高峰区间跨度为4—7个词；以"字"为单位的最常用区间跨度为4—15个字，以"词"为单位的最常用区间跨度为3—10个词。这些数据均表明"字""词"作为统计平均句长的两种基本单位，具有较强的内在一致性和相关性。

4.4 本章小结

本章分别以"字"和"词"为单位统计了韩国学生中介语平均句长和句长分布情况，分析了初、中、高三级中介语平均句长和句长分布的发展状况。并比较"字""词"两种句长统计单位所得结论之间的相关性。本章主要结论有以下五点。

1. 在约100万字的中介语语料中，共有句子90370个，平均句子长度为10.11字/6.62词，句子长度分布范围为1—44字/1—28词。研究表明中介语的句子并不短，原因可能跟第二语言学习者具有完整的概念系统和健全的思维能力有关。学习者在交际过程中有表达复杂信息的交际需要,在句子输出上需要有相应的句子长度与之适应。

2. 初、中、高三级平均句长分别为 8.94 字/5.97 词、10.07 字/6.57 词、10.87 字/7.08 词,句长分布范围分别为 1—34 字/1—23 词、1—40 字/1—28 词、1—44 字/1—28 词。研究表明随着学时等级的提高,韩国留学生中介语平均句长逐级上升。句长分布范围也逐步扩大。

3. 初、中、高三级中介语峰值区间分别为 6—8 字/4—6 词、7—9 字/4—7 词和 8—10 字/5—7 词。各类句长频次出现的最高峰主要集中在 6—10 字/4—7 词,各级中介语所对应句长的峰值区间范围较为固定且逐步上升。

4. 初、中、高三级中介语最常用区间分别为 4—12 字/3—9 词、4—14 字/3—9 词和 4—15 字/3—10 词。在各级语料中,绝大多数句子均集中在 15 字/10 词之内,最常用区间的句子数量占句子总数的 80% 左右,各级中介语对应句长的最常用区间范围较为固定且逐步扩大。

5. 以"字"和以"词"为单位的中介语句子长度在平均句长、句子长度范围、最高峰区间、最常用区间的分布上都具有较强的一致性和相关性。以"字"为单位的最高峰区间跨度为 6—10 个字,以"词"为单位的最高峰区间跨度 4—7 个词;以"字"为单位的最常用区间跨度为 4—15 个字,以"词"为单位的最常用区间跨度为 3—10 个词。这些数据均表明"字""词"作为统计平均句长的两种基本单位,具有较强的内在一致性和相关性。

第 5 章　韩国留学生中介语各句长句子定语复杂度分析

第 4 章我们研究了韩国留学生中介语句子长度分布和平均句长的发展情况。以下 3 章我们将研究韩国留学生各类句长句子的复杂度及其在各学时等级上的发展变化情况，并与本族人各类句长句子的复杂度进行对比，以发现中介语系统跟目标语系统（本族人语料）在句法复杂度上的共性与差异。

对中介语语料的句法信息标注、句子抽取、检索与排序均与本族人语料相同，这里不再赘述。本章主要是研究跟句子长度密切相关的句法成分——定语在不同句长句子中的出现和分布情况，以考察韩国留学生中介语句长与句法复杂度之间的互变关系，同时也考察中介语在句子复杂程度方面所具有的自身的特点。

中介语包括正确部分和偏误部分，我们主要分析其正确部分的句法构成情况。在抽取语料时跳过错误句子不抽取，一直抽取到正确句子数达到我们预计抽样标准为止。对于正确用例与错误用例的区分，我们主要以是否符合句法规则作为标准，即将句法结构（主要是语序）有误的用例认定为偏误用例，对不影响句子结构的词汇偏误则忽略不计。例如：

（1）*我在韩国的时候最远的地方也可以到 7 个小时左右。
（2）*以来大多数韩国人关于中国想低比我们。

(3) 因为小时的记住能力比年龄大的人强。

(4) 看得懂一些报纸上的字而且杂志上一些文章。

(1)(2) 中的偏误为影响句子句法结构分析和标注的整体性偏误（Global errors），属于我们所认定的偏误；(3)(4) 中虽然存在词汇的替代错误，但不影响句子的整体组织结构，是局部性偏误（Local errors），这类句子不属于我们所认定的偏误。

如我们在前面章节所论述到的，定语的复杂程度跟主语、宾语、兼语等句法成分的出现与否及复杂程度密切相关。定语的出现处数、定语的层次性、各层定语内部构成的复杂程度均跟句子的复杂程度紧密相关。本节拟在语料标注、统计的基础上，分析韩国留学生中介语各学时等级上不同句长句子定语的出现和分布情况，以考察中介语句长与句子复杂程度之间的互变关系。

5.1 初级阶段句子定语复杂度分析

初级阶段韩国留学生中介语语料共约 20 万字，句长分布范围为 1—23 个词。句子长度的分布非常集中，在句长为 20 个词时，出现的句子数已达到句子总数的 99.95%[①]。因此本章仍采用本族人语料句法复杂度分析的区间选取方法，对 7—20 个词句子（区间3—区间5）的定语复杂度进行分析。

我们对 10 万字语料规模的句子进行句法信息的标注和分析。为了使抽样语料具有更好的代表性，采用人工抽取的方法，依次抽取语料中各类句长（7—20 个词）句子的双数号句子。这样抽取的语料可以覆盖到整个语料库，使语料具有更好的代表性。

[①] 具体论述可参看第 4 章中的 4.2.2.1。

5.1.1 初级中介语各区间句子定语复杂度分析

5.1.1.1 初级中介语7—10个词句子（区间3）定语复杂度分析

下面先分析韩国留学生初级中介语7—10个词句子（区间3）定语的分布情况，考察中介语定语复杂度的发展变化情况。7—10个词句长上带定语句子的百分比情况见表5-1-1。

表5-1-1　　初级中介语7—10个词句子带定语的百分比情况

句　长	7个词	8个词	9个词	10个词
句子总数(句)	2405	1682	1109	772
抽样句子数(句)	1202	841	554	386
带定语的句子数(句)	635	448	297	209
带定语句子百分比(%)	52.83	53.27	53.61	54.15

注：带定语句子的百分比＝带定语的句子数/抽样句子数。

从表5-1-1可以看出，随着句子长度的上升，初级阶段中介语带定语句子的比例呈逐步上升的趋势，但上升的幅度不大。和本族人这一区间带定语句子的比例比较，在7—8个词上，初级中介语带定语句子的比例高于本族人，但在9—10个词上则低于本族人。① 下面我们来看这一区间定语分布的整体情况，具体情况见表5-1-2。

---

① 7—8个词句子本族人带定语句子的比例为46.78%和52.17%，而初级中介语则为52.83%和53.27%；9—10个词时，本族人带定语句子比例为58.53%和63.68%，而初级中介语为53.61%和54.15%。

表 5-1-2　　初级中介语 7—10 个词（区间 3）句子定语分布情况

定语分布		三处定语	两处定语				一处定语		
			D1+D1	D1+D2	D2+D1	D2+D2	D1	D2	D3
7个词	句子数量（句）	0	29	7	3	0	508	83	5
			39				596		
	百分比（%）	0	4.57	1.1	0.47	0	80	13.07	0.79
			6.14				93.86		
8个词	句子数量（句）	0	40	5	3	0	335	62	3
			48				400		
	百分比（%）	0	8.93	1.11	0.67	0	74.78	13.84	0.67
			10.71				89.29		
9个词	句子数量（句）	0	25	5	5	0	202	55	5
			35				262		
	百分比（%）	0	8.42	1.68	1.68	0	68.02	18.52	1.68
			11.78				88.22		
10个词	句子数量（句）	1	2	6	4	17	35	5	139
			29				179		
	百分比（%）	0.48	8.13	0.96	2.87	1.91	66.51	16.75	2.39
			13.87				85.65		

注：百分比＝带该定语类型的句子数量/带定语的句子总数。

第 5 章　韩国留学生中介语各句长句子定语复杂度分析

下面我们先截取这一区间 7、9 个词句子的定语构成情况做个案分析，然后再分析这一区间句子定语复杂度的发展变化趋势。

（一）初级 7、9 个词句子定语分布情况具体分析

1. 初级中介语 7 个词句子定语分布情况

7 个词句子定语分布主要包括带两处定语和带一处定语两种情况，各占 6.14% 和 93.86%。带两处定语的情况包括 "D1＋D1""D1＋D2""D2＋D1" 三种类型，例如：

（1）［DZ1 所有的国家］肯定有［DZ1 传统节日］。
（2）新街口有［DZ1 很多人］和［DZ1 很多东西］。
（3）［DZ1 有的人］有［DZ2 很多（DZ1 好的东西）］。
（4）［DZ2 她的（DZ1 大女儿）］是［DZ1 十四岁］。

上述各例中，（1）（2）为 "D1＋D1" 的用例，共 29 例。两处单层定语一般出现在主语、宾语位置上，如（1），共 27 例。或者出现在充当宾语的联合短语中，如（2），共 2 例。（3）为 "D1＋D2" 的用例，共 7 例，两处定语都出现在主语、宾语位置上。（4）为 "D2＋D1" 的用例，共 3 例，两处定语均出现在主语、宾语位置上。

初级阶段 7 个词句子所带一处定语包括 D1、D2、D3 三种情况。我们先来看带一层定语（D1）的情况，共 508 例，例如：

（5）我来说一下［DZ1 我的朋友］。
（6）而且［DZ1 我们的想法］都不一样。
（7）我觉得［DZ1 我们的学校］很好。

一层定语主要出现在主语、宾语位置上，以宾语位置为最多，共 368 例，

如（5）；出现在主语位置上的共130例，如（6）；1层定语还可以出现在其他位置上（如宾语小句中），共10例，如（7）。

带两层定语（D2）的句子共83例，例如：

(8)［DZ2 她的（DZ1 中文名字）］我不知道。

(9) 我喜欢［DZ2 你的（DZ1 生活的习惯）］。

(8) 位于主语位置，共12例，(9) 位于宾语位置，共71例。
带三层定语（D3）的句子共5例，均位于宾语位置上，例如：

(10) 因为我有｛DZ3 一个［DZ2 好（DZ1 中国朋友）］｝。

(11) 她真喜欢｛DZ3 一个［DZ2 中国（DZ1 年轻歌手）］｝。

2. 初级中介语9个词句子定语分布情况

9个词句子定语分布主要包括带两处定语和带一处定语两种情况，各占11.78%和88.22%。带两处定语的情况包括"D1＋D1""D1＋D2""D2＋D1"三种类型。例如：

(12)［DZ1 所有的人］都不满足［DZ1 自己的情况］。

(13) 所以［DZ1 我家人］［DZ1 很多的地方］还没去。

(14)［DZ1 我的附近］有［DZ2 一位（DZ1 助人为乐的朋友）］。

(15) 我想［DZ1 我们学校］是［DZ2 南京（DZ1 漂亮的地方）］。

(16)［DZ2 不少（DZ1 韩国公司）］需要［DZ1 会说汉语的人］。

(17) 我很爱［DZ2 中国（DZ1 电影影星）］还有［DZ1 中国文化］。

上述各例中，(12)(13) 为"D1＋D1"的用例，共25例。其中23例两处定语出现在主语、宾语位置上（如12），另外2例定语出现在主语和谓语小句的主语位置如（13）；（14）（15）为"D1+D2"的用例，共5例，其中4例的两处定语出现在主语、宾语位置上如（14），1例的两处定语出现在宾语小句中如（15）。（16）（17）为"D2+D1"的用例，共5例，其中4例的两处定语出现在主语、宾语位置如（16），另外1例的两处定语位于充当宾语的联合结构中，即（17）。

初级阶段9个词句子所带一处定语包括D1、D2、D3三种情况。我们先来看带一层定语（D1）的情况，共202例，例如：

（18）［DZ1 我的爱好］是听音乐还有看电视。

（19）我来中国以后很想［DZ1 我的家乡］。

（20）我相信［DZ1 我的选择］一定是正确的。

一层定语主要出现在主语、宾语位置上，分别为61例和125例，如（18）（19）；9个词的一层定语还出现在宾语小句中，共16例，如（20）。

带两层定语（D2）的句子共55例，例如：

（21）［DZ2 现在的（DZ1 韩国年轻人）］一般不会做泡菜。

（22）在韩国有［DZ2 两个（DZ1 很大的节日）］。

（23）我可以说我是［DZ2 一个（DZ1 幸福的人）］。

（24）是［DZ2 我们班（DZ1 法国同学）］给我介绍的。

（21）位于主语位置，共12例；（22）位于宾语位置，共32例；（23）位于小句宾语的位置上，共10例，（24）位于兼语位置上，仅1例。

带三层定语（D3）的句子共5例，均出现在宾语位置上，例如：

（25）我想说〔DZ3 我的［DZ2 一位（DZ1 好朋友）］］。

（26）后来她成为〔DZ3 我的［DZ2 一位（DZ1 辅导老师）］］。

(二) 7—10 个词句子（区间 2）定语复杂度变化分析

在这一区间（7—10 个词），随着句长的上升，句子定语的复杂化程度也逐步提高，主要表现在以下三个方面。

1. 句子的长度越长，出现定语的处数越多。7—9 个词的句子最多只出现两处定语，10 个词的句子开始出现三处定语。

2. 句子的长度越长，多处定语的比例越大。在句长为 7 个词时，多处定语的比例为 6.14%，在句长为 10 个词时，多处定语的比例上升为 13.87%。

3. 句子的长度越长，定语类型搭配越丰富。在两处定语中，7、8、9 个词的两处定语出现了"D1＋D1""D1＋D2""D2＋D1"三种类型，10 个词的句子开始出现"D2＋D2"的类型。

下面我们来看这一区间句子定语层次性的变化情况。7—10 个词句子定语的层次性分布情况见表 5－1－3。

表 5－1－3　　区间 3（7—10 个词）句子定语层次性分布情况

		D1	D2	D3	合　计
7 个词	数　量(个)	576	93	5	674
	百分比(%)	85.46	13.8	0.74	100
8 个词	数　量(个)	423	70	3	496
	百分比(%)	85.28	14.11	0.61	100
9 个词	数　量(个)	262	65	5	332
	百分比(%)	78.92	19.58	1.5	100
10 词	数　量(个)	184	51	5	240
	百分比(%)	76.67	21.25	2.08	100

注：百分比 = 该层次定语的数量/定语总数。

从表 5-1-3 可以看出，随着句子长度的上升，初级中介语 7—10 个词句子单层定语的比例逐渐下降，双层、三层定语的比例逐渐上升。这表明从层次性看，定语的复杂程度也随句长的增长而逐步上升。

5.1.1.2 初级中介语 11—13 个词句子（区间 4）定语复杂度分析

下面我们分析韩国留学生初级中介语 11—13 个词句子（区间 4）定语的分布情况，考察中介语定语复杂度随句长递增而产生的变化情况。11—13 个词句长上带定语句子的百分比情况见表 5-1-4。

表 5-1-4　初级中介语 11—13 个词句子带定语的百分比情况

	11 个词	12 个词	13 个词
句子总数(句)	494	290	192
抽样句子数(句)	247	145	96
带定语的句子数(句)	134	80	54
带定语句子百分比(%)	54.25	55.17	56.25

注：带定语句子的百分比 = 带定语的句子数/抽样句子数。

从表 5-1-4 可以看出，在这一区间，初级阶段中介语带定语句子的比例呈逐步上升的趋势。跟同一区间本族人带定语句子的比例比较，这一区间带定语句子比例明显低于本族人的水平。[1]

下面我们来看这一区间定语分布的整体情况，具体情况见表 5-1-5。

---

[1] 句长为 11、12、13 个词时，本族人带定语句子的比例依次为 64.09%、69.04% 和 70.87%，初级中介语同一句长句子带定语的比例依次为 54.25%、55.17% 和 56.25%。

表 5-1-5　　初级中介语 11—13 个词（区间 3）句子定语分布情况

定语分布		三处定语	两处定语				一处定语			
			D1+D1	D1+D2	D2+D1	D2+D2	D1	D2	D3	D4
11 个词	句子数量（句）	3	13	1	1	1	83	29	2	1
			16				115			
	百分比（%）	2.24	9.7	0.75	0.75	0.75	61.93	21.64	1.49	0.75
			11.95				85.81			
12 个词	句子数量（句）	1	10	4	2	0	45	16	2	0
			16				63			
	百分比（%）	1.25	12.5	5	2.5	0	56.25	20	2.5	0
			20				78.75			
13 个词	句子数量（句）	1	5	2	3	1	31	9	2	0
			11				42			
	百分比（%）	1.85	9.26	3.7	5.56	1.85	57.41	16.67	3.7	0
			20.37				77.78			

注：百分比＝带该定语类型的句子数量/带定语的句子总数。

下面我们先分析初级中介语 11、13 个词句子定语的具体分布情况，然后再分析这一区间句子定语复杂度的发展变化趋势。

（一）初级 11、13 个词句子定语分布情况具体分析

1. 初级中介语 11 个词句子定语分布情况

11 个词句子定语分布主要包括带三处定语、两处定语和带一处定语三种情况，三者所占百分比分别为 2.24%、11.95% 和 85.81%。下面我们先来看带三处定语的句子，共 3 例，例如：

(27) [DZ1 同屋的朋友] 和 [DZ1 我的朋友] 常常来 [DZ1 我家]。

(28) [DZ1 她的宿舍] 里有 [DZ1 两张桌子] [DZ1 两把椅子]。

以上两例中的三处定语出现在主语和宾语中。当主语或宾语为定中短语构成的联合短语时，主语、宾语较为复杂。

11个词带两处定语的情况包括"D1 + D1""D1 + D2""D2 + D1""D2 + D2"四种类型，例如：

(29) 可是在韩国 [DZ1 我的家乡] 是 [DZ1 最热的地方]。

(30) 我想念 [DZ1 妈妈的好菜] 和 [DZ1 妈妈的笑声]。

(31) [DZ1 那位] 就是 [DZ2 一个 (DZ1 热心帮助别人、助人为乐的人)]。

(32) [DZ2 那次 (DZ1 长白山旅行)] 给我们 [DZ1 忘不了的记得]。①

(33) [DZ2 我的 (DZ1 中国朋友)] 是 [DZ2 南京师范大学的 (DZ1 女学生)]。

上述各例中，(29)(30) 为"D1 + D1"的用例，共13例。两处单层定语出现在主语、宾语位置上的为12例，如(29)。出现在充当宾语的联合短语中的为1例，即(30)。(31) 为"D1 + D2"的用例，(32) 为"D2 + D1"的用例，(33) 为"D2 + D2"的用例，这三种情况都只出现1例，均出现在主语、宾语位置上。

初级阶段11个词句子所带一处定语包括D1、D2、D3、D4等四种情况，其中四层定语（D4）为新出现的情况。我们先来看带一层定语（D1）的情

---

① 这一句子更准确的表达应为"那次长白山旅行给我们忘不了的记忆"，但这里的词汇替代偏误属于我们定义的"局部性偏误"，不影响对句子的理解，所以这里将其视同为正确用例。后面类似的情况不再一一说明。

况，共83例，例如：

(34) 我来中国以前 [DZ1 对汉语的兴趣] 不太大。

(35) 那时候我要做 [DZ1 跟中国有关联的工作]。

(36) 她们觉得丽江是 [DZ1 最美丽又最好玩儿的地方]。

一层定语出现在主语位置上的共20例，如（34）；出现在宾语位置上的共55例，如（35）；出现在宾语小句中的共8例，如（36）。

带两层定语（D2）的句子共29例，例如：

(37) 可是 [DZ2 偶然见面的（DZ1 中国朋友）] 培培为了我做饭。

(38) 可是过了半年遇到了 [DZ2 很多的（DZ1 好朋友）]。

(37) 位于主语位置，共8例，（38）位于宾语位置，共21例。

带三层定语（D3）的句子共2例，定语均位于宾语位置，用例如下：

(39) 因为爱是 {DZ3 人们生活中 [DZ2 最重要的（DZ1 精神源泉）]}。

(40) 这女人就是 {DZ3 我找的 [DZ2 一位（DZ1 中国朋友）]}。

带四层定语（D4）的句子仅1例，定语位于主语位置，用例如下：

(41) 还有 {DZ4 我结交的 [DZ3 那 [DZ2 两个（DZ1 中国女人）]]} 真不错。

2. 初级中介语13个词句子定语分布情况

13个词句子定语分布主要包括带三处定语、两处定语和带一处定语三种情况，三者所占百分比为1.85%、20.37%和77.78%。下面我们先来看带三处定语的句子，仅1例，用例如下：

(42) 我高中习知了［DZ1 中国的电影］、［DZ1 中国的音乐］、［DZ1 中国的文化］。

上例中三个定中短语构成联合短语充当句子的宾语，宾语的构成较为复杂。

13个词句子带两处定语的情况包括"D1+D1""D1+D2""D2+D1""D2+D2"四种类型。我们先来看前面两种情况，例如：

(43) 因为在人生上［DZ1 最重要的目的］是实现［DZ1 自己的希望］。

(44) 我现在常常觉得现在［DZ1 我的生活］是［DZ1 很幸福的生活］。

(45) 所以［DZ1 人们的心］忘不了［DZ2 这个人的（DZ1 助人为乐的品性）］。

(46) 看得懂［DZ1 一些报纸上的字］而且［DZ2 杂志上（DZ1 一些文章）］。

上述各例中，(43)(44) 为"D1+D1"的用例，共5例。两处单层定语出现在主语、宾语位置上的为4例，如(43)。出现在宾语小句中的为1例，即(44)。(45)(46) 为"D1+D2"的用例，共2例。其中(45) 的两处定语分别出现在主语、宾语位置上，(46) 的两处定语出现在宾语位置上。

下面我们来看"D2+D1""D2+D2"的用例。

(47) 但是有时候［DZ2 一位（DZ1 好朋友）］给我［DZ1 很大的影响］。

(48) ?［DZ2 电话上的（DZ1 那个男人）］说［DZ1 他的朋友］被车顶了。

(49) ［DZ2 她的（DZ1 新工作）］是帮助［DZ2 世界上（DZ1 贫困国家的孩子们）］。

(47) 的两处定语分别出现在主语、宾语位置上，(48) 的两处定语出现

· 263 ·

在句子主语和小句宾语主语位置上,均为"D2 + D1"的用例。(49) 为"D2 + D2"的用例,两处定语分别出现在句子主语和小句宾语的宾语位置上。

初级阶段13个词句子所带一处定语包括 D1、D2、D3 等三种情况。我们先来看带一层定语(D1)的情况,共31例,例如:

(50) 所以［DZ1 最好的避暑］是在家里开开空调以后休息休息。

(51) 去学校的时候总是看到［DZ1 主人和狗一起散步的情景］。

(52) 她说以前她在韩国的时候［DZ1 她的身体］不好。

一层定语主要出现在主语位置上的共6例,如(50);出现在宾语位置上的共19例,如(51);出现在宾语小句中的共6例,如(52)。

带两层定语(D2)的句子共9例,两层定语均位于宾语位置上,例如:

(53) 然后给了他［DZ2 一张（DZ1 用英文和中文写的纸)］。

(54) 我们到宿舍吃饭以后马上去［DZ2 上海（DZ1 最热闹的路)］。

带三层定语(D3)的句子共2例,定语均位于宾语位置,用例如下:

(55) 我打算有一天能看到｛DZ3 中国［DZ2 每个（DZ1 特别的城市)］｝。

(56) 我只看了看｛DZ3 从韩国带来的［DZ2 几本（DZ1 烹调书)］｝。

(二) 11—13个词句子（区间3）定语复杂度变化分析

在11—13个词的句长区间,各句长句子都出现了带三处定语的用例。这一情况明显比上一区间的定语分布情况更为复杂。从定语的类型看,虽然所抽样的句子数量逐渐减少,但定语的分布类型仍比上一区间丰富。另一个特点是随着句长的上升,多处定语的比例呈逐渐上升的趋势。在句长为11个词时,多处定语的比例为14.19%,句长为13个词时,多处定语的比例为22.22%。从总的趋势看,随着句长的上升,11—13个词句子定语的复杂程度也在逐步上升。

下面我们来看这一区间句子定语层次性的变化情况。11—13个词句子定语的层次性分布情况见表5-1-6。

表5-1-6　　　区间3（7—10个词）句子定语层次性分布情况

		D1	D2	D3	D4	合　计
11个词	数量(个)	114	33	2	1	150
	百分比(%)	76	22	1.33	0.67	100
12个词	数量(个)	74	22	2	0	98
	百分比(%)	75.51	22.45	2.04	0	100
13个词	数量(个)	49	16	2	0	67
	百分比(%)	73.13	23.88	2.99	0	100

注：百分比=该层次定语的数量/定语总数。

从表5-1-6可以看出,随着句子长度的上升,初级中介语11—13个词句子单层定语的比例逐渐下降,双层、三层定语的比例逐渐上升,并在11个词的句长上出现带四层定语的句子。从层次性看,定语的复杂程度随句长的增长而逐步上升。

5.1.1.3　初级中介语14—20个词句子（区间5）定语复杂度分析

初级中介语长句的使用量有限,随着句子长度的上升,句子总数及相应的抽样句子数开始逐渐递减。在这一区间,我们不再单独举例分析每一句子长度上定语的分布情况,而是从整体上分析14—20个词句子定语的分布情况。

我们先看初级中介语语料 14—20 个词的句子总数、抽样句子数、带定语句子数及所占百分比情况。具体数据见表 5-1-7。

表 5-1-7　　　14—20 个词句长带定语句子的百分比情况

	14 个词	15 个词	16 个词	17 个词	18 个词	19 个词	20 个词
句子总数(句)	127	65	41	29	15	6	6
抽样句子数(句)	63	32	24	18	8	4	4
带定语的句子数(句)	43	21	19	14	6	4	4
带定语句子百分比(%)	68.25	65.63	79.17	77.78	75	100	100

注：带定语句子的百分比 = 带定语的句子数/抽样句子数。

从表 5-1-7 可以看出，随着句子长度的上升，带定语句子的比例从整体上看呈上升趋势。14 个词带定语的句子比例为 68.25%，而 20 个词带定语的句子的比例已达到 100%。

下面我们来看初级中介语 14—20 个词（句子定语的具体分布情况见表 5-1-8）。

表 5-1-8　　　初级中介语 14—20 个词句子定语分布情况

		三处定语	两处定语					一处定语			
			D1+D1	D1+D2	D2+D1	D2+D2	D3+D1	D1	D2	D3	D4
14个词	句子数量(句)	0	8	1	2	2	1	17	8	3	1
	百分比(%)	0	18.6	2.33	4.65	4.65	2.33	39.53	18.6	6.98	2.33
			32.56					67.44			

· 266 ·

续 表

		三处定语	两处定语					一处定语			
			D1+D1	D1+D2	D2+D1	D2+D2	D3+D1	D1	D2	D3	D4
15个词	句子数量（句）	0	4	1	2	0	0	8	6	0	0
	百分比（%）	0	19.05	4.76	9.52	0	0	38.1	28.57	0	0
			33.33					67.67			
16个词	句子数量（句）	0	5	0	2	0	0	5	4	2	1
	百分比（%）	0	26.32	0	10.53	0	0	26.32	21.04	10.53	5.26
			36.85					63.15			
17个词	句子数量（句）	1	3	0	2	0	0	4	4	0	0
	百分比（%）	7.14	21.43	0	14.29	0	0	28.57	28.57	0	0
			35.72					57.14			
18个词	句子数量（句）	0	2	0	0	2	0	2	0	0	0
	百分比（%）	0	33.33	0	0	33.33	0	33.33	0	0	0
			66.66					33.33			
19个词	句子数量（句）	0	1	0	2	0	0	1	0	0	0
	百分比（%）	0	25	0	50	0	0	25	0	0	0
			75					25			
20个词	句子数量（句）	1	0	1	0	0	0	2	0	0	0
	百分比（%）	25	0	25	0	0	0	50	0	0	0
			25					50			

注：百分比=带该定语类型的句子数量/带定语的句子总数。

从表 5-1-8 可以看出，这一区间一共出现了 10 种定语分布类型，新出现的定语分布类型为"D3+D1"。由于受各句长上句子总量的制约，这一区间带定语句子的数量有限，在很多类型上都没有出现用例。

但从总体上看，多处定语的比例基本上仍呈上升的趋势。在句长为 14 个词时，多处定语的比例为 32.56%，在句长为 19 个、20 个词时，多处定语的比例已超过 50%。从总的趋势看，随着句长的上升，14—20 个词句子定语的复杂程度呈上升的变化趋势。

下面我们来看这一区间句子定语层次性的变化情况。14—20 个词句子定语的层次性分布情况见表 5-1-9。

表 5-1-9　初级中介语区间 4（14—20 个词）句子定语层次性分布情况

		D1	D2	D3	D4	合计
14 个词	数量（个）	37	11	4	1	53
	百分比（%）	69.81	20.75	7.55	1.89	100
15 个词	数量（个）	19	9	0	0	28
	百分比（%）	67.86	32.14	0	0	100
16 个词	数量（个）	17	6	2	1	26
	百分比（%）	65.38	23.08	7.69	3.85	100
17 个词	数量（个）	12	6	0	0	18
	百分比（%）	66.67	33.33	0	0	100
18 个词	数量（个）	6	4	0	0	10
	百分比（%）	60	40	0	0	100

续 表

		D1	D2	D3	D4	合计
19个词	数量(个)	5	2	0	0	7
	百分比(%)	71.43	28.57	0	0	100
20个词	数量(个)	5	2	0	0	7
	百分比(%)	71.43	28.57	0	0	100

注：百分比 = 该层次定语的数量/定语总数。

从表5-1-9可以看出，如果不考虑句子出现数量极少的19、20个词的情况[①]，14—20个词句子的单层定语基本上呈下降趋势，双层定语的比例基本上呈上升趋势。3层、4层定语只出现少量用例。从总体上看，在不考虑19、20个词句子的情况下，各类句长句子的单层定语比例呈下降趋势，多层定语的比例呈上升趋势。

5.1.2 初级中介语定语复杂度整体情况分析

根据前面对初级中介语7—20个词的句子定语复杂度的统计数据和具体分析，我们将句子定语复杂度的相关指标定为五项，即带定语句子的比例（定语覆盖率）、多处定语的比例、最多出现处数、多层定语的比例、最多出现层次。初级中介语7—20个词句子定语在各项指标上的具体情况见表5-1-10。

---

① 19个词、20个词带定语的句子仅出现4例。

表 5-1-10　　初级中介语 7—20 个词句子定语复杂度

区间	句长(词)	覆盖率(%)	多处比例(%)	最多处数(处)	多层比例(%)	最多层数(层)
区间3	7	52.83	6.14	2	14.54	3
	8	53.27	10.71	2	14.72	3
	9	53.61	11.78	2	21.08	3
	10	54.15	14.35	3	23.33	3
区间4	11	54.25	14.19	3	24	4
	12	55.17	21.25	3	24.49	3
	13	56.25	22.22	3	26.87	3
区间5	14	68.25	32.56	2	30.19	4
	15	65.63	33.33	2	32.14	3
	16	79.17	36.85	2	34.62	4
	17	77.78	42.86	3	33.33	3
	18	75	66.67	2	40	3
	19	100	75	2	28.57	3
	20	100	50	3	28.57	3

根据表 5-1-10，我们对初级中介语 7—20 个词句子定语复杂度的发展变化情况进行分析，定语的复杂化程度变化情况及与本族人之间的差异主要有以下五点[①]。

---

① 由于19个词、20个词句子的数量非常有限，所以我们下面在分析时基本上不考虑这两种句长上定语复杂程度的相关数据。

1. 从定语的覆盖率看，随着句长的上升，句子带定语的比例逐步上升。7—10个词（区间3）和11—13个词（区间4）句子带定语的比例为50%—60%之间，14—20个词（区间5）为60%—100%之间。与本族人相比，初级中介语在9类句长①上都低于本族人水平。

2. 从带多处定语的句子比例看，随着句长的上升，带多处定语句子的比例呈逐步上升的趋势。7—10个词（区间3）句子带多处定语的比例在5%—15%之间，11—13个词（区间4）比例为10%—25%之间，14—20个词（区间5）为30%—75%之间。与本族人相比，初级中介语带多处定语的句子比例在11类句长②上高于本族人比例。

3. 从定语出现的最多处数看，区间3均以两处为主，区间4最多处数均为三处，区间5由于句子数量有限，又以两处、三处为主。前面3个区间的情况与本族人的情况较为接近，但在区间5上，本族人以三处、四处为主，初级中介语以两处、三处为主，这种差异可能跟语料数量的制约有一定的关系。

4. 从定语的层次性看，多层定语的比例从总体上看呈逐步上升的趋势。7—10个词句子（区间3）多层定语比例为10%—25%，11—13个词（区间4）比例在25%左右，14—20个词（区间5）比例在25%—40%之间。初级中介语各个句长上多层定语的比例均低于本族人。这表明初级阶段韩国留学生对多层定语的使用与本族人存在差距。

5. 从定语的出现的最多层次看，区间3、区间4、区间5均以3层为主，初级中介语在最多层次上低于本族人水平。

从本节的分析我们可以看出，初级中介语定语复杂化程度的发展变化具有其自身的系统性。随着句子长度的上升，各句长句子定语的覆盖

---

① 这9类句长分别为8—18个词。
② 这11类句长是除了11—13个词之外的句长。

率、多处定语的比例、多层定语的比例基本上都呈上升的趋势。与本族人的情况进行比较，我们发现初级中介语定语的覆盖率总体上低于本族人水平，带多处定语的句子的比例则在大部分句长上高于本族人水平。从定语的层次性分布看，初级中介语多层定语的比例在各个句长上均低于本族人，这又表明初级韩国留学生对定语层次性的掌握与本族人水平之间存在差距。

5.2 中级阶段句子定语复杂度分析

韩国留学生中级中介语语料共约 40 万字，句长分布范围为 1—28 个词。到句长为 20 个词时，出现的句子数已达到句子总数的 99.85%。跟初级阶段保持一致，我们采用人工抽样的方法从 10 万字规模的语料中抽取句子，对 7—20 个词句子进行句法信息的标注与分析，在此基础上进行句子定语复杂度的分析。

5.2.1 中级中介语各区间句子定语复杂度分析

5.2.1.1 中级中介语 7—10 个词句子（区间 3）定语复杂度分析

下面我们来分析韩国留学生中级中介语 7—10 个词句子（区间 3）定语的分布情况，考察中介语定语复杂度随句长的递增而产生的变化。中级中介语 7—10 个词带定语句子的百分比情况见表 5-2-1。

表 5-2-1　中级中介语 7—10 个词的句子带定语的百分比情况

定语分布		三处定语	两处定语					一处定语		
			D1+D1	D1+D2	D2+D1	D2+D2	D2+D3	D1	D2	D3
7个词	句子数量（句）	0	31	8	1	1	0	493	102	3
			41					598		
	百分比（%）	0	4.85	1.25	0.16	0.16	0	77.15	15.96	0.47
			6.42					93.58		
8个词	句子数量（句）	0	40	9	4	1	0	343	79	8
			54					430		
	百分比（%）	0	8.26	1.86	0.83	0.21	0	70.87	16.32	1.65
			11.16					88.84		
9个词	句子数量（句）	2	40	15	6	1	0	273	57	15
			62					345		
	百分比（%）	0.49	9.78	3.67	1.47	0.24	0	66.74	13.94	3.67
			15.16					84.35		
10个词	句子数量（句）	1	26	11	7	2	1	200	58	12
			46					271		
	百分比（%）	0.31	8.18	3.46	2.2	0.63	0.31	62.89	18.24	3.77
			14.78					84.91		

注：带定语句子的百分比 = 带定语的句子数/抽样句子数。

从表 5-2-5 可以看出，从整体变化情况看，随着句子长度的上升，中级阶段中介语带定语句子的比例呈上升趋势。这一区间带定语句子的比例均高于本族人语料相应句长的带定语句子的比例，[①] 同时，也高于初级中介语相应句长的比例。

下面我们来看这一区间定语分布的整体情况，具体情况见表 5-2-2。

表 5-2-2　　中级中介语 7—10 个词（区间 3）句子定语分布情况

	7 个词	8 个词	9 个词	10 个词
句子总数(句)	4427	3358	2622	1930
抽样句子数(句)	1108	842	655	482
带定语的句子数(句)	639	484	409	308
带定语句子百分比(%)	57.67	57.48	62.44	63.9

注：百分比 = 带该定语类型的句子数量/带定语的句子总数。

下面我们先截取这一区间（区间 3）7、9 个词句子的定语构成情况做个案分析，然后再分析这一区间句子定语复杂度的发展变化趋势。

（一）中级 7、9 个词句子定语分布情况具体分析

1. 中级中介语 7 个词句子定语分布情况

7 个词句子定语分布主要包括带两处定语和带一处定语两种情况，各占 6.42% 和 93.58%。带两处定语的情况包括 "D1 + D1" "D1 + D2" "D2 + D1" "D2 + D2" 四种类型，例如：

(1) [DZ1 那个希望] 产生了 [DZ1 整容的现象]。

[①] 7、8、9、10 个词句子本族人带定语句子的比例分别为 46.78%、52.17%、58.53% 和 63.68%。

(2)［DZ1 这个国家］有［DZ2 很多（DZ1 发展的可能性）］。

(3)［DZ2 很多（DZ1 韩国朋友）］都有［DZ1 私汽车］。

(4)［DZ2 我（DZ1 男朋友）］有［DZ2 很多（DZ1 外国朋友）］。

上述各例中，(1) 为"D1＋D1"的用例，共31例，两处单层定语均出现在主语、宾语位置上；(2) 为"D1＋D2"的用例，共8例，两处定语也均出现在主语、宾语位置上；(3)(4) 分别为"D2＋D1""D2＋D2"的用例，各出现1例，两处定语也均出现在主语、宾语位置上。

中级阶段7个词句子所带一处定语包括D1、D2、D3三种情况。我们先来看带一层定语（D1）的情况，共493例，例如：

(5) 而且［DZ1 愿意整容的姑娘］越来越多。

(6) 所以他写了［DZ1 很多的情书］。

(7) 韩国有［DZ1 很多文化］陆续来到大陆。

一层定语共157例出现在主语位置上，如 (5)；共332例出现在宾语位置上，如 (6)；另外还有4例出现在兼语位置上，如 (7)。

带两层定语（D2）的句子共102例，例如：

(8)［DZ2 所有国家的（DZ1 交通情况）］都差不多。

(9) 中国是［DZ2 个（DZ1 很广阔的国家）］。

(10) 我打算提高［DZ2 我的（DZ1 口语水平）］。

(11) 我［DZ2 一位（DZ1 中国朋友）］也没有。

两层定语共28例出现在主语位置上，如 (8)；共72例出现在宾语位置上，如 (9)；另外2例分别出现在宾语小句中和谓语小句中，即 (10)(11)。

带三层定语（D3）的句子共3例，均位于宾语位置上，例如：

（12）他有｛DZ3 个［DZ2 漂亮的（DZ1 女朋友）］｝。

（13）我有｛DZ3 一个［DZ2 亲密的（DZ1 好弟弟）］｝。

2. 中级中介语 9 个词句子定语分布情况

9 个词句子定语分布主要包括带三处定语、两处定语和带一处定语三种情况，各占 0.49%、15.16% 和 84.35%。我们先来看带三处定语的情况，例如：

（14）［DZ1 这儿宿舍］［DZ1 两个人］住在［DZ1 一个房间］。

（15）［DZ1 我房间］有［DZ1 一张床］、［DZ1 两把椅子］。

带三处定语的句子共 2 例，（14）的三处定语分别位于主语和谓语小句中，（15）的三处定语分别位于主语和宾语位置上。

9 个词句子带两处定语的情况包括 "D1＋D1" "D1＋D2" "D2＋D1" "D2＋D2" 等四种类型。我们先来看前面两种情况，例如：

（16）还有［DZ1 漂亮的姑娘］更吸引［DZ1 男人的注意力］。

（17）我想吃［DZ1 一碗米饭］、［DZ1 一套汉堡包］。

（18）［DZ1 每个位席］都有［DZ2 一张（DZ1 小桌子）］。

（16）（17）为 "D1＋D1" 的用例，共 40 例，其中 37 例的两处单层定语出现在主语、宾语位置上，如（16），另 3 例两处定语出现在充当宾语的联合短语中，如（17）；（18）为 "D1＋D2" 的用例，共 15 例，均出现在主语、宾语位置上。

下面我们看 "D2＋D1" "D2＋D2" 的情况，例如：

（19）［DZ2 韩国的（DZ1 很多公司）］已经进入了［DZ1 中国市场］。

（20）［DZ2 健身房（DZ1 工作人员）］很注意［DZ2 室内的（DZ1 空气流通）］。

(19) 为"D2 + D1"的用例，共 4 例，(20) 为"D2 + D2"的用例，仅 1 例，这两种情况的定语均位于主语、宾语位置上。

中级阶段 9 个词句子所带一处定语包括 D1、D2、D3 三种情况。我们先来看带一层定语（D1）的情况，共 273 例，例如：

(21) [DZ1 黑色的七月] 虽让人觉得悲观失望。

(22) 但他一直对我说 [DZ1 南京的好处]。

(23) 还有允许政府机构进行 [DZ1 保护动物的政策]。

一层定语出现在主语位置上的为 124 例，如（21）；一层定语出现在宾语位置上的为 146 例，如（22）；另外一层定语还出现在宾语小句中，共 3 例，如（23）。

带两层定语（D2）的句子共 57 例，例如：

(24) 但是 [DZ2 我的（DZ1 中国的生活）] 已经习惯了。

(25) 身体是 [DZ2 父母给我们的（DZ1 珍贵的东西）]。

(24) 的定语位于主语位置，这种情况共 13 例；(25) 位于宾语位置，这种情况共 44 例。

带三层定语（D3）的句子共 15 例，例如：

(26) {DZ3 一般的 [DZ2 传统（DZ1 结婚方法）]} 是通过媒人结婚。

(27) 我们去了 {DZ3 上海的 [DZ2 很多（DZ1 有名的地方）]}。

三层定语出现在主语位置的共 3 例，如（26）；三层定语出现在宾语位置的共 12 例，如（27）。

（二）7—10 个词句子（区间 3）定语复杂度变化分析

在 7—10 个词区间，随着句长的上升，句子定语的复杂化程度也逐步提高，主要表现在以下三个方面。

1. 句子的长度越长，出现定语的处数越多。7、8个词的句子最多只出现两处定语，9、10个词的句子则出现了三处定语。

2. 句子的长度越长，多处定语的比例越大。在句长为7个词时，多处定语的比例为6.42%，在句长为10个词时，多处定语的比例上升为15.09%。

3. 句子的长度越长，定语类型搭配越丰富。在两处定语中，7、8、9个词的两处定语出现了"D1+D1""D1+D2""D2+D1""D2+D2"四种类型，10个词的句子出现了"D2+D3"的类型。

下面我们来看这一区间句子定语层次性的变化情况。7—10个词句子定语的层次性分布情况见表5-2-3。

表5-2-3　　中级中介语7—10个词句子定语层次性分布情况

		D1	D2	D3	合　计
7个词	数　量(个)	564	112	3	679
	百分比(%)	83.06	16.49	0.44	100
8个词	数　量(个)	436	94	8	538
	百分比(%)	81.04	17.47	1.49	100
9个词	数　量(个)	379	81	15	475
	百分比(%)	79.79	17.05	3.16	100
10个词	数　量(个)	273	81	13	367
	百分比(%)	74.39	22.07	3.54	100

注：百分比=该层次定语的数量/定语总数。

从表5-2-3可以看出，随着句子长度的上升，中级中介语7—10个词句子单层定语的比例逐渐下降，双层、三层定语的比例基本上呈逐渐上升的趋势。从层次性看，定语的复杂程度随句长的增长而逐步上升。

5.2.1.2　中级中介语11—13个词句子（区间4）定语分布情况分析

下面我们来分析韩国留学生中级中介语11—13个词句子（区间4）定语的分布情况，考察中介语定语复杂度随句长的上升而发生的变化情况。11—13个词句长上带定语句子的百分比情况见表5-2-4。

表5-2-4　　中级中介语11—13个句子带定语的百分比情况

	11个词	12个词	13个词
句子总数(句)	1376	926	598
抽样句子数(句)	346	230	155
带定语的句子数(句)	220	170	118
带定语句子百分比(%)	63.58	73.91	76.13

注：带定语句子的百分比＝带定语的句子数/抽样句子数。

从表5-2-4可以看出，在11—13个词这一区间，中级阶段中介语带定语句子的比例仍呈逐步上升的趋势。跟同一区间本族人带定语句子的比例比较，11个词带定语句子的比例略低于本族人，但12、13个词带定语句子的比例均高于本族人的水平。[①]

下面我们来看这一区间定语分布的整体情况，具体情况见表5-2-5。

[①] 句长为11、12、13个词时，本族人带定语句子的比例依次为64.09%、69.04%和70.87%，中级中介语同一句长句子带定语的比例依次为63.58%、73.91%和76.13%。

表 5-2-5　　中级中介语 11—13 个词（区间 4）句子定语分布情况

		三处定语	两处定语						一处定语			
			D1+D1	D1+D2	D2+D1	D2+D2	D2+D3	D1+D3	D1	D2	D3	D4
11个词	数量（句）	1	22	9	8	0	0	0	130	47	2	1
					39					180		
	百分比(%)	0.45	10	4.1	3.64	0	0	0	59.09	21.36	0.91	0.45
					17.74					81.81		
12个词	数量（句）	1	36	4	8	2	0	0	74	44	1	0
					50					119		
	百分比(%)	0.59	21.18	2.35	4.7	1.18	0	0	43.53	25.88	0.59	0
					29.41					70		
13个词	数量（句）	2	20	4	8	1	1	1	51	27	2	1
					35					81		
	百分比(%)	1.69	16.95	3.39	6.78	0.85	0.85	0.85	43.22	22.88	1.69	0.85
					29.67					68.64		

注：百分比＝带该定语类型的句子数量/带定语的句子总数。

下面我们先简要分析中级中介语 11、13 个词句子定语的具体分布情况，然后再分析这一区间句子定语复杂度的发展变化趋势。

（一）中级 11、13 个词句子定语分布情况具体分析

1. 中级中介语 11 个词句子定语分布情况

11 个词句子定语分布主要包括带三处定语、两处定语和带一处定语三种情况，三者所占百分比为 0.45%、17.74% 和 81.81%。下面我们先来看带三处定语的句子，仅 1 例，用例如下：

（28）［DZ1 家门口］有［DZ1 两座山］挡住［DZ1 出门的路］。

（28）中的三处定语分别出现在主语、兼语和宾语的位置上。11个词带两处定语的情况包括"D1＋D1""D1＋D2""D2＋D1"等三种类型，例如：

（29）［DZ1 这道菜］不是［DZ1 很有韩国特色的菜］。

（30）通过这样机会可以了解［DZ1 妈妈的想法］、［DZ1 子女的想法］。

（31）有幸地当了［DZ1 交换学生］可以再来［DZ1 中国南京］。

（32）［DZ1 那种衣服］很能够显现出［DZ2 女孩儿（DZ1 美丽的身材）］。

（33）90年代以来［DZ2 韩国的（DZ1 年轻人）］越来越重视［DZ1 他们的外貌］。

（29）（30）为"D1＋D1"的用例，共22例，其中19例的两处单层定语出现在主语、宾语位置上，如（29），2例的两处定语出现在充当宾语的联合短语中，如（30），另1例的两处定语出现在连谓结构的两个宾语中，即（31）；（32）为"D1＋D2"的用例，共9例，（33）为"D2＋D1"的用例，共8例，这两种情况的两处定语均出现在主语、宾语位置上。

中级阶段11个词句子所带一处定语包括D1、D2、D3、D4四种情况。我们先来看带一层定语（D1）的情况，共130例，例如：

（34）所以现在［DZ1 这条项链］我一直挂在脖子上。

（35）我到达展览馆的时候我能闻［DZ1 陈旧的气息］。

（36）如有［DZ1 一个人］语文、数学、物理课都得满分。

（37）希望能将汉语的文化介绍给［DZ1 韩国的人民］。

一层定语主要出现在主语、宾语位置上，分别为32例和96例，如（34）

(35);11 个词的一层定语还出现在兼语和宾语小句中,各 1 例,如(36)(37)。

带两层定语(D2)的句子共 47 例,例如:

(38)但是随着社会发展,[DZ2 我们的(DZ1 生存能力)]也提高了。

(39)对我来说,这是[DZ2 一种(DZ1 照顾妈妈的方式)]。

(38)的两层定语位于主语位置,共 12 例;(39)的两层定语位于宾语位置,共 35 例。

带三层定语(D3)的句子共 2 例,均位于宾语位置上,用例如下:

(40)汉语是{DZ3 我第一次学的[DZ2 一门(DZ1 外国语)]}。

(41)可能这样热情地回忆{DZ3 这[DZ2 平凡的(DZ1 小溪流)]}吗。

带四层定语(D4)的句子仅 1 例,位于宾语位置上,用例如下:

(42)特别是{DZ4 爷爷家前边的[DZ3 那[DZ2 清澈的(DZ1 小溪流)]]}。

2. 中级中介语 13 个词句子定语分布情况

13 个词句子定语分布主要包括带三处定语、两处定语和带一处定语三种情况,三者所占百分比为 1.69%、29.67% 和 68.64%。下面我们先来看带三处定语的句子,共 2 例,用例如下:

(43)[DZ1 他家门口]有[DZ1 两座山]挡住了[DZ1 出门的路]。

(44)[DZ1 这两字]是对他[DZ1 一生的概括]和[DZ1 最好的写照]。

(43)中的三处定语分别出现在主语、兼语和宾语位置上,(44)的三处定语分别位于主语和联合短语充当的宾语中。

13个词带两处定语的情况包括"D1 + D1""D1 + D2""D2 + D1""D2 + D2""D1 + D3""D2 + D3"等六种类型。我们先来看"D1 + D1""D1 + D2"的情况，例如：

（45）过了几年后，[DZ1 那个动物] 变成了 [DZ1 很大的怪物]。

（46）可是 [DZ1 我爸爸妈妈] 都不同意我 [DZ1 一个人] 来中国生活。

（47）[DZ1 在光州生活的人] 都有 [DZ2 最喜欢的（DZ1 一种菜）]。

（48）这里最重要的是 [DZ1 那个模型] 可能是 [DZ2 真的（DZ1 被杀的身体）]。

上述各例中，（45）（46）为"D1 + D1"的用例，共20例。两处单层定语出现在主语、宾语位置上的为18例，如（45）；出现在主语和宾语小句位置上的共2例，如（46）。（47）（48）为"D1 + D2"的用例，共4例，其中3例的两处定语出现在主语、宾语位置上，如（47）；1例的两处定语出现在宾语小句中，即（48）。

下面我们看"D2 + D1""D2 + D2"的情况，例如：

（49）[DZ2 在地球上生存的（DZ1 所有的生命体）] 都是 [DZ1 地球的主人]。

（50）我觉得 [DZ2 最后的（DZ1 这场面）] 是 [DZ1 最令人感动的场面]。

（51）因为 [DZ2 我的（DZ1 最后的目的）] 是找了 [DZ2 好的（DZ1 贸易公司）]。

上述各例中，(49)(50)为"D2+D1"的用例，共8例。两处定语出现在主语、宾语位置上的共6例，如(49)，出现在宾语小句位置上的共2例，如(50)。(51)为"D2+D2"的用例，仅1例，出现在主语和宾语位置上。

最后我们看"D1+D3""D2+D3"等情况，例如：

(52) 得知经济系有［DZ1 几位教授］是｛DZ3 贵国［DZ2 著名的(DZ1 经济专家)］｝。

(53) 汇集了［DZ2 西班牙风格的(DZ1 石雕建筑)］和｛DZ3 多样化的［DZ2 水上(DZ1 游乐设施)］｝。

(52) 为"D1+D3"的用例，仅1例，两处定语分别出现在兼语和宾语位置上，(53) 为"D2+D3"的用例，仅1例，两处定语出现在宾语位置上。

中级阶段13个词句子所带一处定语包括D1、D2、D3、D4等四种情况。我们先来看带一层定语（D1）的情况，共51例，例如：

(54) ［DZ1 现在的我］为了找最希望的工作在中国努力学习。

(55) 老人在这样的情况下给别人添了［DZ1 很重的负担］。

(56) 我来南京以后才发现了南京是［DZ1 很不错的城市］。

一层定语出现在主语位置上的共13例，如(54)；出现在宾语位置上的共34例，如(55)；出现在小句宾语位置上的共4例，如(56)。

带两层定语（D2）的句子共27例，例如：

(57) 我跟她一起生活以后，［DZ2 我的(DZ1 中文水平)］十分提高了。

(58) 我通过我丈夫公司的门卫认识了［DZ2 一个(DZ1 中学的老师)］。

(57)两层定语位于主语位置，共5例；(58)位于宾语位置，共22例。带三层定语（D3）的句子共2例，定语均位于宾语位置，用例如下：

(59) 六十年代末在那儿｛DZ3 韩国的［DZ2 最后（DZ1 一只老虎)］｝被捕杀。

(60) 还有觉得他是｛DZ3 个［DZ2 真正的（DZ1 诚实的、意志坚强的人)］｝。

带四层定语（D4）的句子仅1例，定语均位于宾语位置，用例如下：

(61) 还有曾经跟她一起走｛DZ4 她［DZ3 那条［DZ2 长长的（DZ1 下班路)］］｝。

（二）11—13个词句子（区间3）定语复杂度变化分析

在11—13个词的句长区间，各句长句子都出现了带三处定语的用例。这一情况比上一区间的定语分布更为复杂。从定语的分布类型看，上一区间总共出现9种类型，这一区间定语分布类型为11种。①虽然所抽样的句子数量逐渐减少，但定语的分布类型仍比上一区间更为丰富。

另一特点是随着句长的上升，多处定语的比例呈逐渐上升的态势。在句长为11个词时，多处定语的比例为18.19%，句长为13个词时，多处定语的比例为31.36%。从总的趋势看，随着句长的上升，11—13个词句子定语的复杂程度也在逐步上升。

下面我们来看这一区间句子定语层次性的变化情况。中级中介语11—13

---

① 上一区间的9种分布情况包括三处定语、两处定语的"D1+D1""D1+D2""D2+D1""D2+D2""D2+D3"（5种）和一处定语的"D1""D2""D3"（3种）；这一区间的11种分布情况包括三处定语、两处定语的"D1+D1""D1+D2""D2+D1""D2+D2""D1+D3""D2+D3"（6种）和一处定语的"D1""D2""D3""D4"等（4种）。三处定语的出现用例少，我们暂且不区分三处定语内部分布的差异，将"三处定语"认定为一种定语分布类型。

个词句子定语的层次性分布情况见表5-2-6。

表5-2-6　　区间3（7—10个词）句子定语层次性分布情况

		D1	D2	D3	D4	合　计
11个词	数量(个)	193	65	2	1	261
	百分比(%)	73.95	24.9	0.77	0.38	100
12个词	数量(个)	161	60	1	0	222
	百分比(%)	72.52	27.03	0.45	0	100
13个词	数量(个)	110	41	4	1	156
	百分比(%)	71.79	25	2.57	0.64	100

注：百分比＝该层次定语的数量/定语总数。

从表5-2-6可以看出，随着句子长度的上升，中级中介语11—13个词句子单层定语的比例逐渐下降，双层定语、三层定语的比例基本上呈上升趋势。四层定语出现数量有限。这表明从层次性看，定语的复杂程度也在随句长的增长而逐步上升。

5.2.1.3　中级中介语14—20个词句子（区间5）定语复杂度分析

随着句子长度的上升，句子总数及相应的抽样句子数量开始逐渐递减。在这一区间，我们不再单独举例分析每类句子长度上定语的分布情况，而是从整体上分析14—20个词句子定语的分布情况。

我们先看中级中介语料14—20个词的句子总数、抽样句子数、带定语句子数及所占百分比情况。具体数据见表5-2-7。

表 5-2-7　　　中级中介语 14—20 个词带定语句子的百分比情况

	14 个词	15 个词	16 个词	17 个词	18 个词	19 个词	20 个词
句子总数(句)	418	269	165	118	93	38	38
抽样句子数(句)	108	67	48	30	26	11	10
带定语的句子数(句)	86	53	37	23	21	9	9
带定语句子百分比(%)	79.63	79.1	77.08	76.67	80.77	81.82	90

注：带定语句子的百分比＝带定语的句子数/抽样句子数。

从表 5-2-7 可以看出，随着句子长度的上升，各类句长上句子的总数越来越少，抽样句子数和带定语的句子数也越来越少。从总的分布情况来看，带定语句子的比例从整体上呈上升趋势。14 个词带定语的句子比例为79.63%，而 20 个词带定语的句子的比例已达到 90%。

下面我们来看中级中介语 14—20 个词句子定语的具体分布情况（见表 5-2-8）。

表 5-2-8　　　　中级中介语 14—20 个词句子定语分布情况

		三处定语	两处定语						一处定语		
			D1+D1	D1+D2	D2+D1	D2+D2	D1+D3	D3+D1	D3+D2	D1	D2	D3
14 个词	数量(句)	0	13	7	6	1	0	1	0	39	16	2
	百分比(%)	1.16	15.12	8.14	6.98	1.16	0	1.16	0	45.35	18.6	2.33
			32.56						66.28		
15 个词	数量(句)	3	12	0	0	0	0	0	3	18	15	2
	百分比(%)	5.66	22.65	0	0	0	0	0	5.66	33.96	28.3	3.77
			28.31						66.03		

续 表

		三处定语	两处定语					一处定语		
			D1+D1	D1+D2	D2+D1	D2+D2	D1+D3	D3+D1	D3+D2	D1	D2	D3
16个词	数量(句)	2	8	3	1	0	1	0	0	12	10	1
	百分比(%)	2.7	21.63	8.11	2.7	0	2.7	0	0	32.43	27.03	2.7
			35.14						62.16		
17个词	数量(句)	3	2	0	0	2	0	0	0	10	5	1
	百分比(%)	13.04	8.7	0	0	8.7	0	0	0	43.47	21.74	4.35
			17.4						69.56		
18个词	数量(句)	1	3	2	0	1	1	0	0	9	4	0
	百分比(%)	4.76	14.29	9.52	0	4.76	4.76	0	0	42.86	19.05	0
			33.33						61.91		
19个词	数量(句)	2	3	0	0	0	0	0	0	3	1	0
	百分比(%)	22.22	33.33	0	0	0	0	0	0	33.33	11.11	0
			33.33						44.44		
20个词	数量(句)	1	0	3	0	0	0	0	0	3	1	1
	百分比(%)	11.11	0	33.33	0	0	0	0	0	33.33	11.11	11.11
			33.33						55.55		

注：百分比＝带该类型定语的句子数量/带定语的句子总数。

从表5-2-8可以看出，这一区间一共出现了11种定语分布类型，新出现的定语分布类型为"D3+D1""D3+D2"，在任一句长上都有带三处定语的句子出现。由于受各句长上句子总量的制约，这一区间带定语句子的数量出现有限，在很多类型上都没有出现用例。

从总体上看，多处定语的比例基本上呈上升的趋势。在句长为 14 个词时，多处定语的比例为 33.72%，在句长为 19 个、20 个词时，多处定语的比例已达 40% 到 50%。从总的趋势看，随着句长的上升，14—20 个词句子定语的复杂程度呈上升的变化趋势。

下面我们来看这一区间句子定语层次性的变化情况。14—20 个词句子定语的层次性分布情况见表 5-2-9。

表 5-2-9 中级中介语区间 4（14—20 个词）句子定语层次性分布情况

		D1	D2	D3	合 计
14 个词	数量(个)	81	32	3	116
	百分比(%)	69.83	27.59	2.58	100
15 个词	数量(个)	50	19	5	74
	百分比(%)	67.57	25.68	6.75	100
16 个词	数量(个)	35	16	2	53
	百分比(%)	66.04	30.19	3.77	100
17 个词	数量(个)	19	11	1	31
	百分比(%)	61.29	35.48	3.23	100
18 个词	数量(个)	19	10	1	30
	百分比(%)	63.34	33.33	3.33	100
19 个词	数量(个)	13	3	0	16
	百分比(%)	81.25	18.75	0	100
20 个词	数量(个)	9	4	1	14
	百分比(%)	64.29	28.57	7.14	100

注：百分比 = 该层次定语的数量/定语总数。

从表 5-2-9 可以看出，如果不考虑出现带定语句子数量极少的 19 个词、20 个词的情况①，中级中介语 14—20 个词句子的单层定语基本上呈下降趋势，双层定语的比例基本上呈上升趋势。三层定语出现数量有限，所占比例变化的规律性不强，这一区间没有出现四层定语的用例。从总体上看，这一区间各类句长句子单层定语比例呈下降趋势，多层定语的比例呈上升趋势。

5.2.2 中级中介语定语复杂度整体情况分析

根据前面对中级中介语 7—20 个词定语复杂度的统计数据和具体分析，我们将句子定语复杂度的相关数据列表（见表 5-2-10）。

表 5-2-10　　　　　中级中介语 7—20 个词句子定语复杂度

区　间	句长（词）	覆盖率(%)	多处比例(%)	最多处数（处）	多层比例(%)	最多层数（层）
区间3	7	57.67	6.42	2	16.93	3
	8	57.48	11.16	2	18.96	3
	9	62.44	15.65	3	20.21	3
	10	63.9	15.09	3	25.61	3
区间4	11	63.58	18.19	3	26.05	4
	12	73.91	30	3	27.48	3
	13	76.13	31.36	3	28.21	4

① 19 个词、20 个词带定语的句子仅出现 9 例。

续 表

区 间	句长(词)	覆盖率(%)	多处比例(%)	最多处数(处)	多层比例(%)	最多层数(层)
区间5	14	79.63	33.72	3	30.17	3
	15	79.1	34.62	3	32.43	3
	16	77.08	37.84	3	33.96	3
	17	76.67	30.43	3	38.71	3
	18	80.77	38.1	3	36.67	3
	19	81.82	55.55	3	18.75	3
	20	90	44.44	3	35.71	3

注：表格中的下划双线表示低于初级中介语相应数据的数据。

根据表 5-2-10，我们对中级中介语 7—20 个词句子定语复杂度的发展变化情况进行分析，定语的复杂程度的变化情况及与本族人之间、与初级之间的差异主要有以下五点[①]。

1. 从带定语句子的比例看，随着句长的上升，带定语句子的比例呈逐步上升的趋势。7—10 个词（区间 3）句子带定语的比例在 55%—65% 之间；11—13 个词（区间 4）句子带定语的比例为 60%—77% 之间，14—20 个词（区间 5）为 75%—90% 之间。与本族人相比，中级中介语定语覆盖率在 12 种句长上均高于本族人[②]，而初级阶段则只在 5 种句长上高于本族

[①] 由于 19 个词、20 个词句子的数量非常有限，所以我们在进行变化趋势分析时基本上不考虑这两种句长上定语复杂程度的相关数据。

[②] 即总 14 种句长中除 16、17 个词以外的其他 12 种句长。

· 291 ·

人。这表明随着学生水平的提高，带定语句子的比例越来越接近甚至超过本族语者的比例。跟初级中介语相比，中级定语的覆盖率在10种句长上高于初级①。

2. 从带多处定语的句子比例看，随着句长的上升，带多处定语句子的比例呈逐步上升的趋势。7—10个词（区间3）句子带多处定语的比例为5%—20%之间，11—13个词（区间4）比例为15%—35%之间，14—20个词（区间5）为30%—60%之间。与本族人相比，中级中介语带多处定语句子的比例在13种句长上高于本族人②。跟初级相比，除17—20个词外，其他句长中级多处定语所占比例均高于初级。③ 这表明随着学时等级的提高，多处定语所占的比例有进一步提高的趋势。

3. 从定语出现的最多处数看，区间3两处、三处各占一半，区间4、区间5各句长句子的最多定语处数均为三处。最多定语处数的水平高于初级阶段④，但低于本族人⑤。这种差异的产生除了跟学生水平有关之外，可能跟语料数量的制约也有一定的关系⑥。

4. 从定语的层次性看，多层定语的比例从总体上看呈逐步上升的趋势。7—10个词句子（区间3）多层定语比例约为15%—25%，11—13个词（区间4）比例为25%—30%，14—20个词（区间5）比例主要在30%—40%之间。与本族人相比，中级中介语在各个句长上多层定语的比例均低于本族人，但某些句长的比例已与本族人较为接近。跟初级中介语相比，除9、14、16、

---

① 即总14种句长中除16、17、19、20个词以外的其他10种句长。
② 即17个词以外的13种句长。
③ 其实17—20个词初级、中级的抽样句子都非常有限，初级比例高于中级在一定程度上受到所调查语料数量的影响。
④ 初级中介语在区间五的5种句长上出现的最多处数均为两处，但中级中介语所有句长上最多处数均为三处。
⑤ 本族人在区间5上的3种句长上出现了带四处、五处定语的情况。
⑥ 本族人语料抽取的是从20万字的样本，而初、中、高中介语语料均抽取10万字的样本。另一个方面是本族人长句的比例高于中介语。

18、19个词等五种句长之外,其他9种句长上中级多层定语的比例均高于初级。这表明中级阶段韩国留学生对多层定语的使用与本族人之间仍存在差距,但比初级又有所发展,并逐步靠近本族人水平。

5. 从定语的出现的最多层次看,区间3各句长最多层次为3层,区间4以4层为主,区间5均为3层。这一水平低于本族人①。这种情况跟语料数量和韩国留学生水平均有一定的关系。

从本节的分析可以看出,随着句子长度的上升,中级中介语各句长上定语的覆盖率、多处定语的比例、多层定语的比例在整体上均呈上升趋势,这表明中级中介语具有其自身的系统性。跟初级阶段及本族人的相关数据进行初步比较,我们发现中级中介语在定语覆盖率、带多处定语的句子比例、带多层定语的句子比例、最多处数、最多层数等方面都比初级中介语有发展和提高,在定语覆盖率、定语层次性分布等方面表现出逐步向本族人水平靠拢的趋势。

5.3 高级阶段句子定语复杂度分析

5.3.1 高级中介语各区间句子定语复杂度分析

高级阶段韩国留学生中介语语料共约40万字,句长分布范围为1—28个词。到句长为20个词时,出现的句子数已达到句子总数的99.51%。②

---

① 本族人在区间5除15个词外,其他6种句长最多层次均为4层。
② 具体论述可参看第4章中的4.2.2.3。

我们采用人工抽样的方法从10万字规模的语料中抽取句子，对7—20个词句子进行句法信息的标注与分析，在此基础上进行句子定语复杂度的分析。

5.3.1.1 高级中介语7—10个词句子（区间3）定语复杂度分析

我们先分析韩国留学生高级中介语7—10个词句子（区间2）定语的分布情况，考察中介语定语复杂度随句长的递增而产生的发展变化情况。高级中介语7—10个词带定语句子的百分比情况见表5-3-1。

表5-3-1　　高级中介语7—10个句子带定语的百分比情况

	7个词	8个词	9个词	10个词
句子总数(句)	3889	3213	2584	2004
抽样句子数(句)	974	808	658	496
带定语的句子数(句)	584	508	446	346
带定语句子百分比(%)	59.96	62.87	67.78	69.76

注：带定语句子的百分比＝带定语的句子数/抽样句子数。

从表5-3-1可以看出，从整体变化情况看，随着句子长度的上升，中级阶段中介语带定语句子的比例呈上升趋势。这一区间带定语句子的比例均高于相应句长的本族人语料带定语句子的比例。同时，也高于中级阶段中介语相应句长句子带定语的比例。[①]

下面我们来看这一区间定语分布的整体情况，具体情况见表5-3-2。

---

① 句子本族人7、8、9、10个词句长带定语句子的比例分别为46.78%、52.17%、58.53%和63.68%，中级比例分别为57.56%、57.48%、62.44%和63.9%。

表5-3-2　　高级中介语7—10个词（区间3）句子定语分布情况

定语分布		三处定语	两处定语			一处定语		
			D1+D1	D1+D2	D2+D1	D1	D2	D3
7个词	数量（句）	0	62	2	0	414	104	2
			64			520		
	百分比（%）	0	10.62	0.34	0	70.89	17.81	0.34
			10.96			89.04		
8个词	数量（句）	0	48	1	1	362	94	2
			50			458		
	百分比（%）	0	9.45	0.2	0.2	71.26	18.5	0.39
			9.85			90.15		
9个词	数量（句）	1	62	12	1	277	93	2
			75			372		
	百分比（%）	0.22	13.9	2.69	0.22	61.66	20.86	0.45
			16.81			82.97		
10个词	数量（句）	0	55	12	2	189	84	2
			69			275		
	百分比（%）	0	15.89	3.47	0.58	55.2	24.28	0.58
			19.94			80.06		

注：百分比=带该类型定语句子的数量/带定语的句子总数。

下面我们先截取 7、9 个词句子定语的分布情况做个案分析，然后再分析这一区间句子定语复杂度的发展变化趋势。

（一）高级 7、9 个词句子定语分布情况具体分析

1. 高级中介语 7 个词句子定语分布情况

7 个词句子定语分布主要包括带两处定语和带一处定语两种情况，各占 10.96% 和 89.04%。带两处定语的情况包括"D1 + D1""D1 + D2"两种类型，例如：

(1) ［DZ1 我们的国家］特别重视保护环境。

(2) ［DZ1 中国西安］是［DZ2 一座（DZ1 文化名城）］。

上述各例中，(1) 为"D1 + D1"的用例，共 62 例，两处单层定语均出现在主语、宾语的位置上；(2) 为"D1 + D2"的用例，共 2 例，两处定语也均出现在主语、宾语位置上。

高级阶段 7 个词句子所带一处定语包括 D1、D2、D3 三种情况。我们先来看带一层定语（D1）的情况，共 414 例，例如：

(3) 而且［DZ1 我的身体］已经疲劳了。

(4) 它画出了［DZ1 人的灵魂］。

(5) 让［DZ1 我们的眼睛］都花了。

(6) 我听说西安是［DZ1 古代的首都］。

一层定语出现在主语位置上的共 132 例，如（3）；出现在宾语位置上的共 275 例，如（4）；出现在兼语位置上共 3 例，如（5）；另外，4 例出现在宾语小句中，如（6）。

带两层定语（D2）的句子共 104 例，例如：

(7) ［DZ2 客厅里的（DZ1 木柱子）］很粗。

(8) 然后讲［DZ2 它的（DZ1 不利的方面）］。

(9) 有［DZ2 一个（DZ1 西方作家）］曾经说过……

两层定语共 15 例出现在主语位置上，如（7）；共 87 例出现在宾语位置上，如（8）；另外 2 例出现在兼语位置上，即（9）。

带三层定语（D3）的句子共 2 例，均位于宾语位置上，用例如下：

(10) 这里是｛DZ3 一条［DZ2 无名的（DZ1 小路）］｝。

(11) 果然是｛DZ3 中国［DZ2 十大（DZ1 风景区）］｝。

2. 高级中介语 9 个词句子定语分布情况

9 个词句子定语分布主要包括带三处定语、两处定语和带一处定语三种情况，各占 0.22%、16.81% 和 82.97%。我们先来看带三处定语的情况，仅 1 例。三处定语分别位于主语和宾语位置上，用例如下：

(12) ［DZ1 每个地方］、［DZ1 每个东西］都有［DZ1 两个方面］。

9 个词句子带两处定语的情况包括"D1＋D1""D1＋D2""D2＋D1"等三种类型。我们先来看前面两种情况，例如：

(13) 但［DZ1 我的家乡］还具有［DZ1 独特的气氛］。

(14) 他很尊重［DZ1 学生的意见］、［DZ1 学生的想法］。

(15) ［DZ1 海的远处］有［DZ2 几条（DZ1 大大的船）］。

(16) 可是［DZ2 树木的（DZ1 成长过程）］需要［DZ1 很长时间］。

(13)(14) 为"D1＋D1"的用例，共 62 例，其中 60 例的两处单层定语出现在主语、宾语位置上，如（13），另 2 例两处定语出现在充当宾语的联合短语中，如（14）；（15）为"D1 + D2"的用例，共 12 例，均出现在主语、宾语位置上。（16）为"D2 + D1"的用例，仅 1 例，出现在主语、宾语位置上。

高级阶段 9 个词句子所带一处定语包括 D1、D2、D3 三种情况。我们先来看带一层定语（D1）的情况，共 277 例，例如：

（17）［DZ1 很多地方的景色］壮观得让我们吃惊。

（18）我小的时候不喜欢［DZ1 那条狗］。

（19）我盼望我经常遇到［DZ1 这么好的老师］！

一层定语出现在主语位置上的为 95 例，如（17）；一层定语出现在宾语位置上的为 169 例，如（18）；另外一层定语还出现在宾语小句中，共 13 例，如（19）。

带两层定语（D2）的句子共 93 例，例如：

（20）［DZ2 她的（DZ1 第一次表演）］让大众吃惊了。

（21）这都给我们［DZ2 一种（DZ1 神秘的感觉）］。

（22）我希望她成为［DZ2 全世界（DZ1 有名的歌手）］。

（20）的定语位于主语位置，这种情况共 15 例；（21）位于宾语位置，这种情况共 77 例；（22）的定语位于宾语小句的宾语位置上，仅 1 例。

带三层定语（D3）的句子共 2 例，三层定语分别出现在主语位置和宾语位置上，用例如下：

（23）｛DZ3 许多［DZ2 节日的（DZ1 传统方面）］｝都可以互相交流。

（24）它在｛DZ3 一个［DZ2 比较贫穷的（DZ1 小农家）］｝旁边。

（二）高级中介语 7—10 个词句子（区间 2）定语复杂度变化分析

从定语的分布类型看，随着句长的增长，定语分布类型更丰富。7 个词句子共出现 5 种定语类型，9 个词句子则出现了 7 种。

另一特点是随着句长的上升，多处定语的比例呈逐渐上升的趋势。在句长为 7 词时，多处定语的比例为 10.96%，句长为 10 个词时，多处定语的比例为 19.94%。从总的趋势看，随着句长的上升，7—10 个词句子定语的复杂程度也在逐步上升。

下面我们来看这一区间句子定语层次性的变化情况。7—10 个词句子定语的层次性分布情况见表 5-3-3。

表 5-3-3　　高级中介语 7—10 个词句子定语层次性分布情况

		D1	D2	D3	合 计
7 个词	数量（个）	540	106	2	648
	百分比（%）	83.33	16.36	0.31	100
8 个词	数量（个）	412	96	2	510
	百分比（%）	80.79	18.82	0.39	100
9 个词	数量（个）	417	106	2	525
	百分比（%）	79.43	20.19	0.38	100
10 个词	数量（个）	313	98	2	413
	百分比（%）	75.79	23.73	0.48	100

注：百分比 = 该层次定语的数量/定语总数。

从表 5-3-3 可以看出，随着句子长度的上升，高级中介语 7—10 个词句子单层定语的比例逐渐下降，双层、三层定语的比例基本上呈逐渐上升的趋势。这表明从层次性看，定语的复杂程度也随句长的增长而逐步上升。

5.3.1.2 高级中介语 11—13 个词句子（区间 4）定语分布的具体情况分析

下面我们来分析韩国留学生高级中介语 11—13 个词句子（区间 4）定语的分布情况，考察中介语定语复杂度随句长的递增而产生的变化。高级中介语 11—13 个词句长上带定语句子的百分比情况见表 5-3-4。

表 5-3-4　　高级中介语 11—13 个句子带定语的百分比情况

	11 个词	12 个词	13 个词
句子总数(句)	1521	1131	788
抽样句子数(句)	386	284	202
带定语的句子数(句)	264	201	158
带定语句子百分比(%)	68.39	70.77	78.22

注：带定语句子的百分比 = 带定语的句子数/抽样句子数。

从表 5-3-4 可以看出，在这一区间，高级阶段中介语带定语句子的比例仍呈逐步上升的趋势。跟同一区间本族人带定语句子的比例比较，带定语句子的比例均高于本族人的水平。[1]

下面我们来看区间 4 定语分布的整体情况，具体情况见表 5-3-5。

---

[1] 句长为 11、12、13 个词时，本族人带定语句子的比例依次为 64.09%、69.04% 和 70.87%。

表 5-3-5　　高级中介语 11—13 个词（区间 4）句子定语分布情况

定语分布		三处定语	两处定语							一处定语			
			D1+D1	D1+D2	D2+D1	D2+D2	D1+D3	D2+D3	D3+D3	D1	D2	D3	D4
11个词	数量(句)	1	34	12	3	1	0	1	0	146	64	2	0
					51						212		
	百分比(%)	0.38	12.88	4.54	1.14	0.38	0	0.38	0	55.3	24.24	0.76	0
					19.32						80.3		
12个词	数量(句)	2	46	4	6	1	1	0	0	78	60	2	1
					58						141		
	百分比(%)	0.99	22.88	1.99	2.99	0.5	0.5	0	0	38.81	29.85	0.99	0.5
					28.86						70.15		
13个词	数量(句)	3	40	6	1	1	0	0	1	56	48	2	0
					49						106		
	百分比(%)	1.9	25.32	3.8	0.63	0.63	0	0	0.63	35.44	30.38	1.27	0
					31.01						67.09		

注：百分比 = 带该类型定语句子的数量/带定语的句子总数。

下面我们先简要分析高级中介语 11、13 个词句子定语的具体分布情况，然后再分析这一区间句子定语复杂度的发展变化趋势。

（一）高级 11、13 个词句子定语分布情况具体分析

1. 高级中介语 11 个词句子定语分布情况

11 个词句子定语分布主要包括带三处定语、两处定语和带一处定语三种情况，三者所占百分比为 0.38%、19.32% 和 80.3%。下面我们先来看带三处定语的句子，仅 1 例，用例如下：

(25) [DZ1 这房子] 内外绝对看不到 [DZ1 鲜艳的色彩]、[DZ1 华丽的材料]。

(25) 中的三处定语分别出现在主语和宾语位置上。

11 个词带两处定语的情况包括 "D1 + D1" "D1 + D2" "D2 + D1" "D2 + D2" "D2 + D3" 等五种类型①，我们先来看 "D1 + D1" "D1 + D2" "D2 + D1" 的情况，例如：

(26) 所以 [DZ1 春节的起源] 和历法应该有 [DZ1 密切的关系]。

(27) [DZ1 她写的字] 和 [DZ1 刻的篆] 都很漂亮。

(28) 我讲 [DZ1 我爷爷的故事] 更想念 [DZ1 我的爷爷]。

(29) [DZ1 这个城市] 可说是 [DZ2 一座 (DZ1 没有屋顶的博物馆)]。

(30) [DZ2 韩国 (DZ1 传统房屋的形态)] 虽然受到 [DZ1 自然环境的影响]，……

(26)(27)(28) 为 "D1 + D1" 的用例，共 34 例，其中 32 例的两处单层定语出现在主语、宾语位置上，如 (26)，1 例的两处定语出现在充当主语的联合短语中，如 (27)；另 1 例的两处定语出现在连谓结构的两个宾语中，即 (28)。(29) 为 "D1 + D2" 的用例，共 12 例，(30) 为 "D2 + D1" 的用例，共 3 例，这两种情况的两处定语均出现在主语、宾语位置上。

下面我们来看带 "D2 + D2" "D2 + D3" 的情况，各 1 例，用例如下：

(31) [DZ2 这种 (DZ1 净化机能)] 是 {DZ3 滩涂的 [DZ2 最大的 (DZ1 优越机能)]}。

---

① 跟中级中介语 11 个词的句子相比，"D2 + D2" "D2 + D3" 为新出现的定语类型。

（32）在韩国，［DZ2 具体的（DZ1 垃圾分类方法）］有［DZ2 以下（DZ1 几种）］。

上述两例的两处定语均位于主语、宾语位置上。

高级阶段11个词句子所带一处定语包括 D1、D2、D3 三种情况①。我们先来看带一层定语（D1）的情况，共146例，例如：

（33）可是在这篇文章、［DZ1 赛跑的结果］却不一样。

（34）我从飞机的窗户看见了［DZ1 很美丽的风景］。

（35）但我慢慢懂了［DZ1 这样的事］也会发生。

（36）有一天，有［DZ1 一个孩子］在路上碰到了麻烦。

一层定语主要出现在主语、宾语位置上，分别为38例和104例，如（33）（34）；11个词的一层定语还出现在宾语小句和兼语中，分别为3例和1例，如（35）、（36）。

带两层定语（D2）的句子共64例，例如：

（37）因为［DZ2 小时的（DZ1 记住能力）］比年龄大的人强。

（38）而且她完完整整地表现出［DZ2 六十年代的（DZ1 社会面貌）］。

（37）的两层定语位于主语位置，共20例；（38）的两层定语位于宾语位置，共44例。

带三层定语（D3）的句子共2例，均位于宾语位置上，用例如下：

（39）我曾看过｛DZ3 一片［DZ2 叫作《乌鸦》的（DZ1 外国电影）］｝。

---

① 跟中级中介语相比，没有出现带"D4"的句子。

(40) 父亲于 1938 年 8 月 24 日出生在 {DZ3 韩国 [DZ2 一个 (DZ1 农村家庭)]}。

2. 高级中介语 13 个词句子定语分布情况

13 个词句子定语分布主要包括带三处定语、两处定语和带一处定语三种情况，三者所占百分比为 1.9%、31.01% 和 67.09%。下面我们先来看带三处定语的句子，共 3 例，例如：

(41) [DZ1 南京的冬天]、[DZ1 南京的雪]、[DZ1 南京的一切] 真是让我难忘。

(42) [DZ2 这电影的 (DZ1 主要人物)] 是 [DZ1 一位父亲] 和 [DZ1 两个儿子]。

(41) 的三处定语出现在由联合短语充当的主语中，(42) 中的三处定语分别出现在主语和宾语位置上。

13 个词带两处定语的情况包括 "D1 + D1" "D1 + D2" "D2 + D1" "D2 + D2" "D3 + D2" 等五种类型。我们先来看前面三种情况①，例如：

(43) [DZ1 他的母亲] 为了自己的儿子搬了 [DZ1 三次家] 嘛。

(44) [DZ1 这句话] 强调 [DZ1 了解一个人的才能的人] 更重要。

(45) [DZ1 波光干净的湖面上] 只剩下 [DZ2 几条 (DZ1 往来穿梭的游船)]。

(46) [DZ2 有些 [DZ1 开私家车的人]] 虽然要去 [DZ1 很近的地方]，……。

---

① 跟中级阶段 13 个词的句子相比，"D3 + D2" 为新出现的定语类型，但高级没有出现中级出现的 "D2 + D3" 和 "D1 + D3"。

上述各例中，(43)(44) 为 "D1 + D1" 的用例，共 40 例；两处单层定语出现在主语、宾语位置上的为 38 例，如 (43)；出现在宾语小句位置上的共 2 例，如 (44)。(45) 为 "D1 + D2" 的用例，共 6 例，两处定语均出现在主语、宾语位置上。(46) 为 "D2 + D1" 的用例，仅 1 例，出现在兼语和宾语的位置上。

下面我们看 "D2 + D2" "D3 + D2" 的情况，各出现 1 例，用例如下：

(47) ［DZ2 那些（DZ1 盛放过虾酱的瓶子）］装满了［DZ2 五颜六色的（DZ1 小糖果）］。

(48) ｛DZ3 这［DZ2 各种各样的（DZ1 食品垃圾）］｝就是［DZ2 环境污染的（DZ1 主要原因）］之一。

上述两例中的定语均出现在主语和宾语位置上。

高级阶段 13 个词句子所带一处定语包括 D1、D2、D3 等三种情况。我们先来看带一层定语（D1）的情况，共 56 例，例如：

(49) ［DZ1 住在宾馆的留学生们］都不肯出来到外面玩。

(50) 昨天我看电视的时候看过了［DZ1 很美丽的黄山］。

(51) 不过爸爸是一直认为我是［DZ1 世界上最善良的女儿］。

(52) 又有［DZ1 一辆牛车］从小路的一端轰隆轰隆地过来。

一层定语出现在主语位置上的共 14 例，如 (49)；出现在宾语位置上的共 36 例，如 (50)；出现在小句宾语位置上的共 4 例，如 (51)；出现在兼语位置上的共 2 例，如 (52)。

带两层定语（D2）的句子共 48 例，例如：

(53) ［DZ2 洁白的（DZ1 刻着花纹的牌坊）］躺卧在石阶上。

(54) 我摸了摸［DZ2 一个（DZ1 好像美龄以前可能按过的栏杆）］。

(55) 医生说在自己病人中［DZ2 她的（DZ1 恢复的精神力）］特别强。

（53）中的两层定语位于主语位置，共 14 例；（54）的两层定语位于宾语位置，共 30 例；（55）的两层定语位于宾语小句中，共 4 例。

带 3 层定语（D3）的句子共 2 例，定语均位于宾语位置，用例如下：

(56) 泡菜对韩国人来说是｛DZ3 不可或缺的［DZ2 一个（DZ1 非常重要的饮食）］｝。

(57) 所以大家都去｛DZ3 莫愁湖公园旁边的［DZ2 一个（DZ1 卖鸡翅的地方）］｝。

（二）11—13 个词句子（区间 3）定语复杂度变化分析

11—13 个词句子都出现了带三处定语的用例。这一情况比上一区间的定语分布更为复杂。从定语的分布类型看，上一区间总共出现 7 种类型，这一区间的定语分布类型为 12 种。[①] 虽然抽样的句子数量下降，但定语的分布类型却比上一区间更为丰富。

另一特点是随着句长的上升，多处定语的比例呈逐渐上升的态势。在句长为 11 个词时，多处定语的比例为 19.7%，句长为 13 个词时，多处定语的比例为 32.91%。从总的趋势看，随着句长的上升，11—13 个词句子定语的复杂程度也在逐步上升。

下面我们来看这一区间（11－13 个词）的句子定语层次性的变化情况。高级中介语 11—13 个词句子定语的层次性分布情况见表 5－3－6。

[①] 上一区间的 7 种分布情况包括三处定语、两处定语的"D1＋D1""D1＋D2""D2＋D1"（3 种）和一处定语的"D1""D2""D3"（3 种）；这一区间的 12 种包括三处定语、两处定语的"D1＋D1""D1＋D2""D2＋D1""D2＋D2""D1＋D3""D2＋D3""D3＋D2"（7 种）和一处定语的"D1""D2""D3""D4"等（4 种）。三处定语的出现用例少，我们暂且不区分三处定语内部分布的差异，将"三处定语"认定为一种定语分布类型。

表 5-3-6　　区间 3（7—10 个词）句子定语层次性分布情况

		D1	D2	D3	D4	合　计
11 个词	数量(个)	232	82	3	0	317
	百分比(%)	73.19	25.87	0.94	0	100
12 个词	数量(个)	187	72	3	1	263
	百分比(%)	71.1	27.38	1.14	0.38	100
13 个词	数量(个)	155	55	2	0	212
	百分比(%)	71.23	27.83	0.94	0	100

注：百分比＝该层次定语的数量/定语总数。

从表 5-3-6 可以看出，随着句子长度的上升，高级中介语 11—13 个词句子单层定语的比例总体上呈下降趋势，双层定语比例呈上升趋势。三层、四层定语出现数量有限，变化趋势不明显。从定语的层次性看，多层定语的比例仍呈现出上升趋势，定语的复杂程度随句长的增长而逐步上升。

5.3.1.3　高级中介语 14—20 个词句子（区间 5）定语复杂度分析

随着句子长度的上升，句子总数及相应的抽样句子数量开始逐渐递减。在这一区间，我们不再单独举例分析每一句子长度上定语的分布情况，而是从整体上分析 14—20 个词句子定语的分布情况。

我们先看来高级中介语语料 14—20 个词的句子总数、抽样句子数、带定语句子数及所占百分比情况。具体数据见表 5-3-7。

表5-3-7　　高级中介语14—20个词带定语句子的百分比情况

	14个词	15个词	16个词	17个词	18个词	19个词	20个词
句子总数(句)	491	412	271	156	138	77	58
抽样句子数(句)	196	151	99	51	46	29	25
带定语的句子数(句)	154	120	80	40	38	24	21
带定语句子百分比(%)	78.57	79.47	80.81	78.43	82.61	82.75	84

注：带定语句子的百分比＝带定语的句子数/抽样句子数。

根据表5-3-7的数据，我们发现，随着句子长度的上升，带定语句子的比例从整体上呈上升趋势，14个词带定语句子的比例为78.57%，20个词时比例为84%。

下面我们来看高级中介语14—20个词句子定语的分布情况（见附录10表5-3-8）。

从表5-3-8可以看出，这一区间一共出现了14种定语分布类型。虽然抽样句子的数量远低于上一区间，但定语的分布类型却增加了两种，分别为带四处定语的情况和两处定语中"D3+D1"的情况。我们下面简要举例说明：

(58) [DZ2 学校的 (DZ1 教育水平)]、[DZ1 父母的期待] 还有 [DZ1 现在的社会] 造成 [DZ1 这现象]。(15个词)

(59) [DZ2 全部 (DZ1 绿油油的树、草地)]、[DZ1 干净的水]、[DZ1 新鲜的空气] 给我 [DZ1 非常安静的心情]。(17个词)

以上两例为带四处定语的情况，在14、15、17、19、20个词上都有出现。这一定语分布类型在高级阶段才出现用例,表明高级学生句子定语的复杂程度较高。

两处定语中"D3+D1"的用例出现在 14、16、17 个词上,定语主要位于主语和宾语的位置,例如:

(60)现在{DZ3 在韩国的[DZ2 环境污染的(DZ1 最大的问题)]}是(DZ1 空气污染)。(14 个词)

(61)可是{DZ3 我们[DZ2 现存的(DZ1 这个世界)]}可能存在(DZ1 好像那个很笨拙的兔子一样的人)。(17 个词)

从总体上看,这一区间多处定语的比例基本上仍呈上升的趋势。在句长为 14 个词时,多处定语的比例为 35.72%,在句长为 20 个词时,多处定语的比例已达 52.37%。从总的趋势看,随着句长的上升,14—20 个词句子定语的复杂程度呈上升的变化趋势。

下面我们来看这一区间句子定语层次性的变化情况。高级中介语 14—20 个词句子定语的层次性分布情况见表 5-3-9。

表 5-3-9　高级中介语区间 4(14—20 个词)句子定语层次性分布情况

		D1	D2	D3	D4	合　计
14 个词	数量(个)	152	58	9	0	219
	百分比(%)	69.41	26.48	4.11	0	100
15 个词	数量(个)	124	49	8	0	181
	百分比(%)	68.51	27.07	4.42	0	100
16 个词	数量(个)	75	35	6	0	116
	百分比(%)	64.66	30.17	5.17	0	100

续 表

		D1	D2	D3	D4	合 计
17个词	数量（个）	47	13	5	0	65
	百分比（%）	72.31	20	7.69	0	100
18个词	数量（个）	41	14	3	1	59
	百分比（%）	69.49	23.73	5.09	1.69	100
19个词	数量（个）	29	13	2	0	44
	百分比（%）	65.91	29.55	4.54	0	100
20个词	数量（个）	28	8	0	0	36
	百分比（%）	77.78	22.22	0	0	100

注：百分比＝该层次定语的数量/定语总数。

从表5-3-9可以看出，这一区间（14-20个词）一层定语、两层定语所占比例的变化趋势不太明显。跟上一区间相比，三层定语的出现比例有所增加，四层定语只出现1例，数量有限。

5.3.2 高级中介语定语复杂度整体情况分析

根据前面对高级中介语7—20个词的句子定语复杂度的统计数据和具体分析，我们将跟句子定语复杂度相关的"带定语句子的比例（定语覆盖率）""多处定语的比例""最多出现处数""多层定语的比例""最多出现层次"等情况列表（见表5-3-10）。

表 5-3-10　　　　　高级中介语 7—20 个词句子定语复杂度

区　间	句长(词)	覆盖率(%)	多处比例(%)	最多处数(处)	多层比例(%)	最多层数(层)
区间 3	7	59.96	10.96	2	16.31	3
	8	62.87	9.84	2	19.22	3
	9	67.78	17.03	3	20.65	3
	10	69.76	19.94	2	24.21	3
区间 4	11	68.39	19.7	3	26.81	3
	12	70.77	29.85	3	28.9	4
	13	78.22	32.91	2	28.77	3
区间 5	14	78.57	35.71	4	30.59	3
	15	79.47	44.17	4	31.49	3
	16	80.81	37.04	3	35.34	3
	17	78.43	52.5	4	27.67	3
	18	82.61	44.74	3	30.51	4
	19	82.75	58.33	4	34.09	3
	20	84	52.37	4	22.22	3

注：表格中的下划双线表示低于中级中介语的相应数据。

根据表 5-3-10，我们对高级中介语 7—20 个词句子定语复杂度的发展变化情况进行分析，定语的复杂化程度变化情况及与本族人之间、与中级之间的差异主要有以下五点。

1. 从带定语句子的比例看，随着句长的上升，带定语句子的比例呈逐步上升的趋势。7—10个词（区间3）句子带定语的比例大致在60%—70%之间；11—13个词（区间4）句子带定语的比例为65%—80%之间，14—20个词（区间5）为75%—85%之间。与本族人相比，高级中介语定语覆盖率在11种句长上均高于本族人，这一情况跟中级相似①。这表明到中、高级阶段，学生带定语句子的比例在多数句长上超过了本族语人的比例。跟中级中介语相比，高级定语的覆盖率在除10、12、14、20个词的4种句长之外的10种句长上高于中级。

2. 从带多处定语的句子比例看，随着句长的上升，带多处定语句子的比例整体上呈上升的趋势。7—10个词（区间3）句子带多处定语的比例为5%—20%之间，11—13个词（区间4）比例为15%—35%之间，14—20个词（区间5）为35%—60%之间。高级中介语在各个句长上带多处定语句子的比例都高于本族人语料。跟中级语料相比，除8、12、16个词的句子外，其他11种句长上高级比例均高于中级。这表明随着学时等级的提高，多处定语占的比例进一步提高。

3. 从定语出现的最多处数看，区间3以两处定语为主，区间4以三处定语为主，区间5以四处定语为主，区间5上的最多定语处数明显高于中级而接近本族人水平②。

4. 从定语的层次性看，多层定语的比例从总体上看呈上升的趋势。7—10个词句子（区间3）多层定语比例约为15%—25%，11—13个词（区间4）比例为25%—30%，14—20个词（区间5）比例主要在30%—40%之间。与本族人相比，高级中介语在各个句长上多层定语的比例均低于本族人，但某些句长（如6个词、8个词、9个词的句长）的比例已与本族人接近。跟中级

---

① 即总14种句长中除17、19、20个词以外的其他11种句长。
② 中级在区间所有句长上出现的最多定语处数均为3处，但高级在区间5上有5种句长最多定语处数为4处。本族人在区间5上有3种句长带有4处或5处定语。

中介语相比，高级共有 8 种句长的多层定语比例高于中级。这表明高级阶段韩国留学生的多层定语比中级又有所发展，并逐步靠近本族人水平。

5. 从定语的出现的最多层次看，区间 3 各句长最多层次均为 3 层，区间 4 以 3 层为主，区间 5 也以 3 层占绝大多数，这一水平跟中级接近，低于本族人水平[①]，这种情况的出现跟语料数量和韩国留学生水平均有一定的关系。

从上面的分析我们可以看出，随着句子长度的上升，高级中介语各句长句子的定语覆盖率、多处定语比例、多层定语比例等相关数据均呈逐渐上升的趋势，这表明高级中介语具有自身系统性。跟中级阶段的相关数据相比，我们发现高级阶段各句长句子的定语覆盖率、多处定语比例、多层定语比例等方面都有进一步上升的趋势。与本族人相关数据进行比较，发现高级中介语句子的定语覆盖率、多处定语比例在绝大多数句长上高于本族人，但各句长上多层定语的比例仍低于本族人。

5.4　初、中、高三级中介语句子定语复杂度发展分析

下面我们综合考察初、中、高三级语料在定语覆盖率、多处定语比例、多层定语比例、最多处数、最多层次上的发展变化情况，以观察中介语句子定语复杂度的发展变化过程。具体数据见表 5-4-1（见附录 11）。

根据表 5-4-1 中的相关数据及我们前面的各小节的讨论，我们可以对中介语各级句子定语复杂度的发展变化过程做如下的分析。

1. 比较同一句长上初、中、高三级定语覆盖率的数据，我们发现韩国留

[①] 本族人在区间 5 除 15 个词的句长以外，其他 6 种句长最多层次均为 4 层。

学生初、中、高级定语覆盖率呈逐步上升的趋势。中级定语的覆盖率在 10 种句长上高于初级，高级定语的覆盖率又在 10 种句长上高于中级。

2. 比较同一句长上初、中、高三级多处定语的比例，我们发现初、中、高三级多处定语比例基本上呈逐步上升的趋势。中级多处定语比例在 10 种句长上高于初级，高级多处定语比例在 11 种句长上高于中级。

3. 比较同一句长上初、中、高三级多层定语的比例，我们发现同一句长上初、中、高三级多层定语比例相差不大，但基本上仍呈逐步上升的趋势。中级多层定语比例在 9 种句长上高于初级，高级多层定语比例在 8 种句长上高于中级。

4. 比较同一句长上初、中、高三级最多处数的出现情况，我们发现同一句长上出现的最多处数在初、中、高三级上具有逐步上升的特点，在区间 5 上这一特点最为明显。

5. 比较同一句长上初、中、高三级最多层次的出现情况，我们发现同一句长上出现的最高层次在初、中、高三级上没有表现出明显上升的趋势。这与初、中、高三级多层定语比例的相关数据一致。

总的来看，初、中、高中介语同一句长句子在定语覆盖率、多处定语比例、最多处数上基本呈逐级上升的趋势。在多层定语比例、最多层次上有一定的上升趋势，但不如前面三者明显。

5.5　本章小结

本章详细地分析了初、中、高三级韩国学生各类句长句子定语的复杂程度及其在各学时等级上的发展变化情况，并与本族人各类句长句子的复杂程度进行对比，以考察中介语句长与句子复杂程度之间的互变关系。本章主要结论有以下三点。

1. 同一等级中介语具有内在的一致性。随着句子长度的上升，同一学时等级上各句长句子的定语覆盖率、多处定语的比例、多层定语的比例基本上都呈上升趋势，这表明同一等级的中介语具有其内在的一致性，与本族人语言具有同样的变化趋势。

2. 中介语是一个不断发展变化的系统。将初、中、高各级同一句长句子定语复杂度的相关数据进行对比，我们发现各级中介语在定语覆盖率、带多处定语的句子比例、带多层定语的句子比例、最多处数、最多层数等方面都比前一等级有所发展和提高。与本族人的相关数据进行比较后发现，中介语在定语覆盖率、定语层次性分布等方面表现出逐步向本族人水平靠近的趋势。

3. 中介语系统有其特征。中、高级中介语在定语的覆盖率和多处定语比例这两个方面的水平并不低于本族人。但从层次性看，初、中、高三级中介语各句长上多层定语的出现比例却始终低于本族人水平，这均说明中介语系统与本族人系统之间存在差异与差距。这些问题可能需要从其他更多方面对中介语句子特点及句子复杂程度特征寻找解释[①]。但这也恰恰体现出中介语系统有别于目标语系统的独特特征。

[①] 中介语句子定语覆盖率和多处定语的比例较高可能跟语料中固定话题带来的固定叙述模式有关，或是第二语言学习者更注重句子结构成分的完整性（主语、宾语等成分出现多）有关。而定语层次性的差异则恰恰说明第二语言学习者在句法构造能力上与本族人之间存在差距。

第6章 韩国留学生中介语各句长句子状语复杂度分析

如我们在前面章节所论述到的，状语的复杂程度跟谓语的复杂程度密切相关。状语的出现处数、状语的层次性、状语内部构成的复杂程度均跟句子的复杂程度紧密相关。本节拟在语料抽样的基础上，统计分析韩国留学生中介语各学时等级上不同句长句子状语的出现和分布情况，以考察中介语句长与句子复杂程度之间的互变关系。句子抽取的数量和抽取方法与定语一致（即各级均在10万字规模的语料中抽取用例），这里不再赘述。

6.1 初级阶段句子状语复杂度分析

6.1.1 初级中介语各区间句子状语复杂度分析

6.1.1.1 初级中介语7—10个词句子（区间3）状语复杂度分析

下面我们来分析韩国留学生初级中介语7—10个词句子（区间3）状语的分布情况，考察中介语状语复杂度随句长的上升而产生的发展变化情况。7—10个词句长上带状语句子的百分比情况见表6-1-1。

表6-1-1　初级中介语7—10个词的句子带状语的百分比情况

	7个词	8个词	9个词	10个词
句子总数(句)	2405	1682	1109	772
抽样句子数(句)	1202	841	554	386
带状语的句子数(句)	910	646	447	313
带状语句子百分比(%)	75.71	76.81	80.69	81.2

注：带状语句子的百分比=带状语的句子数/抽样句子数。

从表6-1-1可以看出，随着句子长度的上升，初级阶段中介语带状语句子的比例呈逐步上升的趋势，并且高于本族人这一区间带定语句子的比例。[①]

下面我们来看这一区间状语分布的整体情况，具体情况见表6-1-2。

表6-1-2　初级中介语7—10个词（区间3）句子状语分布情况

状语分布		三处状语	两处状语							一处状语				
			S+Z1	Z1+Z1	S+Z2	Z1+Z2	Z2+Z1	Z2+Z2	S+Z3	S+Z4	S	Z1	Z2	Z3	Z4
7个词	数量(句)	1	97	25	19	1	0	0	0	0	106	434	173	49	5
			142								767				
	百分比(%)	0.11	10.66	2.75	2.09	0.11	0	0	0	0	11.65	47.69	19.01	5.38	0.55
			15.61								84.28				
8个词	数量(句)	4	74	18	24	0	4	2	3	0	84	275	123	32	3
			125								517				
	百分比(%)	0.62	11.46	2.78	3.72	0	0.62	0.31	0.46	0	13	42.58	19.04	4.95	0.46
			19.35								80.03				

[①] 7、8、9、10个词句子本族人带状语句子的比例分别为71.34%、72.7%、75.58%和75.1%。

续 表

状语分布		三处状语	两处状语							一处状语				
			S+Z1	Z1+Z1	S+Z2	Z1+Z2	Z2+Z2	S+Z3	S+Z4	S	Z1	Z2	Z3	Z4
9个词	数量（句）	4	74	5	20	4	3	1	3	0	73	168	64	26	2
			110							333				
	百分比（%）	0.89	16.56	1.12	4.48	0.89	0.67	0.22	0.67	0	16.33	37.58	14.32	5.82	0.45
			24.61							74.5				
10个词	数量（句）	1	54	10	22	1	0	1	3	1	36	101	57	24	2
			92							220				
	百分比（%）	0.32	17.25	3.19	7.03	0.32	0	0.32	0.96	0.32	11.5	32.27	18.21	7.67	0.64
			29.39							70.29				

注：百分比＝各类状语的数量/带状语句子总数。表格中的"S"表示句首状语，"Z"表示状中（ZZ），本节后面的表格同此。

下面我们对 7 个词、9 个词句子的状语构成情况做个案分析，然后再分析这一区间句子状语复杂度的发展变化趋势。

（一）7 个词、9 个词句子状语构成情况具体分析

1. 初级中介语 7 个词句子状语分布情况

7 个词句子状语分布主要包括带三处状语、两处定语和带一处定语三种情况，各占 0.11%、15.61% 和 84.28%。我们先来看带三处状语的情况。三处状语分别出现在句首和句中联合谓语之前，仅出现 1 例，用例如下：

(1) [ZZ1 现在我们宿舍（ZZ1 很干净）（ZZ1 很安静）]。

带两处状语的情况主要包括句首状语和句中状语配合使用和带两个句中状语两种情况。我们先来看句首状语和句中状语同时使用的情况，例如：

(2)［ZZ1 那时候我（ZZ1 不会说汉语）]。

(3)｛ZZ1 在学习上我［ZZ2 总是（ZZ1 特别紧张)]｝。

（2）为句首状语和一层状语同时使用（S+Z1），共 97 例，占所有带状语句子的 10.66%；（3）为句首状语和两层状语同时使用（S+Z2），共 19 例，占所有带状语句子的 2.09%。

下面我们来看带两个句中状语的情况，例如：

(4)［ZZ1 还抱着这孩子］［ZZ1 一起玩儿］。

(5)［ZZ1 刚聊完］［ZZ2 又（ZZ1 一起吃饭)]。

（4）为带两处单层状语的情况（Z1+Z1），共 25 例，占 2.75%；（5）带一处单层状语和一处双层状语情况（Z1+Z2），仅 1 例。

带一处状语包括带一处句首状语和带一处句中状语两种情况。我们先来看带句首状语的情况，共 106 例，占带状语句子的 11.65%，例如：

(6)［ZZ1 来中国以前我喜欢画画儿］。

(7)［ZZ1 在西安我去了很多地方］。

7 个词句子所带句中状语可分为一至四层状语。例如：

(8) 他 ［ZZ1 常常陪我去买东西］。

(9) 可是我们 ［ZZ2 常常（ZZ1 一起去看电影)]。

(10) 还有我 ｛ZZ3 常常［ZZ2 跟她（ZZ1 一起聊天儿)]｝。

(11) 所以我 ｛ZZ4 今天［ZZ3 也［ZZ2 要（ZZ1 努力生活)]]｝。

（8）为带一层状语的句子，共 434 例，占所有带状语句子的 47.69%；（9）为带两层状语的句子，共 173 例，占所有带状语句子的 19.01%；（10）为带三层状语的句子，共 49 例，占所有带状语句子的 5.38%；（11）为带四层状语的句子，共5例，占所有带状语句子的5.5%。

最后我们看一下初级中介语7个词句子句首状语的出现情况。7个词带句首状语的句子共223个，占所有抽样句子总数的18.55%。

2. 初级中介语9个词句子状语分布情况

9个词句子状语分布主要包括带三处状语、两处状语和一处状语三种情况，各占0.89%、24.61%和74.5%。跟7个词句子相比，三处状语、两处状语的比例分别上升了0.78%和9%，一处状语的比例下降了9.78%。我们先来看带三处状语的情况，共4例，例如：

(12) {ZZ1 有时候 [ZZ1 在图书馆中国学生（ZZ1 跟我聊天儿）]}。

(13) {ZZ1 最近〔ZZ1 在韩国亲家人 [ZZ2 不会（ZZ1 常常见面）]]}。

上述两例为带两个句首状语和一个句中状语的情况。

下面我们分析带两处状语的句子，共7种类型，比7个词的句子多出现3种类型。先来看句首状语和句中状语配合使用的情况，共3种类型，例如：

(14) [ZZ1 周末我（ZZ1 在房间举行了一个生日晚会）]。

(15) {ZZ1 现在我们 [ZZ2 对南京的生活（ZZ1 差不多习惯了）]}。

(16) {ZZ1 来中国以前我〔ZZ3 跟他 [ZZ2 每天（ZZ1 一起玩儿）]]}。

(14) 为"S + Z1"的用例，共74例，占16.56%；(15) 为"S + Z2"的用例，共20例，占4.48%；(16) 为"S + Z3"的用例，共3例，占0.67%。

下面我们来看带两处句中状语的情况，共4种类型，例如：

(17) 如果 [ZZ1 每天有人让我（ZZ1 这样笑）] ……

(18) {ZZ1 就中国和我的国家 [ZZ2 可能（ZZ1 互相帮助）]}。

(19) 我的父母 [ZZ2 也（ZZ1 没有反对）] [ZZ1 就同意了]。

(20) 我 {ZZ2 每天 [ZZ1 除了中饭以外其他 [ZZ2 都（ZZ1 不吃）]]}。

(17) 为"Z1+Z1"的用例，共 5 例，占 1.12%；（18）为"Z1+Z2"的用例，共 4 例，占 0.89%；（19）为"Z2+Z1"的用例，共 3 例，占 0.67%；（20）为"Z2+Z2"的用例，仅 1 例。

带一处状语包括带一处句首状语和带一处句中状语两种情况。我们先来看带句首状语的情况，共 73 例，占带状语句子的 16.33%，例如：

(21) [ZZ1 来到中国以后，我的生活变化很大]。

(22) [ZZ1 对有的人来说，幸福是有很多钱]。

9 个词句子所带句中状语可分为一至四层状语。例如：

(23) 我 [ZZ1 想说我的一位好朋友]。

(24) 而且 [ZZ2 在房间里（ZZ1 也吃巧克力等零食）]。

(25) 我 {ZZ3 去年 [ZZ2 跟丈夫（ZZ1 一起去过黄山）了]}。

(26) 但是 {ZZ4 回国以后 [ZZ3 也 [ZZ2 要（ZZ1 努力学习汉语）]]}。

(23) 为带一层状语的句子，共 168 例，占所有带状语句子的 35.78%；(24) 为带两层状语的句子，共 64 例，占所有带状语句子的 14.32%；(25) 为带三层状语的句子，共 26 例，占所有带状语句子的 5.82%；(26) 为带四层状语的句子，共 2 例，占所有带状语句子的 0.45%。

最后我们看一下初级中介语 9 个词句子句首状语的出现情况。9 个词带句首状语的句子共 175 个，占所有抽样句子总数的 31.59%。跟 7 个词的句子相比，这一比例上升了 13.04%。

(二) 初级中介语 7—10 个词句子（区间 3）状语复杂化趋势分析

根据表 5-1-2 可以看出，随着句长的上升，这一区间带多处状语句子的比例逐步上升。句长为 7 个词时，带多处状语的比例为 15.71%，句长为 10 个词时，这一比例达到 29.71%。这表明句子越长，句子带多处状语的比例越高，句子状语的构成也越复杂。

从状语的具体构成类型看，句子越长，句子状语的搭配类型也越丰富。我们暂不考虑三处状语内部构成上的差异，仅从两处状语构成看，7 个词句子状语构成类型为 4 种，8 个词句子为 6 种，9 个词、10 个词句子均为 7 种。这表明句子越长，句子状语的构成形式越复杂。

下面我们来看这一区间句子状语层次性的分布情况。7—10 个词句子状语的层次性分布情况如表 6-1-3。

表 6-1-3　　初级中介语 7—10 个词句子状语层次性分布情况

		Z1	Z2	Z3	Z4	合　计
7 个词	数量(个)	585	193	49	5	832
	百分比(%)	70.31	23.2	5.89	0.6	100
8 个词	数量(个)	426	155	35	3	619
	百分比(%)	68.82	25.04	5.65	0.49	100
9 个词	数量(个)	261	96	29	2	392
	百分比(%)	67.27	24.74	7.47	0.52	100
10 个词	数量(个)	188	82	28	3	301
	百分比(%)	62.46	27.24	9.3	1	100

注：百分比＝该层次状语的数量/状语总数。

从表 6-1-3 可以看出,随着句子长度的上升,单层状语的比例呈下降趋势,双层状语、三层状语的比例均呈上升趋势。四层状语出现的数量有限,变化趋势不明显。从层次性看,带多层状语的句子的比例随句长的上升而上升,表明状语的复杂程度随句长的上升而逐步提高。

最后我们看一下 7—10 个词句子(区间 3)句首状语的发展变化情况。7—10 个词带句首状语句子所占比例情况见表 6-1-4。

表 6-1-4　　　　　初级中介语 7—10 个词句子句首状语出现比例

	带句首状语的句子数(句)	抽样句子数(句)	百分比(%)
7 个词	223	1202	18.55
8 个词	160	841	22.23
9 个词	175	554	31.59
10 个词	123	386	31.87

注:百分比 = 带状语的句子数/抽样句子数。抽样句子数为所标记的句子的数量,这一比例代表整个语料中带句首状语的句子的出现比例。

从表 6-1-4 可以看出,随着句子长度的上升,带句首状语的句子在总抽样语料中的比例呈上升趋势。这说明句子越长,句首状语出现的频率越高,且这一比例高于同样句长的本族人语料。[①]

6.1.1.2　初级中介语 11—13 个词句子(区间 4)状语复杂度分析

下面我们来分析韩国留学生初级中介语 11—13 个词句子(区间 4)状语的分布情况,考察中介语状语复杂度的发展变化情况。11—13 个词句长上带

---

①　本族人 6—10 个词带句首状语的句子占抽样句子的比例分别为 4.31%、4.8%、4.36% 和 7.41%。这种差异在三个学时等级上的表现以及出现这种情况的原因将在后面的章节中详细论述。

状语句子的百分比情况见表6-1-5。

表6-1-5　　初级中介语11—13个词的句子带状语的百分比情况

	11个词	12个词	13个词
句子总数(句)	494	290	192
抽样句子数(句)	247	145	96
带状语的句子数(句)	205	117	81
带状语句子百分比(%)	83	80.69	84.38

注：带状语句子百分比=带状语的句子数/抽样句子数。

从表6-1-5可以看出，这一区间（11—13个词）带状语句子的百分比在80%到85%之间，总体上呈上升的趋势。这一区间状语分布的整体情况见表6-1-6（见附录12）所示。下面我们先对11个词、13个词句子的状语构成情况做具体分析，然后再分析这一区间句子状语复杂度的发展变化趋势。

（一）11个词、13个词句子状语复杂度具体分析

1. 初级中介语11个词句子状语分布情况

11个词句子状语分布主要包括带三处状语、两处状语和一处状语三种情况，各占2.93%、23.9%和73.17%。我们先来看带三处状语的情况，共6例，例如：

（27）{ZZ2 现在〔ZZ1 在韩国所有的大学［ZZ2 基本上（ZZ1 都有中文系）］〕}。

（28）{ZZ2 其实【ZZ1 到现在我〔ZZ2 还［ZZ1 没决定将来自己当什么］〕】}。

第6章 韩国留学生中介语各句长句子状语复杂度分析

上述两例为带两个句首状语和一个双层句中状语的情况。

下面我们分析带两处状语的句子,共5种类型。先来看句首状语和句中状语配合使用的情况,共3种类型,例如:

(29) [ZZ1 吃晚饭以后我(ZZ1 在宿舍看电视或者学习汉语)]。

(30) {ZZ1 那时我的妈妈 [ZZ2 一直(ZZ1 在我的身边照料我)]}。

(31) {ZZ1 他在中国的时候,我们 [ZZ3 每天 [ZZ2 一起(ZZ1 互相学习)]]}。

(29) 为"S+Z1"的用例,共24例,占11.71%;(30) 为"S+Z2"的用例,共19例,占9.27%; (31) 为"S+Z3"的用例,仅1例,占0.49%。

下面我们来看带两处句中状语的情况,共2种类型,例如:

(32) 我 {ZZ1 今天有两次让我 [ZZ1 真觉得非常尴尬]}。

(33) {ZZ1 甚至他们 [ZZ3 还 [ZZ2 想(ZZ1 再去看一次古城)]]}。

(32) 为"Z1+Z1"的用例,共3例,占1.46%;(33) 为"Z1+Z3"的用例,共2例,占0.98%。

带一处状语包括带一处句首状语和带一处句中状语两种情况。我们先来看带句首状语的情况,共24例,占带状语句子的11.71%,例如:

(34) [ZZ1 几个月以前,我认识了一位韩国留学生]。

(35) [ZZ1 去西安的火车里,我们见了一个中国人家]。

11个词句子所带句中状语可分为一至五层状语。例如:

(36) 所以我们班同学 [ZZ1 很喜欢我们的学校的老师]。

(37) 我 [ZZ2 和我的朋友(ZZ1 一起去苏州、上海和北京)]。

· 325 ·

(38) 我的妈妈 {ZZ3 每段时间 [ZZ2 都（ZZ1 给我打电话)]}。

(39) 我 {ZZ4 小学的时候〔ZZ3 常常 [ZZ2 和家人（ZZ1 一起去旅行了)]]}。

(40) {ZZ5 上午学习后【ZZ4 下午〔ZZ3 天天 [ZZ2 跟着认识哥哥（ZZ1 一起玩儿了)]]】}。

上述各例中,（36）为带一层状语的句子,共82例,占所有带状语句子的40%;（37）为带两层状语的句子,共64例,占所有带状语句子的14.32%;（38）为带三层状语的句子,共17例,占所有带状语句子的8.29%;（39）为带四层状语的句子共4例,占所有带状语句子的1.95%;（40）为带五层状语的句子仅1例,占所有带状语句子的0.49%。

最后我们看一下初级中介语11个词句子句首状语的出现情况。11个词带句首状语的句子共73个,占所有抽样句子总数的29.55%。这一比例跟9、10个词的句子基本持平。

2. 初级中介语13个词句子状语分布情况

13个词句子状语分布主要包括带三处状语、两处状语和一处状语三种情况,各占2.47%、33.33%和64.2%。我们先来看带三处状语的情况,共2例,用例如下:

(41) [ZZ1 这一天,人们（ZZ1 要回到父母家)（ZZ1 和亲友团聚在一起)]。

(42) {ZZ2 在韩国的时候, [ZZ1 每星期天我（ZZ1 跟朋友去电影院看电影)]}。

(41) 的三处状语分别出现在句首和句中连谓短语前（S + Z1 + Z1）;（42) 的三处状语为两个句首状语和一个句中状语（S + S + Z1）。

下面我们分析带两处状语的句子，共 5 种类型。先来看句首状语和句中状语配合使用的情况，共三种类型，例如：

（43）［ZZ1 在韩国的时候我（ZZ1 每天受了很大的压力）］。

（44）｛ZZ1 第一次住院的时候，我［ZZ2 不能（ZZ1 随便见父母的面）］｝。

（45）｛ZZ1 下课以后，我［ZZ3 就［ZZ2 跟我的朋友（ZZ1 一起去餐厅吃饭）］］｝。

（43）为"S＋Z1"的用例，共 10 例，占 12.35%；（44）为"S＋Z2"的用例，共 8 例，占 9.88%；（45）为"S＋Z3"的用例，共 3 例，占 3.7%。下面我们来看带两处句中状语的情况，共两种类型，例如：

（46）我［ZZ1 结束北京的学习后去她的家（ZZ1 一起过年了）］。

（47）他们［ZZ2 会（ZZ1 一起凑份子）］［ZZ1 专程跑到首尔去买名贵的葡萄酒］。

（46）为"Z1＋Z1"的用例，共 4 例，占 4.49%；（47）为"Z2＋Z1"的用例，共 2 例，占 2.46%。

带一处状语包括带一处句首状语和带一处句中状语两种情况。我们先来看带句首状语的情况，共 13 例，占带状语句子的 16.05%，例如：

（48）［ZZ1 坐飞机的时候我看见了妈妈爸爸偷偷地擦眼泪］。

（49）［ZZ1 两个月以后我告诉了他们我来中国的事］。

13 个词句子所带句中状语可分为一至四层状语。例如：

（50）因为我［ZZ1 把五台山的保龄球馆当作我自己的家］。

（51）而且我［ZZ2 要（ZZ1 把这样的幸福的感觉传给别的人）］。

(52) {ZZ3 现在 [ZZ2 按我本来的打算 (ZZ1 一步一步做下去呢)]}。

(53) {ZZ4 想了好久后 [ZZ3 和一个朋友 [ZZ2 一起 (ZZ1 在一家饭店打工)]]}。

上述各例中,(50)为带一层状语的句子,共 23 例,占所有带状语句子的 28.4%;(51)为带两层状语的句子,共 9 例,占所有带状语句子的 11.11%;(52)为带三层状语的句子,共 5 例,占所有带状语句子的 6.17%;(53)为带四层状语的句子,共 2 例,占所有带状语句子的 2.47%。

最后我们看一下初级中介语 13 个词句子句首状语的出现情况。13 个词带句首状语的句子共 33 个,占所有抽样句子总数的 34.38%。这一比例比 11 个词的句子高 4.83%。

(二)初级中介语 11—13 个词句子(区间 4)状语复杂化趋势分析

从表 6-1-6 的数据可以看出,这一区间(11—13 个词)多处状语的比例仍呈上升趋势。在句长为 11 个词时,多处状语的比例为 26.83%,在句长为 13 个词时,多处状语的比例为 35.8%。这表明随着句长的增长,句子状语的复杂程度进一步上升。从状语的类型看,这一区间的类型差异不大,分别为 11 种、11 种和 10 种。[①] 跟上一区间的差异不大。下面我们来看一下这一区间状语在层次上的分布情况(见表 6-1-7)。

表 6-1-7　　　　初级中介语 11—13 个词句子状语层次性分布情况

		Z1	Z2	Z3	Z4	Z5	合 计
11 个词	数量(个)	119	45	20	4	1	189
	百分比(%)	62.96	23.81	10.58	2.12	0.53	100

---

① 这里将三处状语看成是一种,不考虑三处状语内部构成上的差异。

续 表

		Z1	Z2	Z3	Z4	Z5	合 计
12个词	数量(个)	62	31	5	3	0	101
	百分比(%)	61.39	30.69	4.95	2.97	0	100
13个词	数量(个)	46	19	8	2	0	75
	百分比(%)	61.33	25.33	10.67	2.67	0	100

注：百分比=该层次状语的数量/状语总数。

从表6-1-7可以看出，这一区间（11—13个词）单层状语的比例呈下降趋势，但变化不大。在多层状语上，这一区间在11个词句长上出现了带5层状语的句子。各句长上4层状语的比例几乎没有差异，11个词、13个词以双层状语、三层状语比例较为突出，12个词双层状语比例突出。总的来看，这一区间状语层次性上的复杂化趋势不太明显。

最后我们看一下这一区间句首状语的出现情况，初级中介语11—13个词句子带句首状语的数量和比例见表6-1-8。

表6-1-8　　初级中介语11—13个词句子句首状语出现比例表

	带句首状语的句子数(句)	抽样句子数(句)	百分比(%)
11个词	73	247	29.55
12个词	64	145	44.14
13个词	36	96	37.5

注：百分比=带状语的句子数/抽样句子数。

从表 6-1-8 可以看出,随着句子长度的上升,带句首状语的句子在总抽样语料中的比例总体上仍呈上升趋势,且这一比例高于同样句长的本族人语料。①

6.1.1.3 初级中介语 14—20 个词句子(区间 5)状语复杂度分析

由于初级阶段韩国留学生的长句数量有限,随着句子长度的上升,句子总数及相应的抽样句子数量开始逐渐递减。对 14—20 个词的句子,我们不再单独具体分析每一句子长度上状语的分布情况,而是从整体上分析这一区间句子状语的分布情况。

我们先看初级韩国留学生中介语语料中 14—20 个词的句子总数、抽样句子数、带状语句子数及所占百分比情况。具体数据见表 6-1-9。

表 6-1-9 14—20 个词句长带状语句子的百分比情况

	14 个词	15 个词	16 个词	17 个词	18 个词	19 个词	20 个词
句子总数(句)	127	65	41	29	15	6	6
抽样句子数(句)	63	32	24	18	8	4	4
带状语的句子数(句)	54	26	19	15	5	4	2
带状语句子百分比(%)	85.71	81.25	79.17	83.33	75	100	50

注:带状语句子的百分比=带状语的句子数/抽样句子数。

从表 6-1-9 可以看出,这一区间(14—20 个词)大多数句长上状语的覆盖率在 80% 左右。由于初级阶段韩国留学生在这一区间上句子数量有限,所以状语覆盖率的变化不如前面的区间有规律。但总的来看,带状语句子的比例仍呈上升趋势。

下面我们来看初级阶段 14—20 个词句子状语的具体分布情况,具体数据见表 6-1-10(见附录 13)。

---

① 本族人 11—13 个词带句首状语的句子占抽样句子的比例分别为 9.35%、9.96% 和 10.68%。

· 330 ·

第6章　韩国留学生中介语各句长句子状语复杂度分析

从表 6-1-10 中的数据可以看出,这一区间(14—20个词)由于受句子总数的影响,在状语的类型上反而不如前面两个区间(7—20个词、11—13个词)丰富。在这一区间一共出现了 9 种状语类型,分别为三处状语、两处状语的 "S+Z1" "Z1+Z1" "S+Z2" "S+Z3" 和一处状语的 "S" "Z1" "Z2" "Z3"。我们这里略举数例加以分析。

先来看三处状语的情况,例如：

(54) ｛ZZ1 学习完了以后,〔ZZ1 暑假的时候我 [ZZ2 跟金晶(ZZ1 一起去四川旅游)]]｝。(15个词)

(55) ｛ZZ1 来中国以前,【ZZ1 我在韩国的时候我〔ZZ3 常常 [ZZ2 跟她(ZZ1 一起去看电影去旅行)]]】｝。(18个词)

以上两例都带有两个并列的句首状语和一个句中状语。初级阶段韩国留学生有较多这样的用例,这样的长句虽然没有语法上的错误,但在可接受性上仍存在一定的问题。

这一区间的两处状语包括句首状语和句中状语配合使用的情况和带两个句中状语的情况。例如：

(56) 还有 [ZZ1 跟他们聊了以后我(ZZ1 更了解中国的文化、中国人的思想、说法)]。(16个词)

(57) ｛ZZ1 在上课时,她 [ZZ2 会(ZZ1 给我们讲一些她自己的经历和爱好)]｝。(15个词)

(58) ｛ZZ1 刚来中国的时候我〔ZZ3 对这儿的生活 [ZZ2 还(ZZ1 不太习惯)]]｝。(14个词)

(59) 我 [ZZ1 高兴地跑过去] [ZZ1 还坐那辆车到朋友那儿去了]。(15个词)

(56)(57)(58) 为句首状语和句中状语配合使用的情况,分别为"S+Z1""S+Z2""S+Z3"。(59) 为两处句中状语的情况(Z1+Z1),用于连谓句中。

带一处的状语的情况包括"S""Z1""Z2""Z3"等四种情况,例如:

(60) [ZZ1 我到中国以前,我的父母和朋友们告诉我来中国以后应该要小心中国人]。(19个词)。

(61) 现在的我 [ZZ1 已摆脱了离家的时候的孤独和无助]。(14个词)

(62) 但是韩国传统文化馆和博物馆 [ZZ2 一年(ZZ1 会举行二三次传统婚礼仪式)]。(16个词)

(63) 跟我碰到的人 {ZZ3 每次 [ZZ2 都(ZZ1 对我说你发胖了)]}。(15个词)

下面我们来看这一区间句子各层状语的分布情况,具体数据见表6-1-11。

表6-1-11　　初级中介语14—20个词句子状语层次性分布情况表

		Z1	Z2	Z3	合 计
14个词	数量(个)	34	15	2	51
	百分比(%)	66.67	29.41	3.92	100
15个词	数量(个)	13	6	4	23
	百分比(%)	56.52	26.09	17.39	100
16个词	数量(个)	7	11	0	18
	百分比(%)	38.89	61.11	0	100
17个词	数量(个)	5	4	1	10
	百分比(%)	50	40	10	100
18个词	数量(个)	3	1	0	4
	百分比(%)	75	25	0	100

续 表

		Z1	Z2	Z3	合 计
19个词	数量(个)	1	0	0	1
	百分比(%)	0	0	0	100
20个词	数量(个)	0	0	0	0
	百分比(%)	0	0	0	0

注：百分比＝该层次状语的数量/状语总数。

由于受到抽样语料数量的限制，这一区间（14—20个词）最多状语层次仅为3层。在句长为20个词时，没有出现句中状语，不存在状语的层次性问题；句长为19个词时，仅出现一处单层状语；句长为18个词的句子仅出现1个双层状语。这三种句长句子的抽样数均小于10例，状语层次性的数据不具有很好的代表性。从14—17个词的句子看，单层状语基本上处于下降趋势，双层状语、三层状语则处于上升趋势。下面我们来看这一区间句子带句首状语的情况，14—20个词句子带句首状语的比例见表6-1-12。

表6-1-12　　初级阶段14—20个词句子句首状语出现比例

	带句首状语的句子数(句)	抽样句子数(句)	百分比(%)
14个词	34	63	53.97
15个词	13	32	40.63
16个词	12	24	50
17个词	12	18	66.67
18个词	5	8	62.5
19个词	4	4	100
20个词	4	4	100

注：百分比＝带状语的句子数/抽样句子数。

从表 6-1-12 可以看出，随着句子长度的上升，带句首状语的句子在总抽样语料中的比例基本呈上升趋势。句长为 19 个、20 个词的句子句首状语出现率达 100%。

6.1.2 初级中介语句子状语复杂度整体情况分析

根据前面对初级中介语 7—20 个词的句子状语复杂度的统计数据和具体分析，我们将跟句子状语复杂度相关的指标，即带状语句子的比例（状语覆盖率）、多处状语的比例、最多出现处数、多层状语的比例、最多出现层次等列出表格。初级中介语 7—20 个词句子状语在各项指标上的具体情况见表 6-1-13。

表 6-1-13　　初级中介语 7—20 个词句子状语复杂度

区间	句长（词）	覆盖率（%）	多处状语比例（%）	最多处数（处）	多层状语比例（%）	最多层数（层）	句首状语比例（%）
区间3	7	75.71	15.72	3	29.69	4	18.55
	8	76.81	19.97	3	31.18	4	22.23
	9	80.69	25.5	3	32.73	4	31.59
	10	81.2	29.71	3	37.54	4	31.87
区间4	11	83	26.83	3	37.04	5	29.55
	12	80.69	41.03	2	38.61	4	44.14
	13	84.38	35.8	3	38.67	4	37.5
区间5	14	85.71	57.41	3	33.33	3	53.97
	15	81.25	34.62	3	43.48	3	40.63
	16	79.17	57.89	2	61.11	2	50
	17	83.33	53.34	3	40	3	66.67
	18	75	50	3	25	2	62.5
	19	100	25	3	0	1	100
	20	50	0	1	—	—	100

注：句首状语的比例 = 该句长上带句首状语的句子数/该句长抽样句子数。

第6章 韩国留学生中介语各句长句子状语复杂度分析

根据表6-1-13，我们对初级中介语7—20个词句子状语复杂度的发展变化情况进行分析，状语的复杂化程度及与本族人之间的差异主要有以下六点①。

1. 从状语的覆盖率看，随着句长的上升，句子带状语的比例从整体上呈上升趋势。7—10个词（区间3）和11—13个词（区间4）的句子带状语的比例为75%—85%之间，14—20个词（区间5）的为80%—85%之间，初级中介语在8种句长上的状语覆盖率高于本族人②，这表明初级语料中状语的出现率并不低。

2. 从带多处状语的句子比例看，随着句长的上升，带多处状语句子的比例基本上呈上升的趋势。7—10个词（区间3）句子带多处状语的比例为10%—30%之间，11—13个词（区间4）比例为25%—40%之间，14—20个词（区间5）主要在30%—60%之间。与本族人相比，初级中介语在12种句长上多处状语的比例都高于本族人水平。③

3. 从状语出现的最多处数看，区间3均为三处，区间4、区间5均以三处为主。与本族人的分布情况基本一样。

4. 从状语的层次性看，多层状语的比例从整体上看呈逐步上升的趋势。7—10个词句子（区间3）多层状语比例为25%—40%，11—13个词（区间4）比例在38%左右，14—20个词（区间5）比例主要在30%—60%之间。初级中介语在各个句长上（16个词除外）多层状语的比例均低于本族人，这表明初级阶段韩国留学生对多层状语的使用有限。

5. 从状语的出现的最多层次看，区间3、区间4均以4层为主，区间5则以3层、2层为主。区间5的情况主要跟语料数量有一定的关系。但从整体上

---

① 由于18—20个词句子的抽样数量均低于10个，所以我们下面在分析状语复杂程度的变化趋势时基本上不考虑这三种句长上的相关数据。
② 这8种句长为7—10个词和11、13、14、19个词。
③ 这12种句长分别为7—18个词。

看，初级中介语在状语的最多层次上低于本族人水平。

6. 从带句首状语句子占抽样句子总数的比例看，随着句长的上升，带句首状语句子所占比例从整体上看呈逐步上升的趋势。7—10个词句子（区间3）带句首状语的句子比例约为18%—32%，11—13个词（区间4）比例为25%—45%，14—20个词（区间5）比例为40%—100%。在各个句长上，这一比例都远远高于本族人语料。

从本节的分析我们可以看出，初级中介语状语复杂化程度的发展变化具有其自身的系统性。随着句子长度的上升，各句长句子状语的覆盖率、多处状语的比例、多层状语的比例、句首状语所占比例基本上都呈上升的趋势。

与本族人的情况进行比较，我们发现初级中介语状语的覆盖率、多处状语的出现比例基本上不低于本族人水平，而句首状语的出现频率高于本族人。这可能跟中介语一些作文话题所带来的固定的表达方式有关。

但从状语的层次性分布看，初级中介语多层状语的比例在16个词以外的各个句长上均低于本族人，这又表明初级韩国留学生对状语层次性的掌握与本族人水平之间存在差距。

6.2 中级阶段句子状语复杂度分析

6.2.1 中级中介语各区间句子状语复杂度分析

6.2.1.1 中级中介语7—10个词句子（区间3）状语复杂度分析

下面我们来分析韩国留学生中级中介语7—10个词句子（区间3）状语的分布情况，考察中介语状语复杂度随句长的上升而产生的变化。7—10个词句长上带状语句子的百分比情况见表 6-2-1。

表 6-2-1　　中级中介语 7—10 个词句子带状语的百分比情况

	7 个词	8 个词	9 个词	10 个词
句子总数(句)	4427	3358	2622	1930
抽样句子数(句)	1108	842	655	482
带状语的句子数(句)	843	654	534	380
带状语句子百分比(%)	76.08	77.67	81.53	78.84

注：带状语句子的百分比＝带状语的句子数/抽样句子数。

从 6-2-1 表可以看出，随着句子长度的上升，中级阶段中介语带状语句子的比例整体上呈逐步上升的趋势，并且高于本族人这一区间带状语句子的比例。①

下面我们来看这一区间状语分布的整体情况，具体情况见表 6-2-2。

表 6-2-2　　中级中介语 7—10 个词（区间 3）句子状语分布情况

状语分布		3 处状语	两处状语							一处状语				
			S+Z1	Z1+Z1	S+Z2	Z1+Z2	Z2+Z2	S+Z3	Z1+Z3	S	Z1	Z2	Z3	Z4	Z5
7 个词	数量(句)	4	61	27	13	6	7	3	0	62	422	172	63	3	0
			117							722					
	百分比(%)	0.47	7.24	3.2	1.54	0.71	0.83	0.36	0	7.35	50.06	20.41	7.47	0.36	0
			13.88							85.65					
8 个词	数量(句)	10	60	22	18	4	5	7	0	50	299	132	42	5	0
			116							528					
	百分比(%)	1.53	9.18	3.36	2.76	0.61	0.76	1.07	0	7.65	45.72	20.18	6.42	0.76	0
			17.74							80.73					

---

① 7、8、9、10 个词句子本族人带状语句子的比例分别为 71.34%、72.7%、75.58% 和 75.1%。

续　表

状语分布		三处状语	两处状语							一处状语				
			S+Z1	Z1+Z1	S+Z2	Z1+Z2	Z2+Z1	S+Z3	Z1+Z3	S	Z1	Z2	Z3	Z4	Z5
9个词	数量（句）	4	62	13	20	4	0	4	0	49	236	96	39	7	0
			103								427				
	百分比（%）	0.75	11.61	2.43	3.75	0.75	0	0.75	0	9.18	44.19	17.98	7.3	1.31	0
			19.29								79.96				
10个词	数量（句）	10	49	8	14	3	0	8	4	52	128	73	26	4	1
			86								284				
	百分比（%）	2.63	12.89	2.11	3.68	0.79	0	2.11	1.05	13.68	33.68	19.22	6.85	1.05	0.26
			22.63								74.74				

注：百分比=各类状语的数量/带状语句子总数。表格中的"S"表示句首状语。

下面我们先截取这一区间（7-10个词）7、9个词句子的状语构成情况做个案分析，然后再分析这一区间句子状语复杂度的发展变化趋势。

（一）7个词、9个词句子状语构成情况具体分析

1. 中级中介语7个词句子状语分布情况

7个词句子状语分布主要包括带三处状语、两处状语和带一处状语三种情况，各占0.47%、13.88%和85.65%。我们先来看带三处状语的情况，共4例，例如：

（1）{ZZ1 现在 [ZZ1 在我这儿外国人（ZZ1 蛮多)]}。

（2）{ZZ1 有一天 [ZZ1 突然他（ZZ1 没回来了)]}。

上述两例均为带两个句首状语和一个句中状语的情况，具体构成形式为"S+S+Z1"。

带两处状语的情况主要包括句首状语和句中状语同时使用和带两个句中状语两种情况。我们先来看句首状语和句中状语同时使用的情况,例如:

(3) [ZZ1 两天以后它(ZZ1 又出现了)]。

(4) {ZZ1 现在中国的市场[ZZ2 一直(ZZ1 在发展)]}。

(5) {ZZ1 后来我们[ZZ3 就[ZZ2 渐渐(ZZ1 不联系了)]]}。

(3) 为句首状语和一层状语同时使用(S+Z1),共61例,占带状语句子的7.24%;(4) 为句首状语和两层状语同时使用(S+Z2),共13例,占带状语句子的1.54%。(5) 为句首状语和三层状语同时使用(S+Z3),共3例,占带状语句子的0.36%。

下面我们来看带两个句中状语的情况,例如:

(6) 然后[ZZ1 再换乘汽车][ZZ1 可以到周庄]。

(7) {ZZ1 或许有你[ZZ2 一直(ZZ1 为我祈祷)]}。

(8) 我[ZZ2 有空时(ZZ1 常常见面)(ZZ1 一起谈谈)]}。

以上各例中,(6) 为带两处单层状语的情况(Z1+Z1),共27例,占3.2%;(7) 带一处单层状语和一处双层状语情况(Z1+Z2),共6例,占0.71%;(8) 为带一处双层状语和一处单层状语的情况(Z2+Z1),共7例,占0.83%。

带一处状语包括带一处句首状语和带一处句中状语两种情况。我们先来看带句首状语的情况,共62例,占带状语句子的7.35%,例如:

(9) [ZZ1 很久以前,郑国有一个农夫]……

(10) [ZZ1 在那里我觉得回到了古代]。

7个词句子所带句中状语可分为一至四层状语。例如:

(11) 我［ZZ1 也希望成为那样的人］。

(12) 所以我［ZZ2 要（ZZ1 多接触中国文化）］。

(13) 我｛ZZ3 也［ZZ2 高兴地（ZZ1 嘻嘻笑着）］｝。

(14) 我们｛ZZ4 小时候［ZZ3 很［ZZ2 想（ZZ1 快长大）］］｝。

上述各例中，(11)为带一层状语的句子，共422例，占所有带状语句子的50.06%；(12)带两层状语的句子，共172例，占所有带状语句子的20.41%；(13)带三层状语的句子，共63例，占所有带状语句子的7.47%；(14)为带四层状语的句子共3例，占所有带状语句子的0.36%。

最后我们看一下中级中介语7个词句子句首状语的出现情况。7个词带句首状语的句子共143个，占所有抽样句子总数的12.91%。

2. 中级中介语9个词句子状语分布情况

9个词句子状语分布主要包括带三处状语、两处状语和一处状语三种情况，各占0.75%、19.29%和79.96%。跟7个词句子相比，三处状语、两处状语的句子比例分别上升了0.28%和5.41%，一处状语的比例下降了5.69%。我们先来看带三处状语的情况，共4例，例如：

(15)｛ZZ1 在学校［ZZ1 除了学习我（ZZ1 还参加其他活动）］｝。

(16)｛ZZ1 在南京［ZZ1 每天早上上班时人（ZZ1 太多）］｝。

上述两例为带两个句首状语和一个句中状语的情况。

下面我们分析带两处状语的句子，先来看句首状语和句中状语配合使用的情况，共三种类型，例如：

(17)［ZZ1 最近几年，政府（ZZ1 正在改善地铁的条件）］。

(18)｛ZZ1 十年前，我［ZZ2 对中文（ZZ1 很有兴趣）］｝。

(19)｛ZZ1 为了这愿望，我［ZZ3 会［ZZ2 更加（ZZ1 努力学习的）］］｝！

(17) 为"S+Z1"的用例, 共62例, 占11.61%; (18) 为"S+Z2"的用例, 共20例, 占3.75%; (19) 为"S+Z3"的用例, 共3例, 占0.67%。

下面我们来看带两处句中状语的情况, 共两种类型, 例如:

(20) 孙子 [ZZ1 也听到这件事（ZZ1 就吃惊)]。

(21) 她 {ZZ1 失去丈夫以后, 不但 [ZZ2 没有（ZZ1 被痛苦压倒)]}……

(20) 为"Z1+Z1"的用例, 共13例, 占2.43%; (21) 为"Z1+Z2"的用例, 共4例, 占0.75%。

带一处状语包括带一处句首状语和带一处句中状语两种情况。我们先来看带句首状语的情况, 共49例, 占带状语句子的9.18%, 例如:

(22) [ZZ1 高中毕业以后我希望来中国学汉语]。

(23) [ZZ1 突然, 一个男的坐在我旁边问]: ……

9个词句子所带句中状语可分为一至四层状语。例如:

(24) 她 [ZZ1 亲切地回答在意大利学习的情况]。

(25) 我 [ZZ2 从来 [ZZ1 没看过这么笨的人]]。

(26) 广告 {ZZ3 就 [ZZ2 可以（ZZ1 给我们提供无穷的信息)]}。

(27) 我 {ZZ4 回韩国以后 [ZZ3 一定 [ZZ2 要（ZZ1 一起去玩)]]}。

上述各例中,（24）为带一层状语的句子共236例, 占所有带状语句子的44.19%;（25）为带两层状语的句子共96例, 占所有带状语句子的17.98%;（26）带三层状语的句子共39例, 占所有带状语句子的7.3%;（27）为带四层状语的句子共7例, 占所有带状语句子的1.31%。

最后我们看一下中级中介语9个词句子句首状语的出现情况。9个词带句首状语的句子共137个, 占所有抽样句子总数的20.92%。跟7个词的句子相比，这一比例上升了8.01%。

（二）中级中介语7—10个词句子（区间3）状语复杂化趋势分析

根据表6-2-2可以看出，随着句长的上升，这一区间带多处状语句子的比例逐步上升。句长为7个词时，带多处状语的比例为14.35%，句长为10个词时，这一比例达到25.26%。这表明句子越长，句子带多处状语的比例越高。跟中级相比，这一区间多处状语的出现比例有所下降。

从状语的具体构成类型看，这一区间（7—10个词）一共有14种状语分布类型，跟中级阶段持平。各句长上出现的类型数量相差不大。7、8个词为12种，9个词为11种，10个词为13种。

下面我们来看这一区间句子状语层次性的分布情况。7—10个词句子状语的层次性分布情况见表6-2-3。

表6-2-3　　　　中级中介语7—10个词句子状语层次性分布情况

		Z1	Z2	Z3	Z4	Z5	合　计
7个词	数量（个）	555	198	66	3	0	822
	百分比（%）	67.52	24.09	8.03	0.36	0	100
8个词	数量（个）	431	161	49	5	0	646
	百分比（%）	67.52	24.09	8.03	0.36	0	100
9个词	数量（个）	334	122	43	7	0	506
	百分比（%）	66.01	24.11	8.5	1.38	0	100
10个词	数量（个）	213	90	38	4	1	346
	百分比（%）	61.56	26.01	10.98	1.16	0.29	100

注：百分比=该层次状语的数量/状语总数。

从表 6-2-3 可以看出，随着句子长度的上升，单层状语的比例呈下降趋势，双层状语、三层状语的比例均呈上升趋势。四层状语从整体上呈上升趋势。在句长为 10 个词时出现了带五层状语的句子。从层次性看，多层状语的比例随句长的上升而上升，表明状语的复杂程度随句长的增长而逐步提高。

最后我们看一下 7—10 个词句子（区间 3）句首状语的发展变化情况。7—10 个词带句首状语句子所占比例情况见表 6-2-4。

表 6-2-4　　中级中介语 7—10 个词句子句首状语出现比例

	带句首状语的句子数（句）	抽样句子数（句）	百分比（%）
7 个词	143	1108	12.91
8 个词	140	842	16.63
9 个词	137	655	20.92
10 个词	131	482	27.18

注：百分比＝带状语的句子数/抽样句子数。

从表 6-2-4 可以看出，随着句子长度的上升，带句首状语句子的比例呈上升趋势。这说明句子越长，句首状语出现的频率越高，且这一比例高于同样句长的本族人语料，但比初级阶段有所下降。[①]

6.2.1.2　中级中介语 11—13 个词句子（区间 4）状语复杂度分析

下面我们来分析韩国留学生中级中介语 11—13 个词句子（区间 4）状语的分布情况，中级中介语 11—13 个词各句长上带状语句子的百分比情况见表 6-2-5。

[①] 本族人 6—10 个词带句首状语的句子占抽样句子的比例分别为 4.31%、4.8%、4.36% 和 7.41%，中级阶段 6—10 个词句子的比例为 18.55%、22.23%、31.59 和 31.87%。

表 6-2-5　　中级中介语 11—13 个词的句子带状语的百分比情况

	11 个词	12 个词	13 个词
句子总数（句）	1376	926	598
抽样句子数（句）	346	230	155
带状语的句子数（句）	267	187	132
带状语句子百分比（%）	78.84	77.17	81.3

注：带状语句子百分比 = 带状语句子数/抽样句子数。

表 6-2-5 可以看出，随着句长的上升，这一区间带状语句子的比例在总体上呈上升趋势。11—13 个词句子状语分布的具体情况见表 6-2-6（具体表格请见附录 14）。

下面我们先截取这一区间（11-13 个词）11、13 个词句子的状语构成情况做个案分析，然后再分析这一区间句子状语复杂度的发展变化趋势。

（一）中级中介语 11—13 个词句子（区间 4）状语复杂度分析

1. 中级中介语 11 个词句子状语分布情况

11 个词句子状语分布主要包括带 3 处状语、2 处状语和 1 处状语三种情况，各占 1.12%、19.85% 和 79.03%。我们先来看带 3 处状语的情况，共 3 例，例如：

（28）｛ZZ1 其实，[ZZ1 去年夏天我的哥哥、姐姐（ZZ1 都离开家了）]｝。

（29）｛ZZ1 当然 [ZZ1 当时我 [ZZ2 不能（ZZ1 完全理解这句话的含义）]]｝。

第6章 韩国留学生中介语各句长句子状语复杂度分析

上述两例为带两个句首状语和一个双层句中状语的情况,具体形式分别为"S+S+Z1"和"S+S+Z2"。

下面我们分析带两处状语的句子,共6种类型。先来看句首状语和句中状语配合使用的情况,共三种类型,例如:

(30)[ZZ1 晚会开始前,几个朋友(ZZ1 在草地上插爆竹)]。

(31){ZZ1 自一九八一年我出生以来,我的父母[ZZ2 一直(ZZ1 在工作)]}。

(32){ZZ1 以前,我们国家〔ZZ3 一般[ZZ2 根据汉字的意思(ZZ1 用汉字取名)]〕}。

(30)为"S+Z1"的用例,共29例,占10.86%;(31)为"S+Z2"的用例,共6例,占2.25%;(32)为"S+Z3"的用例,仅1例,占0.37%。

下面我们来看带两处句中状语的情况,共3种类型,例如:

(33)[ZZ1 甚至海外有力报刊(ZZ1 都称周庄为中国第一水乡)]。

(34){ZZ1 也代我[ZZ2 向朋友们(ZZ1 这样说一声吧)]}。

(35)愚公{ZZ2 每天[ZZ1 都带着儿子孙子(ZZ1 认真搬土)]}。

(33)为"Z1+Z1"的用例,共10例,占3.75%;(34)为"Z1+Z2"的用例,共4例,占1.5%;(35)为"Z2+Z1"的用例,共3例,占1.12%。

带一处状语包括带一处句首状语和带一处句中状语两种情况。我们先来看带句首状语的情况,共35例,占带状语句子的13.11%,例如:

(36)[ZZ1 当时姥爷说我的名字中没有"火"这个字]。

(37)[ZZ1 在韩国整容是非常受欢迎的一种流行]。

11个词句子所带句中状语可分为1—5层状语。例如:

(38) 这样的理由［ZZ1 也是我学习中文的原因之一］。

(39) 我前面的两个朋友［ZZ2 也（ZZ1 用英语起来）］。

(40) 她｛ZZ3 不得不［ZZ2 要（ZZ1 跟儿子和丈夫看这场比赛）］｝。

(41) ｛ZZ4 还〔ZZ3 得［ZZ2 整天（ZZ1 在单位花十多个小时）］〕｝。

(42) 别人｛ZZ5 听见这个说法后【ZZ4 也〔ZZ3 会［ZZ2 又（ZZ1 把它扔了）］〕】｝。

上述各例中，(38) 为带一层状语的句子，共 96 例，占所有带状语句子的 35.96%；(39) 为带两层状语的句子共 57 例，占所有带状语句子的 21.35%；(40) 为带三层状语的句子共 15 例，占所有带状语句子的 5.62%；(41) 为带四层状语的句子，共 7 例，占所有带状语句子的 2.62%；(42) 为带五层状语的句子，仅 1 例，占所有带状语句子的 0.37%。

最后我们看一下中级中介语 11 个词句子句首状语的出现情况。11 个词带句首状语的句子共 74 个，占所有抽样句子总数的 21.39%。

2. 中级中介语 13 个词句子状语分布情况

13 个词句子状语分布主要包括带三处状语、两处状语和一处状语三种情况，各占 6.82%、40.15% 和 53.03%。我们先来看带三处状语的情况，共 9 例，例如：

(43) ｛ZZ1 表演结束后父母和朋友们［ZZ1 也来舞台上（ZZ1 一起唱歌）］｝。

(44) ｛ZZ1 六十年代末，［ZZ1 在那儿韩国的最后一只老虎（ZZ1 被捕杀）］｝。

(43) 例的 3 处状语分别出现在句首和句中连谓短语前（S + Z1 + Z1）；(44) 的 3 处状语为两个句首状语和一个句中状语（S + S + Z1）。

第6章　韩国留学生中介语各句长句子状语复杂度分析

下面我们分析带两处状语的句子，包括句首状语和句中状语同时使用和带两个句中状语两种情况，共4种类型。例如：

（45）［ZZ1 发生了一件事情的时候，我（ZZ1 先给孩子选择权）］。

（46）｛ZZ1 人类在诞生之前，地球上［ZZ2 就（ZZ1 已经有动物存在了）］｝。

（47）｛ZZ1 刚来这里的时候，我〔ZZ3 一点儿［ZZ2 都（ZZ1 不习惯这里的生活）］］｝。

（48）那两座大山的样子又［ZZ1 很大］又［ZZ1 很高］。

（45）为"S+Z1"的用例，共26例，占19.7%；（46）为"S+Z2"的用例，共11例，占8.32%；（47）为"S+Z3"的用例，共2例，占1.52%；（48）为"Z1+Z1"的用例，共14例，占10.61%。

带一处状语包括带一处句首状语和带一处句中状语两种情况。我们先来看带句首状语的情况，共15例，占带状语句子的11.36%，例如：

（49）［ZZ1 九月二十七日，我去购买中心买了家人的礼物和飞机票］。

（50）［ZZ1 你来的时候，我建议我们到江南水乡周庄去看看］。

13个词句子所带句中状语可分为1—4层状语。例如：

（51）我［ZZ1 通过我丈夫公司的门卫认识了一个中学的老师］。

（52）我爸爸妈妈［ZZ2 都（ZZ1 不同意我一个人来中国生活）］。

（53）你｛ZZ3 怎么［ZZ2 一个劲儿地（ZZ1 在我的面前走来走去呢）］｝？

（54）我｛ZZ4 小的时候〔ZZ3 一次［ZZ2 也（ZZ1 没想过我学习汉语）］］｝。

上述各例中，（51）为带一层状语的句子，共29例，占所有带状语句子的 21.97%；（52）为带两层状语的句子，共 18 例，占所有带状语句子的 13.64%；（53）为带三层状语的句子，共 7 例，占所有带状语句子的 5.3%；（54）为带四层状语的句子，共 1 例，占所有带状语句子的 0.76%。

最后我们看一下中级中介语 13 个词句子句首状语的出现情况。13 个词带句首状语的句子共 59 个，占所有抽样句子总数的 38.06%。这一比例比 11 个词的句子高 16.67%。

(二) 中级中介语 11—13 个词句子（区间 4）状语复杂化趋势分析

从表 6-2-6（见附录 14）的数据可以看出，这一区间（11—13 个词）多处状语的比例仍呈上升趋势。在句长为 11 个词时，多处状语的比例为 20.98%，在句长为 13 个词时，多处状语的比例为 46.97%。这表明随着句长的增长，句子状语的复杂程度进一步上升。从状语的分布类型看，这一区间共出现了 16 种类型，高于初级阶段的 14 种。

下面我们分析这一区间状语在层次上的分布情况，见表 6-2-7。

表 6-2-7　　中级中介语 11—13 个词句子状语层次性分布情况表

		Z1	Z2	Z3	Z4	Z5	合计
11 个词	数量（个）	155	69	16	7	1	251
	百分比（%）	62.5	27.83	6.45	2.82	0.4	100
12 个词	数量（个）	76	36	10	2	0	124
	百分比（%）	61.29	29.03	8.06	1.61	0	100
13 个词	数量（个）	94	31	11	1	0	137
	百分比（%）	68.61	22.63	8.03	0.73	0	100

注：百分比 = 该层次状语的数量/状语总数。

从表 6-2-7 可以看出,这一区间(11—13 个词)单层状语的比例呈上升趋势。双层状语、四层状语则呈下降趋势,三层状语呈上升趋势。五层状语只在 11 个词句长上出现 1 例。总的来看,这一区间状语的层次性并没有随句长的上升而复杂化,整体变化趋势可能需要放在前后的区间中才能观察到。

最后我们看一下这一区间句首状语的出现情况,中级中介语 11—13 个词句子带句首状语的数量和比例见表 6-2-8。

表 6-2-8　　中级中介语 11—13 个词句子句首状语出现比例表

	带句首状语的句子数(句)	抽样句子数(句)	百分比(%)
11 个词	74	346	21.39
12 个词	71	230	30.87
13 个词	59	155	38.06

注:百分比=带状语的句子数/抽样句子数。

从表 6-2-8 可以看出,随着句子长度的上升,带句首状语的句子在抽样语料中的比例呈上升趋势。各句长上的这一比例均高于同一句长的本族人语料,在 11、12 个词的句长上低于初级阶段带状语句子的比例,13 个词则高于初级阶段比例。[①]

6.2.1.3　中级中介语 14—20 个词句子(区间 5)状语复杂度分析

随着句子长度的上升,句子总数及相应的抽样句子数量开始减少。对 14—20 个词的句子,我们不再单独具体分析每一句子长度上状语的分布情况,而是从整体上分析这一区间句子状语的分布情况。

我们先看中级韩国留学生中介语语料中 14—20 个词的句子总数、抽样句

[①] 本族人 11—13 个词带句首状语的句子占抽样句子的比例分别为 9.35%、9.96% 和 10.68%。初级中介语 11—13 个词带状语句子的比例为 29.55%、44.14% 和 37.5%。

子数、带状语句子数及所占百分比情况。具体数据见表6-2-9。

表6-2-9　　　　14—20个词句长带状语句子的百分比情况

	14个词	15个词	16个词	17个词	18个词	19个词	20个词
句子总数(句)	418	269	165	118	93	38	38
抽样句子数(句)	108	67	48	30	26	11	10
带状语的句子数(句)	88	77	35	26	18	8	8
带状语句子百分比(%)	81.48	85.07	72.92	86.67	69.23	72.73	80

注：带状语句子的百分比=带状语的句子数/抽样句子数。

从表6-2-9可以看出，这一区间（14—20个词）句子状语的覆盖率基本上在70%—80%之间。由于中介语在这一区间上句子数量有限，所以状语覆盖率也呈现出不规则变化的特点。

下面我们来看中级阶段14—20个词句子状语的具体分布情况，具体数据见表6-2-10（见附录15）。

从表6-2-10中的数据可以看出，这一区间（14—20个词）由于受句子总数的影响，在状语的类型上不如前面两个区间丰富。[①] 这一区间一共出现了12种状语类型，分别为4处状语、3处状语、2处状语的"S+Z1""Z1+Z1""S+Z2""S+Z3"和1处状语的"S""Z1""Z2""Z3""Z4""Z5"。[②] 我们这里略举数例加以分析。

先来看4处状语和3处状语的情况，例如：

(55) {ZZ3 在中国生活几年后，【ZZ2 大学毕业的话，＜ZZ1 那时我

[①] 中级中介语7—10个词句子（区间3）共出现状语类型14种，11—13个词句子（区间4）共出现状语类型16种。

[②] 初级阶段14—20个词（区间5）出现的所有句子状语类型为9种，中级高于这一水平。

第6章 韩国留学生中介语各句长句子状语复杂度分析

〔ZZ1 一定〔ZZ2 跟现在（ZZ3 不一样）〕〕>｝｜。（17个词）

（56）｛ZZ1 有一天，〔ZZ1 我和妈妈、哥哥一起吃饭的时候，我（ZZ1 对妈妈发了牢骚）〕｝。（17个词）

（55）为带四处状语的情况，具体形式为"S + S + S + Z3"；（56）为带三处状语的情况，具体形式为"S + S + Z1"。韩国留学生有时候会使用若干个并列的句首状语来说明时间，句子从语法上看没有错误，但表达比较生硬。

这一区间的两处状语包括句首状语和句中状语配合使用的情况和带两个句中状语的情况。例如：

（57）〔ZZ1 她笑的时候，我（ZZ1 像得了世界上所有的东西了）〕。（14个词）

（58）｛ZZ1 我赖床时，爸爸〔ZZ2 会（ZZ1 从卫生间弄水洒在我的脸上）〕｝（15个词）

（59）｛ZZ1 由于相关部门的疏忽，今年招聘的岗位数〔ZZ3 比去年〔ZZ2 还（ZZ1 要少）〕〕｝。（15个词）

（60）东施〔ZZ1 也学着西施的样子〕〔ZZ1 在大街上走来走去〕。（14个词）

（57）（58）（59）为句首状语和句中状语配合使用的情况，分别为"S + Z1""S + Z2""S + Z3"。（60）为两处句中状语的情况（Z1 + Z1），分别用于兼语前和兼语后的动词结构中。

带一处的状语的情况包括"S""Z1""Z2""Z3""Z4""Z5"等六种情况，各举1例如下：

（61）〔ZZ1 我高中学生的时候，我的汉语老师是中国四川省的女人〕。（14个词）

(62) 我[ZZ1 想做稳定的、跟我的爱好一样的、体面的工作]。(14个词)

(63) 我[ZZ2 这一辈子(ZZ1 不会忘记小学时跟老师一起度过的快乐时光)]。(15个词)

(64) 我的公司{ZZ3 也[ZZ2 跟别的公司一样(ZZ1 越来越多地需要和中国公司的合作)]}。(17个词)

(65) 人们{ZZ4 应该〔ZZ3 在自然环境的帮助和保护下[ZZ2 才(ZZ1 能享受幸福的生活)]〕}。(16个词)

(66) {ZZ5 最近【ZZ4 几乎差不多〔ZZ3 每天[ZZ2 电视上(ZZ1 可以看到关于动物和保护环境的新闻)]〕】}。(15个词)

下面我们来看这一区间（14—20个词）句子各层状语的分布情况，具体数据见表6-2-11。

表6-2-11　中级中介语14—20个词句子状语层次性分布情况

		Z1	Z2	Z3	Z4	Z5	合计
14个词	数量(个)	72	6	7	4	1	90
	百分比(%)	80	6.67	7.78	4.44	1.11	100
15个词	数量(个)	43	11	3	2	0	59
	百分比(%)	72.88	18.64	5.09	3.39	0	100
16个词	数量(个)	14	12	6	1	0	33
	百分比(%)	42.43	36.36	18.18	3.03	0	100
17个词	数量(个)	14	10	1	0	0	25
	百分比(%)	56	40	4	0	0	100
18个词	数量(个)	9	2	2	0	0	13
	百分比(%)	69.24	15.38	15.38	0	0	100

续表

		Z1	Z2	Z3	Z4	Z5	合　计
19个词	数量(个)	2	4	0	0	0	6
	百分比(%)	33.33	66.67	0	0	0	100
20个词	数量(个)	1	2	0	0	0	3
	百分比(%)	33.33	66.67	0	0	0	100

注：百分比＝该层次状语的数量/状语总数。

虽然抽样语料的数量在减少，但这一区间（14—20个词）最多状语层次仍达5层，高于初级阶段的水平[①]。从层次性分布的规律看，单层状语在整体上处于下降趋势，双层状语、三层状语则基本处于上升趋势，四层、五层状语出现数量有限，比例较为固定。总的来看，这一区间句子在状语层次性呈上升发展的趋势。

下面我们来看这一区间句子带句首状语的情况，14—20个词句子带句首状语的比例见表6-2-12。

表6-2-12　　　　中级阶段14—20个词句子句首状语出现比例

	带句首状语的句子数(句)	抽样句子数(句)	百分比(%)
14个词	38	108	35.19
15个词	27	67	40.3
16个词	15	48	31.25
17个词	13	30	43.33
18个词	10	26	38.46
19个词	5	11	45.45
20个词	5	10	50

注：百分比＝带状语的句子数/抽样句子数。

---

① 初级阶段最多出现层次为3层。

从表 6-2-12 可以看出，这一区间带句首状语的句子占抽样句子的比例在 30%—50% 之间，随着句子长度的上升，带句首状语的句子在总抽样语料中的比例基本上呈上升趋势。

6.2.2 中级中介语句子状语复杂度整体情况分析

根据前面对中级中介语 7—20 个词的句子状语复杂度的统计数据和具体分析，我们将 7—20 个词句子带状语句子的比例（状语覆盖率）、多处状语的比例、最多出现处数、多层状语的比例、最多出现层次等数据列表（见表 6-2-13）。

表 6-2-13　　中级中介语 7—20 个词句子状语复杂度

区间	句长(词)	覆盖率(%)	多处状语比例(%)	最多处数(处)	多层状语比例(%)	最多层数(层)	句首状语比例(%)
区间3	7	76.08	14.35	3	32.48	4	12.91
	8	77.67	19.27	3	33.28	4	16.63
	9	81.53	20.04	3	33.99	4	20.92
	10	78.84	25.26	3	38.44	5	27.18
区间4	11	77.17	20.98	3	37.5	5	21.39
	12	81.3	44.92	3	38.71	4	30.87
	13	85.16	46.97	3	31.39	4	38.06
区间5	14	81.48	44.32	3	20	5	35.19
	15	85.07	47.37	3	27.12	4	40.3
	16	72.92	37.14	2	57.57	4	31.25
	17	86.67	42.31	4	44	3	43.33
	18	69.23	27.78	2	30.76	3	38.46
	19	72.73	37.5	2	66.67	2	45.45
	20	80	0	1	66.67	2	50

注：句首状语的比例＝该句长上带句首状语的句子数/该句长抽样句子数。

第6章　韩国留学生中介语各句长句子状语复杂度分析

根据表6-2-13，我们对中级中介语7—20个词句子状语复杂度的发展变化情况进行分析，状语的复杂化程度变化情况及与本族人之间的差异主要有以下六点。①

1. 从状语的覆盖率看，随着句长的上升，带状语句子的比例基本呈上升趋势。7—10个词（区间3）和11—13个词（区间4）的句子带状语的比例大致为75%—85%，14—20个词（区间5）的由于受到句子总数的制约，比例的分布和变化缺少规律性。中级中介语在9种句长上状语的覆盖率均高于初级阶段②，这表明中级中介语状语的覆盖率比初级有所发展。

2. 从带多处状语的句子比例看，随着句长的上升，带多处状语句子的比例基本呈上升的趋势。7—10个词（区间3）的句子带多处状语的比例为14%—25%，11—13个词（区间4）最高比例已达46.97%，14—20个词（区间5）的主要为40%—50%（不考虑后面三种句长）。跟初级相比，中级中介语只在12、15、19个词三种句长上多处状语的比例高于初级，其他11种句长上多处状语的比例均低于或等于初级水平。③

3. 从状语出现的最多处数看，区间3、区间4均为三处，区间5以三处、两处为主。区间5比初级略有下降。

4. 从状语的层次性看，多层状语的比例从整体上看呈逐步上升的趋势。区间3、区间4多层状语比例为30%—40%，区间5比例最高已上升至60%多。中级中介语多层状语的比例在10种句长上（13—16个词除外）高于初级，这表明中级阶段韩国留学生对多层状语的使用比初级有所发展。

5. 从状语的出现的最多层次看，区间3、区间4均以4层为主，这一特点跟初级阶段基本一致。区间5中4层、3层、2层出现次数相同，均为2次。

---

① 由于18—20个词句子抽样数量小，所以在我们下面的分析中基本上不考虑这三种句长上状语复杂程度的相关数据。
② 这9种句长为7—9个词，12—13个词及15—17、20个词。
③ 10种句长为低于初级阶段水平，1种句长（即20个词）为等于初级阶段（都没有多处状语出现）。

这一区间的情况则比初级阶段的水平更高,体现状语层次性的发展变化。

6. 从带句首状语句子占抽样句子总数的比例看,随着句长的上升,带句首状语句子所占比例基本上呈逐步上升的趋势。7—10个词句子(区间3)带句首状语的句子比例为12%—30%,11—13个词(区间4)比例为20%—40%,14—20个词(区间5)比例为30%—50%。在除13个词以外的各句长上,这一比例都低于初级阶段,但仍高于本族人语料。

从本节的分析我们可以看出,中级中介语状语复杂化程度的发展变化具有其自身的系统性。随着句子长度的上升,各句长句子状语的覆盖率、多处状语的比例、多层状语的比例、句首状语所占比例基本上都呈上升的趋势。

跟初级的情况进行比较,我们发现中级中介语状语的覆盖率、多层状语比例、最多层次等指标基本都高于初级阶段水平,而多处状语的比例、句首状语的出现频率则低于初级阶段。

这表明中介语具有句首状语过度发达的特点,句首状语比例的下降可能带来了多处状语比例的下降。状语的层次性则表现出不断发展并靠近本族人水平的过程。多处状语、句首状语比例的下降也表现出靠近本族人水平的特征。

6.3 高级阶段句子状语复杂度分析

6.3.1 高级中介语各区间句子状语复杂度分析

6.3.1.1 高级中介语7—10个词句子(区间3)状语复杂度分析

下面我们来分析韩国留学生高级中介语7—10个词句子(区间3)状语的分布情况,考察中介语状语复杂度随句长的上升而产生的变化。7—10个词句长上带状语句子的百分比情况见表6-3-1。

表6-3-1　　高级中介语7—10个词句子带状语的百分比情况

	7个词	8个词	9个词	10个词
句子总数(句)	3889	3213	2584	2004
抽样句子数(句)	974	808	658	496
带状语的句子数(句)	718	650	484	376
带状语句子百分比(%)	73.72	80.45	73.56	75.81

注：带状语句子的百分比=带状语的句子数/抽样句子数。

从表6-3-1可以看出，这一区间（7—10个词）带状语句子的比例变化趋势不太明显，并且在7、9、10个词句长上低于中级中介语状语的覆盖率。

下面我们来看这一区间状语分布的整体情况，具体情况见表6-3-2。

表6-3-2　　高级中介语7—10个词（区间3）句子状语分布情况

状语分布	三处状语	两处状语						一处状语					
		S+Z1	Z1+Z1	S+Z2	Z1+Z2	Z2+Z1	S+Z3	S	Z1	Z2	Z3	Z4	Z5
7个词 数量(句)	0	48	22	10	6	0	0	54	368	139	62	8	1
		86						632					
7个词 百分比(%)	0	6.69	3.07	1.39	0.84	0	0	7.52	51.25	19.36	8.64	1.11	0.13
		11.99						88.01					
8个词 数量(句)	6	40	10	8	10	2	0	62	330	136	28	18	0
		70						574					
8个词 百分比(%)	0.92	6.15	1.54	1.23	1.54	0.31	0	9.54	50.77	20.92	4.31	2.77	0
		10.77						88.31					

续表

状语分布	三处状语	两处状语					一处状语					
		S+Z1	Z1+Z1	S+Z2	Z1+Z2	Z2+Z1	S+Z3	S	Z1	Z2	Z3	Z4	Z5

9个词	数量（句）	6	72	8	10	8	0	4	38	200	106	30	2	0
			102						376				
	百分比（%）	1.24	14.88	1.65	2.07	1.65	0	0.83	7.85	41.32	21.9	6.2	0.41	0
			21.08						77.68				
10个词	数量（句）	2	42	6	16	8	10	2	48	136	68	34	4	0
			84						290				
	百分比（%）	0.53	11.17	1.59	4.26	2.13	2.66	0.53	12.77	36.17	18.09	9.04	1.06	0
			22.34						77.13				

注：百分比＝各类状语的数量/带状语句子总数。表格中的"S"表示句首状语。

下面我们先截取这一区间（7—10个词）7、9个词句子的状语构成情况做个案分析，然后再分析这一区间句子状语复杂度的发展变化趋势。

（一）7个词、9个词句子状语构成情况具体分析

1. 高级中介语7个词句子状语分布情况

7个词句子状语分布主要包括带两处定语和带一处定语两种情况，各占11.99%和88.01%。

带两处状语的情况主要包括句首状语和句中状语同时使用和带两个句中状语两种情况。我们先来看句首状语和句中状语同时使用的情况，例如：

（1）[ZZ1 后来，我们（ZZ1 在院子里养它们）]。

（2）{ZZ1 那时这个问题我［ZZ2 真的（ZZ1 不明白）］}。

（1）为句首状语和一层状语同时使用（S+Z1），共 48 例，占带状语句

子的 6.69%；(2) 为句首状语和两层状语同时使用 (S + Z2)，共 10 例，占带状语句子的 1.39%。

下面我们来看带两个句中状语的情况，例如：

(3) 车子 [ZZ1 突然失去平衡] [ZZ1 有点慢下来]。

(4) {ZZ1 其实我 [ZZ2 不 (ZZ1 太喜欢花、树)]}。

(3) 为带两处单层状语的情况 (Z1 + Z1)，共 22 例，占 3.07%；(4) 带一处单层状语和一处双层状语情况 (Z1 + Z2)，共 6 例，占 0.84%。

带一处状语包括带一处句首状语和带一处句中状语两种情况。我们先来看带句首状语的情况，共 54 例，占带状语句子的 7.52%，例如：

(5) [ZZ1 小孩的时候，他是一个调皮鬼]。

(6) [ZZ1 在南京我认识了一个朋友]。

7 个词句子所带句中状语可分为 1—5 层状语。例如：

(7) 一般男人 [ZZ1 都欢迎性感的女性]。

(8) 我的姐姐 [ZZ2 也 (ZZ1 已经结婚了)]。

(9) 它 {ZZ3 向我们 [ZZ2 又 (ZZ1 汪汪地叫)]}。

(10) 我 {ZZ4 也 〔ZZ3 要 [ZZ2 跟姐姐 (ZZ1 一起走)]〕}。

(11) 我 {ZZ5 以前【ZZ4 对你〔ZZ3 一点 [ZZ2 也 (ZZ1 不好)]〕】}！

上述各例中，(7) 为带一层状语的句子，共 368 例，占所有带状语句子的 51.25%；(8) 为带两层状语的句子，共 139 例，占所有带状语句子的 19.36%；(9) 为带三层状语的句子，共 62 例，占所有带状语句子的 8.64%；(10) 带四层状语的句子共 8 例，占所有带状语句子的 1.11%；(11) 为带五层定语的句子仅 1 例，占所有带状语句子的 0.13%。

最后我们看一下高级中介语 7 个词句子句首状语的出现情况。7 个词带句首状语的句子共 112 个,占所有抽样句子总数的 11.5%。

2. 高级中介语 9 个词句子状语分布情况

9 个词句子状语分布主要包括带三处状语、两处状语和一处状语三种情况,各占 1.24%、21.08% 和 77.68%。跟 7 个词句子相比,单处状语的比例下降了 10.33%。我们先来看带三处状语的情况,共 6 例,例如:

(12) {ZZ1 有一天,[ZZ1 突然什么落叶(ZZ1 也看不见)]}。

(13) {ZZ1 不巧 [ZZ1 当时我(ZZ1 没有注意到我的钱包)]}。

上述两例为带两个句首状语和一个句中状语的情况。

下面我们分析带两处状语的句子,先来看句首状语和句中状语配合使用的情况,共 3 种类型,例如:

(14) [ZZ1 通过亲身体验、我(ZZ1 越来越了解中国的文化)]。

(15) {ZZ1 那个时候,我的宿舍 [ZZ2 离学校(ZZ1 比较远)]}。

(16) {ZZ1 举行了仪式以后,鬼火 [ZZ3 再 [ZZ2 也(ZZ1 不出现了)]]}。

(14) 为"S + Z1"的用例,共 72 例,占 14.88%;(15) 为"S + Z2"的用例,共 10 例,占 2.07%;(16) 为"S + Z3"的用例,共 4 例,占 0.83%。

下面我们来看带两处句中状语的情况,共 2 种类型,例如:

(17) [ZZ1 再坐三十分钟] [ZZ1 才到学校附近车站]。

(18) {ZZ1 本来隶书 [ZZ2 比楷书和行书(ZZ1 更有力气)]}……

(17) 为"Z1 + Z1"的用例,(18) 为"Z1 + Z2"的用例,各为 8 例,各占带状语句子数的 1.65%。

带一处状语包括带一处句首状语和带一处句中状语两种情况。我们先来看带句首状语的情况,共 38 例,占带状语句子的 7.85%,例如:

(19)〔ZZ1 2002 年四月我们学校安排我们留学生去旅行〕。

(20)〔ZZ1 在路上,他感觉像有人抓着〕。

9 个词句子所带句中状语可分为 1—4 层状语。例如:

(21)我〔ZZ1 想介绍经济开发和环境的关系〕。

(22)另外两对〔ZZ2 已经(ZZ1 笑眯眯地走掉了)〕。

(23)但是{ZZ3 还是〔ZZ2 常常(ZZ1 被他们骗来骗去)〕}。

(24){ZZ4 以后〔ZZ3 再〔ZZ2 也(ZZ1 不会让父母失望了)〕〕}。

上述各例中,(21)为带一层状语的句子共 200 例,占所有带状语句子的 41.32%;(22)为带两层状语的句子共 106 例,占所有带状语句子的 21.9%;(23)为带三层状语的句子共 30 例,占所有带状语句子的 6.2%;(24)为带四层状语的句子共 2 例,占所有带状语句子的 0.41%。

最后我们看一下高级中介语 9 个词句子句首状语的出现情况。9 个词带句首状语的句子共 122 个,占所有抽样句子总数的 15.1%。跟 7 个词的句子相比,这一比例上升了 3.6%。

(二)高级中介语 7—10 个词句子(区间 3)状语复杂化趋势分析

根据表 6-3-2 可以观察到,随着句长的上升,这一区间带多处状语句子的比例逐步上升。句长为 7 个词时,带多处状语的比例为 11.99%,句长为 10 个词时,这一比例达到 22.87%。这表明句子越长,句子带多处状语的比例越高。跟中级相比,这一区间多处状语的出现比例有所下降。

从状语的具体构成类型看,这一区间一共有 13 种状语分布类型,跟中级阶段持平。各句长上出现的类型数量相差不大。7 个词为 10 种,8、9 个词为

11种，10个词为12种。

下面我们来看这一区间句子状语层次性的分布情况。7—10个词句子状语的层次性分布情况见表6-3-3。

表6-3-3　　　高级中介语7—10个词句子状语层次性分布情况

		Z1	Z2	Z3	Z4	Z5	合　计
7个词	数量（个）	466	155	62	8	1	692
	百分比（%）	67.34	22.4	8.96	1.16	0.14	100
8个词	数量（个）	402	158	28	18	0	606
	百分比（%）	66.34	26.07	4.62	2.97	0	100
9个词	数量（个）	303	124	34	2	0	463
	百分比（%）	65.44	26.78	7.35	0.43	0	100
10个词	数量（个）	220	102	36	4	0	362
	百分比（%）	60.77	28.18	9.95	1.1	0	100

注：百分比=该层次状语的数量/状语总数。

从表6-3-3可以看出，随着句子长度的上升，单层状语的比例呈下降趋势，双层状语的比例均呈上升趋势。三层状语基本上也呈上升趋势，四层状语出现数量有限，变化趋势不明显。在句长为7个词时出现了1例带5层状语的句子。从层次性看，多层状语的比例随句长的上升而上升，表明状语的复杂程度随句长的增长而逐步提高。

最后我们看一下7—10个词句子（区间3）句首状语的发展变化情况。7—10个词带句首状语句子所占比例情况见表6-3-4。

表6-3-4　　高级中介语7—10个词句子句首状语出现比例

	带句首状语的句子数(句)	抽样句子数(句)	百分比(%)
7个词	112	974	11.5
8个词	122	808	15.1
9个词	126	658	19.15
10个词	112	496	22.58

注：百分比＝带状语的句子数/抽样句子数，抽样句子数为所标记的句子的数量。

从表6-3-4可以看出，随着句子长度的上升，带句首状语句子的比例呈上升趋势。这说明句子越长，句首状语出现的频率越高，且这一比例高于同样句长的本族人语料，但比中级中介语有所下降。[①]

6.3.1.2　高级中介语11—13个词句子（区间4）状语复杂度分析

下面我们来分析韩国留学生高级中介语11—13个词句子（区间4）状语的分布情况，高级中介语11—13个词各句长上带状语句子的百分比情况见表6-3-5。

表6-3-5　　高级中介语11—13个词句子带状语的百分比情况

	11个词	12个词	13个词
句子总数(句)	1521	1131	788
抽样句子数(句)	386	284	202
带状语的句子数(句)	296	250	156
带状语句子百分比(%)	76.68	88.03	77.23

注：带状语句子百分比＝带状语句子数/抽样句子数。

[①] 本族人6—10个词带句首状语的句子占抽样句子的比例分别为4.31%、4.8%、4.36%和7.41%，中级阶段6—10个词句子的比例为12.91%、16.63%、20.92和27.18%。

从表6-3-5可以看出，随着句长的上升，这一区间（11—13个词）带状语句子的比例在总体上呈上升趋势。11—13个词句子状语分布的具体情况见表6-3-6（具体表格请见附录16）。

下面我们先截取这一区间11、13个词句子的状语构成情况做个案分析，然后再分析这一区间句子状语复杂度的发展变化趋势。

（一）高级中介语11—13个词句子（区间4）状语复杂度分析

1. 高级中介语11个词句子状语分布情况

11个词句子状语分布主要包括带三处状语、两处状语和一处状语三种情况，各占0.68%、25.68%和73.64%。我们先来看带三处状语的情况，共2例，用例如下：

(25) {ZZ1 现在，[ZZ1 随着社会的发展，人们的生活水平（ZZ1 日益提高）]}。

(26) {ZZ1 在韩国，[ZZ1 除了首尔，所有城市的名字（ZZ1 都用汉字）]}。

上述两例均为带两个句首状语和一个双层句中状语的情况，具体形式分别为"S+S+Z1"。

下面我们分析带两处状语的句子，共7种类型。先来看句首状语和句中状语配合使用的情况，共4种类型，例如：

(27) [ZZ1 1950年战争爆发以后，他的生活（ZZ1 更艰难了）]。

(28) {ZZ1 随着春天脚步的临近，冬姑娘[ZZ2 将（ZZ1 渐渐告别舞台）]}。

(29) 但{ZZ1 目前看来，郊区的很多项目[ZZ3 也[ZZ2 在（ZZ1 努力完善）]]}。

(30) {ZZ1 目前谁【ZZ4 也〔ZZ3 不[ZZ2 再（ZZ1 在那儿游泳、

洗衣服、抓田螺)]]}。

(27) 为"S+Z1"的用例，共42例，占14.18%；(28) 为"S+Z2"的用例，共16例，占5.41%；(29) 为"S+Z3"的用例，共2例，占0.68%；(30) 为"S+Z4"的用例，共2例，占0.68%。

下面我们来看带两处句中状语的情况，共3种类型，例如：

(31) 他们 [ZZ1 平时没有人来] [ZZ1 和他们玩或聊天儿]。

(32) 所以她 [ZZ1 没有上大学] [ZZ2 就 (ZZ1 不得不到首尔找工作)]。

(33) 看起来 [ZZ2 像是 (ZZ1 要催我)] [ZZ2 跟它 (ZZ1 一起玩)]。

(31) 为"Z1+Z1"的用例，共8例，占2.7%；(32) 为"Z1+Z2"的用例，共4例，占1.35%；(33) 为"Z2+Z2"的用例，共2例，占0.68%。

带一处状语包括带一处句首状语和带一处句中状语两种情况。我们先来看带句首状语的情况，共36例，占带状语句子的12.16%，例如：

(34) [ZZ1 当时他住在韩国最大的港口城市釜山]。

(35) [ZZ1 对孩子来说，重要的因素是家长的教育态度]。

11个词句子所带句中状语可分为1—4层状语。例如：

(36) 而且她 [ZZ1 完完整整地表现出六十年代的社会面貌]。

(37) 她写的字和刻的篆 [ZZ2 都 (ZZ1 很漂亮)]。

(38) {ZZ3 只 [ZZ2 向自己的目标 (ZZ1 一步一步地前进)]}。

(39) 所以我 {ZZ4 以后 [ZZ3 在冬天 [ZZ2 一定 (ZZ1 要去中国的南方)]]}。

上述各例中，(36) 为带一层状语的句子共108例，占所有带状语句子的36.48%；(37) 为带两层状语的句子共60例，占所有带状语句子的20.27%；

(38) 为带 3 层状语的句子共 10 例，占所有带状语句子的 3.38%；（39）为带 4 层状语的句子共 4 例，占所有带状语句子的 1.35%。

最后我们看一下高级中介语 11 个词句子句首状语的出现情况。11 个词带句首状语的句子共 100 个，占所有抽样句子总数的 25.91%。

2. 高级中介语 13 个词句子状语分布情况

13 个词句子状语分布主要包括带三处状语、两处状语和一处状语三种情况，各占 2.56%、28.21% 和 69.23%。三处状语和两处状语分别上升了 1.88% 和 2.53%，一处状语下降了 4.41%。我们先来看带三处状语的情况，共 4 例，例如：

(40) 听起来 {ZZ1 冬天的时候，[ZZ1 在南京下雪的日子（ZZ1 不多）]}。

(41) {ZZ1 在我们国家，[ZZ1 除了首尔以外，所有城市的名字（ZZ1 都用汉字）]}。

以上两例均为带两个句首状语和一个双层句中状语的情况，具体形式分别为"S+S+Z1"。

下面我们分析带两处状语的句子，包括句首状语和句中状语同时使用和带两个句中状语两种情况。我们先来看前一种情况，例如：

(42) [ZZ1 很久以前，我（ZZ1 在我的国家看过一篇文章）]。

(43) {ZZ1 在爸爸的推荐下，他 [ZZ2 也（ZZ1 在爷爷的公司里工作）]}。

(44) {ZZ1 对外向的人来说，这样的人 [ZZ3 可能 [ZZ2 愿意（ZZ1 跟别人交流）]]}。

(42) 为"S+Z1"的用例，共 22 例，占 14.11%；（43）为"S+Z2"的用例，共 6 例，占 3.85%；（44）为"S+Z3"的用例，共 2 例，占 1.28%。

第6章 韩国留学生中介语各句长句子状语复杂度分析

带两处句中状语的情况共4种类型，例如：

(45) 她妈妈一个人［ZZ1 不能帮六个孩子（ZZ1 都念书）］。

(46) {ZZ1 又有一辆牛车［ZZ2 从小路的一端（ZZ1 轰隆轰隆地过来)]}。

(47) 愚公 {ZZ2 每天［ZZ1 都带着儿子孙子（ZZ1 认真搬走一点土）]}。

(48) ? 我 {ZZ1 也不管什么事［ZZ3 都［ZZ2 很像乌龟一样（ZZ1 会努力的）]]}。

(45) 为 "Z1＋Z1" 的用例，共6例，占3.85%；(46) 为 "Z1＋Z2" 的用例，共4例，占2.56%；(47) 为 "Z2＋Z1" 的用例，共2例，占1.28%；(48) 为 "Z1＋Z3" 的用例，共2例，占1.28%。

带一处状语包括带一处句首状语和带一处句中状语两种情况。我们先来看带句首状语的情况，共12例，占带状语句子的7.69%，例如：

(49) ［ZZ1 春天和秋天的时候，太阳的光线照在整个尘城塔上］。

(50) ［ZZ1 去年夏天，我和我的朋友们去过江东门南京大屠杀纪念馆］。

13个词句子所带句中状语可分为1—4层状语。例如：

(51) 他的母亲（ZZ1 为了自己的儿子搬了三次家）嘛。

(52) 他们［ZZ2 被自己的想法和观念（ZZ1 把自己的能力淹没下来)]。

(53) 这样下来我们的两方 {ZZ3 都［ZZ2 会（ZZ1 好好生活在地球上）]}。

(54) 孩子 {ZZ4 在小的时候［ZZ3 应该［ZZ2 跟朋友们（ZZ1 一起去外边玩)]]}。

上述各例中，(51)为带一层状语的句子共46例，占所有带状语句子的29.49%；(52)为带两层状语的句子共28例，占所有带状语句子的17.95%；(53)为带三层状语的句子共12例，占所有带状语句子的7.69%；(54)为带四层状语的句子共10例，占所有带状语句子的6.41%。

最后我们看一下高级中介语13个词句子句首状语的出现情况。13个词带句首状语的句子共46个，占所有抽样句子总数的22.77%。

(二) 高级中介语11—13个词句子（区间4）状语复杂化趋势分析

从表6-3-6（见附录16）的数据可以看出，这一区间（11—13个词）多处状语的比例呈上升趋势。在句长为11个词时，多处状语的比例为26.36%，在句长为13个词时，多处状语的比例为30.77%。这表明随着句长的增长，句子状语的复杂程度在进一步上升。从状语的分布类型看，这一区间共出现了16种类型，高于上一区间的13种。

下面我们分析这一区间（11—13个词）状语在层次上的分布情况，见表6-3-7。

表6-3-7　　高级中介语11—13个词句子状语层次性分布情况

		Z1	Z2	Z3	Z4	Z5	合　计
11个词	数量(个)	172	84	12	6	0	274
	百分比(%)	62.77	30.66	4.38	2.19	0	100
12个词	数量(个)	140	66	18	6	2	232
	百分比(%)	60.34	28.45	7.76	2.59	0.86	100
13个词	数量(个)	92	40	16	10	0	158
	百分比(%)	58.23	25.31	10.13	6.33	0	100

注：百分比＝该层次状语的数量/状语总数。

从表6-3-7可以看出，随着句长的上升，这一区间（11—13个词）单层状语、双层状语的比例呈逐渐下降的趋势。三层状语、四层状语则呈逐渐上升的趋势，五层状语只在12个词的句长上出现。表明句子状语的复杂程度随句长的上升而逐步上升。

最后我们看一下这一区间（11—13个词）句首状语的出现情况，高级中介语11—13个词句子带句首状语的数量和比例见表6-3-8。

表6-3-8　　高级中介语11—13个词句子句首状语出现比例

	带句首状语的句子数(句)	抽样句子数(句)	百分比(%)
11个词	100	386	25.91
12个词	84	284	29.58
13个词	46	202	22.77

注：百分比＝带状语的句子数/抽样句子数。

从表6-3-8可以看出，随着句子长度的上升，带句首状语的句子在总抽样语料中的比例呈先升后降的趋势。各句长的这一比例均高于同样句长的本族人语料，在12、13个词的句长上低于中级阶段，11个词则高于初级阶段比例。[①]

6.3.1.3　高级中介语14—20个词句子（区间5）状语复杂度分析

由于句子长度的上升，句子总数及相应的抽样句子数量随之减少。对14—20个词的句子，我们不再单独分析具体句子长度上状语的分布情况，而是从整体上分析这一区间句子状语的分布情况。

---

① 本族人11—13个词带句首状语的句子占抽样句子的比例分别为9.35%、9.96%和10.68%。中级中介语11—13个词带状语句子的比例为21.39%、30.87%和38.06%。

我们先看高级韩国留学生中介语语料中 14—20 个词的句子总数、抽样句子数、带状语句子数及所占百分比情况。具体数据见表 6-3-9。

表 6-3-9　　　　14—20 个词句长带状语句子的百分比情况

	14 个词	15 个词	16 个词	17 个词	18 个词	19 个词	20 个词
句子总数（句）	491	412	271	156	138	77	58
抽样句子数（句）	196	151	99	51	46	29	25
带状语的句子数（句）	149	121	83	48	44	23	23
带状语句子百分比（%）	76.02	80.13	83.84	94.12	95.65	79.31	92

注：带状语句子的百分比 = 带状语的句子数/抽样句子数。

从表 6-3-9 可以看出，这一区间句子状语的覆盖率基本上在 75%—95% 之间，从总体情况看，这一区间带状语句子的比例随句长的上升呈逐步上升的趋势。

下面我们来看高级阶段 14—20 个词句子状语的具体分布情况，具体数据见表 6-3-10（具体表格请参看附录 17）。

从表 6-3-10 中的数据可以看出，这一区间（14—20 个词）由于受句子总数的影响，在状语的类型上不如上一区间丰富。[1] 这一区间一共出现了 14 种状语类型，分别为四处状语、三处状语、两处状语的"S+Z1""S+Z2""S+Z3""S+Z4""Z1+Z1""Z1+Z2""Z2+Z2"和一处状语的"S""Z1""Z2""Z3""Z4"。[2] 我们下面略举数例加以分析。

---

[1] 中级中介语 7—10 个词句子（区间 3）共出现状语类型 13 种，11—13 个词句子（区间 4）共出现状语类型 16 种。

[2] 初级阶段 14—20 个词（区间 5）的句子出现的所有状语类型为 12 种，中级高于这一水平。

先来看四处状语和三处状语的情况，例如：

(55) {ZZ1 为了自己的健康，【ZZ1 为了家庭、<ZZ1 为了整个社会、我们〔ZZ3 应该［ZZ2 用好方法（ZZ1 好好排解自己的烦恼）］］>】}。(19 个词)

(56) {ZZ1 最近，［ZZ1 随着人民经济生活的发展，喜爱业余活动的人（ZZ1 越来越多了）］}。(15 个词)

(55) 为带四处状语的情况，具体形式为"S+S+S+Z3"；(56) 为带三处状语的情况，具体形式为"S+S+Z1"。这表明到了高级阶段，韩国留学生已经能使用复杂的修饰成分表达较为复杂的内容。

下面我们来看句首状语和句中状语同时使用的带两处状语的情况，包括"S+Z1""S+Z2""S+Z3""S+Z4"等四种情况，例如：

(57) ［ZZ1 在妈妈的心里面，我的快乐（ZZ1 就她的最大的快乐）］。(15 个词)

(58) {ZZ1 在中国留学期间，我［ZZ2 对中国历史、汉字、艺术（ZZ1 慢慢地产生了兴趣）］}。(15 个词)

(59) {ZZ1 有一天我们〔ZZ3 都［ZZ2 照常（ZZ1 从书包里掏出包里的东西来放在书桌上）］］}。(19 个词)

(60) {ZZ1 这件事以后，我【ZZ4 为了我的狗〔ZZ3 再［ZZ2 不敢（ZZ1 跟她吵架了）］］】}。(16 个词)

带两处句中状语的情况包括"Z1+Z1""Z1+Z2""Z2+Z2"等三种情况，例如：

(61) 但他看见教室里的老师［ZZ1 就红着脸］［ZZ1 不敢进去了］。(15 个词)

（62）每个家的小孩儿［ZZ1 都出来］［ZZ2 跟朋友们（ZZ1 一起玩 打雪仗、滑冰等等）］。(16 个词)

（63）因为妈｛ZZ2 在他面前〔ZZ1 有时一句话［ZZ2 也（ZZ1 不顺 利地说）］〕｝。(14 个词)

带一处状语的情况包括"S""Z1""Z2""Z3""Z4"等五种情况，各举 1 例如下：

（64）［ZZ1 在我中学的时候，我们家搬到另一个地方去了］。(14 个 词)

（65）我［ZZ1 跟几个同学充满着自信开始爬韩国最高的山］。(15 个词)

（66）还有［ZZ2 冬天校园里的喷水池表面上（ZZ1 已经结了一层薄 薄的冰）］。(16 个词)

（67）我们｛ZZ3 应该［ZZ2 在遇到烦恼的时候（ZZ1 用对自己合适 的方法消除压力吧）］｝。(16 个词)

（68）她的仁慈的微笑和在头上嵌的宝石是｛ZZ4 到现在〔ZZ3 也 ［ZZ2 不（ZZ1 能忘记）］〕｝。(19 个词)

总之，通过上面的分析我们可以看出，到高级阶段，韩国留学生已 经能产出正确的、带有较为复杂修饰成分的长句。这类句子的出现跟表 达复杂信息的需要和作为成人的第二语言学习者具有成熟的思维能力 有关。

下面我们来看这一区间（14—20 个词）句子各层状语的分布情况， 具体数据见表6-3-11。

表6-3-11　　高级中介语14—20个词句子状语层次性分布情况

		Z1	Z2	Z3	Z4	合计
14个词	数量(个)	123	33	7	1	164
	百分比(%)	75	20.12	4.27	0.61	100
15个词	数量(个)	101	22	15	1	139
	百分比(%)	72.66	15.83	10.79	0.72	100
16个词	数量(个)	38	27	9	1	75
	百分比(%)	50.67	36	12	1.33	100
17个词	数量(个)	27	11	7	0	45
	百分比(%)	60	24.44	15.56	0	100
18个词	数量(个)	16	20	3	0	39
	百分比(%)	41.03	51.28	7.69	0	100
19个词	数量(个)	18	1	3	1	23
	百分比(%)	78.26	4.35	13.04	4.35	100
20个词	数量(个)	18	3	1	0	22
	百分比(%)	81.81	13.64	4.55	0	100

注：百分比＝该层次状语的数量/状语总数。

从表6-3-11可以看出，如果不考虑句长为19、20个词的句子情况，单层状语在整体上处于下降趋势，双层状语、三层状语、四层状语则基本处于上升趋势。14—20个词句子带句首状语的比例见表6-3-12。

表 6-3-12　　高级阶段 14—20 个词句子句首状语出现比例

	带句首状语的句子数(句)	抽样句子数(句)	百分比(%)
14 个词	63	196	32.14
15 个词	53	151	35.1
16 个词	27	99	27.27
17 个词	24	51	47.06
18 个词	20	46	43.48
19 个词	11	29	37.93
20 个词	12	25	48

注：百分比=带状语的句子数/抽样句子数。

从 6-3-12 表可以看出，这一区间（14—20 个词）带句首状语的句子占抽样句子的比例主要分布在 30%—50% 之间。随着句子长度的上升，带句首状语的句子在总抽样语料中的比例基本上呈上升趋势。

6.3.2　高级中介语句子状语复杂度整体情况分析

根据前面对高级中介语 7—20 个词的句子状语复杂度的统计数据和具体分析，我们考察跟句子状语复杂度相关的 6 项数据，即带状语句子的比例（状语覆盖率）、多处状语的比例、最多出现处数、多层状语的比例、最多出现层次和带句首状语的句子比例。高级中介语 7—20 个词句子状语复杂度在各项数据上的具体情况见表 6-3-13。

表6-3-13　　高级中介语7—20个词句子状语复杂度

区间	句长(词)	覆盖率(%)	多处状语比例(%)	最多处数(处)	多层状语比例(%)	最多层数(层)	句首状语比例(%)
区间3	7	73.72	11.99	2	32.66	5	11.5
	8	80.45	11.69	3	33.66	4	15.1
	9	73.56	22.32	3	34.56	4	19.15
	10	75.81	22.87	3	39.23	4	22.58
区间4	11	76.68	26.36	3	37.23	4	25.91
	12	88.03	24.8	3	39.66	5	29.58
	13	77.23	30.77	3	41.77	4	22.77
区间5	14	76.02	44.3	3	25	4	32.14
	15	80.13	47.93	3	27.34	4	35.1
	16	83.84	31.33	3	49.33	4	27.27
	17	94.12	41.67	3	40	3	47.06
	18	96.65	34.09	3	58.97	3	43.48
	19	79.31	43.48	4	21.74	4	37.93
	20	92	52.18	3	18.19	3	48

注：句首状语的比例＝该句长上带句首状语的句子数/该句长抽样句子数。

根据表6-3-13，我们对高级中介语7—20个词句子状语复杂度的发展变化情况进行分析，状语的复杂化程度及与本族人之间的差异主要有以下六点。①

1. 从状语的覆盖率看，随着句长的上升，带状语句子的比例基本上呈上升趋势。7—10 个词（区间 3）句子带状语的比例大致在 70%—80% 之间，11—13 个词（区间 4）句子带状语的比例的 75%—90%，14—20 个词（区间 5）的最高覆盖率则已达到 90% 以上。高级中介语在一半句长上状语的覆盖率均高于中级阶段②，另一半则低于中级阶段，高级中介语状语的覆盖率跟中级阶段较为接近。

2. 从带多处状语的句子比例看，随着句长的上升，带多处状语句子的比例基本上呈上升的趋势。7—10 个词（区间 3）句子带多处状语的比例为 10%—25%，11—13 个词（区间 4）比例大致为 25%—30%，14—20 个词（区间 5）为 30%—55%。高级中介语带多处状语的比例在 8 种句长上低于中级，多处状语的比例没有随学时等级的提高而进一步上升。

3. 从状语出现的最多处数看，在任何一个区间均以 3 处为主，在区间 5 上比中级阶段有所上升。

4. 从状语的层次性看，多层状语的比例从整体上看基本呈逐步上升的趋势（不考虑 19、20 个词的情况）。区间 3 多层状语比例为 30%—40%，区间 4 大致为 35%—40%，区间 5 比例最高已接近 60%。高级中介语多层状语的比例在 9 种句长上高于中级，这表明高级阶段韩国留学生对多层状语的使用比中级有所发展。③

5. 从状语的出现的最多层次看，区间 3、区间 4 均以 4 层为主，这一特点跟中级阶段基本一致。区间 5 中以 4 层、3 层为主，这一区间的情况高于中级

---

① 由于 19 和 20 个词句子抽样数量小，所以在我们下面的分析中基本上不考虑这两种句长上状语复杂程度的相关数据。
② 这 8 种句长为 7、8、9 个词，11、13 个词及 15、19、20 个词。
③ 这 9 种句长为 7、8、9、10 个词，12、13 个词及 14、15、18 个词。

阶段①,体现出状语层次性的发展变化。

6. 从带句首状语句子占抽样句子总数的比例看,随着句长的上升,带句首状语句子所占比例基本上呈上升的趋势。7—10个词句子(区间3)带句首状语的句子比例为10%—25%,11—13个词(区间4)比例为20%—30%,14—20个词(区间5)比例为25%—50%。这一比例在11种句长低于中级②,但仍高于本族人语料的水平。

从上面的分析我们可以看出,随着句子长度的上升,高级中介语各句长句子状语的覆盖率、多处状语的比例、多层状语的比例、句首状语所占比例基本上都呈上升的趋势。

跟中级的情况进行比较,我们发现高级中介语状语的覆盖率、多层状语比例、最多处数等指标上跟中级非常接近,多层状语的比例和状语呈现的最高层次则高于中级阶段,而带句首状语的句子比例则低于中级阶段。

这表明中介语具有句首状语过度发达的特点,句首状语比例的下降可能带来了多处状语比例的下降。状语的层次性则表现出不断发展并靠近本族人水平的过程。多处状语、句首状语比例的下降也表现出靠近本族人水平的特征。

6.4 初、中、高三级中介语句子状语复杂度发展分析

下面我们综合考察初、中、高三级语料状语覆盖率、多处状语比例、多层状语比例、最多处数、最多层次及句首状语比例的发展变化情况,以观察中介语句子状语复杂度的发展变化过程。具体数据见表6-4-1(见附录18)。

---

① 中级阶段在两种句长上的最多层次均为2层。
② 这11种句长是除11、17、18个词以外的句长。

根据表 6-4-1（见附录 18）中的相关数据及我们前面的各小节的讨论，我们可以对中介语各级句子状语复杂度的发展变化过程做如下的分析。

1. 从同一句长上初、中、高三级状语覆盖率的变化的情况看，状语覆盖率在 4 种句长上呈逐步上升的趋势，中级状语的覆盖率在 9 种句长上高于初级，高级状语的覆盖率在一半（7 种）句长上高于中级。从整体趋势看，中介语状语覆盖率逐级上升的趋势并不明显。

2. 从同一句长上初、中、高三级多处状语的比例变化情况看，初、中、高三级多处状语比例基本上呈下降趋势。其中，在 6 种句长上呈逐级下降的趋势，中级多处状语的比例在 10 种句长上低于初级，高级多处状语比例在 8 种句长上低于中级。从整体趋势看，中介语多处状语的比例随学时等级的上升而呈下降趋势。

3. 从同一句长上初、中、高三级多层状语的比例变化情况看，同一句长上初、中、高三级多层状语比例呈逐步上升的趋势。中级多层状语比例在 10 种句长上高于初级，高级多层状语比例在 9 种句长上高于中级。

4. 从同一句长上初、中、高三级最多处数的出现情况看，同一句长上出现的最多处数上的上升趋势并不明显。

5. 从同一句长上初、中、高三级最多层次的出现情况，同一句长上出现的最多层次有逐级上升的趋势，中、高级最多层次高于初级，特别是在区间 5 上表现明显。

6. 从同一句长上初、中、高三级句首状语的出现比例看，句首状语的出现比例在 10 种句长上表现出逐级下降的趋势。这说明级别越高，带句首状语的句子比例越低。

总的来看，初、中、高中介语同一句长句子在状语覆盖率、多层状语比例、最多层次上呈现逐级上升的趋势。多处状语比例、句首状语比例则表现出逐级下降的趋势。

6.5　本章小结

通过对初、中、高各级中介语各句长句子状语复杂度的分析及其与本族人语料的对比，我们发现韩国留学生汉语中介语各句长句子状语复杂度的发展变化具有以下特征。

1. 在同一学时等级内，随着句子长度的上升，各句长句子的状语覆盖率、多处状语比例、多层状语比例、句首状语比例基本上都呈上升趋势，这表明同一等级的中介语具有内在的一致性，与本族人语料具有同样的变化趋势。

2. 将初、中、高各级同一句长句子状语复杂度的相关数据进行对比，我们发现各级中介语在状语覆盖率、带多层状语的句子比例、最多层数等方面都比上一等级有所发展和提高。而带多处状语的句子比例、带句首状语的句子比例则随学时等级的上升而逐渐下降。与本族人的相关数据进行比较后发现，层次性的上升和多处状语、句首状语比例的下降都表现为逐步向本族人水平靠近的趋势。

3. 中、高级中介语在状语的覆盖率、多处状语比例、句首状语比例等方面的水平并不低于本族人。但从层次性看，初、中、高三级中介语各句长上多层状语的出现比例低于本族人水平，这说明中介语系统与本族人系统之间存在一定的差异和差距。但不论是多处状语、句首状语比例的逐级下降，抑或多层状语比例的逐级上升，中介语状语复杂度的发展都表现出靠近目标语的趋势。

第7章 韩国留学生中介语各句长句子补语复杂度分析

补语作为句子重要的连带成分，补语的复杂程度跟谓语的复杂程度密切相关，也在一定程度上体现出句子句法复杂度。本章拟在语料抽样的基础上，统计分析韩国留学生中介语各学时等级上不同句长句子补语的出现和分布情况，以考察中介语句长与句子复杂度之间的互变关系。由于句子抽取的数量和抽取方法与定、状语一致，下面各节中有关这一内容不再赘述。

7.1 初级阶段句子补语复杂度分析

7.1.1 初级中介语各区间句子补语复杂度分析

下面我们先分析各区间句子补语的复杂程度，再分析韩国学生汉语中介语补语复杂度的整体发展变化情况。在单个区间的分析上，我们仍采用整体情况分析和个案分析相结合的方法，以探讨中介语补语复杂度随句长上升而不断发展变化的过程。

7.1.1.1　初级中介语 7—10 个词句子（区间 3）补语复杂度分析

下面我们来分析韩国留学生初级中介语 7—10 个词句子（区间 3）补语的分布情况，考察中介语补语复杂度随句长的上升而产生的发展变化情况。7—10 个词句长带补语句子的百分比情况见表 7－1－1。

表 7－1－1　初级中介语 7—10 个词句子带补语的百分比情况

	7 个词	8 个词	9 个词	10 个词
句子总数(句)	2405	1682	1109	772
抽样句子数(句)	1202	841	554	386
带补语句子数(句)	117	98	80	53
带补语句子百分比(%)	9.73	11.65	14.44	13.73

注：带补语句子的百分比＝带补语的句子数/抽样句子数。

从表 7－1－1 可以看出，随着句子长度的上升，初级阶段中介语带补语句子的比例基本呈逐步上升的趋势。与本族人语料相比，这一区间带补语句子的比例明显低于本族人。[①]

下面我们来看这一区间（7—10 个词）补语分布的整体情况，具体情况表 7－1－2。

表 7－1－2　初级中介语 7—10 个词（区间 3）句子补语分布情况

	7 个词	8 个词	9 个词	10 个词
带补语句子数(句)	117	98	80	53
单处补语句子数(句)	117	98	79	51

---

① 本族人语料 7—10 个词带补语句子的比例分别为 28.18%、37.21%、42.32% 和 36.93%。

续 表

	7个词	8个词	9个词	10个词
两处补语句子数（句）	0	0	1	2
两处补语句子百分比（%）	0	0	1.25	3.77
两层补语句子数（句）	1	0	1	0
两层补语句子百分比	0.85	0	1.25	0

注：两处补语句子百分比＝带两处补语句子的数量/带补语句子总数；两层补语句子百分比＝带两层补语句子的数量/带补语句子总数。

下面我们先对这一区间（7—10个词）7、9个词句子补语构成情况做个案分析，然后再分析这一区间句子补语复杂度的发展变化情况。

(一) 7个词、9个词句子补语构成情况分析

1. 初级中介语7个词句子补语分布情况

初级中介语语料中7个词的句子共2405句，我们抽取其中的1202句进行句法信息的标注和分析，发现共有117个句子带有补语，占所有抽样句子的9.73%，均为带单处补语句子。例如：

(1) 他［PC画出］了人的灵魂。

(2) 离别时不料妈妈先［PC哭起来］。

例(1)带结果补语，例(2)带趋向补语。

在带单处补语的句子中，还存在1例带多层补语的句子，占0.85%，用例如下：

(3) 他太太［PC痛得（PC1忍不住）了］。

例(3)中为情态补语和可能补语的套用

2. 初级中介语 9 个词句子补语分布情况

初级中介语语料中 9 个词的句子共 1109 句，我们抽取其中的 554 句进行句法信息的标注和分析，发现共有 80 个句子带有补语，占所有抽样句子的 14.44%。出现了 1 例带两处补语的句子，用例如下：

（4）因为我［PC 看不懂］还有［PC 听不懂］。

例（4）为在紧缩句中使用两处可能补语。

9 个词句子带单处补语的句子为 79 例，比例达 98.75%。略举两例如下：

（5）我已经［PC 学了十个月］汉语了。
（6）我觉得我的汉语［PC 进步得很快］。

例（5）带时量补语，例（6）带情态补语。

带单处补语的句子中还出现了 1 例两层补语套叠的现象，占 1.25%，用例如下：

（7）那个书让我［PC 感动得（PC1 说不出来）］。

（7）为情态补语和可能补语的套用。

（二）初级中介语 7—10 个词句子（区间 3）补语复杂化趋势分析

在这一区间（7—10 个词），随着句长的上升，句子补语的复杂化程度基本上呈上升趋势，这主要表现在以下三个方面.

1. 带补语句子的比例随句长的增长呈上升趋势。7 个词的句子带补语句子比例为 9.73%，10 个词的句子则已达 13.73%。

2. 带 2 处补语句子所占比例很小，基本上也呈上升趋势。7、8 个词句子未出现带 2 处补语句子，9、10 个词带两 2 补语句子比例分别为 1.25% 和 3.77%。

3. 带 2 层补语句子只在 7 个词和 9 个词句长上出现个别用例，补语复杂度在层次性上的表现不突出。

7.1.1.2 初级中介语 11—13 个词句子（区间 4）补语复杂度分析

下面我们来分析韩国留学生初级中介语 11—13 个词句子（区间 4）补语的分布情况，11—13 个词句长带补语句子的百分比情况见表 7-1-3。

表 7-1-3　　初级中介语 11—13 个词句子带补语的百分比情况

	11 个词	12 个词	13 个词
句子总数(句)	494	290	192
抽样句子数(句)	247	145	96
带补语的句子数(句)	29	27	19
带补语句子百分比(%)	11.74	18.62	19.79

注：带补语句子百分比 = 带补语的句子数/抽样句子数。

从表 7-1-13 可以看出，初级中介语带补语句子比例在这一区间呈逐步上升趋势。跟同一区间本族人带补语句子的比例相比，这一区间（11—13 个词）带补语句子比例仍明显低于本族人的水平。[①]

下面我们先分析这一区间上 11、13 个词句子补语的复杂程度，再分析这一区间上句子补语复杂度的整体变化情况。

---

① 本族人语料这一区间（11—13 个词）带补语句子比例分别为 34.82%、46.98% 和 41.99%。

(一) 初级 11、13 个词句子补语分布情况分析

1. 初级中介语 11 个词句子补语分布情况

11 个词的句子一共有 494 句，我们抽取其中 247 句进行句法信息的标注和分析，其中带补语的句子数为 29 句，占所有抽取句子的 11.74%。所有句子均带单处补语，未出现带两处补语或带多层补语的句子。例如：

(8) 其中他打羽毛球和打篮球[PC 打得很好]。

(9) 因为中国的交通比美国的交通[PC 好得多]。

其中例 (8) 带情态补语，例 (9) 带程度补语。

2. 初级中介语 13 个词句子补语分布情况

13 个词的句子一共有 192 句，我们抽取其中 96 句进行句法信息的标注和分析，其中带补语的句子数为 19 句，占所有抽取句子的 19.79%。所有句子均带单层补语，未出现带两处补语的句子，例如：

(10) 还有我的小狗跟猫也是[PC 过得好吗]？

(11) 我刚来中国的时候一句汉语也[PC 听不懂]。

例 (10) 带情态补语，例 (11) 带可能补语。

13 个词句子出现了 1 例带多层补语的句子，用例如下：

(12) 又帮我把我的行李[PC (PC1 搬到出租车里) 去了]。

例 (12) 先后带处所补语和趋向补语。

(二) 11—13 个词句子 (区间 4) 补语复杂度变化分析

在区间 4 (11—13 个词)，随着句长的上升，带句子补语的比例随着句长的增长呈逐步上升趋势，但未出现带多处补语的句子，带多层补语的句子仅

· 385 ·

在 13 个词句长上出现 1 例。补语的复杂化程度明显低于同区间的本族人语料。

7.1.1.3 初级中介语 14—20 个词句子（区间 5）补语复杂度分析

初级中介语长句的使用量有限，随着句子长度的上升，句子总数及相应的抽样句子数开始逐渐递减。在这一区间，我们不再单独举例分析每一句长上补语的分布情况，而是从整体上分析 14—20 个词句子补语的分布情况。

我们先看初级中介语语料 14—20 个词的句子总数、抽样句子数、带补语句子数、带补语句子百分比、多处补语句子比例、多层补语句子比例等情况。具体数据见表 7-1-4。

表 7-1-4　　14—20 个词句长补语复杂度情况

	14 个词	15 个词	16 个词	17 个词	18 个词	19 个词	20 个词
句子总数（句）	127	65	41	29	15	6	6
抽样句子数（句）	63	32	24	18	8	4	4
带补语的句子数（句）	10	3	0	2	1	0	2
带补语句子比例（%）	15.87	9.38	0	11.11	12.5	0	50
多处补语句子比例（%）	0	33.33	—	0	0	0	0
多层补语句子比例（%）	10	0	—	0	0	0	0

注：带补语句子的百分比 = 带补语的句子数/抽样句子数；多处补语句子百分比 = 带多处补语句子的数量/带补语句子总数；多层补语句子百分比 = 带多层补语句子的数量/带补语句子总数。

由于受制于语料的总量，这一区间（11—13 个词）在某些句长上没有出现带补语的句子，带补语句子比例也较低。我们先来看带单处补语句子的情况，在 14、15、17、18、20 个词句长上均出现了带单处补语的句子，各举一例如下：

(13) 当时我和一个中国女朋友［PC 住在］一样的宿舍了。

(14) 我已经一切手续办好了以后我的心里有点［PC 紧张起来了］。

(15) 我一到我的学校的门口就［PC 看到］在门口上写的一句……

(16) 可是以前我小的时候跟家人一起过元旦的事是我永远［PC 忘不了］的。

例（13）（15）带结果补语，例（14）带趋向补语，例（16）带可能补语。这一区间（14—20 个词）只在 15 个词句长上出现 1 例带两处补语的句子，用例如下：

(17) 我高兴地［PC 跑过来］还坐那辆车［PC 到朋友那儿去］了。

例（17）带两处趋向补语。

这一区间（14—20 个词）只在 14 个词句长上出现 1 例带两层补语的句子，用例如下：

(18) 一天，在一个地铁站，一个日本人［PC（PC1 跳进地铁下边）去了］。

例（18）是趋向补语和处所补语的套用。

7.1.2 初级中介语补语复杂度整体情况分析

根据前面对初级中介语 7—20 个词的句子补语复杂度的统计分析，我们从带补语句子的比例（补语覆盖率）、多处补语句子比例、最多出现处数[①]、多层补语句子比例等方面来考察补语的复杂化程度。初级中介语 7—20 个词句子补语复杂度在各方面上的具体情况见表 7－1－5。

---

① "最多出现处数"是指在某一句长上补语处数出现的最高峰值，不是指"出现频次最多的处数"。

表 7-1-5　　　　初级中介语 7—20 个词句子补语复杂度

区　间	句长(词)	带补语句子比例(%)	多处补语比例(%)	多层补语比例(%)
区间 3	7	9.73	0	0.85
	8	11.65	0	0
	9	14.44	1.25	1.25
	10	13.73	3.77	0
区间 4	11	11.74	0	0
	12	18.62	0	0
	13	19.79	0	5.26
区间 5	14	15.87	0	10
	15	9.38	33.33	0
	16	0	—	—
	17	11.11	0	0
	18	12.5	0	0
	19	0	—	—
	20	50	0	0

根据上表，我们对初级中介语 7—20 个词句子补语复杂度的发展变化情况进行分析，补语的复杂化程度及与本族人之间的差异主要有以下三点。

1. 从带补语句子比例看，随着句子长度的上升，带补语的句子比例在区间 3、区间 4 基本呈上升趋势。受限于语料规模，区间 5 带补语句子比例较低。与本族人语料比较，初级中介语带补语句子比例在所有句长上低于本族人水平，且比例相差很大。这说明初级韩国学生中介语补语复杂程度有限。

2. 从带多处补语的句子比例看，带多处补语的句子比例随句长的增长呈上升趋势。但韩国学生初级中介语仅在 3 类句长上出现带多处（2 处）补语的句子，多处补语的使用情况与本族人语料存在较大差距。

3. 从补语的层次性看，带多层补语的句子比例随句长的增长呈上升趋势。韩国学生初级中介语仅在 4 类句长上出现带多层（2 层）补语的句子，多层补语的出现比例较低。这表明初级阶段韩国学生对多层补语的使用与本族人存在差距。

从本节的分析我们可以看出，韩国学生初级中介语带补语句子比例在区间 3、4 基本上随句长增长而呈上升趋势。带多处补语句子比例、带多层补语句子比例仅在非常有限的句长上出现。从整体看，初级中介语补语的复杂性非常有限，与本族水平相比还存在较大的差距。

7.2　中级阶段句子补语复杂度分析

韩国留学生中级中介语语料共约 40 万字，句长分布范围为 1—28 个词。到句长为 20 个词时，出现的句子数已达到句子总数的 99.85%。跟初级阶段保持一致，我们采用人工抽样的方法抽取 10 万字规模的句子，并对其进行句法信息的标注与分析，在此基础上分析句子补语复杂度的发展变化情况。

7.2.1 中级中介语各区间句子补语复杂度分析

7.2.1.1 中级中介语7—10个词句子（区间3）补语复杂度分析

下面我们来分析韩国学生中级中介语7—10个词句子（区间3）补语的分布情况，考察中介语补语复杂度随句长的递增而产生的发展变化情况。中级中介语7—10个词带补语句子的百分比情况见表7-2-1。

表7-2-1 中级中介语7—10个词句子带补语的百分比情况

	7个词	8个词	9个词	10个词
句子总数(句)	4427	3358	2622	1930
抽样句子数(句)	1108	842	655	482
带补语的句子数(句)	203	136	139	101
带补语句子百分比(%)	18.32	16.15	21.22	20.95

注：带补语句子的百分比＝带补语的句子数/抽样句子数。

从表7-2-1可以看出，总体看来，中级阶段中介语带补语句子的比例随着句长度增长而呈上升趋势，且均高于初级中介语相应句长的带补语句子比例，但低于本族人语料相应句长的带补语句子比例。①

下面我们来看这一区间补语分布的整体情况，具体情况见表7-2-2。

---

① 这一区间（7—10个词）初级中介语带补语句子比例分别为9.73%、11.65%、14.44%和13.73%，本族人在这一区间上带补语句子比例依次为28.18%、37.21%、42.32%和36.93%。

表 7-2-2　　中级中介语 7—10 个词（区间 3）句子补语分布情况

	7 个词	8 个词	9 个词	10 个词
带补语句子数(句)	203	136	139	101
两处补语句子数(句)	2	2	2	2
两处补语句子百分比(%)	0.99	1.47	1.44	1.98
两层补语句子数	1	1	0	1
两层补语句子百分比(%)	0.49	0.74	0	0.99

注：两处补语句子百分比＝带两处补语句子的数量/带补语句子总数；两层补语句子百分比＝带两层补语句子的数量/带补语句子总数。

下面我们先对这一区间（7—10 个词）7、9 个词句子的补语构成情况做个案分析，然后再分析这一区间句子补语复杂度的发展变化趋势。

1. 中级 7、9 个词句子补语分布情况分析

（一）　中级中介语 7 个词句子补语分布情况

中级中介语语料中 7 个词的句子共 4427 句，我们抽取其中的 1108 句进行句法信息的标注和分析，发现共有 203 个句子带有补语，占所有抽样句子的 18.32%。其中带两处补语的句子为 2 例，占 0.99%，用例如下：

（1）［PC 听到］这个故事我［PC 笑起来了］。

（2）所以如今再［PC 想起来］很［PC 舍不得］。

例（1）带结果补语和趋向补语，例（2）带趋向补语和可能补语。

7 个词句子带单处补语的句子为 201 例，占 99.01%。举 2 例如下：

（3）所以韩国语［PC 说得很好］。

（4）这几个服务员［PC 想了一会儿］……

例（3）带情态补语，例（4）带时量补语。

7个词句子还出现了1例带两层补语的句子,占0.49%,用例如下:

(5) 怪不得他［PC（PC1 住在中国）2 年］。

例(5)为时量补语和处所补语的套用。

2. 中级中介语9个词句子补语分布情况

中级中介语语料中9个词的句子共2622句,我们抽取其中的655句进行句法信息的标注和分析,发现共有139个句子带有补语,占所有抽样句子的21.22%。其中带两处补语的句子为2例,占1.44%,用例如下:

(6) 把多余的部分［PC 剪下去］［PC 包装起来了］。

(7) 由此我［PC 控制不住自己］继续［PC 吃起来］。

例(6)带两处趋向补语,例(7)带可能补语和趋向补语。

9个词句子带单处补语的句子为137例,占98.56%。举2例如下:

(8) 那个儿子向妈妈［PC 鞠了几次］躬。

(9) 我最近的生活比以前［PC 忙多了］。

例(8)带动量补语,例(9)带程度补语。

9个词句子没有出现带多层补语的句子。

(二) 7—10个词句子(区间3)补语复杂度变化分析

在7—10个词区间,随着句长的上升,句子补语的复杂化程度也逐步提高,主要表现在以下三个方面。

1. 带补语句子的比例随句长的增长基本呈上升趋势。9、10个词句子带补语句子比例为高于7、8个词的比例。

2. 带两处补语句子在4类句长上出现用例,两处补语句子所占比例基本上呈上升趋势。

3. 带两层补语句子在3类句长上出现用例，所占比例随句长增长基本呈上升趋势。

7.2.1.2　中级中介语11—13个词句子（区间4）补语分布情况分析

下面我们来分析中级中介语11—13个词句子（区间4）补语的分布情况，11—13个词句长上带补语句子数及比例、带两处补语句子数、带两层补语句子数及比例见表7-2-3。

表7-2-3　　　　中级中介语11—13个词句子带补语句子情况

	11个词	12个词	13个词
句子总数（句）	1376	926	598
抽样句子数（句）	346	230	155
带补语的句子数（句）	72	49	34
带补语句子比例（%）	20.81	21.30	21.94
带两处补语句子数（句）	0	0	0
带两层补语句子数（句）	1	0	1
带两层补语句子比例（%）	1.39	0	2.94

注：带补语句子比例＝带补语的句子数/抽样句子数；带两层补语句子比例＝带两层补语句子的数量/带补语句子总数。

从表7-2-3可以看出，在这一区间（11—13个词），中级阶段中介语带补语句子的比例呈逐步上升趋势。这一区间带补语句子的比例均高于相应句长的初级中介语水平，但低于本族人语料相应句长水平。[1]

---

[1] 句长为11、12、13个词时，初级中介语句子带补语句子比例依次为11.74%、18.61%和19.79%，本族人带补语句子的比例依次为34.82%、46.98%和41.99%。

下面我们先分析中级中介语 11、13 个词带补语句子的具体情况，然后再分析这一区间（11—13 个词）句子补语复杂度的发展变化趋势。

（一）中级 11、13 个词句子补语分布情况具体分析

1. 中级中介语 11 个词句子补语分布情况

中级中介语语料中 11 个词的句子共 1376 句，我们抽取其中的 346 句进行句法信息的标注和分析，发现共有 72 个句子带有补语，占抽样句子的 20.81%。均为带一处补语的句子，例如：

（10）你信里寄来的照片我［PC 收好了］。

（11）送它离开那天回来以后我［PC 哭了半天］。

例（10）带结果补语，例（11）带时量补语。

11 个词句子中出现了 2 例带多层补语的句子，占 2.78%，用例如下：

（12）搬到首尔来以后，一直［PC（PC1 长在首尔）二十多年］。

例（12）是时量补语和处所补语的套用。

2. 中级中介语 13 个词句子补语分布情况

中级中介语语料中 13 个词的句子共 598 句，抽取、标注句子 155 个，其中共有 49 个句子带有补语，占抽样句子的 21.94%。均为带一处补语的句子，例如：

（13）来到中国学习以后我才［PC 注意到］汉字"贞"的真正意思］。

（14）我现在还常常［PC 想起］她帮助过我的那些日子］。

例（13）带结果补语，例（14）带趋向补语。

13 个词句子中出现了 1 例带多层补语的句子，占 2.94%，用例如下：

(15) 东京的一所公寓，四个人［PC（PC1 住在一起）三年］。

例（15）为时量补语和处所补语的套用。

（二）11—13 个词句子（区间 4）补语复杂度变化分析

在区间 4（11—13 个词），随着句长的上升，带补语句子的比例随着句长的增长呈逐步上升趋势，但未出现带多处补语的句子，带多层补语的句子仅在 11、13 个词句长上各出现 2 例、1 例。补语的复杂化程度低于同区间的本族人语料。

7.2.1.3 中级中介语 14—20 个词句子（区间 5）补语复杂度分析

随着句子长度的上升，句子总数及相应的抽样句子数量开始逐渐递减。在这一区间，我们不再单独举例分析每一句子长度上补语的分布情况，而是从整体上分析 14—20 个词句子补语的分布情况。

我们先看中级中介语语料 14—20 个词的句子总数、抽样句子数、补语句子数及比例、多处补语句子数及比例、多层补语句子数及比例等相关数据，具体见表 7-2-4。

表 7-2-4　　　中级中介语 14—20 个词带补语句子情况

	14 个词	15 个词	16 个词	17 个词	18 个词	19 个词	20 个词
句子总数(句)	418	269	165	118	93	38	38
抽样句子数(句)	108	67	48	30	26	11	10
补语的句子数(句)	16	11	8	9	5	4	1
补语句子比例(%)	14.81	16.42	16.67	30	19.23	36.36	10
多处补语句子数(句)	0	1	0	2	0	0	0

续 表

	14 个词	15 个词	16 个词	17 个词	18 个词	19 个词	20 个词
多处补语句子比例(%)	0	9.09	0	22.22	0	0	0
多层补语句子数(句)	0	0	0	1	0	0	0
多层补语句子比例(%)	0	0	0	11.11	0	0	0

注：补语句子比例＝带补语的句子数/抽样句子数；多处补语句子比例＝带多处补语句子的数量/带补语句子总数；多层补语句子比例＝带多层补语句子的数量/带补语句子总数。

从表 7-2-4 可以看出，随着句子长度的上升，各句长上句子的总数越来越少，抽样句子数和带补语的句子数也越来越少。从总的分布情况来看，这一区间（14—20 个词）带补语句子比例基本呈上升趋势。这一区间带补语句子的比例在 6 类句长上高于相应句长的初级中介语水平，在 6 类句长上低于本族人语料的相应句长的水平。[①]

这一区间（14—20 个词）仍主要以带单处补语的句子为主，14—20 词带单处补语句子的比例依次为 100%、90.91%、100%、77.78%、80%、100% 和 100%，下面依次各举一例如下：

(16) 我在韩国的时候，以为南京的冬天比韩国［PC 暖和得多］。

(17) 我的父母生下三个女儿后，终于［PC 生下］了个儿子。

(18) 路非打算陈亮出院后去看陈亮时把钱［PC 带去］。

(19) 从大田的名称可以［PC 猜测到］大田应该本来是一片很大的旱田。

---

① 这一区间（14—20 个词）初级中介语句子带补语句子比例依次为 15.87%、9.38%、0、11.11%、12.5%、0 和 50%，本族人带补语句子比例依次为 43.08%、40.27%、42.26%、46.4%、39.56%、31.94% 和 40.09%。

(20) 它却能帮助失败的人［PC 想出］做生意或某些事的好办法。

(21) 所以孩子在人们的帮助下，［PC 变成］了现在的跟正常的人一样的样子］。

(22) 比如说起床的时候、吃饭后，特别是跟朋友聊天儿的时候［PC 抵挡不住］抽烟的诱惑。

上述各例中，例（16）带程度补语，例（17）（18）（20）带趋向补语，例（19）（21）带结果补语，例（22）带可能补语。

这一区间（14—20 个词）在 15、17 个词句长上出现了带两处补语的句子，分别占带补语句子总数的 9.09%、22.22%。下面各举一例如下：

(23) 随着一声哨响，选手们［PC 拿起］啤酒就仰头［PC 灌起来］。

(24) 她试穿衣服的时候［PC 站在镜子前面］一直［PC 等到］我说好看才满意。

例（23）带两处趋向补语，例（24）带处所补语和结果补语。

这一区间（14—20 个词）句子在 17 个词句长上各出现 1 例带两层补语的句子，占这一句长句子总数的 11.11%。用例如下：

(25) 有一天，一个男人简直像去世似的跟别人告别而［PC（PC1 跑到农村）去了］。

例（25）先后带处所补语和趋向补语。

总体来看，这一区间（14—20 个词）带多处补语句子和带多层补语句子均只在 2 类句长上出现，跟前面的区间相比，带多处补语句子和带多层补语句子比例均呈上升趋势。

7.2.2 中级中介语补语复杂度整体情况分析

根据前面对中级中介语 7—20 个词的句子补语复杂度的统计数据和具体分析，我们将句子补语复杂度的相关数据列表（见表 7-2-5）。

表 7-2-5　中级中介语 7—20 个词句子补语复杂度情况

区间	句长(词)	带补语句子比例(%)	多处补语比例(%)	多层补语比例(%)
区间3	7	18.32	0.99	0.49
	8	16.15	1.47	0.74
	9	21.22	1.44	0
	10	20.95	1.98	0.99
区间4	11	20.81	0	1.39
	12	21.30	0	0
	13	21.94	0	2.94
区间5	14	14.81	0	0
	15	16.42	9.09	0
	16	16.67	0	0
	17	30	22.22	11.11
	18	19.23	0	0
	19	36.36	0	0
	20	10	0	0

第7章 韩国留学生中介语各句长句子补语复杂度分析

根据表7-2-5，我们对中级中介语7—20个词句子补语复杂度的发展变化情况进行分析，补语的复杂化程度变化情况及与本族人语料之间的差异主要有以下三点。

1. 从带补语句子比例看，随着句子长度的上升，带补语的句子比例在区间3、区间4上基本呈上升趋势。受语料规模限制，区间5上带补语句子比例并未一直上升。与本族人语料比较，中级中介语带补语句子比例在13类句长上低于本族人水平[①]，在12类句长上高于初级中介语[②]。

2. 从带多处补语的句子比例看，带多处补语的句子比例随句长的增长呈上升趋势。与本族人相比，中级中介语带多处补语句子的比例在12类句长[③]上低于本族人。跟初级相比，中级中介语在6类句长上出现带多处（两处）补语的句子，高于初级中介语的3类句长。

3. 从补语的层次性看，带多层补语的句子比例随句长的增长呈上升趋势。与本族人相比，中级中介语带多层补语句子比例在7类句长[④]上低于本族人。跟初级相比，中级中介语在6类句长上出现带两层补语的句子，高于初级中介语的4类句长。

从本节的分析我们可以看出，韩国学生中级中介语带补语句子比例在区间3、4上基本上随句长增长而呈上升趋势，带多处补语的句子比例和带多层补语句子比例随句长的增长也呈上升趋势，这表明中级中介语具有其自身的系统性。与本族人语料和初级中介语相关数据进行初步比较，我们发现带多处补语句子比例、带多层补语句子比例出现次数均大于初级中介语，但均低于本族人语料水平。

---

① 即总14类句长中除19个词以外的其他13类句长。
② 即总14类句长中除14、20个词以外的其他12类句长。
③ 即17、18个词以外的12类句长。
④ 即9、12、14、15、16、19、20个词等7类句长。

7.3 高级阶段句子补语复杂度分析

7.3.1 高级中介语各区间句子补语复杂度分析

韩国学生高级中介语语料共约 40 万字，句长分布范围为 1—28 个词。到句长为 20 个词时，出现的句子数已达到句子总数的 99.51%。我们采用人工抽样的方法抽取 10 万字规模的句子，对 7—20 个词句子进行句法信息的标注与分析，在此基础上进行句子补语复杂度的分析。

7.3.1.1 高级中介语 7—10 个词句子（区间 3）补语复杂度分析

我们先分析韩国留学生高级中介语 7—10 个词句子（区间 3）补语的分布情况，考察中介语补语复杂度随句长的递增而产生的发展变化情况。高级 7—10 个词带补语句子的百分比情况见表 7-3-1。

表 7-3-1　高级中介语 7—10 个词句子带补语的百分比情况

	7 个词	8 个词	9 个词	10 个词
句子总数（句）	3889	3213	2584	2004
抽样句子数（句）	974	808	658	496
带补语句子数（句）	174	152	148	117
带补语句子百分比（%）	17.86	18.81	22.49	23.59

注：带补语句子的百分比＝带补语的句子数/抽样句子数

从表 7-3-1 可以看出，在这一区间（7—10 个词），高级阶段中介语带补语句子比例随着句长增长而逐步上升。这一区间带补语句子的比例均低于相应句长的本族人带补语句子比例。在8—10个词的句子高于中级中介语带补语句子的比例。

下面我们来看这一区间补语分布的整体情况，具体情况见表7-3-2。

表7-3-2　　高级中介语7—10个词（区间3）句子补语分布情况

	7个词	8个词	9个词	10个词
带补语句子数	174	152	148	117
两处补语句子数	1	2	3	3
两处补语句子百分比(%)	0.57	1.32	2.03	2.56
两层补语句子数	1	1	1	2
两层补语句子百分比(%)	0.57	0.66	0.68	1.71

注：两处补语句子百分比＝带两处补语句子的数量/带补语句子总数；两层补语句子百分比＝带两层补语句子的数量/带补语句子总数。

下面我们先对这一区间7、9个词句子的补语构成情况做个案分析，然后再分析这一区间句子补语复杂度的发展变化趋势。

（一）高级7、9个词句子补语分布情况分析

1. 高级中介语7个词句子补语分布情况

高级中介语语料中7个词的句子共3889句，我们抽取其中的974句进行句法信息的标注和分析，发现共有174个句子带有补语，占所有抽样句子的17.86%。其中带两处补语的句子为1例，占0.57%，用例如下：

（1）车子突然［PC 失掉］平衡［PC 慢下来］。

例（1）带结果补语和趋向补语。

7个词句子带单处补语的句子为201例，占99.01%。举2例如下：

(2) 然后他们都 [PC 走过来] 戏弄我。

(3) 哈尔滨的冬天是 [PC 冷得不得了]。

例（2）带趋向补语，例（3）带程度补语。

7个词句子还出现了1例带两层补语的句子，占0.57%，用例如下：

(4) 我们课本 [PC（PC1 学到哪里）去了]？

例（4）先带处所补语，再带趋向补语。

2. 高级中介语9个词句子补语分布情况

高级中介语语料中9个词的句子共2584句，我们抽取其中的658句进行句法信息的标注和分析，发现共有148个句子带有补语，占所有抽样句子的22.49%。其中带两处补语的句子为3例，占2.56%，略举2例如下：

(5) 春天的阳光 [PC 透过] 玻璃窗 [PC 照进来]。

(6) 它就 [PC 飞下来][PC 到我的旁边来]。

例（5）带结果补语和趋向补语，例（6）带两处趋向补语。

9个词句子带单处补语的句子为145例，占97.44%。举两例如下：

(7) 我的心也马上就 [PC 膨胀起来了]。

(8) 小孩子们 [PC 玩得忘了回家了]。

例（7）带趋向补语，例（8）带情态补语。

9个词句子还出现了1例带两层补语的句子，占0.68%，用例如下：

(9) [PC 想半天] <u>[PC（PC1 想起）一句中文来]</u> 了。

例（9）画线部分先后带两层趋向补语。

2. 7—10个词句子（区间3）补语复杂度变化分析

在7—10个词区间，随着句长的上升，句子补语的复杂化程度也逐步提高,主要表现在以下三个方面。

(1) 带补语句子的比例随句长的增长呈逐步上升趋势。7 个词句子带补语句子比例为 17.86%,10 个词带补语句子比例为 23.59%。

(2) 带两处补语句子在 4 类句长上均出现用例,带两处补语句子比例随句长上升呈逐步上升趋势,从 7 个词 0.57% 上升到 10 个词的 2.56%。

(3) 带两层补语句子在 4 类句长上出现用例,所占比例随句长增长逐步上升,从 7 个词 0.57% 上升到 10 个词的 1.71%。

7.3.1.2 高级中介语 11—13 个词句子(区间 4)补语分布情况分析

下面我们来分析高级中介语 11—13 个词句子(区间 4)补语的分布情况,11—13 个词句长上带补语句子数及比例、带两处补语句子数及比例、带两层补语句子数及比例见表 7-3-3。

表 7-3-3　　高级中介语 11—13 个词句子带补语句子情况

	11 个词	12 个词	13 个词
句子总数(句)	1521	1131	788
抽样句子数(句)	386	284	202
带补语的句子数(句)	92	72	57
带补语句子比例(%)	23.83	25.35	28.22
带两处补语句子数(句)	2	2	0
带两处补语句子比例(%)	2.17	2.78	0
带两层补语句子数(句)	1	2	0
带两层补语句子比例(%)	1.09	2.78	0

注:带补语句子比例=带补语的句子数/抽样句子数;带两处补语句子比例=带两处补语句子的数量/带补语句子总数;带两层补语句子比例=带两层补语句子的数量/带补语句子总数。

从表 7-3-3 可以看出，在这一区间（11—13 个词），高级阶段中介语带补语句子的比例呈逐步上升趋势。这一区间带补语句子的比例均高于相应句长的中级中介语水平，但低于本族人语料相应句长水平。①

下面我们先分析高级中介语 11、13 个词带补语句子的具体情况，然后再分析这一区间句子补语复杂度的发展变化趋势。

（一）高级 11、13 个词句子补语分布情况具体分析

1. 高级中介语 11 个词句子补语分布情况

高级中介语语料中 11 个词的句子共 1521 句，我们抽取其中的 386 句进行句法信息的标注和分析，发现共有 92 个句子带有补语，占抽样句子的 23.83%。其中带两处补语的句子为 2 例，占 2.17%，用例如下：

（10）她什么时候［PC 靠近］我就向我［PC 问起来］。
（11）［PC 伸出］双手让它［PC 落在我的手心里］。

例（10）带结果补语和趋向补语。（11）带趋向补语和处所补语。
11 个词句子带单处补语的句子为 90 例，占 97.83%。举两例如下：

（12）人们好像不太［PC 意识到］我的视力那么差。
（13）街边上骑自行车的游客也高高兴兴地［PC 骑过去］。

例（12）带结果补语，例（13）带趋向补语。
11 个词句子还出现了 1 例带两层补语的句子，占 1.09%，用例如下：

（14）然后用比较粗的盐［PC（PC1 腌上）两三个小时］。

---

① 句长为 11、12、13 个词时，中级中介语句子带补语句子比例依次为 20.81%、21.30% 和 21.94%，本族人带补语句子的比例依次为 34.82%、46.98% 和 41.99%。

例（14）先带趋向补语，再带时量补语。

2. 高级中介语 13 个词句子补语分布情况

高级中介语语料中 13 个词的句子共 788 句，抽取、标注句子 202 个，其中共有 57 个句子带有补语，占抽样句子的 28.22%。均为带一处补语的句子，略举 2 例如下：

(15) 秋天给农村里的孩子们［PC 带来］多么美丽的记忆！

(16) 春天和秋天的时候太阳的光线［PC 照在整个尘城塔上］。

例（15）带趋向补语，例（16）带处所补语。

13 个词句子没有出现带多层补语的句子。

（二）11—13 个词句子（区间 4）补语复杂度变化分析

在区间 4（11—13 个词），随着句长的上升，带补语句子的比例随着句长的增长呈逐步上升趋势。在 2 类句长上出现带多处补语和带多层补语的句子，带多处补语句子比例、带多层补语句子比例随句长增长逐步上升。

7.3.1.3　高级中介语 14—20 个词句子（区间 5）补语复杂度分析

随着句子长度的上升，句子总数及相应的抽样句子数量开始逐渐递减。在这一区间，我们不再单独举例分析每一句子长度上补语的分布情况，而是从整体上分析 14—20 个词句子补语的分布情况。

我们先看高级中介语语料 14—20 个词的句子总数、抽样句子数、补语句子数及比例、多处补语句子数及比例、多层补语句子数及比例等相关数据，具体见表 7-3-4。

表7-3-4　　　　高级中介语14—20个词带补语句子情况

	14个词	15个词	16个词	17个词	18个词	19个词	20个词
句子总数(句)	491	412	271	156	138	77	58
抽样句子数(句)	196	151	99	51	46	29	25
补语的句子数(句)	59	46	18	18	15	10	5
补语句子比例(%)	30.1	30.46	18.18	35.29	32.61	34.48	20
多处补语句子数(句)	0	0	0	1	2	0	1
多处补语句子比例(%)	0	0	0	5.56	13.3	0	20
多层补语句子数(句)	0	0	0	0	1	0	1
多层补语句子比例(%)	0	0	0	0	6.67	0	20

注：补语句子比例＝带补语的句子数/抽样句子数；多处补语句子比例＝带多处补语句子的数量/带补语句子总数；多层补语句子比例＝带多层补语句子的数量/带补语句子总数。

从表7-3-4可以看出，随着句子长度的上升，各句长上句子的总数越来越少，抽样句子数和带补语的句子数也越来越少。从总的分布情况来看，这一区间带补语句子比例基本呈上升趋势，且带补语句子比例普遍高于上一区间。这一区间带补语句子的比例在6类句长上高于相应句长的中级中介语水平，在6类句长上低于本族人语料的相应句长的水平。[①]

这一区间（14—20个词）仍主要以带单处补语的句子为主，14—20词带单处补语句子的比例依次为100%、100%、100%、94.44%、86.7%、100%

---

① 这一区间（14—20个词）中级中介语句子带补语句子比例依次为14.81%、16.42%、16.67%、30%、19.23%、36.36%和10%，本族人带补语句子比例依次为43.08%、40.27%、42.26%、46.4%、39.56%、31.94%和40.09%。

和80%，下面依次各举一例如下：

（17）但有点担心的是在南京不能［PC 买到］回来的票。

（18）在中国人面前学过汉语的我一句也［PC 说不出来］。

（19）他们像一群调皮可爱的小人蹦蹦跳跳地［PC 跑到了大路上］。

（20）一般的人说刚刚到科长的地位还是刚刚开始的人［PC1 忙得不得了］。

（21）向前伸出的枝子仿佛一位好客的主人［PC 伸出］的热情的手。

（22）我和妈妈来到南京以后，通过好友的帮助下［PC 订好］了黄山山上的酒店。

（23）为了解决堵车的问题，市政府在各个方面都努力地［PC 想出］几个办法并实行了。

例（17）（22）带结果补语，例（18）带可能补语，例（19）带处所补语，例（20）带程度补语，例（21）（23）带趋向补语。

这一区间（14—20个词）在17、18和20个词句长上出现了带两处补语的句子，分别占带补语句子总数的5.56%、13.3%和20%。下面各举一例如下：

（24）我来南京时，［PC 下定］了决心在中国一直［PC 保持住］我的优良习惯。

（25）同学们三个一群两个一伙［PC 坐在水池旁］［聊得很开心］。

（26）而羊却凭借身材娇小的优势［PC 穿过］围墙小洞［PC 吃到］里面的鲜花和嫩草。

例（24）（26）带两处结果补语，例（25）带处所补语和情态补语。

这一区间（14—20个词）句子在18个词和20个词句长上各出现一例带两层补语的句子，占各自句长句子总数的6.67%和20%。用例如下：

(27) 可是爸爸上下班时,它经常挥动自己的尾巴而［PC（PC1 拿出）舌头来］。

(28) 突然［PC［PC1 想起我老家的锦江、山城、大桥还有红呼呼的霞造出来的美丽的风景来］。

例（27）（28）先后带两处趋向补语。

总体来看,这一区间（14—20 个词）带多处补语句子和带多层补语句子分别只在 3 类和 2 类句长上出现,跟前面的区间相比,带多处补语句子和带多层补语句子比例均呈上升趋势。

7.3.2 高级中介语补语复杂度整体情况分析

根据前面对高级中介语 7—20 个词句子补语复杂度的统计数据和具体分析,我们将句子补语复杂度的相关数据列表（见表 7-3-5）。

表 7-3-5　　　高级中介语 7—20 个词句子补语复杂度情况

区　间	句长（词）	带补语句子比例（%）	多处补语比例（%）	多层补语比例（%）
区间 3	7	17.86	0.57	0.57
	8	18.81	1.32	0.66
	9	22.49	2.03	0.68
	10	23.59	2.56	1.71
区间 4	11	23.83	2.17	1.09
	12	25.35	2.78	2.78
	13	28.22	0	0

续 表

区 间	句长(词)	带补语句子比例(%)	多处补语比例(%)	多层补语比例(%)
区间5	14	30.1	0	0
	15	30.46	0	0
	16	18.18	0	0
	17	35.29	5.56	0
	18	32.61	13.3	6.67
	19	34.48	0	0
	20	20	20	20

根据表7-3-5，我们对高级中介语7—20个词句子补语复杂度的发展变化情况进行分析，补语的复杂化程度变化情况及与本族人之间的差异主要有以下三点。

1. 从带补语句子比例看，随着句子长度的上升，带补语的句子比例基本呈上升趋势。与本族人语料比较，高级中介语带补语句子比例在13类句长[①]上低于本族人水平，在12类句长[②]上高于中级中介语。

2. 从带多处补语的句子比例看，带多处补语的句子比例随句长的增长基本呈上升趋势。各区间之间上升趋势较为明显。与本族人相比，高级中介语带多处补语句子的比例在12类句长[③]上低于本族人。跟中级相比，高级中介语在9类句长上出现带多处（两处）补语的句子，高于中级中介语的6类句长。

[①] 即总14类句长中除19个词以外的其他13类句长。
[②] 即总14类句长中除7、19个词以外的其他12类句长。
[③] 即18、20个词以外的12类句长。

3. 从补语的层次性看，带多层补语的句子比例随句长的增长基本呈上升趋势，区间差异也较为明显。与本族人相比，高级中介语带多层补语句子比例在 7 类句长①上低于本族人。跟初级相比，高级中介语在 8 类句长上出现带两层补语的句子，高于中级中介语的 6 类句长。

从本节的分析我们可以看出，韩国留学生高级中介语带补语句子比例基本上随句长增长而呈上升趋势，带多处补语的句子比例和带多层补语句子比例随句长的增长也呈上升趋势，这表明中级中介语具有其自身的系统性。与本族人语料和初级中介语相关数据进行初步比较，我们发现带多处补语句子比例、带多层补语句子比例出现次数均大于中级中介语，带多处补语句子比例明显低于本族人语料水平，带多层补语句子比例接近本族人语料水平。

7.4 初、中、高三级中介语句子补语复杂度发展分析

下面我们综合考察初、中、高三级语料在带补语句子比例（补语覆盖率）、多处补语句子比例、多层补语句子比例等三个方面的发展变化情况，以观察中介语句子补语复杂度的发展变化过程。具体数据见 7-4-1（见附录 19）。

根据表 7-4-1 中的相关数据及我们前面的各小节的讨论，我们可以对中介语各级句子补语复杂度的发展变化过程做如下的分析。

1. 比较同一句长上初、中、高三级带补语句子比例，我们发现韩国留学生初、中、高级补语覆盖率上呈逐步上升的趋势。中级补语覆盖率在 12 类句长上高于初级，高级补语覆盖率又在 12 类句长上高于中级。

---

① 即 9、13、14、15、16、17、19 个词等 7 类句长。

2. 比较同一句长上初、中、高三级多处补语句子比例，我们发现初、中、高三级多处补语比例基本上呈逐步上升的趋势。初、中、高三级中介语分别在3类、6类和9类句长上出现带多处补语的句子。在带多处补语句子比例上，中级在5类句长上超过初级，高级在6类句长上超过中级。

3. 比较同一句长上初、中、高三级带多层补语句子比例，我们发现初、中、高三级中介语分别在3类、6类和8类句长上出现带多层补语的句子。中级在4类句长上超过初级，高级在6类句长上超过中级。三级中介语均在较多句长上没有出现带多层补语的句子，初、中、高三级同一句长上多层补语的发展趋势不太明显。

总的来看，初、中、高中介语同一句长句子在补语覆盖率、多处补语比例上基本呈逐级上升的趋势。在多层补语比例上有一定的上升趋势，不如前面两者明显。

7.5　本章小结

本章详细地分析了初、中、高三级韩国学生各类句长句子补语的复杂程度及其在各学时等级上的发展变化情况，并与本族人各类句长句子补语复杂程度进行对比，以考察中介语句长与句子复杂程度之间的互变关系。本章主要结论有以下三点。

1. 同一等级中介语具有内在的一致性。随着句子长度的上升，同一学时等级上各句长句子带补语句子比例、多处补语句子比例、多层补语句子比例基本上都呈上升趋势，这表明同一等级的中介语具有其内在的一致性，与本族人语料具有同样的变化趋势。

2. 中介语是一个不断发展变化的系统。将初、中、高各级中介语句子补语复杂度的相关数据进行对比，我们发现各级中介语在带补语句子比例、带多处补语句子比例、带多层补语的句子比例等方面都比前一等级有所上升。与本族人的相关数据进行比较后发现，中介语在这三方面的比例和分布表现出逐步向本族人水平靠近的过程。

（3）中介语系统有其特征。在补语复杂度方面，我们发现带多处补语句子、带多层补语的句子在很多句长没有出现用例，与本族人使用水平也存在较大差距。

第 8 章　韩国留学生中介语与目标语、教学输入语言关系探讨

8.1　韩国留学生中介语与目标语相互关系探讨

8.1.1　中介语句长与目标语对比分析

8.1.1.1　中介语平均句长与目标语（本族人语料）对比分析

平均句长是一个考察句法能力的参考指标。下面我们主要对比分析韩国留学生中介语各学时等级语料及总语料与本族人语料的平均句长情况，具体数据见表 8-1-1。

表 8-1-1　韩国留学生中介语与本族人语料平均句长对比

	中　介　语				本族人语料
	初　级	中　级	高　级	总语料	
字(个)	8.94	10.06	10.87	10.11	10.91
词(个)	5.97	6.57	7.08	6.62	7.1

从表 8-1-1 可以看出，以"字"或以"词"为单位，韩国留学生中介语平均句长均低于汉语本族人。

从平均句长的发展过程来看，韩国留学生初级阶段平均句长与本族人差距较大，以"字"或"词"为单位分别相差 1.97 个字和 1.13 个词。高级阶段则已非常接近本族人的水平。从初级到高级，是一个不断靠近本族人平均句长的过程。

从对韩国留学生初级句长统计的分析可以知道：相对于中、高级阶段，初级阶段韩国留学生近 80% 的句子集中在 3—9 个词之内，长句比例有限。初级阶段韩国留学生由于受所习得的词汇及句法结构的限制，对复杂句法结构的把握能力有限，从而在句子长度上明显低于本族语者。

高级阶段的韩国留学生基本已经完成了汉语基本语法结构、句型与句式的学习，同时又具备了较大的词汇量，从而在表达上具有更大的优势。同时，作为成年人的第二语言学习者具有健全的思维能力和表达交际的需要，这也促使韩国留学生在句子长度上逐渐接近本族语者的平均句长水平。

8.1.1.2　中介语句长分布与目标语（本族人语料）对比分析

下面我们从分布范围、最高峰区间、最常用区间等三个方面对比分析韩国留学生中介语句长分布与本族人句长分布的共性和差异。两种语料上述方面的具体数据见表8-1-2。

表8-1-2　　韩国留学生中介语与本族人语料句长分布对比

		中介语				本族人语料
		初级	中级	高级	总语料	
句长分布范围	字（个）	1—34	1—40	1—44	1—44	1—63
	词（个）	1—23	1—28	1—28	1—28	1—43
最高峰区间	字（个）	6、7、8	7、8、9	8、9、10	7、8、9	6、7、8
	词（个）	4、5、6	4、5、6	5、6、7	4、5、6	4、5、6
最常用区间	字（个）	4—12	4—14	4—15	4—14	3—15
	词（个）	3—9	3—9	3—10	3—10	2—10

结合表8-1-2中的数据，我们可以对韩国留学生中介语与本族人语料在句长的分布上做如下分析。

1. 从句长的分布范围看，本族人的句长分布范围大于中介语语料。本族人语料中的长句主要为小说语料中文学色彩比较浓厚的句子，或者是欧化特征比较明显的句式。这类句子在中介语中出现的概率较小。下面我们将本族人语料和中介语语料中的长句各举两例加以说明。

（1）但在风中摇晃着的似乎还有点怕冷的尖尖小荷，以那份鲜嫩的绿色和孩子般的摇晃，预示着一个绿荷满塘的未来。

（2）在这座荒村中的这间简陋的小土房里，在这昏黄的、被雾气和柴烟弄得闪烁不定的油灯光下，我完全是个多余的人！

（3）还有在爆竹声声响起的时候，对很多辛苦工作或学习了一年而

· 415 ·

想借假期好好休息的人可谓是个折磨。

(4) 其实我想"占有"这两个字儿并不是一个很好的方法用来挽留我们所爱的东西留在自己的身边。

其中(1)(2)为本族人语料中的长句例子,都带有较为复杂的修饰性成分(定语或状语),句子结构方式也带有欧化句式的特点。(3)(4)为韩国留学生中介语的长句例子,(3)带有较长的状语,但复杂程度不及例(1)(2)。(4)则是韩国留学生在运用长句时出现的偏误用例。

中介语在句长的覆盖范围上不及本族人,原因既跟第二语言学习者的语言水平有关,也跟两种语料在语体上的差异有一定的关系。

2. 从最高峰区间看,中介语跟目标语(本族人语料)具有较大的共性。初级阶段以"字"为单位的最高峰区间与本族人一致,初级、中级和中介语总语料以"词"为单位的最高峰区间与本族人一致。虽然最高峰区间在中介语各学时等级上存在差异,但总的来看,无论是中介语还是本族人,以"字"为单位的最高峰区间集中在6—10个字,以"词"为单位的最高峰区间集中在4—7个词。这种共性表现为汉语句子(小句)长度分布的特征。

3. 从最常用区间来看,中介语与本族人语料在分布上的共性主要表现为最常用区间的范围大致相当。两者的差异主要表现为中介语的常用区间略小于本族人,这在各个学时等级上又有所不同。在初级阶段,以"字"和以"词"为单位的最常用区间范围最小,这表明初级阶段韩国留学生中介语在最短句子(如3字句和2词句)和较长句子(如14、15字句和10词句)的使用上均弱于本族人。在中、高级阶段,最常用区间逐步向本族人靠拢,特别是在区间末端(如14、15字句和10词句)与本族人趋于一致。

综上所述,韩国留学生中介语语料与本族人语料在句长分布上既有共性,也有差异。共性体现为句子(小句)长度的分布特征,如6—10字句、4—7词句是最高频使用的句子。差异则表现在各级语料上最高峰区间跟最常用区

第 8 章　韩国留学生中介语与目标语、教学输入语言关系探讨

间与本族人语料并不完全一致,而是表现为一个不断靠近本族人语料的过程。这表明中介语作为一个独立的语言系统,有其自身的系统性。

下面我们综合本族人句长分布和中介语句长分布的相关数据,进一步对比分析中介语语料和本族人语料在每一具体长度上的句子频次百分比[①],以进一步揭示韩国留学生中介语与本族人语料在句长分布上的差异。

（一）中介语各级语料与本族人语料不同句长句子频次百分比对比分析（以"字"为单位）[②]

初、中、高三级语料与本族人语料在不同长度上（以"字"为单位）的句子频次百分比的折线分布如图 8-1-1 所示。

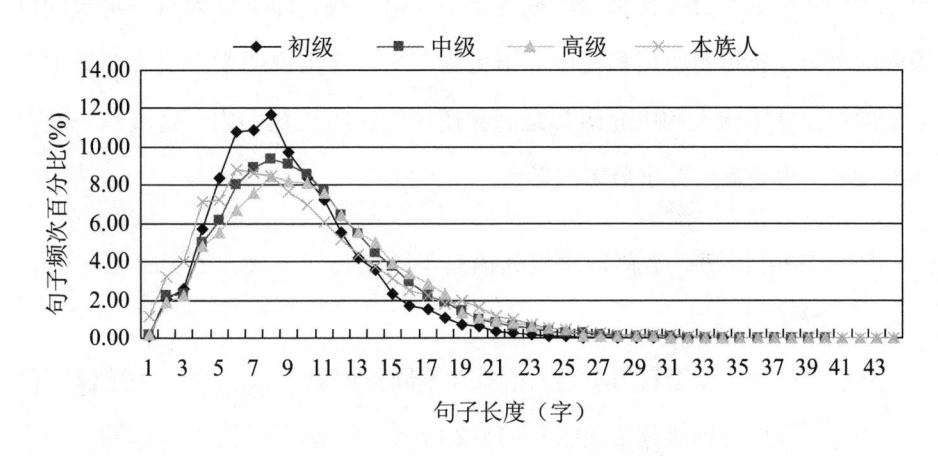

图 8-1-1　各级中介语不同长度句子频次百分比与本族人语料对比

[①] 可以用来进行对比的数据包括各句长上句子的频次、句子频次的百分比、句子频次百分比的累加值。由于本族人语料和中介语各级语料在绝对数量上有差异,所以句子频次不适合作为对比的对象。句子频次百分比可以作为一个不受语料绝对数量影响的指标来考察不同长度句子在语料中的相对数量的大小,因此可以作为对比分析的依据。句子频次百分比的累加值表示的是各类句长句子频次逐步靠近句子总数的过程,不是我们需要重点对比的方面。所以,我们这里只比较本族人语料和中介语各级语料每一具体长度上句子频次百分比的差异。

[②] 本族人以"字"为单位的句长分布范围为 1—63 个字,中介语语料的句长范围为 1—44 个字,即在 44 个字以后,只有本族人语料出现用例。所以,这里我们只比较 1—44 个字句长上各级中介语语料与本族人语料的句子频次百分比的异同。

根据图8-1-1并结合各级中介语语料与本族人语料句子频次百分比的相关数据，我们可以发现中介语各级语料与本族人语料在各类具体句长上的分布具有一定的特点：句长为1—4个字的句子，本族人句子频次百分比均高于各级中介语语料。句长为5—9个字的句子，初级中介语的句子频次百分比最高，这可能跟初级中介语句长分布较为集中有关；句长为10、11个字的句子，中级中介语的句子频次百分比最高；句长为12—18个字的句子，高级中介语的句子频次百分比最高；19个字及以后区间的句子，本族人的句子频次百分比均高于或等于各级中介语语料。

这一分布表明：本族人在短句（1—4个字）和长句（18个字以上的句子）上的句子频次百分比都高于或等于中介语语料，即本族人对一定长度范围内的短句、长句的使用都比中介语更为突出。这也说明中介语主要集中在典型的句长（本族人和中介语都是高频使用的区间）范围内。这既是一般表达的需要，也是输入输出最多的形式。

（二）中介语各级语料与本族人语料不同句长句子频次百分比对比分析（以"词"为单位）[1]

初、中、高三级语料与本族人语料在不同长度上（以"词"为单位）的句子频次百分比的折线分布如图8-1-2所示。

根据图8-1-2并结合各级中介语语料与本族人语料句子频次百分比的相关数据，我们可以发现各级中介语语料与本族人语料在具体句长上的分布具有一定的特点：句长为1—2个词时，本族人句子频次百分比均高于各级中介语语料；句长为3—6个词时，初级中介语的句子频次百分比最高，这可能跟初级中介语句长范围（1—23个词）较小、句长分布较为集中（主要区间

---

[1] 本族人以"词"为单位的句长分布范围为1—43个词，中介语语料的范围为1—28个词，即在28个以上的句子只有本族人语料出现用例。所以这里我们只比较1—28词句长上各级中介语语料与本族人语料在句子频次百分比上的异同。

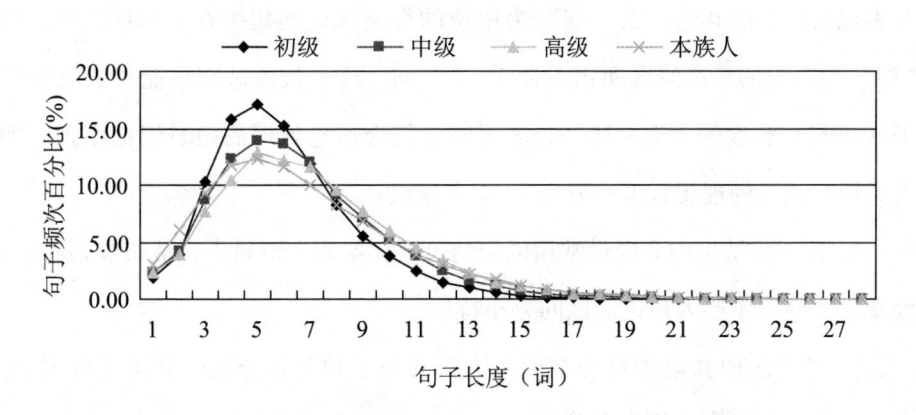

图 8-1-2　各级中介语不同长度句子频次百分比与本族人语料对比

为 3—9 个词）有关；句长为 7 个词时，中级中介语的句子频次百分比最高；句长为 8—13 个词的句子，高级中介语的句子频次百分比最高；13 个词以上区间的句子，本族人的句子频次百分比均高于各级中介语语料。

这一分布表明：本族人短句（1—2 个词）和长句（13 个词以上的句子）的句子频次百分比都高于中介语语料，即本族人对一定长度上的短句、长句上的使用都比中介语更为发达。

通过对比分析了中介语各级语料及总语料与本族人语料在平均句长、句长分布范围、最高峰区间、最常见区间及具体长度句子频次百分比上的共性与差异，主要结论有以下五点。

1. 以"字"或以"词"为单位，韩国留学生中介语平均句长均低于汉语本族语者。随着学时等级的提高，中介语平均句长的发展表现为一个逐渐靠近目标语的动态过程，这为中介语的系统性提供了一种实证研究的支持。

2. 本族人的句长分布范围大于中介语语料，这种情况的出现跟韩国留学生的语言水平和不同语料在语体上的差异均有一定的关系。

3. 韩国留学生中介语与目标语（汉语本族人语料）在句长的最高峰区间

上表现出较大的共性。以"字"为单位的最高峰区间集中在 6—10 个字,以"词"为单位的最高峰区间集中在 4—7 个词。这一长度区间可能是语流中句子(小句)长度的主流,这一长度区间也符合信息处理的短时记忆原则,即人类短时记忆的理想长度一般为 7±2 个模块。

4. 韩国留学生中介语最常用区间的范围比本族人语料小,从初级到高级,表现出不断向本族人靠拢的区间分布特征。

5. 对各级中介语语料和本族人语料的句子频次百分比的具体分析表明:本族人在一定长度范围上的短句(1—3 个字,1—2 个词)和长句(18 个字以上,13 个词以上)的使用比中介语更为突出。也就是说,中介语主要集中在典型的句长范围(本族人和中介语都是高频使用的区间)内。这既是一般表达的需要,也是输入输出最多的形式。

8.1.2　韩国留学生中介语定、状、补语复杂度与目标语对比分析

8.1.2.1　中介语定语复杂度与本族人语料对比分析

我们将中介语初、中、高三级语料和本族人语料各句长句子定语的覆盖率、带多处定语的句子比例、多层定语比例、最多处数、最多层数的相关数据列出,以观察中介语定语复杂度与本族人定语复杂度上的异同。具体数据见表 8-1-3(见附表 20)。

根据表 8-1-3 中的数据,我们可以对中介语句子定语复杂度与本族人句子复杂程度的异同做如下分析。

1. 从定语覆盖率看,初级阶段在 9 种句长上低于本族人语料,这说明初级阶段韩国留学生中介语带定语的句子比例与本族人之间存在一定的差距。到中级、高级阶段,各句长上带定语句子的比例开始普遍高于本族

人。① 这说明从初级到高级，中介语在定语覆盖率上有一个逐步靠近本族人特点的过程。

2. 从多处定语的比例及最多处数的出现情况看，初级中介语在一半句长（7种）上多处定语的比例低于本族人语料，到中、高级阶段，各句长上多处定语的比例均高于本族人语料。定语的最多出现处数呈逐级上升的趋势，高级阶段某些句长上最多处数的出现情况甚至已经超过了本族人水平。这表明中介语多处定语的发展从初级到高级经历了一个逐渐靠近本族人水平的过程。中、高级多处定语的比例普遍高于本族人语料，表明中介语句子在定语的使用上有其本身的特点，句子中定语的出现处数并不低于本族人。这一现象的出现跟第二语言学习者在使用汉语句子（小句）时更注重句子结构的完整性（多出现主语、宾语等成分）有关。

3. 从多层定语的比例及最多层次数的出现情况看，初、中、高三级中介语各句长多层定语比例从整体上呈逐级上升的趋势，但均低于本族人水平。最多层次在各学时等级上的变化不大，但直至高级，与本族人最多层次的水平仍存在差距（在区间4、5上表现明显）。这说明韩国留学生在定语层次上的发展情况不如本族人水平。

综上所述，从初级到高级，中介语在定语覆盖率、多处定语比例、定语层次性分布等方面表现出逐步向本族人水平靠近的趋势。这表明随着学时等级的提高，中介语句子复杂程度的发展表现为一个逐渐靠近目标语的动态过程。同时，中介语有表现出不同于目标语的特点，即在中、高级阶段，带定语句子的比例、带多处定语句子的比例开始超过本族人语料。同时，我们也应该看到，受句长的限制，多处定语和多层定语的出现存在互相制约、此消彼长的关系，多层定语比例的不足跟多处定语的比例突出之间在一定程度上

---

① 中级中介语在13种句长上定语覆盖率高于本族人，高级中介语在11种句长上定语覆盖率高于本族人。

形成中介语定语使用上的一种对立与互补。所有这些均表明中介语作为一个独立的语言系统，具有其自身的特征与规律。

8.1.2.2　中介语状语复杂度与本族人语料对比分析

我们将中介语初、中、高三级语料和本族人语料各句长句子状语的覆盖率、带多处状语的句子比例、多层状语的比例、带句首状语的句子比例、最多处数、最多层数的相关数据列表，以观察中介语状语复杂度与本族人状语复杂度上的异同。具体数据见表8-1-4（见附录21）。

根据表8-1-4中的数据，我们可以对中介语句子状语复杂度与本族人句子复杂程度的异同做如下分析。

1. 从状语覆盖率看，从初级阶段开始，状语的覆盖率即不低于本族人水平。到中、高级阶段，在一半句长上（7种）状语的覆盖率均高于本族人水平。这说明中介语句子状语的出现率并不低于本族人。

2. 从多处状语的比例及最多处数的出现情况看，初、中、高三级中介语带多处状语的句子比例普遍高于本族人水平。[①] 状语的最多出现处数呈先降后升的趋势，高级阶段最多处数的出现情况已达到本族人水平。这表明中介语句子在状语使用上有其自身的特点，句子中状语的出现处数及最多处数并不低于本族人。多处状语比例高跟中介语句首状语出现频率高有一定的关系。

3. 从多层状语的比例及最多层次数的出现情况看，初、中、高三级中介语各句长多层状语比例从整体上呈逐级上升的趋势，但各级绝大多数句长上的比例均低于本族人水平。[②] 最多层次在初、中、高三个学时等级上呈逐渐上升的趋势，但直至高级仍与本族人最多层次的水平存在差距（在区间5上表

[①] 初级在12种句长上高于本族人比例，中级在11种句长上高于本族人比例，高级在13种句长上高于本族人比例。

[②] 初级、高级多层状语比例在13种句长低于本族人，中级在11种句长上低于本族人。

现明显）。这说明韩国留学生状语层次性的发展经历了一个逐级发展并不断靠近本族人水平的过程。

4. 从带句首状语的句子比例看，初、中、高三级中介语带句首状语的句子比例呈逐级下降的趋势，但各级绝大多数句长上的比例仍都高于本族人水平。① 句首状语高度发达是中介语句子状语使用的一个特点。句首状语高频使用的特点在初级阶段表现最为突出。这一现象的出现可能跟中介语作文语料中叙述文体比重较大、韩国留学生倾向于使用"时间状语＋句子"的叙述模式生成句子有关。句首状语的使用频次高，也带来了中介语句子状语覆盖率高、多处状语比例高等现象。

在句长受限的情况下，多处状语和多层状语的出现存在互相制约、对立互补的关系。多处状语的过度发达可能也会对多层状语的发展构成一定的制约作用，使两者在使用的量上表现出此消彼长的关系。

综上所述，中介语句子状语的复杂程度与本族人之间存在差异。在带状语的句子比例、带多处状语的句子比例、带句首状语的句子比例等方面从一开始便接近或超过本族人的相应比例。这表明中介语系统作为一个独立的语言系统，具有其自身的特征和规律。同时，中介语句子状语在多层状语比例、最多层数等方面表现出逐渐向本族人水平靠近的趋势。句首状语的比例逐渐下降，也表现出逐步靠近本族人水平的过程。这表明随着学时等级的提高，中介语句子状语复杂度的发展表现为一个逐渐靠近目标语的动态过程。

8.1.2.3 中介语补语复杂度与本族人语料对比分析

我们将中介语初、中、高三级语料和本族人语料各句长句子带补语句子比例、带多处补语的句子比例、带多层补语比例等相关数据列出，以观察中

---

① 初级、中级带句首状语的句子比例在任一句长上高于本族人，高级仅在16个词句长上低于本族人。

介语补语复杂度与本族人补语语复杂度上的异同。具体数据见表 7-4-1（表格请见附录 19）。

根据表 7-4-1 中的数据，我们可以对中介语句子补语复杂度与本族人句子复杂程度的异同做如下分析。

1. 从带补语句子比例看，中级中介语在 12 种句长上高于初级，高级中介语在 12 种句长上高于中级。从初级到中、高级，各级语料带补语句子比例呈现出逐级上升、发展的趋势。但初、中、高三个阶段均在 13 种句长上低于本族人语料，这说明韩国留学生中介语带补语的句子比例与本族人语料之间存在较大的差距。在这一点上，中介语补语复杂度发展过程表现出跟定、状语完全不同的特点。

2. 从带多处补语句子比例看，初、中、高三级中介语分别在 3 种、6 种和 9 种句长上出现带多处补语的句子。中级在 5 种句长上超过初级，高级在 6 种句长上超过中级。初、中、高三级多处补语比例基本上呈逐步上升的趋势。但与本族人语料相比，中介语语料带多处补语句子出现的句长非常有限（特别是初、中级），初、中、高三级带多处补语句子比例均在 12 种句长上低于本族人人语料。这表明在多处补语上，中介语与本族人之间存在较大差距。这也表现出跟中介语中多处定、状语发展的差异。

3. 从带多层补语句子的比例看，初、中、高三级中介语分别在 3 种、6 种和 8 种句长上出现带多层补语的句子。与本族人语料相比，初、中、高三级（特别是初、中级）中介语在较多句长上均未出现带多层补语的句子。初级中介语在 10 种句长上低于本族人语料，中、高级中介语在 7 种句长上低于本族人语料。中介语多层补语与本族人语料之间也存在差距，这跟定、状语层次性的发展比较一致。

综上所述，从初级到高级，中介语在带补语句子比例、多处补语句子比例、多层补语句子比例等方面经历了一个逐级上升、发展的过程。与本族人语料进行比较，中介语在这三个方面与本族语之间还存在较大的差距。同时，中介语补语复杂度的发展也表现出不同于定、状语复杂度发展的特点。

通过对比中介语定语、状、补语复杂度与目标语（本族人语料）的异同，我们可以得出以下五点结论。

1. 中介语具有自身的特点。各句长上带定语（状语）的句子比例、多处定语（状语）出现比例以及句首状语比例等指标在中、高级中介语中基本上都不低于本族人水平。

2. 中介语的发展表现为一个逐渐靠近目标语的动态过程。多层定语（状语）、补语覆盖率、多处补语、多层补语的发展都表现为一个逐级发展并逐渐接近目标语的过程。

3. 带定语（状语）句子的比例和带多处定语句子的比例体现的是定语（状语）在使用的"量"上的区别，而定语（状语）的层次性则体现出定语（状语）在"质"上的区别——递归性上的繁简。定语（状语）在层次性的使用差异说明第二语言学习者在句法构造能力上与目标语之间存在差距。

4. 在句长一定的情况下，多处定语（状语）和多层定语（状语）的出现应该存在互相制约、此消彼长的关系，多层定语（状语）比例的不足跟多处定语（状语）的比例突出之间在一定程度上形成中介语定语（状语）使用上的一种对立与互补。

5. 我们的研究表明，中、高级阶段中介语各句长上带定语（状语）的句子比例、多处定语（状语）出现比例以及句首状语比例普遍高于本族人水平，但初、中、高三级中介语各句长上带补语句子比例、带多处补语句子比例却一直与本族人语料存在较大差距。带定语（状语）句子、带多处定语（状语）句子上的超量使用跟带补语句子、带多处补语句子的使用不足之间构成了一种对立与互补。

6. 定、状、补语同时对句子的复杂程度产生作用。从目前的研究结果看,随着句子长度的上升,句子的定语、状语和补语都存在逐步复杂化的趋势。特别是定语和状语,随句长的增长表现出明显的同步复杂化倾向。但由于受句长的制约,定、状、补语在一定句长的句子中同时也应该存在此消彼长的变换关系,对定语、状语、补语与句长之间的倚变有待以后进一步的研究。

8.2 韩国留学生中介语与教学输入语言相互关系探讨

8.2.1 韩国留学生中介语句长与教学输入语言对比分析

8.2.1.1 中介语与教学输入语言平均句长对比分析

下面我们对比分析韩国留学生中介语各学时等级语料及总语料与教学输入语言(各级教材语料及总语料)的平均句长情况,具体数据见表8-2-1。

表8-2-1　　　　　　　教材与中介语平均句长对比。

	初级		中级		高级		总语料		本族人
	教材	中介语	教材	中介语	教材	中介语	教材	中介语	
字(个)	8.46	8.94	9.08	10.06	8.48	10.87	8.71	10.11	10.91
词(个)	5.86	5.97	6.22	6.57	5.95	7.08	6.04	6.62	7.1

从表 8-2-1 可以看出，以"字"或以"词"为单位，教材平均句长均低于中介语语料和本族人语料。从平均句长的角度进行考察，韩国留学生的语言输出水平大于教材的输入水平。这主要是因为第二语言学习者多是已具有完整的概念系统和健全思维能力的成年人，在语言的产出上并不受限于教材的输入，而是能适应交际需要创造性地运用自己的中介语系统。同时，教材输入只是第二语言学习者语言总输入的一部分，第二语言学习者还可以通过其他途径获得语言输入。所以，中介语在平均句长上会高于教材语料平均句长。

从教材语料和中介语平均句长在各级的变化情况看，教材语料平均句长并不逐级递增，高级语料平均句长低于中级。韩国留学生中介语的发展并没有受到教学输入的制约，中介语语料平均句长在初、中、高三级上呈逐级上升的发展态势。这表明中介语具有其自身的规律性和系统性，在平均句长的发展上并不因教学输入的变化而发生改变。

8.2.1.2 中介语与教学输入语言句长分布对比分析

下面我们从分布范围、最高峰区间、最常用区间等三个方面对比分析韩国留学生中介语句长分布与教学输入语言（教材语料）句长分布的共性和差异。两种语料上述方面的具体数据见表 8-2-2。

表 8-2-2　　　　各级教材与中介语语料句长分布对比

		初级		中级		高级		本族人
		教材	中介语	教材	中介语	教材	中介语	
句长范围	字(个)	1—46	1—34	1—51	1—40	1—48	1—44	1—63
	词(个)	1—32	1—23	1—32	1—28	1—38	1—28	1—43

续 表

		初级		中级		高级		本族人
		教材	中介语	教材	中介语	教材	中介语	
最高峰区间	字（个）	5、6、7	6、7、8	6、7、8	7、8、9	6、7、8	8、9、10	6、7、8
	词（个）	4、5、6	4、5、6	4、5、6	4、5、6	4、5、6	5、6、7	4、5、6
最常用区间	字（个）	2—12	4—12	2—13	4—14	2—12	4—15	3—15
	词（个）	2—9	3—9	2—9	3—9	2—9	3—10	2—10

结合表 8-2-2 中的数据，我们可以对中介语与教学输入语言在句长分布上的特点做如下分析。

1. 从句长的分布范围看，无论以"字"或以"词"为单位，各级教材句长的分布范围均大于中介语句长的分布范围。虽然教材在平均句长低于中介语，但在最长句子的使用上却高于中介语。教材语料本质上属于汉语本族人语料，本族语者在最长句子的使用上可能会优于第二语言的学习者。这也表明韩国留学生在长句的使用低于本族人水平。

2. 从最高峰区间看，中介语跟教材语料具有较大的共性。初级、中级阶段以"字"为单位的最高峰区间在两种句长重合，初级、中级以"词"为单位的最高峰区间完全一致。另外一个特点就是中介语最高峰区间的句长要高于教材语料。即中介语以"字"为单位的句长最高峰区间的跨度为 6—10 个字，而教材语料则为 5—8 个字，中介语以"词"为单位的句长最高峰区间的跨度为 4—7 个词，而教材语料则为 4—6 个词。

3. 从最常用区间看，中介语最常用区间的范围略小于教材语料。初级中介语以"字"为单位和以"词"为单位的最常用区间都小于教材语料。两者差异的最突出表现是韩国留学生中介语最常用区间起始端的句子长度要高于教材语料。如各级教材语料最常用区间的起点均为 2 个字、2 个词，而中介语最常用区间的起点则为 4 个字和 3 个词。到高级阶段，中介语最常用区间末端的句长高于教材语料。总的来说，教材语料短句的使用情况比中介语更为突出。这也是本族人语料跟中介语语料之间的一个差异。

通过对比分析了各级中介语语料与教学输入语言（教材语料）在平均句长、句长分布范围、最高峰区间、最常见区间上的共性与差异，中介语与教学输入语言的关系主要表现在以下两个方面。

1. 以"字"或以"词"为单位，中介语平均句长均高于教材语料。这表明作为成年人的第二语言学习者输出的句子在平均长度上并不受教材等教学输入的制约，而是能创造性地运用其中的介语系统来实现交际需求。

2. 从各级教材语言和中介语语言平均句长的变化趋势看，教材平均句长以中级为最高，而中介语平均句长在初、中、高三级上呈逐级上升的发展态势，这表明中介语具有其自身的规律性和系统性，中介语的发展变化趋势并不完全受制于教学输入语言。

8.2.2 韩国留学生中介语定、状、补语复杂度与教学输入语言对比分析

8.2.2.1 中介语定语复杂度与教学输入语言对比分析

我们将各级中介语语料与各级教材语料在 7—20 个词句长上的带定语句子比例（定语覆盖率）、带多处定语句子比例、多层定语比例的相关数据列表[①]，以观察各级教材句子定语复杂度与中介语句子定语复杂度上的异同。具体数据见表 8-2-3（见附录 22）。

[①] 根据前面两节的观察，各级教材在"最多定语处数"和"最多定语层数"上的差异非常有限，所以这里不列举这两个指标的相关数据。

根据表 8-2-3 中的数据，我们可以对中介语句子定语复杂度与教学输入语（各级教材）句子复杂程度的异同及相互关系做如下分析。

1. 在带定语句子的比例（定语覆盖率）上，初级中介语在 8 类句长上低于初级教材，中级中介语在 8 类句长高于中级教材，高级中介语在 11 类句长上高于高级教材。也就是说，初级中介语各句长上带定语句子的比例低于初级教材水平，而中级、高级则开始在各类句长接近并超过相应等级的教材水平，这反映了中介语句子定语复杂化的过程。在教学输入上，中级教材各句长上带定语句子的比例最高，初级、高级教材低于中级教材。在中介语输出上，则是各级渐次发展，以高级中介语为最高。这表明中介语在定语复杂度上的发展过程并不受限于教学输入（教材）的影响，而是遵循自身的发展规律和系统性。

2. 在带多处定语句子的比例上，初级、中级中介语在 8 类句长上高于相应等级的教材语料，高级中介语在所有句长上高于高级教材。根据我们前面对中介语多处定语发展情况的探讨，我们知道带多处定语的句子比例突出是中介语句子复杂化一个特点。通过跟教材进行比较，我们发现这一特点并不受制于教学输入，而是在高于教学输入的水平上向前发展。

3. 在多层定语的比例上，初级、高级中介语均在 13 类句长上低于初级、中级教材水平，高级中介语在所有句长上低于高级教材水平。这表明在定语的层次性分布上，中介语输出始终低于教材的教学输入。

综上所述，各级中介语在带定语句子的比例、带多处定语的比例上从一开始就接近于各级教材（教学输入）的水平，在中、高级阶段则开始在各类句长上超过教学输入水平。而在定语的层次性上，各级中介语水平始终低于相应的教材（教学输入）水平。在带定语句子比例、多处定语句子比例上，教材变化趋势均为先升后降（中级教材水平最高），而中介语的变化趋势分别为逐级上升，教材输入与中介语输出并不具有完全的一致性。这均表明中介语是一个独立的系统,它的发展与变化并不完全受制于教学输入。①

8.2.2.2 中介语状语复杂度与教材对比分析

我们将各级中介语语料、各级教材语料 7—20 个词句长上带状语句子的比例(状语覆盖率)、带多处状语的句子比例、多层状语的比例、带句首状语的句子比例的相关数据列表,以观察各级教材句子状语复杂度与中介语句子状语复杂度上的异同。具体数据见表 8-2-4(见附录 23)。

根据表 8-2-4 中的数据,我们可以对各级教材句子状语复杂度与中介语句子状语复杂度上的异同做如下分析。

1. 从带状语的句子比例(状语覆盖率)看,初级教材在 8 类句长上高于初级中介语,中级教材在 10 类句长上高于中级中介语,高级教材在一半(7 类)句长上高于高级中介语。也就是说,中介语带状语句子的比例在初、中级阶段低于教材水平,而在高级阶段接近于教材水平。教材以中级水平为最高,而中介语则以高级水平为最高,中介语的发展并未受制于教材的影响。

2. 从带多处状语的句子比例看,初级中介语在 11 类句长上高于初级教材,中级中介语在 9 类句长上高于中级教材,高级中介语在 12 类句长上高于高级教材。多处状语比例突出是中介语的一个特点,中介语带多处状语的句子比例在各级上均高于教材水平。从发展趋势看,中介语多处状语的比例在各级上呈下降趋势(以初级为最高),而在教材中呈先升后降趋势(以中级为最高),中介语的输出并未受制于教学的输入。

3. 从带多层状语的句子比例看,初级教材多层状语的比例在 11 种句长上高于初级中介语,中级教材在 10 种句长上高于中级中介语,高级教材在 9 种

---

① 但这也不代表中介语系统跟教学输入没有任何关系。我们将各级教材带定语句子比例、带多处定语句子与本族人语料进行对比,教材在这两个方面的比例往往高于本族人水平。中介语输出在这两方面的比例突出可能跟教材输入和强化也存在一定的关系。这些关系有待以后的深入研究。

句长上高于高级中介语。这表明中介语多层状语的发展水平普遍低于相应等级的教材水平，但两种语料多层状语的发展趋势均为逐级上升。

4. 从带句首状语的句子比例看，初级中介语带句首状语的比例在所有句长上均高于初级教材，中级中介语在 11 种句长上高于中级教材，高级中介语在所有句长上高于高级教材。中介语具有句首状语发达的特点，中介语带句首状语句子的出现水平全面高于教材水平。但两者的发展趋势一致，均为逐级下降。

综上所述，中介语句子在带状语句子的比例上接近于相应等级的教材水平，在多处状语句子的比例、句首状语句子比例上高于教材水平。在状语的层次性上，中介语水平低于相应等级的教材水平。从输入与输出的关系看，中介语的发展变化并不受教材输入的限制。在带状语句子比例、多处状语句子比例上，教材变化趋势均为先升后降（中级教材水平最高），而中介语的变化趋势分别为逐级上升和逐级下降，教材输入与中介语输出并不具有完全的一致性。

8.2.2.3　中介语补语复杂度与教学输入语言对比分析

我们将各级中介语语料与各级教材语料在 7—20 个词句长上的带补语句子比例（补语覆盖率）、带多处补语句子比例、带多层补语句子比例的相关数据列表，以观察各级教材句子补语复杂度与中介语句子补语复杂度上的异同。具体数据见表 8-2-5（见附录 24）。

根据表 8-2-5 中的数据，我们可以对中介语句子补语复杂度与教学输入语言（各级教材）句子复杂度的异同及相互关系做如下分析。

1. 在带补语句子的比例（补语覆盖率）上，初级教材在 13 类句长上高于初级中介语，中级教材在 12 类句长上高于中级中介语，高级教材在 11 类句长上高于高级中介语。也就是说，在带补语比例这一指标上，教材语料的输入水平普遍高于中介语输出。在教学输入上，初级教材各句长句子带补语的比例最高，其次为高级教材和中级教材。在中介语输出上，则是各级依次发展，以高级中介语为最高。这表明中介语补语复杂度上的发展过程并不受限于教学输入语言（教材语料）的影响，而是遵循自身发展的特点和规律。

2. 在带多处补语句子的比例上，初级教材在8类句长上高于初级中介语，中级、高级中介语在9类句长上高于相应等级的中介语。在带多处补语句子的比例上，教材语料的输入水平普遍高于中介语水平。教材语料在多处补语上的复杂程度依次为"高级＞中级＞初级"，中介语跟这一发展趋势一致。

3. 在多层补语的比例上，教材语料中没有出现带多层补语的句子。初、中、高三级中介语分别在3、6、8类句长上出现了带多层补语的句子，这表明中介语在多层补语的输出上高于教学输入语言（各级教材）。

综上所述，在带补语句子比例和带多处补语句子比例上，教材输入水平均高于各级中介语水平。在带多层补语句子比例上，各级中介语输出水平高于教材输入水平。初级教材各句长句子带补语比例最高，其次为高级教材和中级教材。在中介语输出上，则是各级依次发展，以高级中介语为最高。教材输入与中介语输出并不具有完全的一致性。这均表明中介语是一个独立的系统，它的发展与变化并不完全受制于教学输入。

8.3　本章小结

本章通过对比韩国学生中介语与目标语、中介语与教学输入语言之间的关系，探讨各级中介语在平均句长、句长分布上跟目标语、教学输入语言之间的异同及各级中介语在定、状、补语复杂程度上与目标语、教学输入语言之间的异同。本章的主要内容包括以下几点。

第一，对比分析了中介语各级语料与本族人语料、教材语料在平均句长、句长分布上的共性与差异。主要结论如下：

1. 韩国留学生中介语平均句长均低于汉语本族语者，随着学时等级的提高，中介语平均句长的发展表现为一个逐渐靠近目标语的动态过程。同时，中介语平均句长高于相应等级的教材输入水平，中介语在输出水平及发展趋势上并不完全受教材输入的制约，表现出自身的规律性和系统性。

2. 韩国留学生中介语句长分布范围、最常用区间的范围均比本族人语料小，表现出短句和长句都发展不足的特点。

3. 韩国留学生中介语与目标语（汉语本族人语料）在句长的最高峰区间上表现出较大的共性。最高峰区间集中在6—10个字/4—7个词。这一长度区间是可能是语流中句子（小句）长度的主流，也符合信息处理的短时记忆原则（7±2个模块）。

第二，对比分析了中介语各级语料与本族人语料，教材语料在定、状、补语复杂度上的共性与差异。主要结论如下：

1. 韩国学生中介语各句长上带定语（状语）的句子比例、带多处定语（状语）句子比例以及句首状语比例在中、高级阶段均不低于本族人水平和相应等级的教材水平。表现自身的特点和规律。

2. 在带多层定、状语句子的比例上，韩国学生中介语始终低于本族人水平和相应等级的教材水平。定、状语层次性上的差异说明第二语言学习者在句法构造能力上与本族语者之间存在差距。

3. 在带定语（状语）句子比例、多处定语（状语）句子比例上，教材变化趋势均为先升后降（中级教材水平最高），而中介语的变化趋势分别为逐级上升。从输入与输出的关系看，中介语句子的句法复杂度的发展变化趋势并不受教材输入的制约。

4. 在带补语句子比例和带多处补语句子比例上，教材输入水平均高于各级中介语水平。在带多层补语句子比例上，各级中介语输出水平高于教材输入水平。中介语补语的发展虽然表现出跟定、状语句法复杂度发展相异的特点，但从输入与输出的关系看，同样也反映出中介语作为一个独立的系统，其发展与变化并不完全受制于教材输入语言。

结　　语

　　平均句长和句法复杂度是测量语言发展的两个重要指标。本书主要是以汉语小句理论、中介语理论和语言习得理论为指导，在较大规模语料统计的基础上对韩国留学生平均句长和句子定、状、补语复杂度的发展进行研究。以探讨中介语与目标语、中介语与教学输入语言之间的相互关系，从实证研究的角度检验、论证和阐述中介语理论。本书的主要研究内容和结论包括以下三个方面。

　　（一）加深了对汉语句长分布态势的认识

　　本书依据汉语语流组织的特点，选取"小句"作为研究基点，对320万字语料中的句子进行机器切分和人工校对。研究发现：不论是本族人语料、中介语语料抑或教材语料，汉语句子在所有长度上的出现频次均呈"长尾"分布态势（即出现频次极低的句子长度往往会占据句长分布链条上一半以上的长度，形成一条无限靠近横坐标的"长尾"）。各类句长句子在最主要的分布区间上则表现出"正态分布"的特点。

　　（二）从平均句长发展及句长分布的角度论证了韩国留学生中介语的系统性

　　从平均句长看，韩国留学生中介语平均句长的发展经历了一个从初级到高级逐步上升并不断靠近目标语（本族人）水平的过程。其中，中、高级平均句长明显高于初级，高级平均句长非常接近目标语水平。这为中介语的系统性提供了一种实证研究的支持。

从句长分布看，韩国留学生中介语与目标语在句长的高频区间上表现出较大的共性。中介语最高频区间的范围（6—10个字/4—7个词）同样也是汉语句长分布的高频区间，这种共性可以认为是汉语句子（小句）长度分布的特征，符合短信息处理的短时记忆原则（7±2个组块）。韩国留学生中介语最常用区间的范围比本族人语料小，说明中介语主要集中在典型的句长范围（本族人和中介语都是高频使用的区间）内。这既是一般表达的需要，也是输入输出最多的形式。

研究数据显示，各级中介语平均句长均高于相应等级的教材语料。这表明韩国留学生平均句长的输出水平大于教材的输入水平。教材平均句长呈先升后降的发展趋势（中级教材最高），而中介语平均句长在初、中、高三级上呈逐级上升的发展趋势，这表明中介语具有其自身的规律性和系统性，中介语的发展并不受教学输入的制约。

综上所述，本书通过对较大规模语料中所有句子的长度进行封闭性、全面性的统计分析，从实证研究的角度论证了韩国留学生中介语的发展具有系统性。这种系统性首先表现在中介语平均句长的发展是一个从初级到高级逐步上升而不断靠近目标语（本族人）水平的动态过程。同时，中介语平均句长高于相应等级的教材输入水平，中介语在输出及发展趋势上不受教材输入的制约而呈现出自身的系统性和规律性。

（三）从各句长句子定、状、补语复杂度发展的角度论证了韩国留学生中介语的系统性

句法的发展过程和发展状况是观察中介语系统性的一个重要窗口。本书对80万字语料样本中一定句长范围句子的语法结构信息进行标注，研究韩国

留学生中介语各句长句子定、状、补语复杂度的发展变化过程。

研究表明，韩国留学生初、中、高三级中介语同一句长句子在定、状、补语覆盖率，多处定、补语比例，多层定、状、补语比例等方面基本呈逐级上升趋势。多处状语比例和句首状语比例则呈逐级下降趋势。

研究发现，韩国留学生各级中介语带定、状语句子的比例，带多处定、状语句子比例及带句首状语句子比例不低于甚至高于目标语水平，而各级中介语带补语句子比例、带多处补语句子比例却一直低于目标语水平并跟目标语水平存在较大差距。中介语作为一个动态、平衡系统，带定、状语句子和带多处定、状语句子的超量使用跟带补语句子、带多处补语句子的使用不足之间构成一种对立与互补。研究同样发现，在定语（状语）的层次性上，各级中介语多层定语（状语）的出现比例均低于目标语（本族人）水平，这说明韩国留学生中介语在句法结构的层次性上跟目标语存在一定的差距。在句长限定的前提下，多处定语（状语）与多层定语（状语）之间可能存在此消彼长的对立互补关系。

研究表明，中介语句子定、状、补语复杂度的发展变化并不受教学输入语言的限制。在带定语（状语）句子比例、多处状语句子比例上，教材变化趋势均为先升后降（中级教材水平最高），而中介语的变化趋势分别为逐级上升和逐级下降，教材输入与中介语输出并不具有完全的一致性。在教学输入上，初级教材带补语句子比例最高，其次为高级教材和中级教材；在中介语输出上，则是各级依次发展，以高级中介语为最高。这也表明中介语的发展过程并不受限于教学输入语言，而是遵循自身的发展特点和规律。

综上所述，中介语句子在定、状、补语复杂度的发展变化上具有其内在的系统性。这种系统性主要表现在：（1）同一等级句子句法复杂度的发展具有一致性，即同一学时等级内定、状、补语复杂程度随句长的上升而逐步上升；（2）各级句子句法复杂度的变化具有动态性。随学时等级的提高，中介语句子复杂程度呈现出逐级上升（下降）的变化特点；（3）与本族人水平相比，中介语句子的句法复杂度表现出一个逐级发展（下降）并不断接近本族人水平的过程；（4）中介语句子的句法复杂度具有不同于目标语且不受教学输入制约的特点。

　　对韩国留学生中介语平均句长的研究属于中介语研究中的穷尽性、系统性的实证研究，在国内尚属首次。以实证研究的方法考察中介语平均句长及句法复杂度的发展演变过程，有助于深化对汉语中介语系统的认识和检验、论证和完善汉语中介语理论。由于时间和学养所限，本书还存在以下的不足。

　　1. 本书研究了句子定、状、补语随句长上升而逐步复杂化的过程，但对定、状、补语与句长之间的倚变关系缺少进一步的研究。句子的句法复杂度是一个难以界定、难以量化的概念。仅仅从句法成分的角度很难完全把握住句子的复杂度。对句子复杂程度研究的最理想的办法是给出每一个句子的句法复杂系数。但在具体研究时，很难制定出一个判断句子复杂程度并能将其量化的标准。即便对我们已经逐层标注过句法结构信息的句子，在判断其句法复杂度系数时也会遇到困难。所以，对句长与句法复杂度互变关系的探讨有待进一步深入。

　　2. 描写丰富，解释不足。本书对中介语平均句长的描写和解释都是实证性的，对句子句法结构复杂度的描写是实证性的，但解释则是非实证性的。对中介语句长与句子定、状、补语复杂度与目标语、教学输入语言之间共性与差异成因的充分解释，是本书有待进一步深入研究的问题。

附　录

附录总目

附录1：以"字"为单位的句长统计软件简介

附录2：分词规范和分词软件简介

附录3：以"词"为单位的句长统计软件简介

附录4：句子句法结构信息标注规范及实例

附录5：句法信息抽取软件简介

附录6：表2-3-34　本族人11—13个词句子状语分布情况

附录7：表2-3-38　本族人14—20个词句子状语分布情况

附录8：表3-2-4　初、中、高教材语料7—20个词句子定语复杂度情况

附录9：表3-2-8　初、中、高教材语料7—20个词句子状语复杂度情况

附录10：表5-3-8　高级中介语14—20个词句子定语分布情况

附录11：表5-4-1　初、中、高各级中介语7—20个词句子定语复杂度情况

附录12：表6-1-6　初级中介语11—13个词句子状语分布情况

附录13：表6-1-10　初级中介语14—20个词句子状语分布情况

附录14：表6-2-6　中级中介语11—13个词句子状语分布情况

附录15：表6-2-10　中级中介语14—20个词句子状语分布情况

附录16：表6-3-6　高级中介语11—13个词句子状语分布情况

附录17：表6-3-10　高级中介语14—20个词句子状语分布情况

附录18：表6-4-1　初、中、高各级中介语7—20个词句子状语复杂度情况

附录19：表7-4-1　初、中、高各级中介语7—20个词句子补语复杂度情况

附录20：表8-1-3　各级中介语7—20个词句子定语复杂度与本族人语料对比分析

附录21：表8-1-4　各级中介语7—20个词句子状语复杂度与本族人语料对比分析

附录22：表8-2-3　各级教材句子定语复杂度与中介语对比分析

附录23：表8-2-4　各级教材句子状语复杂度与中介语对比分析

表8-2-4　各级教材句子状语复杂度与中介语对比分析（续）

附录24：表8-2-5　各级教材句子补语复杂度与中介语对比分析

附录1：以"字"为单位的句长统计软件简介

（一）软件的设计思路

软件主要按照如下的思路来设计：（1）以"，""：""；""。""？""！""……"为标记识别文本中句子的边界，将文本中的句子切分出来；（2）统计每一个句子的总字数（不包括句尾和句中的标点符号）；（3）将相同长度的句子排列在一起，通过前加序号的方式显示其数量。

（二）软件演示截图

图1-1　以"字"为单位的句长统计软件初始界面

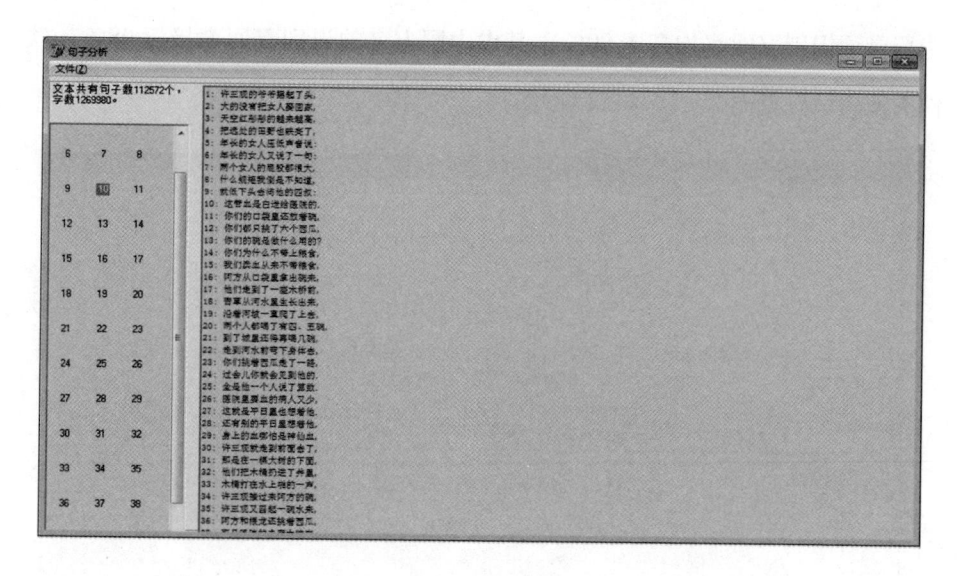

图 1-2 各类句长（以"字"为单位）句子的出现情况

附录2：分词规范和分词软件简介

本书所采用北京大学计算语言学研究所"北京大学现代汉语语料库基本加工规范"作为我们的分词规范。具体的切分规范和细则可参看俞士汶、段慧明、朱学锋、孙斌《北京大学现代汉语语料库基本加工规范》（《中文信息学报》2002年第5期，第49—64页）。

本书所使用的分词软件是中国科学院计算技术研究所研制的汉语词法分析系统 ICTCLAS（Institute of Computing Technology, Chinese Lexical Analysis System），主要功能包括中文分词；词性标注；命名实体识别；新词识别等。该分词软件曾在中国科学院自动化所模式识别国家重点实验室举行的973机器翻译评测中获得第一名，在大规模现场开放测试中分词正确率达97.58%，未登录词识别召回率均高于90%，其中中国人名的识别召回率接近98%。软件的使用情况如图2-1、2-2所示。

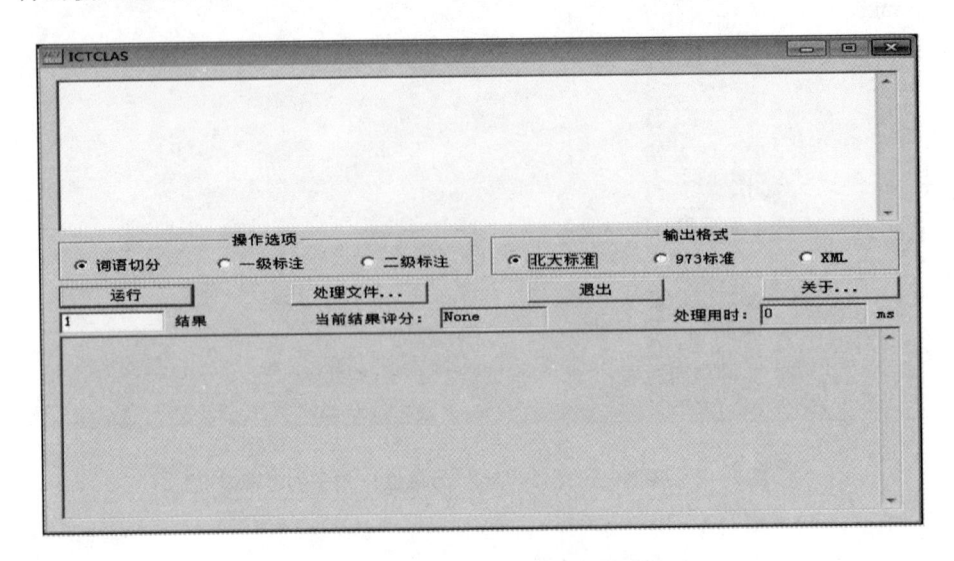

图2-1 ICTCLAS分词软件初始界面

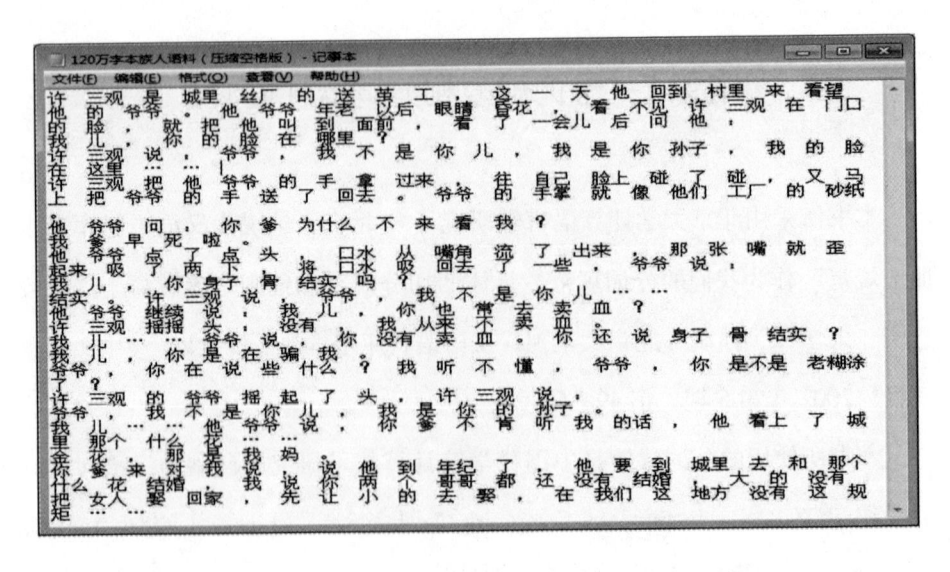

图2-2 词语切分后显示格式

附录3：以"词"为单位的句长统计软件简介

（一）软件的设计思路

软件主要设计思路如下：（1）以"，""：""；""。""?""!""……"为句子边界将文本中的句子切分出来；（2）统计每一个句子的总词数；（3）将相同长度的句子排列在一起，通过前加序号的方式显示其数量。

（二）软件演示截图

图3-1 以"词"为单位的句长统计软件初始界面

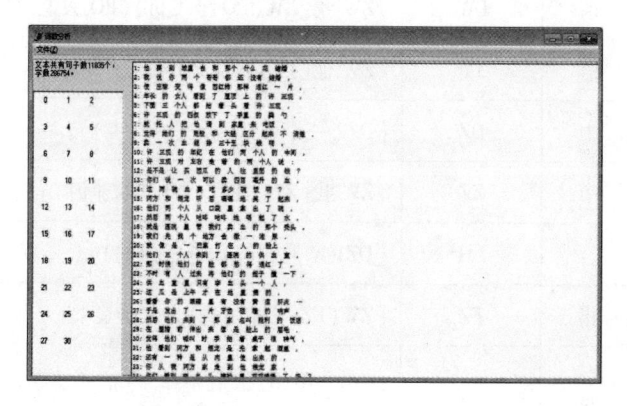

图3-2 各类句长（以"词"为单位）句子的出现情况

附录4：句子句法结构信息标注规范及实例

（一）标注规范

主要采用直接成分分析法（层次分析法）对句子的句法结构进行分层标注，标注规范所使用的括号标注法和符号集主要参考"清华树库"的句法结构标注方案（周强2006）。标注的句法关系主要有主谓、述宾、述补、连谓、兼语、定中、状中、联合、介宾、方位、附加、框式、缺省等。各类句法关系的标记代码及实例见表4-1。

表4-1　　　　　主要句法结构关系标注集

序号	句法关系	标记代码	实例
1	主谓	ZW	{ZW 我[PO 是（DZ1 一个学生）]}。
2	述宾	PO	[ZW 我（PO 喜欢猫）]。
3	述补	PC	[ZW 饭（PC 吃完了）]。
4	连谓	LW	{ZW 我[LW（PO 坐飞机）（PO 去上海）]}。
5	兼语	JY	{ZW 他[JY 请你（PO 喝茶）]}。
6	定中	DZ	[DZ2 一个（DZ1 漂亮的女生）]。
7	状中	ZZ	{ZW 我[ZZ1 特别（PO 喜欢旅游）]}。
8	联合	LH	[DZ1 亲爱的（LH 爸爸妈妈）]。
9	复指	FZ	[ZW（FZ 我许三观）为人善良]。
10	介宾	JB	[ZZ1（JB 把驱赶麻雀的稻草人）（PC 立到地里去）]。

续表

序 号	句法关系	标记代码	实 例
11	方 位	FW	{ZW(FW 目光里)【ZZ1 便〔PO 有了[DZ1 一种(LH 满足与荣耀)]]】}。
12	附 加	AD	[ZW(AD 我最喜欢的)(PO 是春节)]。
13	框 式	KS	[KS 好像怕被人偷走似的]。
14	缺 省	XX	{XX 因为〔ZW(DZ1 那时的我)[ZZ1 不(PO 懂事)]]}。
15	紧 缩	JS	[JS 想吃多少就有多少]。

由于本标注规范主要目的不在于研究句子中短语的出现及分布情况，而在于研究整个句子的句法构造情况，所以需要区分句子层面的结构关系和非句子层面的结构关系，这主要表现在主谓、动宾、动补、连动、兼语等结构关系上。具体情况见表4-2。

表4-2　　　　　　　　　　非句子层面句法关系标注举例

序 号	句法关系	标记代码	实 例
1	主 谓	ZW1	{ZZ1 竟[PO 觉得(ZW1 他爷爷也是我的爷爷)]}。
2	述 宾	PO1	{ZW(PO1 拆手套)〔ZZ1 要[PO 有(DZ1 两个人)]]}。
3	述 补	PC1	{PC 愁得〔ZW1 饭[ZZ1 都(PC1 吃不下去了)]]}。
4	连 谓	LW1	{ZW[DZ1(LW1 去公园锻炼)的老人]很多}。
5	兼 语	JY1	{ZW 景色[PC 壮观得(JY1 让我们吃惊)]}。

另外，本标注集还设计了用来标注语料中较为特殊的语用现象的标记集，主要用来标注独立、插说等语言现象。主要标注集见表4-3。

表 4-3　　　　　　　　　　特殊语用现象标注集

序号	语用现象	标记代码	实　例
1	称呼、应答	HD	[HD 星子]，我不知道，我真的不知道。
2	插入语	CY	[CY 据说]她哥哥也犯了什么错误。
3	复　指	FZ	那里面躺着[FZ 一个衰老的女人，马水清的祖母]。
4	补　充	BC	发出一片水响来[BC 不可原谅的声音]。
5	强　调	QD	她[QD 是]从田里上来[QD 的]。

（二）标注实例

（1）｛ZZ1 此时【ZW（FW 目光里）〔ZZ1 便［PO 有着（LH 幻想与期望）］］】｝。

（2）｛ZW（DZ1 后来的前途）〔ZZ3 确实［ZZ2 有些（ZZ1 不太一样）］］｝。

（3）｛XX 于是〔ZW 他［ZZ2 在嘴里（ZZ1 颤颤悠悠地哼唱着）］］｝。

（4）｛ZW 这【PO 是〔DZ3 他为儿子打远方带回的［DZ2 一件（DZ1 价值连城的宝物）］］】｝。

（5）｛ZZ1 在以后漫长的岁月里，【ZW［DZ2 这（DZ1 一形象）］〔ZZ3 会［ZZ2 在他们各自的脑海中（ZZ1 突然闪现）］］】｝。

（6）｛XX 所以〔ZZ1 给我［PO 留下（DZ1 最美丽的印象）］］｝。

（7）｛XX 所以〔ZW（DZ1 跨国婚姻者的孩子）［ZW1 心理（ZZ1 很烦恼）］］｝。

（8）｛XX 可【ZW 人们〔ZZ1 逐渐［PO 忘了（DZ1 保存遗物的重要性）］］】｝。

（9）｛ZW（DZ1 他的母亲）〔ZZ1 为了自己的儿子［PO 搬了（DZ1 三次家）］］｝嘛。

(10) ｛XX 可是《ZW 我〈PO 觉得〈ZW1［PO1 开发（DZ1 自己的爱好）］〔PO1 是〔DZ3 一个［DZ2 非常好的（DZ1 人生教育方法）］］〕〉》｝。

附录5：句法信息抽取软件简介

句法信息抽取软件能实现的功能主要包括：（1）对标注语料进行自动校对，提取出标注有误的例子；（2）对语料进行预处理，即按照语料中第一层上句法构造将句子进行排序，以观察不同句长句子的整体构成情况；（3）抽取含有某一结构成分的句子，并对含有这一结构成分的句子进行初步分类；（4）抽取某一结构成分，并根据该结构成分的内部构造对其进行分类、排序。

（一）句法结构信息抽取软件的初始界面

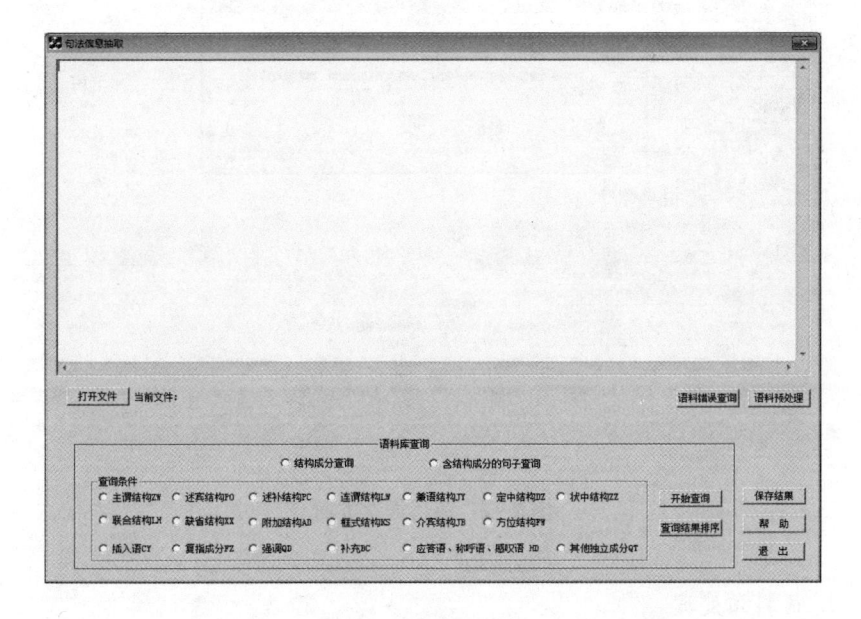

图 5-1 句法结构信息抽取软件的初始界面

（二）句法信息抽取软件的主要功能

从初始界面可以看出，软件具有语料错误查询、语料预处理、含结构成分的句子查询、结构成分查询等主要功能。下面我们分别介绍。

1. 语料错误查询

句子句法信息的标注主要采用括号的形式（［］）进行。在标注过程中，括号的配对问题非常重要，配对缺失或错误，就可能导致句法信息无法抽取。因此，软件设计了语料错误查询功能，该功能可以将语料中所有标注有误的语料都提取出来，"另存为"之后再进行人工校对。语料错误查询功能的软件截屏如图5-2所示。

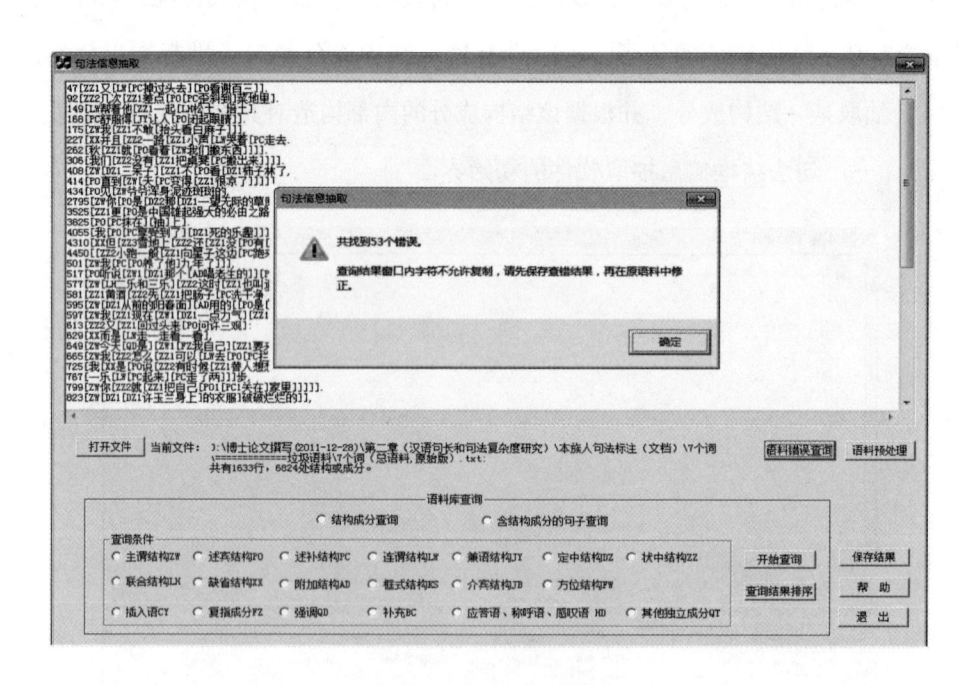

图5-2　语料错误查询

2. 语料预处理

语料预处理主要是指根据第一层句法关系对所有句子进行语料的预先排

序。第一层句法关系相同的句子,则按照后面各层语法关系依次排序。预处理后的语料基本上已按照句子的结构形式进行了归类。语料预处理的截屏如图5-3所示。

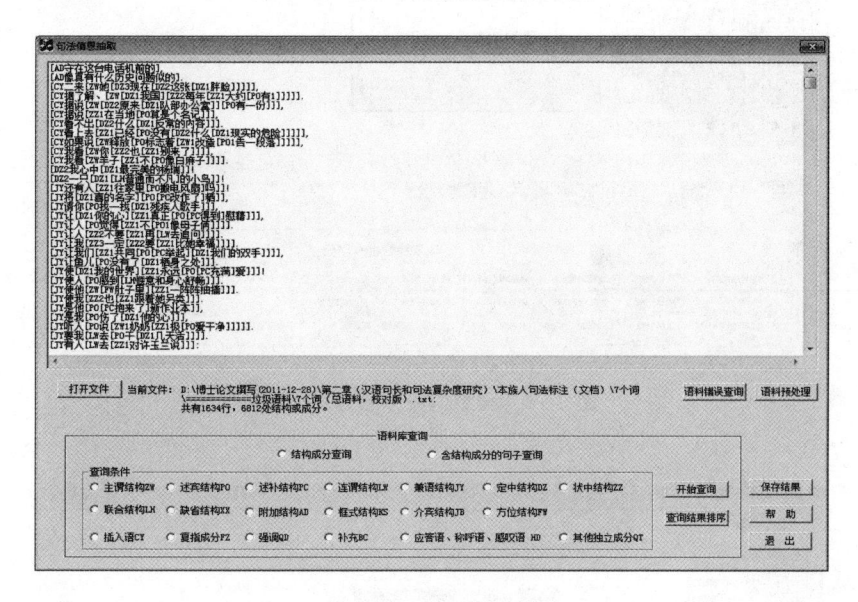

图5-3 语料预处理

3. 含结构成分的句子查询

这一功能主要是抽取含有某一结构成分的所有句子,并对这些句子进行分类。如需要抽取所有带定语的句子,则只需要在软件的"语料库查询"中选择"含结构成分的句子查询",然后选择"定中结构DZ",则可以查询出所有含有定语的句子,并根据定中结构出现的次数和句子内部的结构成分对语料进行了初步的分类和排序。以含"定语"的句子为例,这一功能的截屏如图5-4所示。

4. 结构成分查询及排序功能

结构成分查询功能主要是将所有句子中某一结构成分依次提取出来,如选择定中结构(DZ),查询结果如图5-5所示。

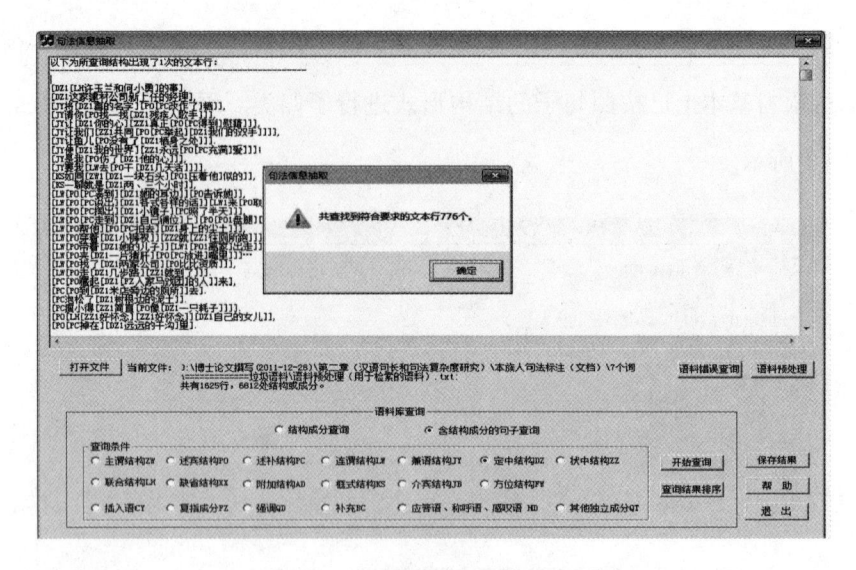

图 5-4　含结构成分的句子查询

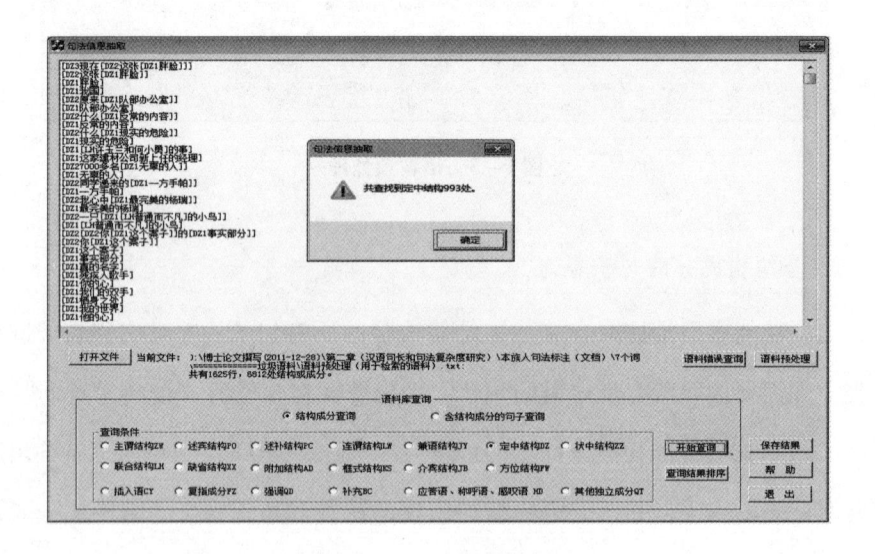

图 5-5　结构成分查询

在抽取出所有定中结构之后,还可以选择软件的"查询结构排序"功能,对所有抽取的结构成分按内部构成进行排序,从而观察某一句法成分的具体构成情况。以定中关系为例,通过对所有定中结构进行排序,即可以观察定语的实际构成情况，排序结果如图5-6所示。

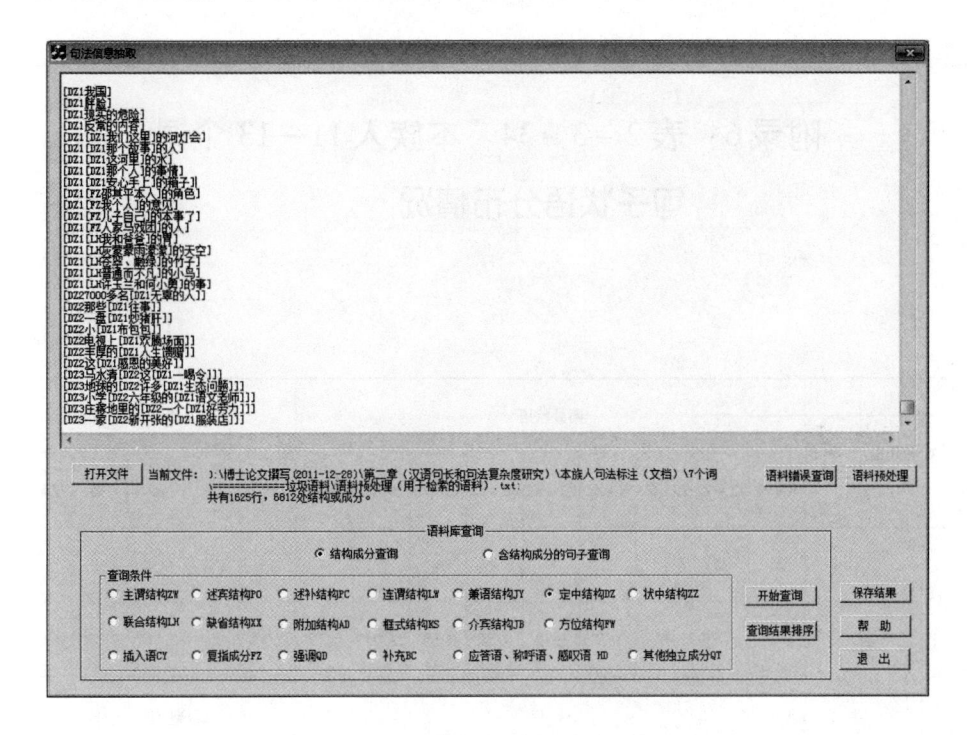

图5-6 结构成分排序

软件通过对定中结构进行排序，将定语按层次性（单层或多层定语）和内部构成情况（单个词语、定中短语、复指短语、联合短语等充当定语）依次列出，从而为研究某一特定句长（或句长范围）定语的构成提供数据支持。

附录6：表2-3-34 本族人11—13个词句子状语分布情况

状语分布		三处状语	两处状语								一处状语				
			S+Z1	Z1+Z1	Z1+Z4	S+Z2	Z1+Z2	Z2+Z2	Z2+Z2	S+Z3	Z3+Z1	S	Z1	Z2	Z3	Z4
11个词	数量(句)	1	25	23	0	22	8	3	4	6	1	16	267	138	61	8
	百分比(%)	0.17	4.29	3.95	0	3.77	1.38	0.51	0.69	1.03	0.17	2.74	45.8	23.67	10.46	1.37
			15.79									84.04				
12个词	数量(句)	1	19	27	2	17	9	7	0	4	0	16	179	115	50	12
	百分比(%)	0.22	4.15	5.9	0.44	3.71	1.97	1.52	0	0.87	0	3.49	39.08	25.11	10.92	2.62
			18.56									81.22				
13个词	数量(句)	1	23	13	0	9	0	3	0	4	1	7	136	84	32	12
	百分比(%)	0.31	7.08	4	0	2.77	0	0.92	0	1.23	0.31	2.15	41.85	25.84	9.85	3.69
			16.31									83.38				

附录7：表2-3-38 本族人14—20个词句子状语分布情况

状语分布		三处	两处状语									一处状语						
			S+Z1	Z1+Z1	S+Z2	S+S	Z1+Z2	Z2+Z2	Z2+Z1	S+Z3	Z3+Z1	S+Z4	S	Z1	Z2	Z3	Z4	Z5	Z6
14个词	数量(句)	0	19	7	5	0	7	3	0	5	0	2	14	100	54	31	6	2	0
	百分比(%)	0	7.45	2.74	1.96	0	2.75	1.18	0	1.96	0	0.78	5.49	39.22	21.18	12.16	2.35	0.78	0
			18.82									81.18						
15个词	数量(句)	7	10	9	9	2	2	1	0	5	0	3	5	68	32	28	0	2	1
	百分比(%)	3.8	5.43	4.89	4.89	1.09	1.09	0.54	0	2.72	0	1.63	2.72	36.96	17.39	15.22	0	1.09	0.54
			22.28									73.92						
16个词	数量(句)	3	28	6	5	0	5	0	0	1	0	1	11	40	34	11	1	1	0
	百分比(%)	2.05	19.05	4.08	3.4	0	3.4	0	0	0.68	0	0.68	7.48	27.21	23.13	7.48	0.68	0.68	0
			31.29									66.66						
17个词	数量(句)	2	14	4	7	2	7	0	0	3	1	0	6	28	21	7	3	1	0
	百分比(%)	1.89	13.21	3.78	6.6	1.89	6.6	0	0	2.83	0.94	0	5.66	26.42	19.81	6.6	2.83	0.94	0
			35.85									62.26						
18个词	数量(句)	1	18	8	3	0	0	1	1	0	0	0	8	14	15	9	4	1	0
	百分比(%)	1.2	21.69	9.64	3.62	0	0	1.2	1.2	0	0	0	9.64	16.87	18.07	10.84	4.82	1.21	0
			37.35									61.45						
19个词	数量(句)	2	11	3	5	0	1	0	0	4	0	2	3	12	10	9	2	1	0
	百分比(%)	3.08	16.92	4.62	7.69	0	1.54	0	0	6.15	0	3.08	4.61	18.46	15.38	13.85	3.08	1.54	0
			40									56.92						
20个词	数量(句)	2	8	2	4	3	0	0	0	3	0	1	6	7	10	5	2	0	0
	百分比(%)	3.77	15.1	3.77	7.55	5.66	0	0	0	5.66	0	1.89	11.32	13.21	18.87	9.43	3.77	0	0
			39.63									56.6						

附录8：表3-2-4 初、中、高教材语料7—20个词句子定语复杂度情况

		定语覆盖率（%）			多处定语比例（%）			多层定语比例（%）			最多处数（处）			最多层数（层）		
		初级	中级	高级	初级	中级	高级	初级	中级	高级	初级	中级	高级	初级	中级	高级
3区间	7个词	50.57	53.41	41.36	5.27	9.13	7.04	18.93	21.4	21.49	2	2	2	3	3	4
	8个词	58.88	59.55	44.85	11.21	10	8.05	24.42	25.19	23.94	2	2	2	3	3	3
	9个词	63.31	61.79	44.41	10.25	15.6	8.66	25.93	27.78	26.81	2	3	2	3	3	3
	10个词	64.25	61.32	54.9	21.8	16.92	11.61	26.99	28.95	34.4	2	2	2	4	2	3
4区间	11个词	69.43	75.47	48.7	26.61	19.17	8	30.15	30.42	30.86	2	2	2	3	3	3
	12个词	66.67	75.2	68.57	23.33	28.72	23.61	40.54	29.03	34.78	2	4	3	3	3	4
	13个词	79.69	71.95	54.79	19.61	35.59	20	32.26	33.75	42.56	3	2	2	3	3	4
5区间	14个词	78.95	71.42	73.47	37.78	26.67	25.01	36.51	38.6	48.84	3	2	2	3	4	3
	15个词	80	69.77	75.76	39.28	33.33	40	39.02	36.59	37.84	3	3	3	4	2	3
	16个词	68.18	80.77	83.33	33.35	47.62	20	28.57	22.58	28	3	3	3	3	3	4
	17个词	76.92	78.95	81.25	30	46.67	30.76	57.69	39.13	47.62	2	3	5	3	3	4
	18个词	64.29	64.29	83.33	11.11	22.22	10	50	63.64	54.54	4	2	2	2	3	4
	19个词	62.5	100	72.73	0	23.08	12.5	60	30.58	77.78	1	3	2	2	3	3
	20个词	71.43	83.33	66.67	40	40	50	28.58	42.86	100	2	2	2	3	2	3

附录9：表3-2-8 初、中、高教材语料7—20个词句子状语复杂度情况

		状语覆盖率(%)			多处状语比例(%)			多层状语比例(%)			句首状语比例(%)			最多处数(处)			最多层数(层)		
		初级	中级	高级	初级	中级	高级	初级	中级	高级	初级	中级	高级	初级	中级	高级	初级	中级	高级
区间3	7个词	72.81	72.9	73.2	12.79	12.83	9.02	35.94	38.06	39.84	9.7	7.99	6.6	3	2	3	4	4	5
	8个词	72.81	76.18	73.92	12.67	12.7	9.76	37.73	38.08	39.45	11.93	10.92	7.47	4	2	3	5	4	5
	9个词	77.6	78.43	77.27	13.39	19.06	10.41	41.63	40.42	42.36	12.66	14.95	5.59	3	3	3	4	5	5
	10个词	84.54	85.85	74.51	14.85	19.78	9.87	46.2	38.44	38.93	14.98	19.34	8.82	3	3	2	4	4	4
区间4	11个词	86.62	88.68	81.82	22.05	21.28	19.04	39.57	47.79	46.97	17.83	22.01	12.99	3	2	4	4	6	5
	12个词	82.22	85.6	89.52	21.62	23.37	14.89	51.47	51.52	47.25	24.44	26.4	16.19	2	3	3	4	4	4
	13个词	92.19	87.8	76.71	32.2	19.17	16.09	39.66	50.68	54.39	31.25	25.61	12.33	3	3	3	4	4	5
区间5	14个词	84.21	82.54	79.59	24.98	36.54	23.06	42.86	47.06	60.53	26.32	22.22	20.14	3	3	4	4	4	4
	15个词	94.29	86.05	84.85	45.45	18.93	21.42	14.71	57.57	39.29	40	25.58	18.18	3	3	2	3	5	4
	16个词	77.27	65.38	100	41.17	52.94	24	53.33	68.42	42.31	45.45	26.92	20	3	2	2	3	4	3
	17个词	84.62	94.74	75	31.82	38.89	58.34	27.79	41.18	46.16	42.31	42.11	31.25	2	2	2	4	3	3
	18个词	92.86	92.86	91.67	46.15	53.84	27.27	46.15	50	54.54	42.86	42.86	25	2	2	2	4	4	2
	19个词	87.5	84.62	90.91	28.58	45.45	60	50	41.67	16.67	37.5	30.77	45.82	2	3	3	3	3	2
	20个词	100	83.33	66.47	85.71	40	0	42.86	25	0	85.71	50	0	3	2	1	2	2	1

附录10：表5－3－8　高级中介语14—20个词句子定语分布情况

定语分布		四处定语	三处定语	两处定语							一处定语			
				D1+D1	D1+D2	D2+D1	D2+D2	D1+D3	D3+D1	D2+D3	D3+D2	D1	D2	D3	D4
14个词	数量(句)	1	5	31	4	9	2	1	1	1	0	55	38	6	0
	百分比(%)	0.65	3.25	20.13	2.6	5.84	1.3	0.65	0.65	0.65	0	35.71	24.67	3.9	0
				31.82								64.28			
15个词	数量(句)	1	6	20	14	6	3	3	0	0	0	44	19	4	0
	百分比(%)	0.83	5	16.67	11.67	5	2.5	2.5	0	0	0	36.67	15.83	3.33	0
				38.34								55.83			
16个词	数量(句)	0	7	11	3	3	3	1	1	0	0	27	20	4	0
	百分比(%)	0	8.75	13.75	3.75	3.75	3.75	1.25	1.25	0	0	33.75	25	5	0
				27.5								63.75			
17个词	数量(句)	1	2	9	6	0	1	0	1	0	1	13	3	3	0
	百分比(%)	2.5	5	22.5	15	0	2.5	0	2.5	0	2.5	32.5	7.5	7.5	0
				45								47.5			
18个词	数量(句)	0	4	6	3	2	1	1	0	0	0	13	5	2	1
	百分比(%)	0	10.53	15.79	7.9	5.26	2.63	2.63	0	0	0	34.21	13.16	5.26	2.63
				34.21								55.26			
19词	数量(句)	2	2	2	3	3	2	0	0	0	0	6	2	2	0
	百分比(%)	8.33	8.33	8.33	12.5	12.5	8.33	0	0	0	0	25.02	8.33	8.33	0
				41.66								41.68			
20个词	数量(句)	1	2	6	0	0	2	0	0	0	0	6	4	0	0
	百分比(%)	4.76	9.52	28.57	0	0	9.52	0	0	0	0	28.57	19.06	0	0
				38.09								47.63			

附录11：表5-4-1 初、中、高各级中介语 7—20个词句子定语复杂度情况

		定语覆盖率（%）			多处定语比例（%）			多层定语比例（%）			最多处数（处）			最多层数（层）		
		初级	中级	高级	初级	中级	高级	初级	中级	高级	初级	中级	高级	初级	中级	高级
3区间	7个词	52.83	57.67	59.96	6.14	6.42	10.96	14.54	16.93	16.31	2	2	2	3	3	3
	8个词	53.27	57.48	62.87	10.71	11.16	9.84	14.72	18.96	19.22	2	2	2	3	3	3
	9个词	53.61	62.44	67.78	11.78	15.65	17.03	21.08	20.21	20.65	2	3	3	3	3	3
	10个词	54.15	63.9	69.76	14.35	15.09	19.94	23.33	25.61	24.21	3	3	2	3	3	3
4区间	11个词	54.25	63.58	68.39	14.19	18.19	19.7	24	26.05	26.81	3	3	3	4	4	3
	12个词	55.17	73.91	70.77	21.25	30	29.85	24.49	27.48	28.9	3	3	3	3	3	4
	13个词	56.25	76.13	78.22	22.22	31.36	32.91	26.87	28.21	28.77	3	3	3	3	4	3
5区间	14个词	68.25	79.63	78.57	32.56	33.72	35.71	30.19	30.17	30.59	2	3	4	4	3	3
	15个词	65.63	79.1	79.47	33.33	34.62	44.17	32.14	32.43	31.49	2	3	4	3	3	3
	16个词	79.17	77.08	80.81	36.85	37.84	37.04	34.62	33.96	35.34	2	3	3	4	3	3
	17个词	77.78	76.67	78.43	42.86	30.43	52.5	33.33	38.71	27.67	3	3	4	3	3	3
	18个词	75	80.77	82.61	66.67	38.1	44.74	40	36.67	30.51	2	3	3	3	3	4
	19个词	100	81.82	82.75	75	55.55	58.33	28.57	18.75	34.09	2	3	4	3	3	3
	20个词	100	90	84	50	44.44	52.37	28.57	35.71	22.22	3	3	4	3	3	3

附录12：表6-1-6　初级中介语11—13个词句子状语分布情况

状语分布		三处状语	两处状语						一处状语					
			S+Z1	Z1+Z1	S+Z2	Z1+Z2	Z2+Z3	S+Z3	Z1+Z3	S	Z1	Z2	Z3	Z4	Z5
11个词	数量(句)	6	24	3	19	0	0	1	2	24	82	22	17	4	1
			49							150					
	百分比(%)	2.93	11.71	1.46	9.27	0	0	0.49	0.98	11.71	40	10.73	8.29	1.95	0.49
			23.9							73.17					
12个词	数量(句)	0	24	1	13	1	6	3	0	24	29	11	2	3	0
			48							69					
	百分比(%)	0	20.51	0.85	11.12	0.85	5.13	2.57	0	20.51	24.79	9.4	1.71	2.56	0
			41.03							58.97					
13个词	数量(句)	2	10	4	8	0	2	3	0	13	23	9	5	2	0
			27							52					
	百分比(%)	2.47	12.35	4.94	9.88	0	2.46	3.7	0	16.05	28.4	11.11	6.17	2.47	0
			33.33							64.2					

附录13：表6-1-10　初级中介语14—20个词句子状语分布情况

状语分布		三处状语	两处状语				一处状语			
			S+Z1	Z1+Z1	S+Z2	S+Z3	S	Z1	Z2	Z3
14个词	数量(句)	3	13	6	8	1	9	8	5	1
			28				23			
	百分比(%)	5.56	24.08	11.11	14.81	1.85	16.67	14.81	9.26	1.85
			51.85				42.59			
15个词	数量(句)	1	4	1	2	1	5	5	4	3
			8				17			
	百分比(%)	3.85	15.38	3.85	7.69	3.85	19.23	19.23	15.38	11.54
			30.77				65.38			
16个词	数量(句)	0	2	1	8	0	2	3	3	0
			11				8			
	百分比(%)	0	10.53	5.26	42.1	0	10.53	15.79	15.79	0
			57.89				42.11			

续 表

状语分布		三处状语	两处状语				一处状语			
			S+Z1	Z1+Z1	S+Z2	S+Z3	S	Z1	Z2	Z3
17个词	数量(句)	1	3	0	4	0	4	2	0	1
			7				7			
	百分比(%)	6.67	20	0	26.67	0	26.67	13.33	0	6.67
			46.67				46.67			
18个词	数量(句)	1	2	0	0	0	2	0	1	0
			2				3			
	百分比(%)	16.67	33.33	0	0	0	33.33	0	16.67	0
			33.33				50			
19个词	数量(句)	1	0	0	0	0	3	0	0	0
			0				3			
	百分比(%)	25	0	0	0	0	75	0	0	0
			0				75			
20个词	数量(句)	0	0	0	0	0	2	0	0	0
			0				0			
	百分比(%)	0	0	0	0	0	100	0	0	0
			0				100			

附录14：表6-2-6　中级中介语11—13个词句子状语分布情况

状语分布		三处状语	两处状语								一处状语					
			S+Z1	Z1+Z1	S+Z2	Z1+Z2	Z2+Z1	Z2+Z2	S+Z3	Z1+Z3	S+Z4	S	Z1	Z2	Z3	Z4	Z5
11个词	数量(句)	3	29	10	6	4	3	0	1	0	0	35	96	57	15	7	1
			53									211					
	百分比(%)	1.12	10.86	3.75	2.25	1.5	1.12	0	0.37	0	0	13.11	35.96	21.35	5.62	2.62	0.37
			19.85									79.03					
12个词	数量(句)	13	29	21	6	7	0	1	0	6	1	29	52	17	4	1	0
			71									103					
	百分比(%)	6.95	15.52	11.23	3.21	3.74	0	0.53	0	3.21	0.53	15.51	27.81	9.09	2.14	0.53	0
			37.97									55.08					
13个词	数量(句)	9	26	14	11	0	0	0	2	0	0	15	29	18	7	1	0
			53									70					
	百分比(%)	6.82	19.7	10.61	8.32	0	0	0	1.52	0	0	11.36	21.97	13.64	5.3	0.76	0
			40.15									53.03					

附录15：表6-2-10 中级中介语14—20个词句子状语分布情况

状语分布		四处状语	三处状语	两处状语				一处状语					
				S+Z1	Z1+Z1	S+Z2	S+Z3	S	Z1	Z2	Z3	Z4	Z5
14个词	数量（句）	0	4	17	13	1	4	13	24	4	4	3	1
				35				49					
	百分比（%）	0	4.55	19.32	14.76	1.14	4.55	14.76	27.27	4.55	4.55	3.41	1.14
				39.77				55.68					
15个词	数量（句）	0	4	12	6	5	0	8	12	6	2	0	2
				23				30					
	百分比（%）	0	7.02	21.05	10.53	8.77	0	14.03	21.05	10.53	3.51	0	3.51
				40.35				52.63					
16个词	数量（句）	0	0	4	0	7	2	2	10	5	4	1	0
				13				22					
	百分比（%）	0	0	11.43	0	20	5.71	5.71	28.57	14.29	11.43	2.86	0
				37.14				62.86					

续 表

状语分布		四处状语	三处状语	两处状语				一处状语					
				S+Z1	Z1+Z1	S+Z2	S+Z3	S	Z1	Z2	Z3	Z4	Z5
17个词	数量（句）	1	3	4	1	2	0	3	5	6	1	0	0
				7				15					
	百分比（%）	3.85	11.54	15.38	3.85	7.69	0	11.54	19.22	23.08	3.85	0	0
				26.92				57.69					
18个词	数量（句）	0	0	4	0	1	0	5	5	1	2	0	0
				5				13					
	百分比（%）	0	0	22.22	0	5.56	0	27.78	27.78	5.56	11.1	0	0
				27.78				72.22					
19个词	数量（句）	0	0	2	0	1	0	2	0	3	0	0	0
				3				5					
	百分比（%）	0	0	25	0	12.5	0	25	0	37.5	0	0	0
				37.5				62.5					
20个词	数量（句）	0	0	0	0	0	0	5	1	2	0	0	0
				0				8					
	百分比（%）	0	0	0	0	0	0	62.5	12.5	25	0	0	0
				0				100					

附录16：表6-3-6　高级中介语11—13个词句子状语分布情况

状语分布		三处状语	两处状语									一处状语					
			S+Z1	Z1+Z1	S+Z2	Z1+Z2	Z2+Z1	Z2+Z2	S+Z3	Z1+Z3	S+Z4	S	Z1	Z2	Z3	Z4	Z5
11个词	数量（句）	2	42	8	16	4	0	2	2	0	2	36	108	60	10	4	0
			76									218					
	百分比（%）	0.68	14.18	2.7	5.41	1.35	0	0.68	0.68	0	0.68	12.16	36.48	20.27	3.38	1.35	0
			25.68									73.64					
12个词	数量（句）	4	36	8	12	0	0	0	2	0	0	26	86	52	16	6	2
			58									188					
	百分比（%）	1.6	14.4	3.2	4.8	0	0	0	0.8	0	0	10.4	34.4	20.8	6.4	2.4	0.8
			23.2									75.2					
13个词	数量（句）	4	22	6	6	4	2	0	2	2	0	12	46	28	12	10	0
			44									108					
	百分比（%）	2.56	14.11	3.85	3.85	2.56	1.28	0	1.28	1.28	0	7.69	29.49	17.95	7.69	6.41	0
			28.21									69.23					

附录17：表6-3-10 高级中介语14—20个词句子状语分布情况

状语分布		四处状语	三处状语	两处状语							一处状语				
				S+Z1	Z1+Z1	S+Z2	Z1+Z2	Z2+Z2	S+Z3	S+Z4	S	Z1	Z2	Z3	Z4
14个词	数量（句）	0	12	26	11	10	6	1	0	0	18	45	13	6	1
				54							83				
	百分比（%）	0	8.05	17.45	7.38	6.72	4.03	0.67	0	0	12.08	30.2	8.72	4.03	0.67
				36.25							55.7				
15个词	数量（句）	0	13	15	14	3	4	0	9	0	14	31	11	6	1
				45							63				
	百分比（%）	0	10.74	12.4	11.56	2.48	3.31	0	7.44	0	11.57	25.62	9.09	4.96	0.83
				37.19							52.07				
16个词	数量（句）	0	7	10	0	5	2	0	1	1	10	22	17	8	0
				19							57				
	百分比（%）	0	8.43	12.05	0	6.02	2.41	0	1.21	1.21	12.05	26.51	20.47	9.64	0
				22.9							68.67				

续 表

状语分布		四处状语	三处状语	两处状语						一处状语				
				S+Z1	Z1+Z1	S+Z2	Z1+Z2	Z2+Z3	S+Z3	S+Z4	S	Z1	Z2	Z3	Z4
17个词	数量(句)	0	1	9	3	5	0	0	2	0	6	12	5	5	0
							19						28		
	百分比(%)	0	2.08	18.75	6.25	10.42	0	0	4.17	0	12.49	25	10.42	10.42	0
							39.59						58.33		
18个词	数量(句)	0	4	4	0	6	0	0	1	0	5	9	14	1	0
							11						29		
	百分比(%)	0	9.09	9.09	0	13.64	0	0	2.27	0	11.36	20.46	31.82	2.27	0
							25						65.91		
19个词	数量(句)	1	3	4	0	0	0	0	2	0	2	9	1	0	1
							6						13		
	百分比(%)	4.35	13.04	17.39	0	0	0	0	8.7	0	8.7	39.12	4.35	0	4.35
							26.09						56.52		
20个词	数量(句)	0	2	5	2	2	0	0	1	0	3	7	1	0	0
							10						11		
	百分比(%)	0	8.7	21.73	8.7	8.7	0	0	4.35	0	13.04	30.43	4.35	0	0
							43.48						47.82		

附录18：表6-4-1 初、中、高各级中介语 7—20个词句子状语复杂度情况

		状语覆盖率（%）			多处状语比例（%）			多层状语比例（%）			句首状语比例（%）			最多处数（处）			最多层数（层）		
		初级	中级	高级	初级	中级	高级	初级	中级	高级	初级	中级	高级	初级	中级	高级	初级	中级	高级
区间3	7个词	75.71	76.08	73.72	15.72	14.35	11.99	29.69	32.48	32.66	18.55	12.91	11.5	3	3	2	4	4	5
	8个词	76.81	77.67	80.45	19.97	19.27	11.69	31.18	33.28	33.66	22.23	16.63	15.1	3	3	3	4	4	4
	9个词	80.69	81.53	73.56	25.5	20.04	22.32	32.73	33.99	34.56	31.59	20.92	19.15	3	3	3	4	4	4
	10个词	81.2	78.84	75.81	29.71	25.26	22.87	37.54	38.44	39.23	31.87	27.18	22.58	3	3	3	4	5	4
区间4	11个词	83	77.17	76.68	26.83	20.98	26.36	37.04	37.5	37.23	29.55	21.39	25.91	3	3	3	5	4	4
	12个词	80.69	81.3	88.03	41.03	44.92	24.8	38.61	38.71	39.66	44.14	30.87	29.58	2	3	3	4	4	5
	13个词	84.38	85.16	77.23	35.8	46.97	30.77	38.67	31.39	41.77	37.5	38.06	22.77	3	3	3	4	4	4
区间5	14个词	85.71	81.48	76.02	57.41	44.32	44.3	33.33	20	25	53.97	35.19	32.14	3	3	3	3	5	4
	15个词	81.25	85.07	80.13	34.62	47.37	47.93	43.48	27.12	27.34	40.63	40.3	35.1	3	3	3	4	4	4
	16个词	79.17	72.92	83.84	57.89	37.14	31.33	61.11	57.57	49.33	50	31.25	27.27	2	2	3	2	4	4
	17个词	83.33	86.67	94.12	53.34	42.31	41.67	40	44	40	66.67	43.33	47.06	3	3	3	3	3	3
	18个词	75	69.23	96.65	50	27.78	34.09	25	30.76	58.97	62.5	38.46	43.48	3	2	3	2	3	3
	19个词	100	72.73	79.31	25	37.5	43.48	0	66.67	21.74	100	45.45	37.93	3	2	4	1	2	4
	20个词	50	80	92	0	0	52.18	—	66.67	18.19	100	50	48	1	1	3	—	2	3

·469·

附录19：表7-4-1 初、中、高各级中介语 7—20个词句子补语复杂度情况

		补语覆盖率（%）				多处补语比例（%）				多层补语比例（%）			
		初级	中级	高级	本族人	初级	中级	高级	本族人	初级	中级	高级	本族人
3区间	7个词	9.73	18.32	17.86	28.18	0	0.99	0.57	1.32	0.85	0.49	1.15	0.38
	8个词	11.65	16.15	18.81	37.21	0	1.47	1.32	2.06	0	0.74	0.66	0.52
	9个词	14.44	21.22	22.49	42.32	1.25	1.44	2.03	2.95	1.25	0	0.68	1.1
	10个词	13.73	20.95	23.59	36.93	3.77	1.98	2.56	4.18	0	0.99	1.71	0.56
4区间	11个词	11.74	20.81	23.83	34.82	0	0	2.17	5.06	0	1.39	1.09	0.39
	12个词	18.62	21.30	25.35	46.98	0	0	2.78	6.06	0	0	2.78	0.76
	13个词	19.79	21.94	28.22	41.99	0	0	0	6.94	5.26	2.94	0	1.16
5区间	14个词	15.87	14.81	30.1	43.08	0	0	0	5.11	0	0	0	2.92
	15个词	9.38	16.42	30.46	40.27	33.33	9.09	0	10.1	0	0	0	1.12
	16个词	0	16.67	18.18	42.26	—	0	0	4.23	—	0	0	2.82
	17个词	11.11	30	35.29	46.4	0	22.22	5.56	13.8	0	11.11	0	1.72
	18个词	12.5	19.23	32.61	39.56	0	0	13.3	0	0	0	6.67	0
	19个词	0	36.36	34.48	31.94	—	0	0	4.35	—	0	0	4.35
	20个词	50	10	20	49.09	0	0	20	7.41	0	0	20	7.41

附录20：表8-1-3 各级中介语7—20个词句子定语复杂度与本族人语料对比分析

		定语覆盖率(%)				多处定语比例(%)				多层定语比例(%)				最多处数(处)				最多层数(层)			
		初	中	高	本	初	中	高	本	初	中	高	本	初	中	高	本	初	中	高	本
区间3	7个词	52.83	57.67	59.96	46.78	6.14	6.42	10.96	4.21	14.54	16.93	16.31	18.21	2	2	2	2	3	3	3	3
	8个词	53.27	57.48	62.87	52.17	10.71	11.16	9.84	6.98	14.72	18.96	19.22	19.82	2	2	2	2	3	3	3	3
	9个词	53.61	62.44	67.78	58.53	11.78	15.65	17.03	9.85	21.08	20.21	20.65	21.33	2	3	3	2	3	3	3	3
	10个词	54.15	63.9	69.76	63.68	14.35	15.09	19.94	10.98	23.33	25.61	24.21	30.72	3	3	2	3	3	3	3	4
区间4	11个词	54.25	63.58	68.39	64.09	14.19	18.19	19.7	16.91	24	26.05	26.81	32.55	3	3	3	2	4	4	3	4
	12个词	55.17	73.91	70.77	69.04	21.25	30	29.85	24.23	24.49	27.48	28.9	32.37	3	3	3	3	3	4	4	4
	13个词	56.25	76.13	78.22	70.87	22.22	31.36	32.91	24.65	26.87	28.1	28.77	32.7	3	3	3	2	3	4	4	4
	14个词	68.25	79.63	78.57	70.44	32.56	33.72	35.71	24.11	30.19	30.17	30.59	40.92	2	3	4	4	3	3	3	4
	15个词	65.63	79.1	79.47	71.04	33.33	34.62	44.17	28.03	32.14	32.43	31.49	42.79	2	3	4	4	3	3	3	3
区间5	16个词	79.17	77.08	80.81	75.06	36.85	37.84	37.04	28.34	34.62	33.96	35.34	41.57	2	3	3	3	3	3	3	3
	17个词	77.78	76.67	78.43	82.64	42.86	30.43	52.5	32	33.33	38.71	27.67	40.25	3	3	3	3	3	3	3	3
	18个词	75	80.77	82.61	80.22	66.67	38.1	44.74	32.88	40	36.67	30.51	40.4	2	3	3	3	3	3	4	4
	19个词	100	81.82	82.75	83.33	75	55.55	58.33	33.33	28.57	18.75	34.09	40.96	2	3	2	3	3	3	3	4
	20个词	100	90	84	87.27	50	44.44	52.37	43.74	28.57	35.71	22.22	41.49	3	3	4	5	3	3	3	4

附录21：表8-1-4　各级中介语7—20个词句子状语复杂度与本族人语料对比分析

		状语覆盖率(%)				多处状语比例(%)				多层状语比例(%)				句首状语比例(%)				最多处数(处)				最多层数(层)			
		初	中	高	本	初	中	高	本	初	中	高	本	初	中	高	本	初	中	高	本	初	中	高	本
区间3	7个词	75.71	76.08	73.72	71.34	15.72	14.35	11.99	7.45	29.69	32.48	32.66	35.56	18.55	12.91	11.5	4.31	3	3	2	2	4	4	5	4
	8个词	76.81	77.67	80.45	72.70	19.97	19.27	11.69	10.39	31.18	33.28	33.66	35.28	22.23	16.63	15.1	4.8	3	3	3	3	4	4	4	4
	9个词	80.69	81.53	73.56	75.58	25.5	20.04	22.32	9.87	32.73	33.99	34.56	35.6	31.59	20.92	19.15	4.36	3	3	3	3	4	4	4	4
	10个词	81.2	78.84	75.81	75.1	29.71	25.26	22.87	14.66	37.54	38.44	39.23	38.07	31.87	27.18	22.58	7.41	3	3	3	3	4	5	4	5
区间4	11个词	83	77.17	76.68	79	26.83	20.98	26.36	15.96	37.04	37.5	37.23	41.94	29.55	21.39	25.91	9.35	3	3	3	3	5	5	4	4
	12个词	80.69	81.3	88.03	81.49	41.03	44.92	24.8	18.78	38.61	38.71	39.66	42.97	44.14	30.87	29.58	9.96	2	3	3	3	4	5	4	4
	13个词	84.38	85.16	77.23	78.88	35.8	46.97	30.77	16.62	38.67	31.39	41.77	43.32	37.5	38.06	22.77	10.68	3	3	3	3	4	4	4	4
	14个词	85.71	81.48	76.02	80.19	57.41	44.32	44.3	18.82	33.33	20	25	44.57	53.97	35.19	32.14	14.15	3	3	3	3	5	4	5
	15个词	81.25	85.07	80.13	83.26	34.62	47.37	47.93	26.08	43.48	27.12	27.34	45.02	40.63	40.3	35.1	17.65	3	3	3	3	4	4	6
区间5	16个词	79.17	72.92	83.84	87.5	57.89	37.14	31.33	33.34	61.11	57.57	49.33	45.95	50	31.25	27.27	28.57	2	3	3	3	2	3	4	5
	17个词	83.33	86.67	94.12	87.5	53.34	42.31	41.67	37.74	40	44	40	45.54	66.67	43.33	47.06	26.4	3	4	3	3	3	3	3	5
	18个词	75	69.23	96.65	91.21	50	27.78	34.09	38.55	25	30.76	58.97	46.43	62.5	38.46	43.48	34.07	3	2	3	3	2	3	3	5
	19个词	100	72.73	79.31	90.28	25	37.5	43.48	43.08	0	66.67	21.74	48.53	100	45.45	37.93	36.11	3	2	4	3	1	2	4	5
	20个词	50	80	92	96.36	0	0	52.18	43.4	—	66.67	18.19	53.85	100	50	48	43.64	1	1	3	3	—	2	3	4

附录22：表8-2-3 各级教材句子定语复杂度与中介语对比分析

		定语覆盖率（%）						多处定语比例（%）						多层定语比例（%）					
		初级		中级		高级		初级		中级		高级		初级		中级		高级	
		教材	中介	教材	中介	教材	中介	教材	中介	教材	中介	教材	中介	教材	中介	教材	中介	教材	中介
区间3	7个词	50.57	52.83	53.41	57.67	41.36	59.96	5.27	6.14	9.13	6.42	7.04	10.96	18.93	14.54	21.4	16.93	21.49	16.31
	8个词	58.88	53.27	59.55	57.48	44.85	62.87	11.21	10.71	10	11.16	8.05	9.84	24.42	14.72	25.19	18.96	23.94	19.22
	9个词	63.31	53.61	61.79	62.44	44.41	67.78	10.25	11.78	15.6	15.65	8.66	17.03	25.93	21.08	27.78	20.21	26.81	20.65
	10个词	64.25	54.15	61.32	63.9	54.9	69.76	21.8	14.35	16.92	15.09	11.61	19.94	26.99	23.33	28.95	25.61	34.4	24.21
区间4	11个词	69.43	54.25	75.47	63.58	48.7	68.39	26.61	14.19	19.17	18.19	8	19.7	30.15	24	30.42	26.05	30.86	26.81
	12个词	66.67	55.17	75.2	73.91	68.57	70.77	23.33	21.25	28.72	30	23.61	29.85	40.54	24.49	29.03	27.48	34.78	28.9
	13个词	79.69	56.25	71.95	76.13	54.79	78.22	19.61	22.22	35.59	31.36	20	32.91	32.26	26.87	33.75	28.21	42.56	28.77
区间3	14个词	78.95	68.25	71.42	79.63	73.47	78.57	37.78	32.56	26.67	33.72	25.01	35.71	36.51	30.19	38.6	30.17	48.84	30.59
	15个词	80	65.63	69.77	79.1	75.76	79.47	39.28	33.33	33.33	34.62	40	44.17	39.02	32.14	36.59	32.43	37.84	31.49
	16个词	68.18	79.17	80.77	77.08	83.33	80.81	33.35	36.85	47.62	37.84	20	37.04	28.57	34.62	22.58	33.96	28	35.34
	17个词	76.92	77.78	78.95	76.67	81.25	78.43	30	42.86	46.67	30.43	30.76	52.5	57.69	33.33	39.13	38.71	47.62	27.67
	18个词	64.29	75	64.29	80.77	83.33	82.61	11.11	66.67	22.22	38.1	10	44.74	50	40	63.64	36.67	54.54	30.51
	19个词	62.5	100	100	81.82	72.73	82.75	0	75	23.08	55.55	12.5	58.33	60	28.57	30.58	18.75	77.78	34.09
	20个词	71.43	100	83.33	90	66.67	84	40	50	40	44.44	50	52.37	28.58	28.57	42.86	35.71	100	22.22

附录23：表8-2-4 各级教材句子状语复杂度与中介语对比分析

		状语覆盖率（%）						多处状语比例（%）					
		初级		中级		高级		初级		中级		高级	
		教材	中介语	教材	中介语	教材	中介语	教材	中介语	教材	中介语	教材	中介语
区间3	7个词	72.81	75.71	72.9	76.08	73.2	73.72	12.79	15.72	12.83	14.35	9.02	11.99
	8个词	72.81	76.81	76.18	77.67	73.92	80.45	12.67	19.97	12.7	19.27	9.76	11.69
	9个词	77.6	80.69	78.43	81.53	77.27	73.56	13.39	25.5	19.06	20.04	10.41	22.32
	10个词	84.54	81.2	85.85	78.84	74.51	75.81	14.85	29.71	19.78	25.26	9.87	22.87
区间4	11个词	86.62	83	88.68	77.17	81.82	76.68	22.05	26.83	21.28	20.98	19.04	26.36
	12个词	82.22	80.69	85.6	81.3	89.52	88.03	21.62	41.03	23.37	44.92	14.89	24.8
	13个词	92.19	84.38	87.8	85.16	76.71	77.23	32.2	35.8	19.17	46.97	16.09	30.77
区间5	14个词	84.21	85.71	82.54	81.48	79.59	76.02	24.98	57.41	36.54	44.32	23.06	44.3
	15个词	94.29	81.25	86.05	85.07	84.85	80.13	45.45	34.62	18.93	47.37	21.42	47.93
	16个词	77.27	79.17	65.38	72.92	100	83.84	41.17	57.89	52.94	37.14	24	31.33
	17个词	84.62	83.33	94.74	86.67	75	94.12	31.82	53.34	38.89	42.31	58.34	41.67
	18个词	92.86	75	92.86	69.23	91.67	96.65	46.15	50	53.84	27.78	27.27	34.09
	19个词	87.5	100	84.62	72.73	90.91	79.31	28.58	25	45.45	37.5	60	43.48
	20个词	100	50	83.33	80	66.47	92	85.71	0	40	0	0	52.18

表8-2-4　　各级教材句子状语复杂度与中介语对比分析（续）

		多层状语比例（%）					句首状语比例（%）					
		初级		中级		高级		初级		中级		高级	
		教材	中介语	教材	中介语	教材	中介语	教材	中介语	教材	中介语	教材	中介语
区间3	7个词	35.94	29.69	38.06	32.48	39.84	32.66	9.7	18.55	7.99	12.91	6.6	11.5
	8个词	37.73	31.18	38.08	33.28	39.45	33.66	11.93	22.23	10.92	16.63	7.47	15.1
	9个词	41.63	32.73	40.42	33.99	42.36	34.56	12.66	31.59	14.95	20.92	5.59	19.15
	10个词	46.2	37.54	38.44	38.44	38.93	39.23	14.98	31.87	19.34	27.18	8.82	22.58
区间4	11个词	39.57	37.04	47.79	37.5	46.97	37.23	17.83	29.55	22.01	21.39	12.99	25.91
	12个词	51.47	38.61	51.52	38.71	47.25	39.66	24.44	44.14	26.4	30.87	16.19	29.58
	13个词	39.66	38.67	50.68	31.39	54.39	41.77	31.25	37.5	25.61	38.06	12.33	22.77
区间5	14个词	42.86	33.33	47.06	20	60.53	25	26.32	53.97	22.22	35.19	20.14	32.14
	15个词	14.71	43.48	57.57	27.12	39.29	27.34	40	40.63	25.58	40.3	18.18	35.1
	16个词	53.33	61.11	68.42	57.57	42.31	49.33	45.45	50	26.92	31.25	20	27.27
	17个词	27.79	40	41.18	44	46.16	40	42.31	66.67	42.11	43.33	31.25	47.06
	18个词	46.15	25	50	30.76	54.54	58.97	42.86	62.5	42.86	38.46	25	43.48
	19个词	50	0	41.67	66.67	16.67	21.74	37.5	100	30.77	45.45	45.45	37.93
	20个词	42.86	—	25	66.67	0	18.19	85.71	100	50	50	0	48

· 475 ·

附录24：表8-2-5　各级教材句子补语复杂度与中介语对比分析

		带补语句子比例（%）						多处补语句子比例（%）						多层补语句子比例（%）					
		初级		中级		高级		初级		中级		高级		初级		中级		高级	
		教材	中介	教材	中介	教材	中介	教材	中介	教材	中介	教材	中介	教材	中介	教材	中介	教材	中介
区间3	7个词	27.95	9.73	23.41	18.32	27.18	17.86	3.4	0	3.57	0.99	0	0.57	0	0.85	0	0.49	0	1.15
	8个词	32.49	11.65	18.91	16.15	27.58	18.81	0.78	0	2.06	1.47	2.8	1.32	0	0	0	0.74	0	0.66
	9个词	33.44	14.44	21.59	21.22	32.87	22.49	0	1.25	2.3	1.44	2.76	2.03	0	1.25	0	0	0	0.68
	10个词	38.65	13.73	23.56	20.95	30.39	23.59	3.75	3.77	5.71	1.98	0	2.56	0	0	0	0.99	0	1.71
区间4	11个词	31.85	11.74	24.06	20.81	35.71	23.83	2	0	1.96	0	3.64	2.17	0	0	0	1.39	0	1.09
	12个词	28.89	18.62	23.9	21.30	32.38	25.35	3.85	0	2.63	0	2.78	0	0	0	0	0	0	2.78
	13个词	35.94	19.79	25.6	21.94	31.51	28.22	4.34	0	6.25	0	13.04	0	0	5.26	0	2.94	0	0
区间5	14个词	22.81	15.87	20.74	14.81	28.57	30.1	7.69	0	0	0	14.29	0	0	0	0	0	0	0
	15个词	40	9.38	20.63	16.42	36.36	30.46	7.14	33.33	7.69	9.09	8.33	0	0	0	0	0	0	0
	16个词	22.73	0	9.3	16.67	41.67	18.18	20	—	25	0	20	0	0	—	0	0	0	0
	17个词	26.92	11.11	26.92	30	31.25	35.29	14.29	0	0	22.22	0	5.56	0	0	0	11.11	0	0
	18个词	42.86	12.5	21.05	19.23	33.33	32.61	0	0	0	0	0	13.3	0	0	0	0	0	6.67
	19个词	50	0	50	36.36	18.18	34.48	0	—	14.28	0	50	0	0	—	0	0	0	0
	20个词	28.57	50	38.46	10	66.67	20	0	0	0	0	50	20	0	0	0	0	0	20

参考文献

一 外文文献

Arlman – Rupp et al., "Brown's early stages: Some evidence from Dutch", *Journal of Child Language Disorder*, 12, pp. 13 – 17, 1976.

Brorson, K. & Dewey, C., "Effect of language sample size on MLUw", *Hearsay*, 17, pp. 46 – 56, 2005.

Brown, R., *A First Language: the Early Stages*, Cambridge, Mass.: Harvard University Press, 1973.

Conant, S., "The relationship between age and MLU in young children: A second look at Klee and Fitzgerald's data", *Journal of Psycholinguistic Research*, 2, pp. 331 – 341, 1987.

Cook, V., *Linguistics and Second Language Acquisition*, New York: St. Martin's Press, 1993.

Corder, P., *Error Analysis and Interlanguage*, Oxford: Oxford University Press, 1981.

Curran, *Investigating early relationships between language and emergent literacy in three andfouryearold children*, The Florida University, 2004.

Dulay, H. &M. Burt, "Natural sequences in child second language acquisition", *Language Learning*, 24, 1974.

Edith A. Davis, "Mean sentence length compared with long and short sentence", *Language Development*, 8 (1): pp. 69 – 79, 1937.

Eisenberg, S. L., Fersko, T. M. &Lundgren, C., "The use of MLU for indentifying Language impairment in preschool children: a review", *Journal of Speech, Language Pathology*, 10, pp. 323 – 342, 2001.

Ellis, "Sources of variability in interlanguage", *Applied Linguistics*, 6, 1985.

Ellis, R., *Understanding Second Language Acquisition*, Oxford: Oxford University Press, 1985.

Elllis, R., *The Study of Second Language Acquisition*, Oxford, England: Oxford University Press, 1994.

Hatch. E., *A Second Language Perspective*, Rowlry, Mass: Newbury House, 1983.

Hickey, T., "Mean length of utterance and the acquisition of Irish", *Journal of Child Language*, 3, pp. 553 – 569, 1991.

Hunt, Kellogg W., "Study correlates age with grammatical complexity", *Linguistic Reporter*, 18 (7), 3, 1976.

Jiang, Wenying, "Measurement of development in L2 written production: The case of L2 Chinese", *Applied Linguistics*, 34 (1), pp. 1 – 24, 2013.

Jin, Honggang "Syntactic maturity in second language writings: A case of Chinese as a foreign language (CFL)", *Journal of the Chinese Language Teachers Association*, 42 (1), pp. 27 – 54, 2007.

Johnston, J., "Effects of an alternate MLU calculation: variability and extent", *Journal of Speech, Language and Hearing Research*, 44, pp.

156 – 164. 2001.

Klatter – Folmer et al. , "Language development in deaf children's interaction with deaf and hearing adults: a Dutch longitudinal study", *Journal of Deaf Studies and Deaf Education*, 11 (2), pp. 238 – 250, 2006.

Klee, Stokes, Wong et al. , "Utterance length and lexical diversity in Cantonese – speaking children with and without specific language impairment", *Journal of speech, Language, and Hearing Research*, 47, 1396 – 1410, 2004.

Larsen – Freeman, Diane & Michael H. Long, *An introduction to second language acquisition research*, New York: Longman, 1991.

Lu Xiaofei, "A corpus – based evaluation of syntactic complexity measures as indices of college – level ESL writer's language development", *TESOL Quarterly*, 45 (1), pp. 35 – 62, 2011.

MacWhinney, B. , *The CHILDES Project: Tools For Analyzing Talk*, Mahwah, NJ: Lawrence Erlbaum Associates, 2000.

McCarthy, D. , *Language Development in Children*, In L. Carmichael (Ed.), Manual of child psychology (2nd) New York: Wiley, 1954.

McCarthy, D. , "The language development of the preschool child", *Institute of Child Welfare*, Monograph Series 4, 1930.

Miller, J. F. & Chapman, R. S. , "The relation between age and mean length of utterance in morphemes", *Journal of Speech and Hearing Research*, Vol. 24, No. 2, pp. 154 – 161, 1981.

Miller, J. F. & Chapman, R. S. , *Systematic Analysis of Language Transcripts* (*SALT*), Madiosn, WI: University of Wisconsin – Madison Waisman Center, Language Analysis Laboratory, 2000.

Nice, M. , "Length of sentences as a criterion of a child's progress in speech", *Journal of Educational Psychology*, 16, pp. 370 – 379, 1925.

Owens, R. E., *Language Disorders From Infancy through Adolescents* (2nd ed.), Saint Louis, MO: Mosby – Year Book, 1999.

Pan, B. A., "Basic measures of child languag", J. Sokolov& C. Snow, *Handbook of Research in Language Development Using CHILDES*, Hillsdale, NJ: Lawrence Erlbaum Associates, 1994.

Parker M. D. &Brorson. K., A comparative study between mean length of utterance in morphemes (MLUm) and length of utterance in word (MLUw), *First Language*, 25, pp. 365 – 376, 2005.

Pienemann, M., *Language Processing and Second Language Development: Processability Theory*, Amsterdam: Benjamin, 1998.

Rice, M. L., &Wexler, K., *Rice/Wexler Test of Early Grammatical Impairment*, San Antonio, TX: The Psychological Corporation, 2001.

Rice, M. L., Redmond, S. M., & Hoffman, L.," Mean length of utterance in children with specific language impairment and in younger control children shows concurrent validity, stable and parallel growth trajectories", *Journal of Speech, Language, and Hearing Research*, 49, pp. 793 – 808, 2006.

Rice, M. L &Smolik, F. & Perpich, D. (etc.)," Mean Length of Utterance Levels in 6 – Month Intervals for Children 3 to 9 Years With and Without Language Impairments", *Journal of Speech, Language, and Hearing Research*, Vol 53, pp. 333 – 349, 2010.

Rollins, P. R., Snow, C. E. &Willet, J. B.," Predictors of MLU: semantic and morphological development", *First Language*, (16): pp. 243 – 259. 1996.

Rondal, J. A., Ghiotto, M., Berdart, S. & Bachelet, J. F. " Mean length of utterance of children with Downs Syndrome", *American Journal on Mental*

Retardation, 93, pp. 64 – 66, 1987.

Schachter. J. ," An error in error analysis", *Language Learning*, 24, 1974.

Selinker, L. ," Interlanguage", *International Review of Applied Linguistics*, 5, pp. 209 – 30, 1972.

Templin, M. C. ," Certain language skills in children", *Institute of Child Welfare Monographs*, No. 26. , 1957.

Thordardottir, E. T, & Weismer, S. E. ," Mean length of utterance and other language sample measures in Icelandic", *First Language*, 18, pp. 1 – 32. 1998.

Wolfe – Quintero, Kate, Shunji Inagaki and Hae Young Kim, *Second Language Development in Writing*: *Measures of Fluency, Accuracy and Complexity*, Honlulu, Hawaii: University of Hawaii Press, 1998.

Yuan, Fangyuan, "Measuring learner language in L2 Chinese in fluency, accuracy and complexity", *Journal of the Chinese Language Teachers Association*, 44 (3), pp. 109 – 130, 2009.

김선정、김목아,중국인한국어학습자의중간언어연구평균발화길이(MLU)와어휘적특성을중심으로, 비교문화연구, 제22집 (3), 2011.

김영태,한국 2-4세아동의발화길이에관한기초연구,말언어장애연구, 제2권, 11, 표의일부임,1997.

김태경이필영장경희,연령및성별변인과 MLU의상관관계,연구국제어문제 38집, (12),106-124, 2006.

유연, 3-4세정상아동의표현언어발달-이름대기능력과발화길이를중심으로, 연세대학교,2004.

이나영,기본문법기정상아동의연령과발화길이에따른조사의산출,연세대학교, 2004.

二 中文译著

［中］曹逢甫：《汉语的句子与子句结构》，王静译，北京语言大学出版社2005年版。

［中］曹逢甫：《主题在汉语中的功能研究：迈向语段分析的第一步》，谢天蔚译，语文出版社1995年版。

［英］弗·帕默：《语法》，赵世开译，上海译文出版社1982年版。

［美］弗里斯：《英语结构》，何乐士等译，商务印书馆1964年版。

［美］J. B. Carroll（约翰·B·卡罗尔）：《儿童语言的发展》，曾越麟译，《国外语言学》1979年第4期。

三 专著

蔡金亭：《中国学生英语过渡语研究》，外语教学与研究出版社2008年版。

程雨民：《英语语体学》（修订本），上海外语教育出版社2004年版。

崔羲秀、俞春喜：《韩国语实用语法》，延边大学出版社2003年版。

戴曼纯：《中国英语学习者L2句法发展研究》，外语教学与研究出版社2008年版。

丁声树等：《现代汉语语法讲话》，商务印书馆1999年版。

范晓：《汉语句子的多角度研究》，商务印书馆2009年版。

范晓主编：《汉语的句子类型》，山西书海出版社1998年版。

房玉清：《实用汉语语法》（修订本），北京大学出版社2001年版。

冯胜利：《汉语韵律句法学》，上海教育出版社2000年版。

高名凯：《汉语语法论》，开明书店1948年版。

龚千炎：《句子分析》，安徽教育出版社1982年版。

侯维瑞：《英语语体》，上海外语教育出版社1992年版。

胡裕树、张斌：《胡裕树张斌选集》，东北师范大学出版社2002年版。

胡裕树：《现代汉语》（重订本），上海教育出版社1995年版。

黄伯荣、廖序东：《现代汉语》（下册），高等教育出版社2011年版。

晋耀红：《HNC（概念层次网络）语言理解技术及其应用》，科学出版社2006年版。

黎锦熙：《新著国语文法》，商务印书馆1998年版。

黎运汉：《汉语风格学》，广东教育出版社2000年版。

李大忠：《外国人学汉语语法偏误分析》，北京语言文化大学出版社1996年版。

李德津、程美珍：《外国人实用汉语语法》，华语教育出版社1993年版。

李杰：《现代汉语状语的多角度研究》，上海三联书店2008年版。

李临定：《现代汉语句型》，商务印书馆1986年版。

李宇明：《儿童语言的发展》，华中师范大学出版社1995年版。

刘复：《中国文法通论》，中华书局1939年版。

刘鑫民：《现代汉语句子生成问题研究：一个以语序为样本的探索》，华东师范大学出版社2004年版。

刘源等：《信息处理用现代汉语分词规范及自动分词方法》，清华大学出版社2000年版。

刘月华等：《实用现代汉语语法（增订本）》，商务印书馆2001年版。

卢福波：《对外汉语教学语法研究》，北京语言大学出版社2003年版。

吕冀平：《汉语语法基础》，黑龙江人民出版社1983年版。

吕叔湘、朱德熙：《语法修辞讲话》，中国青年出版社1979年版。

吕叔湘：《汉语语法分析问题》，商务印书馆2007年版。

吕叔湘：《中国文法要略》，商务印书馆1982年版。

马建忠：《马氏文通》，商务印书馆1998年版。

莫彭龄、王政红：《语体语言教程》，南京大学出版社 1993 年版。

齐沪扬主编：《对外汉语教学语法》，复旦大学出版社 2006 年版。

秦晓晴、文秋芳：《中国大学生英语写作能力发展规律与特点研究》，中国社会科学出版社 2007 年版。

秦秀白：《英语语体和文体要略》，上海外语教育出版社 2001 年版。

邵敬敏：《标点符号要诀》，汉语大词典出版社 2000 年版。

盛言：《语言教学原理》，重庆出版社 1990 年版。

史有为：《汉语如是观》，北京语言文化大学出版社 1997 年版。

司红霞：《现代汉语插入语研究》，东北师范大学出版社 2009 年版。

王德春、陈瑞端：《语体学》，广西教育出版社 2000 年版。

王建勤主编：《汉语作为第二语言的习得研究》，北京语言文化大学出版社 1997 年版。

王力：《中国现代语法》，商务印书馆 1985 年版。

王永德：《外国留学生习得汉语句子的比较研究》，安徽大学出版社 2004 版。

文秋芳、胡健：《中国大学生英语口语能力发展的规律与特点》，外语教学与研究出版社 2008 年版。

文秋芳：《二语习得重点问题研究》，外语教学与研究出版社 2010 年版。

伍铁平：《普通语言学概要》，高等教育出版社 1998 年版。

向若：《紧缩句》，上海教育出版社 1984 年版。

肖奚强：《现代汉语语法与对外汉语教学》，学林出版社 2002 年版。

肖奚强等：《汉语中介语语法问题研究》，商务印书馆 2008 年版。

肖奚强等：《外国学生汉语句式学习难度与分级排序研究》，高等教育出版社 2009 年版。

邢福义、汪国胜：《现代汉语》，华中师范大学出版社 2003 年版。

邢福义：《汉语复句研究》，商务印书馆 2001 年版。

邢福义：《汉语语法学》，东北师范大学出版社 1996 年版。

徐赳赳：《现代汉语篇章回指研究》，中国社会科学出版社 2003 年版。

杨德峰：《汉语的结构和句子研究》，教育科学出版社 2004 年版。

张斌：《新编现代汉语》，复旦大学出版社 2005 年版。

张金桥：《汉语句子阅读的心理学研究》，华中师范大学出版社 2008 年版。

张静：《汉语语法问题》，中国社会科学出版社 1987 年版。

张沩之：《句子和句子分析》，上海教育出版社 1985 年版。

张义源、宋英华：《韩国语句型》，延边大学出版社 2006 年版。

赵元任：《汉语口语语法》，商务印书馆 2005 年版。

周国光、王葆华：《儿童句式发展研究和语言习得理论》，北京语言文化大学出版社 2001 年版。

周国光：《汉语句法结构习得研究》，安徽大学出版社 1997 年版。

周兢、张鉴如：《汉语儿童语言发展研究——国际儿童语料库研究方法的应用与发展》，教育科学出版社 2009 年版。

周文华：《现代汉语介词习得研究》，世界图书出版公司 2011 年版。

朱德熙：《语法讲义》，商务印书馆 1982 年版。

朱曼殊、缪小春主编：《心理语言学》，华东师范大学出版社 1990 年版。

朱曼殊主编：《儿童语言发展研究》，华东师范大学出版社 1986 年版。

四 期刊及论文

安福勇：《不同水平 CSL 学习者作文流畅性、句法复杂度和准确性分析——一项基于 T 单位测量法的研究》，《语言教学与研究》2015 年第 3 期。

鲍贵：《英语学习者作文句法复杂性变化研究》，《外语教学与研究》

2009年第4期。

卞觉非:《句子的分析与理解及其相关问题》,《南京大学学报》1995年第1期。

曹爱娣:《基于语料库的中国英语专业学生议论文中流利性、准确性和复杂性的发展模式研究》,硕士学位论文,扬州大学,2008年。

曹漱芹、方俊明、顾未青:《高功能自闭症儿童语言交往训练的个案研究——视觉支持性语言教学的探索》,《中国特殊教育》2009年第7期。

曹贤文、邓素娟:《汉语母语和二语书面表现的对比分析——以小学高年级中国学生和大学高年级越南学生的同题汉语作文为例》,《华文教学与研究》2012年第2期。

陈建军:《现代汉语多重定语结构层次考察》,《辽宁工程技术大学学报》2006年第3期。

陈默、李侑璟:《韩语母语者汉语口语复杂度研究》,《语言文字应用》2016年第4期。

陈默:《汉语作为第二语言自然口语产出的复杂度、准确度和流利度研究》,《语言教学与研究》2015年第3期。

陈平:《汉语零形回指的话语分析》,《中国语文》1987年第5期。

陈世祥:《汉语句法结构对学习汉语的重要性——以定语位置上的"小"为例》,《汉语学报》2005年第3期。

陈玉东:《汉语韵律层级中小句的中枢地位和调节作用》,《汉语学报》2005年第2期。

陈兆福:《紧缩句论略》,《临沂师范学院学报》2002年第2期。

池毓焕、李颖:《面向汉英机器翻译的大句范式初探》,孙茂松、陈群秀主编《中国计算机语言学前沿进展》,清华大学出版社2009年版。

池毓焕:《汉语动词形态困扰的分析与处理》,博士学位论文,中国科学院声学研究所，2005年。

储泽祥、王文格：《现代汉语小句的判断标准》，《宁夏大学学报》2009年第4期。

储泽祥：《小句是汉语语法基本的动态单位》，《汉语学报》2004年第2期。

丁建新：《发展语用学关于儿童话语能力的研究》，《外国语》1999年第2期。

范继淹：《汉语句段结构》，《中国语文》1985年第1期。

范晓：《语体对句子选择情况的初步考察》，中国华东修辞学会、复旦大学语言文学研究所编《语体论》，安徽教育出版社1987年版。

盖笑松、杨薇、邰宇：《儿童语言样本的分析技术》，《心理科学进展》2009年第6期。

高立群、孙慧莉：《对外汉语课堂教学量化工具的设计构想》，《世界汉语教学》2007年第4期。

洪鹿平：《汉语复句关系自动判定研究》，硕士学位论文，南京师范大学，2008年。

胡明扬、劲松：《流水句初探》，《语言教学与研究》1989年第4期。

华红琴、朱曼殊：《学龄弱智儿童语言发展研究》，《心理科学》1993年第3期。

黄昌宁：《中文信息处理中的分词问题》，《语言文字应用》1997年第1期。

黄南松：《试论短语自主成句所应具备的若干语法范畴》，《中国语文》1994年第6期。

黄南松：《现代汉语词组和句子的区别》，《中国人民大学学报》1995年第4期。

黄忠廉：《小句中枢全译说》，《汉语学报》2005 年第 2 期。

黄自然、贾成南：《平均句长在语言习得研究中的应用与问题》，《长江大学学报》2013 年第 1 期。

黄自然、肖奚强：《韩国学生汉语句长与定、状语复杂度发展研究》，《语言文字应用》2014 年第 2 期。

黄自然、肖奚强：《基于中介语语料库的韩国留学生"把"字句习得研究》，《汉语学习》2012 年第 1 期。

黄自然：《韩国学生汉语中介语平均句长与句长分布发展研究》，《淮北师范大学学报》2016 年第 1 期。

黄自然：《韩国学生中介语各句长句子补语复杂度发展研究》，《安徽农业大学学报》2017 年第 5 期。

黄自然：《韩国学生中介语各句长句子状语复杂度发展研究》，《安徽农业大学学报》2016 年第 2 期。

贾萍萍：《国内外智障儿童形态句法习得研究综述》，《南京特教学院学报》2009 年第 1 期。

江迪：《中国与英语国家立法领域英语的文体对比》，硕士学位论文，宁波大学，2004 年。

江新：《第二语言习得的研究方法》，《语言文字应用》1999 年第 2 期。

金廷恩：《汉语完句成分说略》，《汉语学习》1999 年第 6 期。

金志娟、金星明：《儿童语言发育进程中语法的研究》，《中国儿童保健杂志》2008 年第 2 期。

金志娟、金星明：《学龄前儿童普通话平均句子长度和词汇广度研究》，《中国循证儿科杂志》2008 年第 4 期。

晋耀红：《汉语理解处理中多动词难点的研究与实现》，博士学位论文，中国科学院声学研究所，2003 年。

晋耀红：《专利文本翻译中复杂长句翻译算法研究》，《计算机应用研究》2011年第8期。

靳洪刚：《从汉语写作过程看CFL语言结构复杂度的发展》，《汉语教学学刊》（第二辑），2006年。

李杰：《汉语状语的界定和范围》，《汉语学习》2009年第2期。

李杰：《现代汉语的动态状语和静态状语及其句法语义特征》，《苏州大学学报》2007年第2期。

李乐平：《现代汉语多层定语层次划分及其规律性》，《河南科技大学学报》2004年第2期。

李泉：《试论现代汉语完句范畴》，《语言文字应用》2006年第1期。

李素秋：《现代汉语定语研究综述》，《山西大学学报》2009年第1期。

李贤平：《〈红楼梦〉成书新说》，《复旦学报》1987年第5期。

李幸、宗成庆：《引入标点处理的层次化汉语长句句法分析方法》，《中文信息学报》2006年第4期。

李幸：《汉语句法分析方法研究》，硕士学位论文，中国科学院研究生院，2005年。

李燕、张英伟：《〈博雅汉语〉教材语料难度的定量分析——兼谈影响教材语言难度的因素和题材的选择》，《云南师范大学学报》2009年第1期。

李英哲：《"小句中枢说"在句法研究上的重要意义》，《汉语学报》2005年第1期。

李宇明：《汉语语法本位论评——兼评邢福义"小句中枢说"》，《世界汉语教学》1997年第1期。

李志宵：《叫分句好还是叫小句好》，《齐鲁学刊》1991年第2期。

梁伯枢：《复句形式充当句子成分的一些现象》，《汉语学习》1983年第6期。

梁卫兰等:《幼儿早期句法和句子表达长度研究》,《中国儿童保健杂志》2004年第3期。

梁蕴华:《现代汉语紧缩结构分析》,《深圳大学学报》2002年第3期。

刘春玲:《弱智儿童语言获得研究》,《心理科学》1999年第4期。

刘春玲等:《以句长衡量弱智儿童语言发展水平的可行性分析》,《现代康复》2001年第8期。

刘春月:《"句号"与"句子内部停顿的符号"之"用法"分析》,《语文建设》1998年第7期。

刘街生:《从汉语的同位组构看小句中枢理论》,《汉语学报》2004年第2期。

刘宁生:《汉语偏正结构的认知基础及其在语序类型学上的意义》,《中国语文》1995年第2期。

刘润清:《第二语言习得中课堂教学的作用》,《语言教学与研究》1993年第1期。

刘天堂:《汉语紧缩句探析》,《四川师范学院学报》2002年第1期。

鲁川等:《汉语句子语块序列的认知研究和交际研究》,《汉语学习》2002年第2期。

陆俭明:《动词后趋向补语和宾语的位置问题》,《世界汉语教学》2002年第1期。

陆镜光:《句子成分的后置与话轮交换机制中的话轮后续手段》,《中国语文》2000年第4期。

陆镜光:《论小句在汉语语法中的地位》,《汉语学报》2006年第3期。

陆镜光:《在进行中的句子里辨识句末》,徐烈炯、邵敬敏主编《汉语语法研究的新拓展1:21世纪首届现代汉语语法国际研讨会论文集》,浙江教育出版社2002年版。

吕必松：《论汉语中介语的研究》，《语言文字应用》1993年第2期。

吕叔湘：《汉语句法的灵活性》，《中国语文》1986年第1期。

马红英等：《中度智障儿童句法结构状况初步考察》，《中国特殊教育》2001年第2期。

马红英等：《中度智障儿童语言能力的初步分析》，《中国特殊教育》2001年第1期。

马金山等：《基于SVM的汉语句子片段划分》，《哈尔滨工业大学学报》2009年第5期。

马金山等：《面向句法分析的句子片段识别》，孙茂松、陈群秀主编《内容计算的研究与应用前沿——第九届全国计算机语言学学术会议论文集》，清华大学出版社2007年版。

马婷婷：《结果补语对形容词的选择限制》，《语言研究》2017年第1期。

毛润民：《现代汉语紧缩句研究》，《内蒙古师范大学学报》2007年第6期。

缪俊：《现代汉语句嵌结构研究》，博士学位论文，华东师范大学，2007年。

欧阳新梅：《儿童语用的发展对母语言语运用的影响》，硕士学位论文，南京师范大学，2003年。

潘国英：《论状语的性质》，《上海师范大学学报》2010年第4期。

彭祖智：《3—6岁儿童言语发展的初步分析》，中国心理学会年会论文，1984年12月。

齐沪扬：《作为第二语言的汉语语法应该研究什么》，《世界汉语教学》2007年第3期。

邱志芳：《试论T–Unit平均长度对我国学生英语习作句法成熟性的意义》，《福建教育学院学报》2004年第1期。

屈承熹：《现代汉语中"句子"的定义及其地位》，《世界汉语教学》1996年第4期。

饶长溶：《主谓句主语前的成分》，《中国语文》1963年第3期。

施家炜：《国内汉语第二语言习得研究二十年》，《语言教学与研究》2006年第1期。

施家炜：《韩国留学生汉语句式习得的个案研究》，《世界汉语教学》2002年第4期。

施家炜：《外国留学生22类现代汉语句式的习得顺序研究》，《世界汉语教学》1998年第4期。

石定栩：《限制性定语和描写性定语》，《外语教学与研究》2010年第5期。

史惠中：《3—6岁儿童语言发展与教育》，朱智贤主编《中国儿童青少年心理发展与教育》，中国卓越出版公司1990年版。

史有为：《小句和小句本位》，《中国语研究》1996年38号。

史有为：《迎接新世纪：语法研究的百年反思》，《汉语教学与研究》2000年第1期。

苏培成：《句子与句子分析》，《语文建设》1995年第4期。

孙静萱：《略说全句说明语在句子中的位置》，《中国俄语教学》1995年第1期。

孙汝建：《句子定义的三个平面解读》，《南通大学学报》2008年第5期。

田惠刚：《多层定语的次序及其逻辑特性》，《世界汉语教学》1994年第3期。

王灿龙：《试论小句补语句》，《语言教学与研究》2000年第2期。

王华：《现代汉语小句宾语句研究述评》，《河北学刊》2008年第4期。

王怀中：《对小学语文"句长"的初步研究》，《当代教育科学》2006年第 17 期。

王进：《紧缩结构的三个平面考察》，《佳木斯大学社会科学学报》2003 年第 4 期。

王俊毅：《陈述性和描写性——形容词状语的分类》，《世界汉语教学》2006 年第 4 期。

王魁京：《汉语作为第二语言学习中的句子结构规则的理解问题》，《北京师范大学学报》1995 年第 6 期。

王维贤：《现代汉语的短语结构和句子结构》，《语文研究》1984 年第 8 期。

王文格：《类型学视角下的汉语小句和英语小句》，《广西大学学报》2008 年第 6 期。

王文格：《现代汉语小句的研究现状及存在的问题》，《汉语学习》2010 年第 1 期。

王秀娟：《中美大学生英语议论文语体正式程度对比分析》，硕士学位论文，西南交通大学，2008 年。

韦向峰：《语段处理中非小句逗号的模糊消解》，朱小健等主编《中文信息处理的探索与实践——第三届 HNC 与语言学研究学术研讨会论文集》，北京师范大学出版社 2006 年版。

温锁林：《从词性标注看小句的中枢地位》，《汉语学报》2004 年第 1 期。

吴继峰：《英语母语者汉语书面语动态发展个案研究》，《现代外语》2017 年第 2 期。

吴继峰：《英语母语者汉语书面语句法复杂性研究》，《语言教学与研究》2016 年第 4 期。

吴天敏、许政援：《初生到三岁儿童言语发展记录的初步分析》，《心理学报》1979 年第 2 期。

吴云芳：《从句子长度看新闻语体和小说语体——一个统计得来的结果》，《语文学刊》2001 年第 5 期。

武进之：《幼儿口头言语发展的调查研究》，《心理科学》1981 年第 5 期。

肖维青：《自建语料库与翻译批评》，《外语研究》2005 年第 4 期。

肖奚强、黄自然：《韩国学生中介语各句长句子定语复杂度发展研究》，《第二届汉语中介语语料库建设与应用国际学术讨论会论文选集》，北京语言大学出版社 2013 年版。

肖奚强、周文华：《汉语中介语语料库标注的全面性及类别问题》，《世界汉语教学》2014 年第 3 期。

肖奚强：《韩国留学生汉语语法偏误分析》，《世界汉语教学》2000 年第 2 期。

肖奚强：《汉语中介语研究论略》，《语言文字应用》2011 年第 2 期。

肖奚强：《略论偏误分析的基本原则》，《语言文字应用》2001 年第 1 期。

肖奚强：《外国学生"除了"句式使用情况的考察》，《语言教学与研究》2005 年第 2 期。

萧国政：《"句本位""词组本位"和"小句中枢"——汉语语法表述体系更迭的内在动力和发展趋势》，《世界汉语教学》1995 年第 4 期。

邢福义：《汉语复句和单句的对立和纠结》，《世界汉语教学》1993 年第 1 期。

邢福义：《汉语小句中枢语法系统论略》，《华中师范大学学报》1998 年第 1 期。

邢福义：《说"句管控"》，《方言》2001 年第 2 期。

邢福义：《小句中枢说》，《中国语文》1995 年第 6 期。

邢福义：《小句中枢说的方言实证》，《方言》2000 年第 4 期。

邢福义：《小句中枢说的方言续证》，《语言研究》2001 年第 1 期。

邢福义：《研究观测点的一种选择——写在"小句中枢"问题讨论之前》，《汉语学报》2004年第1期。

邢福义：《语法研究中"两个三角"的验证》，《华中师范大学学报》2000年第5期。

邢红兵：《现代汉语插入语研究》，陈力为、袁琦主编《语言工程》，清华大学出版社1997年版。

徐方：《弱智学生语言障碍问题的调查报告》，《教育科学》1991年第5期。

徐杰：《词组与小句之间的差异及其蕴含的理论意义》，《汉语学报》2005年第3期。

徐纠纠：《关系小句的语法和篇章特征分析》，《汉语学习》2008年第5期。

徐赳赳：《小句的概念和小句划分》，钱军主编《语言学：中国和世界同步》，外语教学与研究出版社2003年版。

徐欣：《基于语料库的多译本研究》，硕士学位论文，曲阜师范大学，2008年。

徐胤、刘春玲：《轻度弱智儿童语言能力的个案研究》，《中国特殊教育》2006年第7期。

许政援：《对儿童语言获得的几点看法》，《心理发展与教育》1994年第3期。

许政援：《三岁前儿童语言发展的研究和有关的理论问题》，《心理发展与教育》1996年第3期。

杨杏红、齐沪扬：《现代汉语多项补语的语序问题》，《世界汉语教学》2010年第1期。

姚双云：《小句中枢理论的应用与复句信息工程》，《汉语学报》2005年第4期。

幼儿口头言语研究协作组:《幼儿口头言语发展的调查研究》,《心理科学通讯》1981年第5期。

俞士汶等:《北京大学现代汉语语料库基本加工规范》,《中文信息学报》2002年第5期。

袁勤:《传统和非传统方法的学习者与口语和写作技能之间的关系——个案研究》,硕士学位论文,贵州大学,2007年。

袁毓林:《定语顺序的认知解释及其理论蕴涵》,《中国社会科学》1999年第2期。

詹卫东:《以"计算"眼光看汉语语法研究的"本位"问题》,《汉语学报》2005年第1期。

张登岐:《独立成分的形式、位置等刍议》,《北京大学学报》1998年第4期。

张虹:《谈谈状语和定语的转换》,《汉语学习》1993年第6期。

张宁志:《汉语教材语料难度的定量分析》,《世界汉语教学》2000年第3期。

张全:《汉语与英语逗号的对比分析及其翻译处理》,孙茂松、陈群秀主编《全国第七届计算机语言学联合学术会议论文集》,清华大学出版社2003年版。

张绍麒、李明:《小说与政论文言语风格异同的计算机统计》,《天津师范大学学报》1986年第4期。

张显达:《平均句长在中文中的应用》,《听语会刊》1998年第2期。

张艳:《汉语句法分析的理论、方法的研究及其应用》,博士学位论文,中国科学院自动化研究所,2003年。

赵宏:《论新闻计算句子长短的句子标准》,《贵州民族学院学报》2009年第5期。

赵金铭：《对外汉语教学语法与语法教学》，《语言文字应用》2002年第1期。

赵俊海、陈慧媛：《英语学习者书面语语法复杂度的测量研究》，《外语教学理论与实践》2012年第1期。

赵淑华等：《北京语言学院现代汉语精读教材主课文句型统计报告》，《语言教学与研究》1995年第2期。

赵淑华等：《单句句型统计与分析》，《语言教学与研究》1997年第2期。

赵秀风：《中国学生英语写作的复句分布模式调查分析——关于句式母语迁移的一项实证研究》，《山东师大外国语学院学报》2002年第3期。

郑贵友：《"小句中枢说"与汉语的篇章分析》，《汉语学报》2004年第1期。

郑贵友：《汉语句子实义切分的宏观原则与主位的确定》，《语言教学与研究》2000年第4期。

周兢：《汉语儿童语言发展阶段新说》，《南京师范大学学报》1997年第1期。

周强等：《汉语句子的组块分析体系》，《计算机学报》1999年第11期。

周文华：《韩国留学生"给"字句习得研究》，《第九届世界汉语教学研讨会论文集》，高等教育出版社2010年版。

周文华：《基于语料库的外国学生兼语句习得研究》，《语言教学与研究》2009年第3期。

周文华：《母语语序类型对目的语习得的影响——以汉语介词语序偏误为例》，《语言教学与研究》2014年第5期。

周小兵：《学习难度的测定和考察》，《世界汉语教学》2004年第1期。

朱从梅：《图画书阅读中母语和儿童的语用研究》，硕士学位论文，南京师范大学，2003年。

朱燕、朱世殊：《句子长度与文体功能》，《云梦学刊》2000年第4期。

朱永平：《第二语言习得难度的预测及教学策略》，《语言教学与研究》2004年第4期。

左思民：《汉语句长的制约因素》，《汉语学习》1992年第3期。

左思民：《汉语句子的构成和定义》，《上海师范大学学报》1988年第1期。

后　记

本书是在我博士论文《韩国学生汉语句长与定、状语复杂度发展研究》的基础上修改、扩充而成。

首先要特别感谢我的导师肖奚强教授，感谢老师在学业和工作上给予我的指导、帮助、督促和鼓励。先生对人生的豁达、对世事的洞察和对学术的执着让人感佩，先生奋斗不息的人生信条、严谨扎实的治学风范和孜孜不倦的工作精神让我终生受益。能受教于先生，是我人生的一大幸事；先生的培育再造，我将铭记终生！

感谢陈昌来、段业辉、王政红、钱玉莲、刘顺、郭圣林等先生和毕业论文匿名评审专家给我论文提出的宝贵意见和建议，感谢李葆嘉、陈小荷、潘文、梁丹丹等老师带给我们的精彩纷呈、富于启发的专业课程。在南师大七年的求学生活中，还得到周文华、徐开妍、颜明、孙慧莉、王艺澄、王松、乔侠、毕晋、杨永生、王东波、刘宗保、陈锋等同门和学友的帮助，与他们的讨论、切磋让我获益良多。

感谢我的大学老师曹铁根教授，是他的指导、栽培，让我能顺利考上南师大的研究生，实现人生跨越。感谢美国贝兹大学（Bates College）的杨曙辉教授和师母杨韵琴女士，感谢他们在访学期间对我的关心和照顾。感谢我在浙江大学访学时的指导老师彭利贞教授和师母刘翼斌教授，他们在事业、生活上给了我们许多的帮助和指导，他们就像我们的家人一样亲切、温暖。感谢浙江理工大学陈改玲教授和顾克勇教授，余虽不才，亦被知遇。还要特别感谢齐沪扬老师，每次见面，齐老师总会过问我和我爱人的学业、工作情况，这份对后学的奖掖之情让我们深为感动。

我还要感谢黄山学院的领导和同事。在校期间得到了许多领导的关心和帮助。校领导汪枫书记平易近人，儒雅从容，对我这样一个普通老师的尊重、关心和礼待让我感动万分。李铁范校长在百忙之中仍不忘询问我和我爱人的工作、学习情况，这份关爱、提携之恩当永远铭记于心。我还要感谢吴嘉佑教授、黄立华教授、汪方学书记、张小明处长、沈昌明教授、陶卫平书记、李庆玖院长、周志荣书记等领导和同事。感谢他们的指导、帮助和关心，他们是让人觉得温暖的人。

最后，我要感谢我的家人。爱人贾成南在语料整理、标注中承担了大量的工作，感谢她在人生关键时期给予我的鼓励和帮助。我还要感谢我的岳父岳母，感谢他们对我的包容、理解和对我们这个小家的支持。最后我要感谢我年逾古稀的父母，是他们的含辛茹苦让我这个来自农村的孩子有机会接受长达23年的教育，是他们用自己的心血和汗水在为我遮风挡雨、铺路搭桥。

感谢淮北师范大学杜道流教授的引荐出版，感谢中国社会科学出版社郭晓鸿主任为本书顺利出版付出的辛勤劳动，在此向他们表达最诚挚的谢意。

本书为教育部人文社科研究项目（10YJA740101）和国家社会科学基金项目（11BYY048）"基于作文语料库的韩国学生汉语中介语系统研究"的结项成果，本书的出版还得到了安徽省高校优秀青年人才支持计划项目（gxyq2018079）和黄山学院引进人才启动项目"基于语法信息语料库的韩国学生汉语定中短语习得研究"（2017xskq003）的资助，在此谨致谢忱。

黄自然
2020年11月于杭州下沙